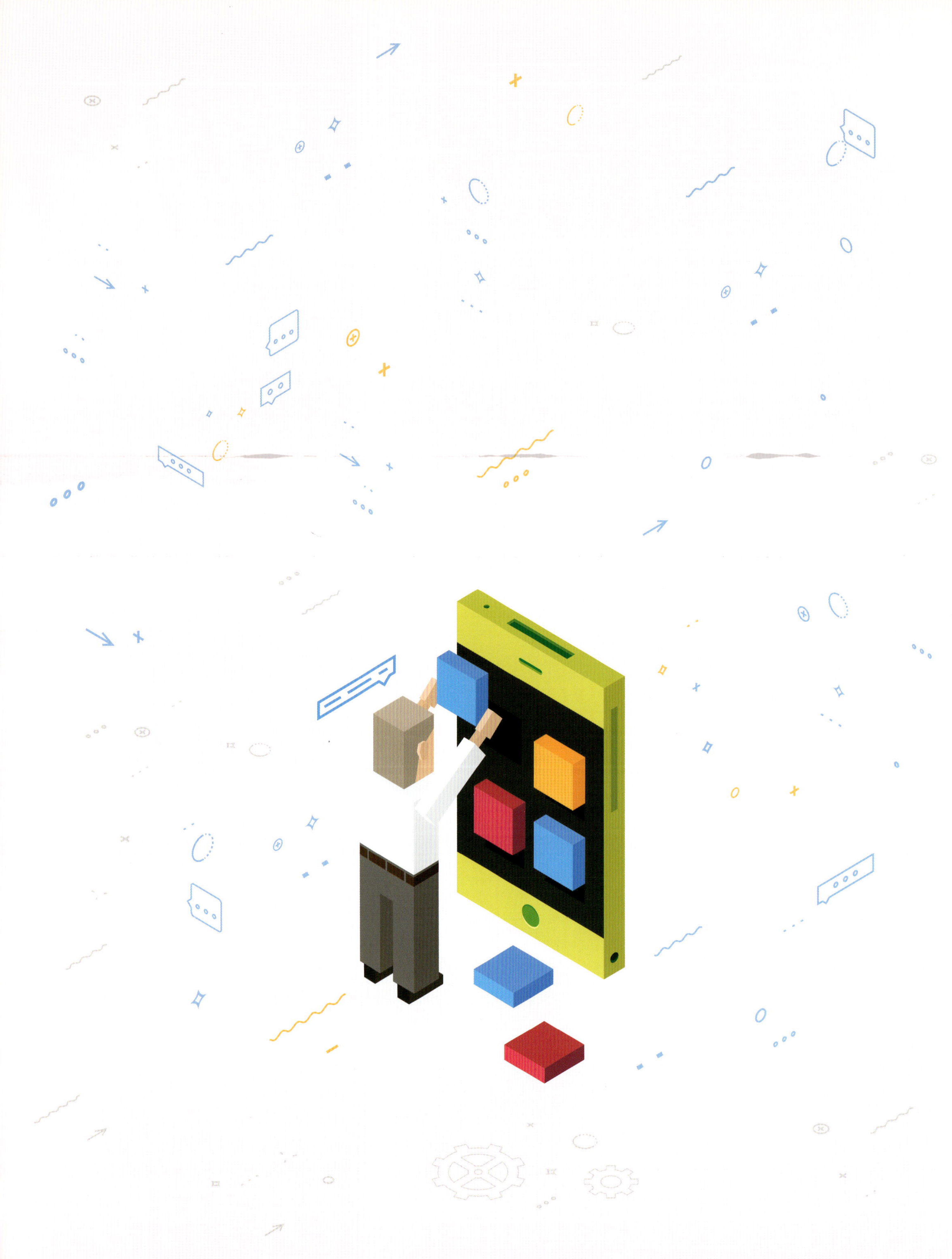

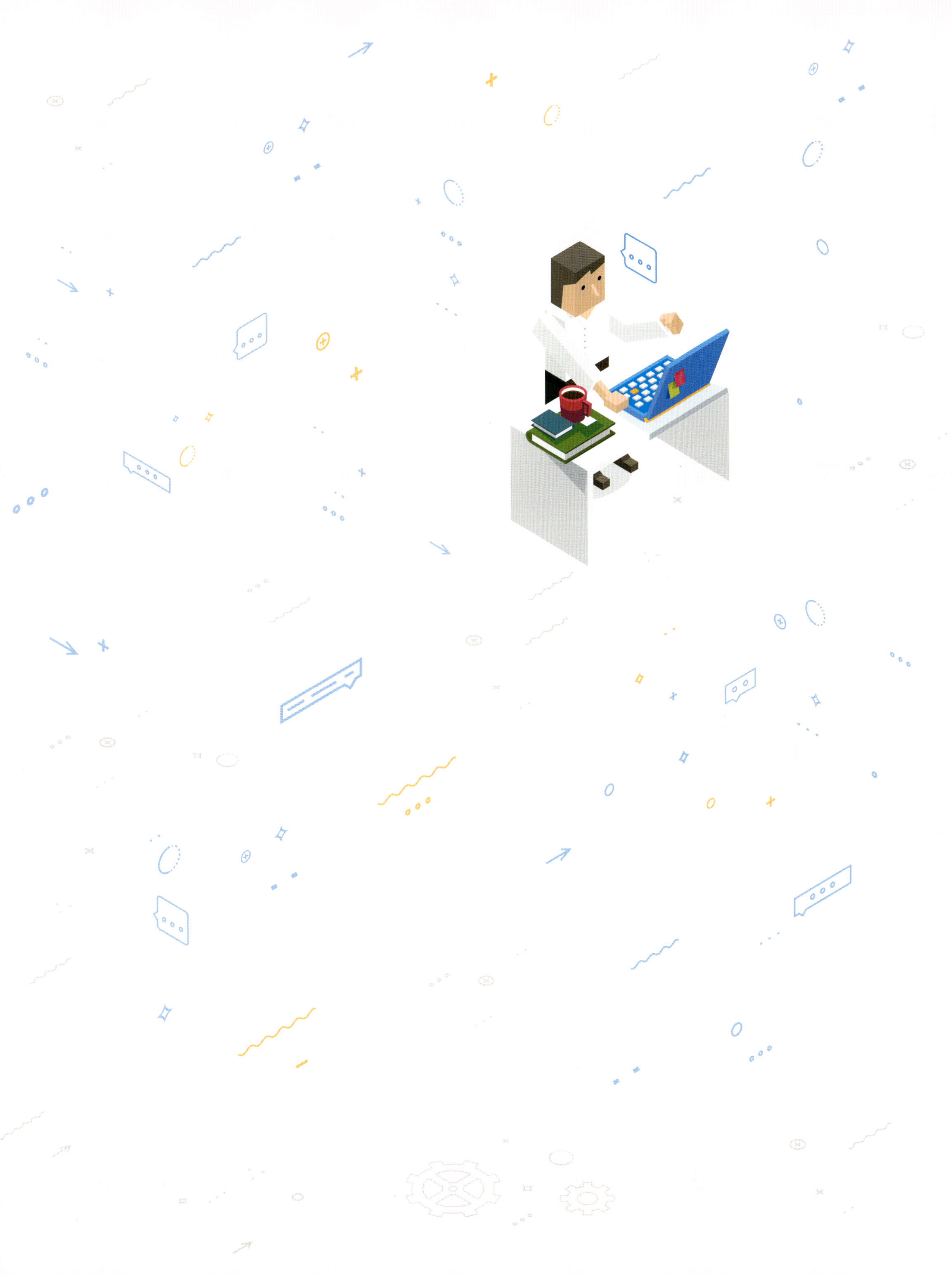

누구나 쉽게 만드는 스마트폰 앱!

앱 인벤터

누구나 쉽게 만드는 스마트폰 앱!

앱 인벤터

초판 인쇄일 2017년 7월 3일
초판 발행일 2017년 7월 10일
초판 2쇄 발행일 2018년 7월 5일

지은이 CODABLE(코더블)
발행인 박정모
등록번호 제9-295호
발행처 도서출판 혜지원
주소 (10881) 경기도 파주시 회동길 445-4(문발동 638) 302호
전화 031)955-9221~5 **팩스** 031)955-9220
홈페이지 www.hyejiwon.co.kr

기획 · 진행 엄진영
디자인 김보라
영업마케팅 김남권, 황대일, 서지영
ISBN 978-89-8379-938-8
정가 18,000원

이 도서의 국립중앙도서관 출판예정도서목록(CIP)은 서지정보유통지원시스템 홈페이지(http://seoji.nl.go.kr)와
국가자료공동목록시스템(http://www.nl.go.kr/kolisnet)에서 이용하실 수 있습니다.(CIP제어번호: CIP2017013122)

누구나 쉽게 만드는 스마트폰 앱!

앱 인벤터

CODABLE(코더블) 지음

SW 교육에 있어서 기본적으로 활용하는 교육용 프로그램 중에 스크래치(Scratch)가 널리 사용되고 있습니다. 이와 더불어 스마트폰 앱을 개발하는 프로세스를 이해하고 프로그래밍을 학습할 수 있는 교육용 프로그램이 앱인벤터(App Inventor)입니다.

앱인벤터 프로그램은 기초적인 SW 프로그래밍 학습을 할 수 있을 뿐만 아니라 앱 개발을 하는 프로세스를 직접 체험해볼 수 있는 교육용 프로그램입니다. 온라인 상에서 무료로 누구나 코딩할 수 있으며 스마트폰 앱 개발을 직접 해볼 수 있다는 장점이 있습니다.

뿐만 아니라 자신이 만든 앱을 주위 사람들에게 나눠주고 사용할 수 있도록 할 수도 있습니다. 이러한 장점으로 교육 현장에서 널리 사용되고 있으며 앱 프로토타입을 만들 때도 일부 사용되는 경우가 있습니다.

이 책은 스마트폰의 다양한 센서들을 활용하여 스마트폰 앱을 개발하는 과정으로 이루어져있습니다. 프로그래밍을 처음 접하는 독자라도 누구나 쉽게 스마트폰 앱을 만들 수 있도록 구성되어 있습니다. 또한 복잡한 텍스트형 코딩이 아니라 블록 프로그래밍을 이용하여 드래그앤드롭으로 코딩을 편리하게 작성할 수 있습니다.

스마트폰 안에는 다양한 센서들이 있습니다. 이러한 센서를 활용하여 앱을 만드는 기술에 대해서 자세히 설명하였습니다. 센서의 값을 활용한 센싱 프로그램을 직접 작성하고 디바이스의 센서와 앱이 어떻게 상호연동되는지를 확인할 수 있습니다.

㈜코더블은 SW 교육을 위한 다양한 커리큘럼을 만들기 위해 노력하고 있습니다. 이 책도 그러한 노력의 의미있는 시작이 되길 바라며 본 도서를 출간하는데 도움을 주신 도서출판 혜지원 관계자 분들께도 감사의 말씀을 드립니다.

언제나 꿈꾸는 코더블 드림

Part 01 앱 인벤터란?

⊂ 예제 파일 다운로드 ⊃

책에서 설명하는 예제 파일은 혜지원 출판사 홈페이지(www.hyejiwon.co.kr) 자료실에서 다운로드 받아서 사용하면 됩니다.

앱 인벤터란?

스마트 기기들이 대중화되면서 수많은 앱이 개발되어 배포되고 있다. 앱 전문 개발자들의 프로그램을 똑같이 따라서 구현하기는 어렵겠지만 앱 인벤터를 이용하면 개인 사용자도 충분히 나민의 앱을 개발할 수 있다. 앱 인벤터가 어떤 프로그램이며, 어떻게 구현되는지 지금부터 살펴보도록 하자.

Chapter 01

앱 인벤터란?

앱 인벤터 프로그램으로 앱을 개발하기 위해선 앱 인벤터 프로그램이 어떤 프로그램인지 알아야한다. 앱 인벤터로 앱을 개발하기 위해 어떤 프로그램을 설치해야 하며, 화면 구성이 어떻게 되어 있는지 먼저 살펴봐야한다.

 **앱 인벤터 이해하기**

앱 인벤터 프로그램은 구글과 MIT에서 공동 개발한 안드로이드 앱 개발 도구이다. 앱 인벤터가 발표되기 이전엔 안드로이드용 앱을 개발하기 위해 안드로이드 통합 개발 환경인 '안드로이드 스튜디오'와 같은 텍스트 코딩 프로그램을 이용해야 했다. 또한 프로그램 코딩을 위해 자바나 유니티와 같은 프로그래밍 언어를 먼저 학습해야 했고, 기본적인 개념을 이해하고 실제 코딩을 하기까지 시간이 오래 걸리는 단점이 있었다.

하지만 앱 인벤터는 명령 블록이 미리 만들어져 있어 레고 블록을 조립하는 것과 같이 명령 블록을 조립하여 간단히 앱을 작성할 수 있다. 즉 앱 인벤터는 명령 블록을 드래그하여 순서대로 끼워 넣기만 하면 간단히 앱이 작성되는 환경을 제공하지만 아직은 앱 인벤터로 사용자가 원하는 모든 앱을 완벽히 작성하기는 아직 어렵다. 그렇다하더라도 프로그램의 개념을 익히고 앱의 구동방식을 이해할 수 있는 훌륭한 도구라 할 수 있다.

앱 인벤터는 별도의 개발 소프트웨어를 따로 설치하지 않고 앱 인벤터 사이트인 'http://appinventor.mit.edu/explorer'에서 직접 화면을 디자인하고 프로그램을 코딩하는 구조이다. 코딩되는 모든 프로그램은 기본적으로 앱 인벤터 서버에 저장되는 클라우드 방식을 적용하고 있다. 그렇기 때문에 개발자의 컴퓨터에 파일로 저장하여 보관하고자 한다면 반드시 따로 저장해야 한다.

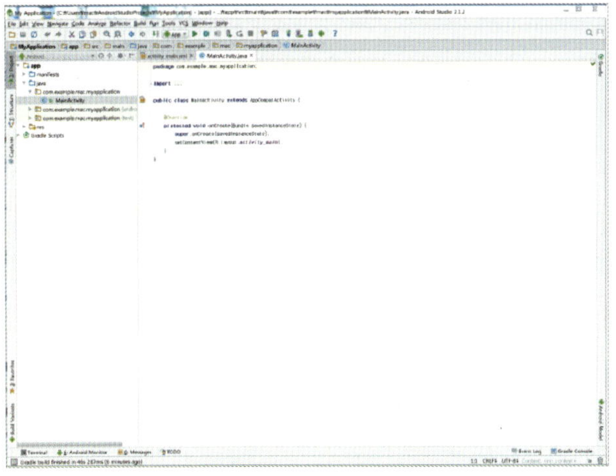

◁ 안드로이드 스튜디오 실행 화면

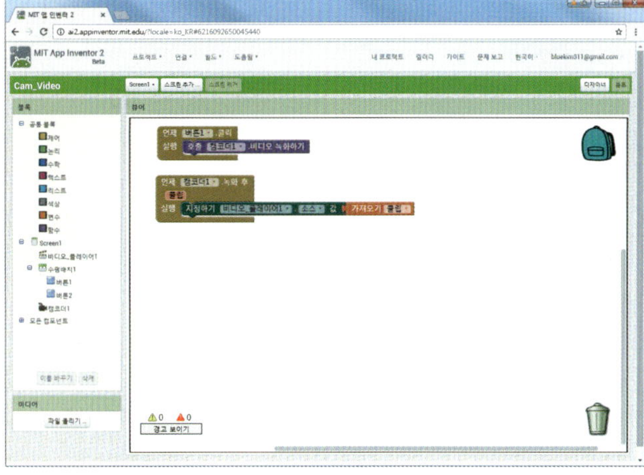

◁ 앱 인벤터 실행 화면

2 앱 개발을 위한 준비물 챙기기

앱 인벤터를 이용하여 앱을 개발하려면 우선 크롬 브라우저와 구글 계정이 필요하다. 또한 코딩을 완료한 프로젝트의 결과를 확인하기 위해 시뮬레이터 또는 AI2 컴패니언이 필요하다.

 크롬 브라우저 설치하기

앱 인벤터는 자바나 C 언어와 같이 특정 에디터를 설치하여 프로그램을 코딩하는 것이 아닌 앱 인벤터 사이트에 접속하여 웹 상에서 직접 코딩하고 결과를 확인하는 구조이다. 그렇게 때문에 앱 인벤터에 접속 가능한 웹 브라우저를 먼저 설치해야 한다. 구글의 크롬, 모질라의 파이어폭스, 애플의 사파리가 앱 인벤터 사이트에 접속 가능한 웹 브라우저이다. 그중에 일반적으로 많이 사용하는 브라우저가 바로 구글의 크롬이다.

01 웹 브라우저를 실행한 후 주소 입력란에 'www.google.co.kr/chrome'을 입력한 후 Enter 를 눌러 구글 크롬 사이트로 이동한다. [Chrome 다운로드] 버튼을 클릭한다.

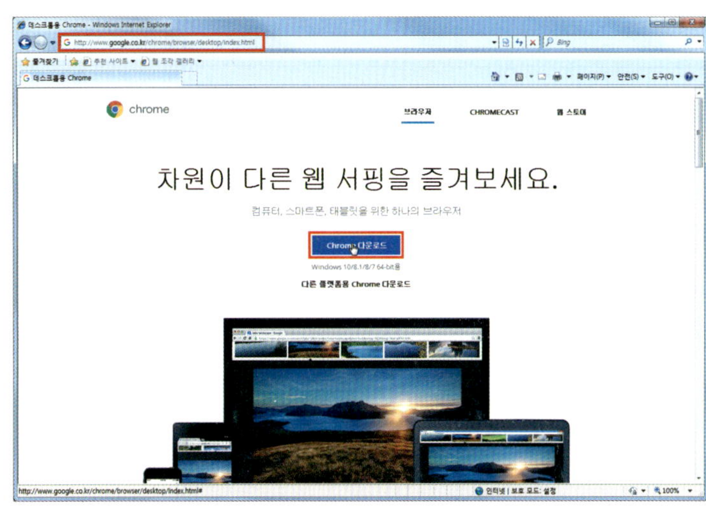

02 다음과 같이 약관 동의 팝업창이 표시되면 [동의 및 설치] 버튼을 클릭한다. 설치 파일이 100% 다운로드되면 자동으로 설치된다. 설치가 완료되면 크롬 웹 브라우저가 실행되어 표시된다.

Note. 인터넷 익스플로러는 기본적으로 앱 인벤터 사이트 접속이 불가능하다. 하지만 앱 인벤터 클래식과 자바(JAVA)가 설치되어 있다면 사용가능하다.

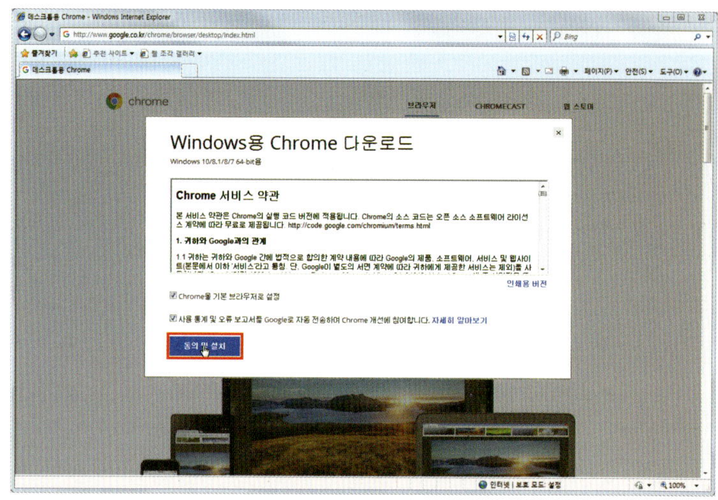

구글 계정 만들기

앱 인벤터는 구글 계정이 있어야 접속이 가능하다. 구글에 회원가입이 되어 있지 않다면 크롬 브라우저를 실행시킨 후 구글 사이트(www.google.co.kr)에 접속한다. 화면 우측 상단에 표시되는 [로그인]을 누른 후 [계정 만들기]를 누른다. 회원가입에 필요한 이름과 사용자 이름, 비밀 번호, 생년월일, 성별, 휴대전화, 지역 등을 입력한 후 [다음 단계] 버튼을 클릭하여 구글 가입을 완료한다.

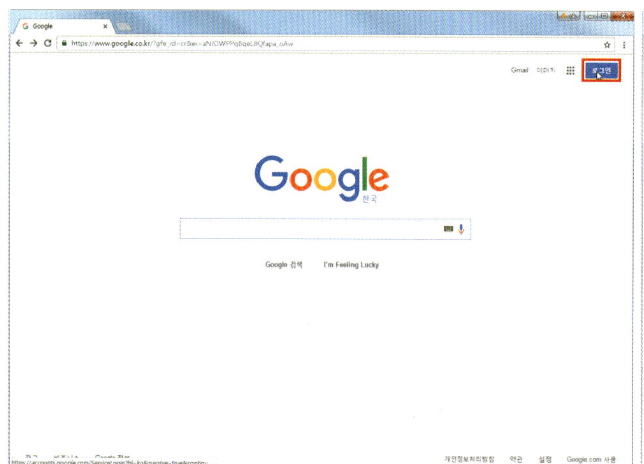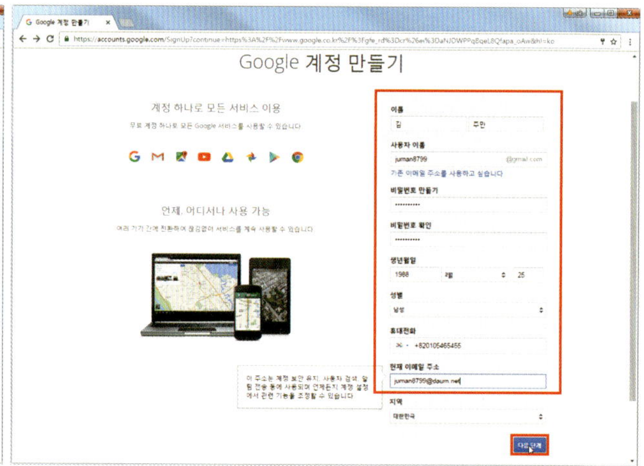

AI 컴패니언 설치하기

스마트폰을 이용하여 완성된 앱을 테스트하려면 AI 컴패니언을 이용해야 한다. AI 컴패니언은 WIFI가 연결된 환경에서 무선으로 앱을 테스트하는 방법으로 반드시 스마트폰과 컴퓨터가 동일한 WIFI 망에 연결되어 있어야 한다. AI 컴패니언은 스마트폰의 [Play Store]에서 'MIT AI2 Companion'을 검색하여 설치하면 된다.

01 스마트폰의 [Play Store]에서 'MIT AI2 Companion'을 입력하고 검색한다. 검색된 'MIT AI2 Companion'을 누른 후 [설치] 버튼을 누른다.

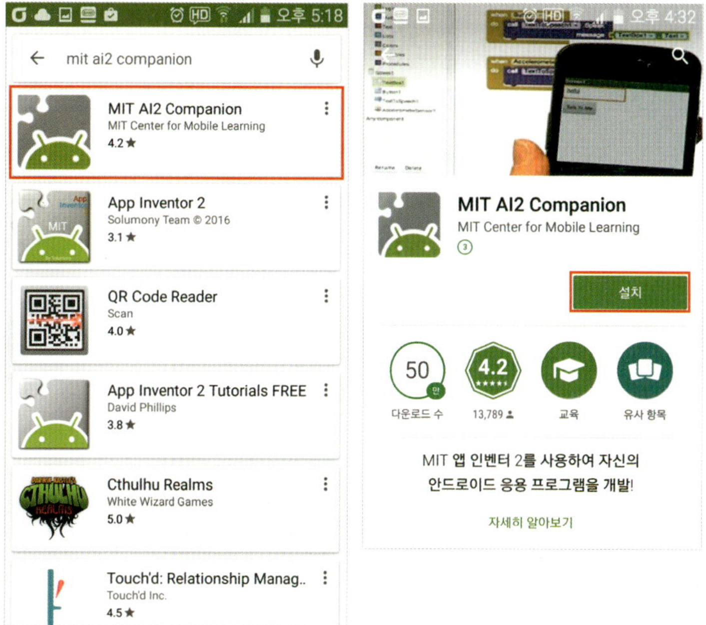

02 [동의] 버튼을 누른 후 앱 설치가 완료될 때까지 기다린다. 설치가 완료되면 스마트폰의 바탕 화면에 아이콘이 추가되어 표시된다.

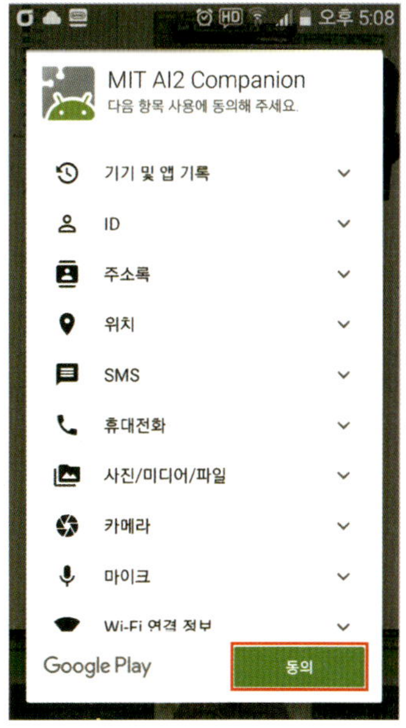

✦ 가상의 에뮬레이터 설치하기

가상의 안드로이드 폰인 'aiStarter 에뮬레이터'는 스마트폰의 센서나 전화, 문자 등의 기능을 사용할 수 없을 뿐만 아니라 프로그램을 실행하고 결과를 확인하는 속도가 느리다는 단점을 가지고 있다. 하지만 WIFI 연결을 이용하기 어렵거나 스마트폰이 없다면 'aiStarter 에뮬레이터'를 설치하여 앱을 테스트할 수 있다. 'aiStarter 에뮬레이터'는 앱 인벤터 사이트에서 다운로드받아 설치한다.

01 크롬을 실행한다. 주소 표시줄에 http://appinventor.mit.edu/explore/'을 입력하고 Enter 를 누른다. 'MIT App Inventor' 사이트에서 [Resources]–[Get Started] 메뉴를 클릭한다.

Note. 크롬 실행 후 검색어 입력란에 '앱 인벤터'를 입력한 후 Enter 를 누른다. 검색 결과 중 '바로가기'에 표시되는 'MIT App Inventor'를 클릭하여 앱 인벤터 사이트에 접속해도 된다.

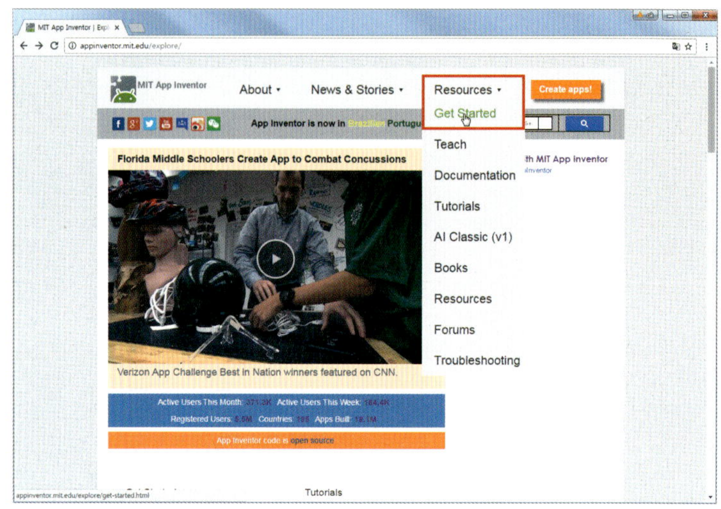

02 '앱 인벤터를 시작하기' 페이지로 이동하면 [1. Setup Instructions :] 항목을 클릭한다.

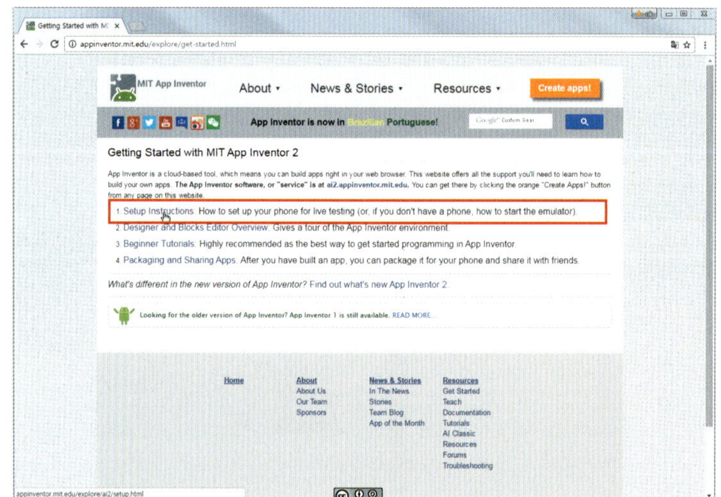

03 [Option Two] 항목의 'Instructions'
을 클릭한다.

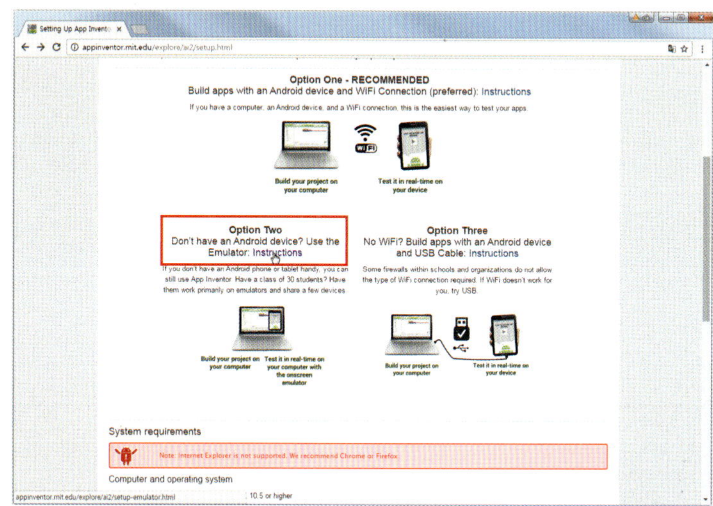

04 [Step 1. Install the App Inventor
Setup Software] 항목에서 시스템에 설치된 운
영체제에 적합한 링크를 클릭한다. 다운로드 페
이지로 연결되면 [1. Download the installer]
를 클릭한다.

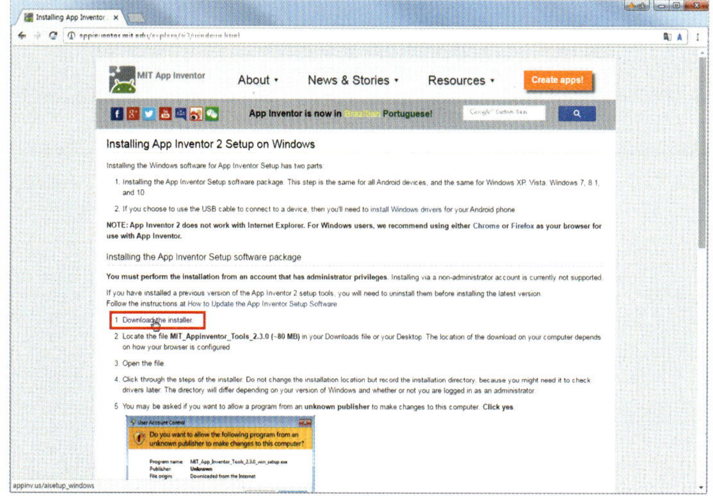

05 파일 다운로드가 완료되면 [다운로드] 폴더에 저장된 'MIT_App_Inventor_Tools_2.3.0_win_setup' 파일을 더블 클릭한 후 [실행] 버튼을 클릭한다. 프로그램 설치화면이 표시되면 [Next] 버튼을 클릭한다. 사용자 이용 약관에 동의하기 위해 [I Agree] 버튼을 클릭한다.

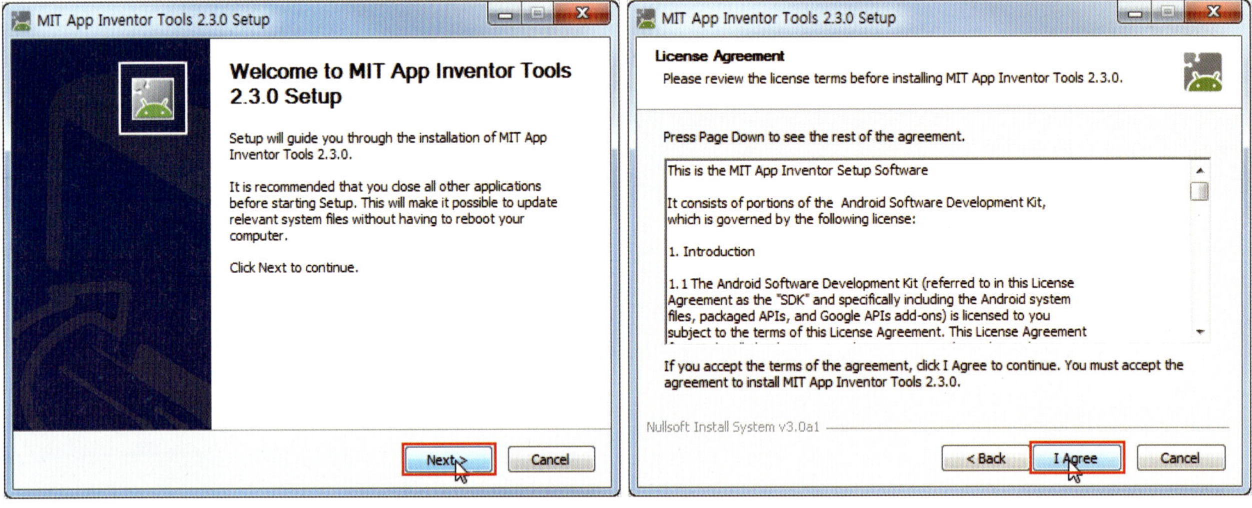

06 'Anyone who uses this computer(all users)' 항목을 선택한 후 [Next] 버튼을 클릭한다. 'Desktop Icon' 항목을 선택한 후 [Next] 버튼을 클릭한다.

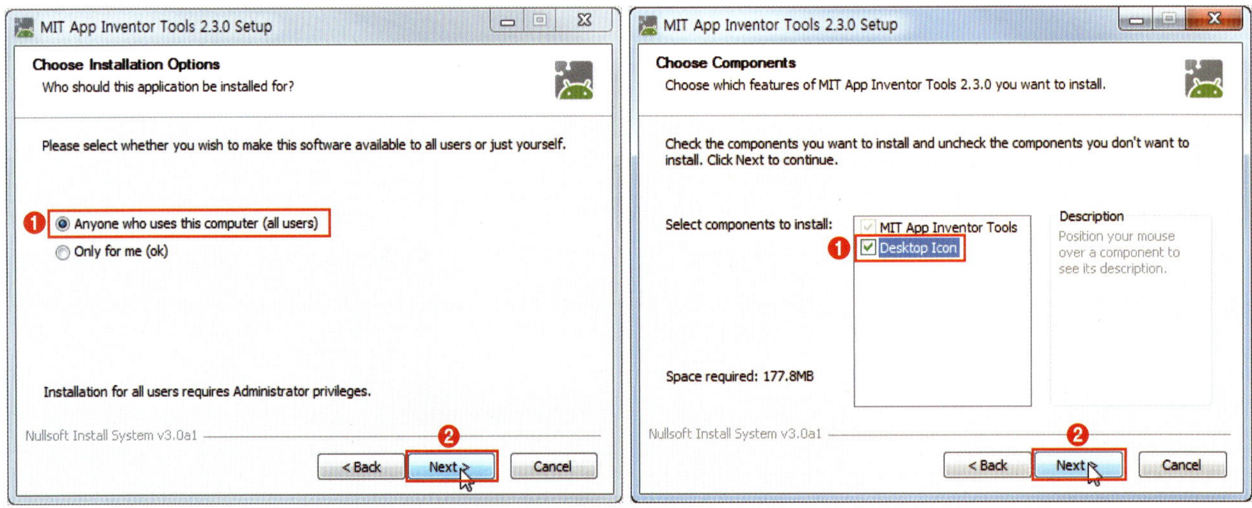

Note. 'Desktop Icon' 항목을 선택하지 않으면 바탕화면에 aiStarter 바로가기 아이콘이 표시되지 않는다.

07 프로그램을 설치할 경로를 지정하는 화면이 표시되면 [Next] 버튼을 클릭한다. 설치를 위해
[Install] 버튼을 클릭한다.

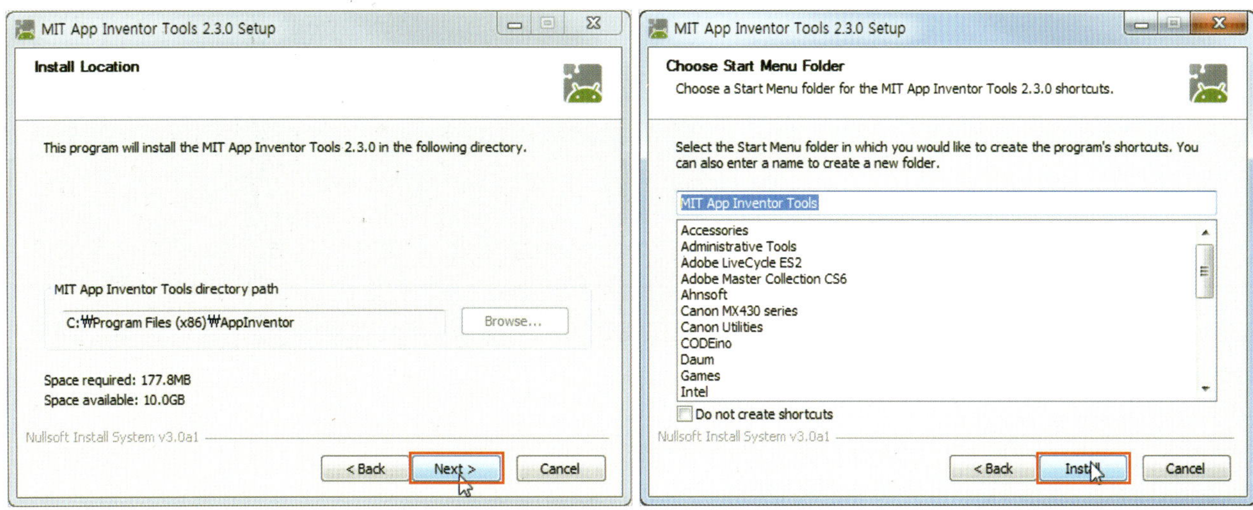

08 설치가 완료될 때까지 기다린 후 설치가 완료되면 'Start aiStarter tool now' 항목을 클릭하여
선택을 해제하고 [Finish] 버튼을 클릭한다.

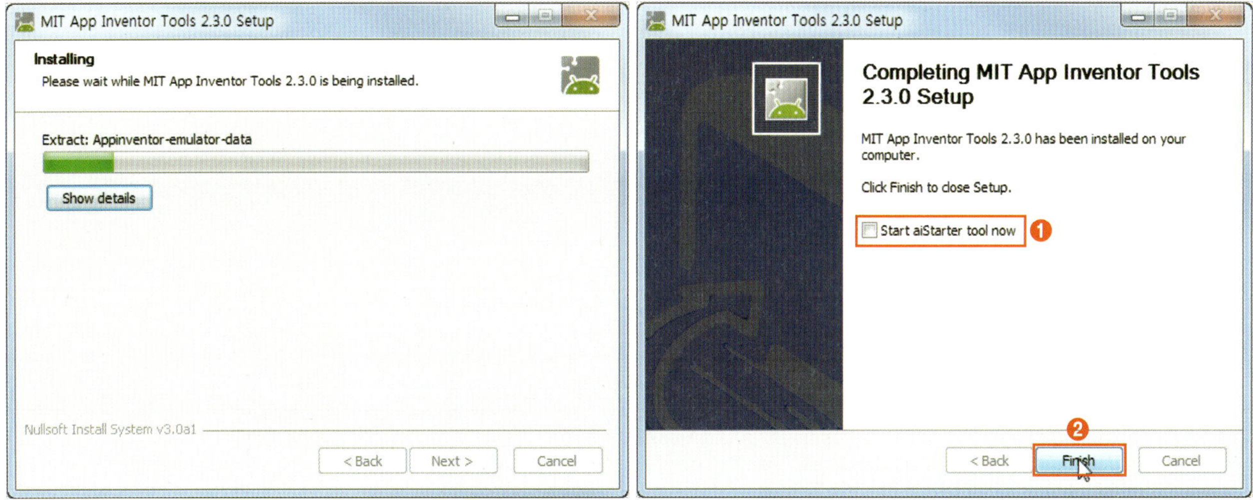

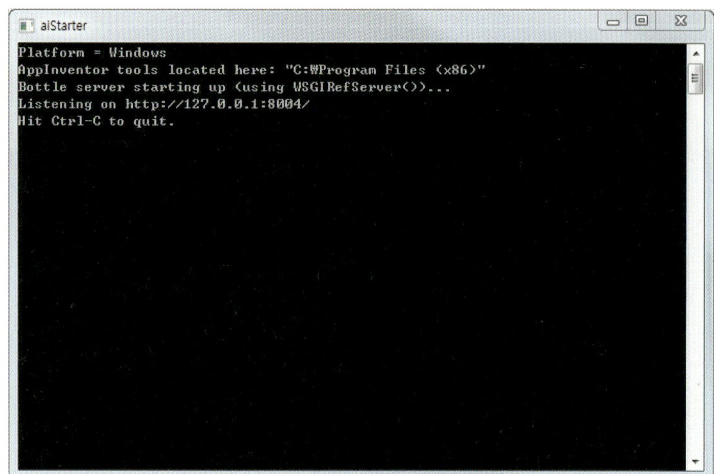

09   바탕화면에 표시되는 🤖을 더블 클릭
한다. 다음과 같은 화면이 표시되면 aiStarter 에
뮬레이터가 성공적으로 설치된 것이다.

3 앱 인벤터 화면 살펴보기

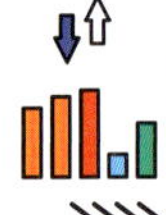

앱을 작성할 기본 준비가 되었다면 실제 앱 인벤터 개발 페이지로 이동해야 한다. 앱 인벤터 개발 페이지는 [디자이너] 편집기 화면과 [블록] 편집기 화면으로 나뉜다.

앱 인벤터 사이트에 접속하기

앱 인벤터 사이트에 접속하기 위해 먼저 크롬 브라우저를 실행한다. 구글 사이트에서 [로그인] 버튼을 클릭한다. 비밀번호를 입력한 후 [로그인] 버튼을 클릭한다. 주소 표시줄에 'http://appinventor.mit.edu/explore/'을 입력하고 Enter 를 누른다. 앱 인벤터에 관련된 각종 뉴스와 정보들을 확인할 수 있는 페이지가 표시된다. 실제 앱을 개발하는 개발 페이지로 이동하려면 화면 우측 상단에 표시되는 [Create apps!] 버튼을 클릭한다.

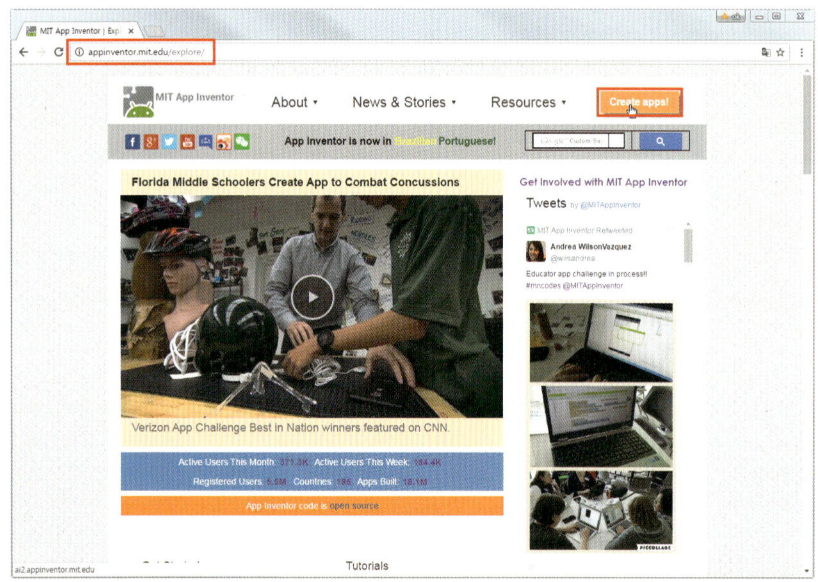

Note. 주소 표시줄에 'http://ai2.appinventor.mit.edu/'을 입력하면 바로 앱인벤터 2 개발 페이지로 이동된다.

◈ 앱 인벤터 개발 페이지에서 언어 변경하기

앱 인벤터 개발 페이지로 이동하면 다음과 같이 앱 인벤터 공지사항 창이 표시된다. [Continue] 버튼을
클릭한다. 앱 인벤터의 언어를 한국어로 변경하기 위해 [English]를 클릭한 후 [한국어]를 선택한다.

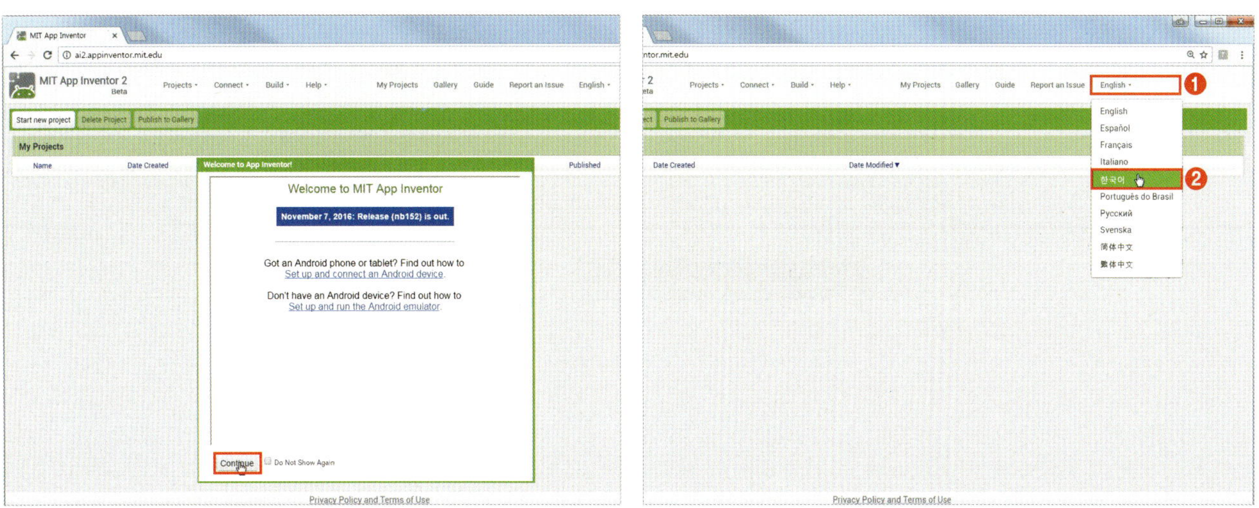

Note. 언어가 한국어로 지정된 앱 인벤터 페이지로 바로 이동하려면 크롬 브라우저의 주소 표시줄에 "http://ai2.
appinventor.mit.edu/?locale=ko_KR"을 입력하고 Enter 를 누른다.

◈ 새로운 프로젝트 작성하기

새로운 프로젝트를 작성하라면 화면 상단의 [새 프로젝트 시작하기...] 버튼을 클릭한다. [새 앱인벤터 프
로젝트 생성] 창이 표시되면 작성하고자 하는 프로젝트 이름을 입력한 후 [확인] 버튼을 클릭한다. 다음과
같은 앱 인벤터 화면이 표시된다.

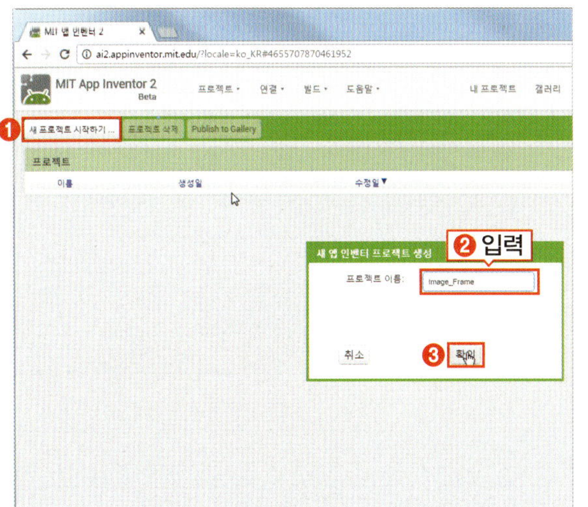

[디자이너] 편집기 살펴보기

[디자이너] 편집기는 실제 앱 프로그램의 화면을 디자인하는 화면으로 새로운 프로젝트를 생성하면 자동으로 표시된다. [팔레트] 패널, [뷰어] 패널, [컴포넌트] 패널, [속성] 패널, [미디어] 패널로 구성되어 있다.

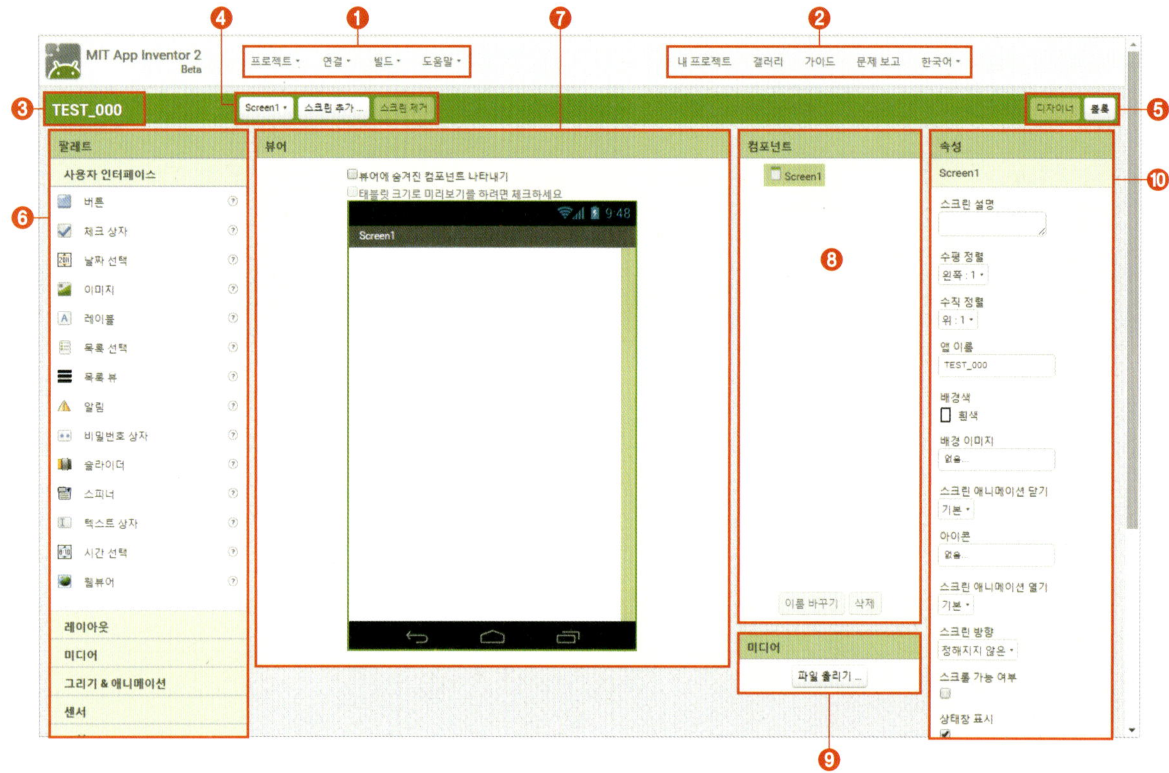

❶ **기본 메뉴 :** [프로젝트], [연결], [빌드], [도움말] 메뉴로 구성되어 있다.

- **[프로젝트] 메뉴 :** 작성한 프로젝트를 저장하거나 삭제/내보내기/가져오기 등을 할 수 있다.
- **[연결] 메뉴 :** 작성한 앱을 스마트폰 또는 에뮬레이터 등을 이용해 결과를 테스트할 수 있다.
- **[빌드] 메뉴 :** 완성된 앱을 'apk' 파일로 추출하여 스마트폰이나 컴퓨터에 저장할 수 있다.
- **[도움말] 메뉴 :** 앱 인벤터에 관련된 기본적인 설명과 라이브러리나 튜토리얼 등을 확인할 수 있다.

❷ **추가 메뉴 :** 현재까지 작성중이거나 작성이 완료된 내 앱의 프로젝트 목록을 확인하거나 갤러리/가이드 등의 기능을 이용할 수 있다. 오른쪽 끝의 국가명을 클릭하여 언어를 선택하여 변경할 수 있다.

❸ **프로젝트 이름 :** 현재 작업 중인 프로젝트의 이름이 표시된다.

❹ **스크린 :** 앱에 여러 화면을 등록하여 각 화면(스크린)을 이동하면서 앱이 동작되도록 구현할 수 있다.

❺ **모드 선택 :** [디자이너] 모드와 [블록] 모드를 선택할 수 있다.

❻ **[팔레트] 패널 :** 앱 인벤터에서 제공하는 컴포넌트 목록이 표시된다. 각 컴포넌트는 [뷰어] 영역으로 드래그하여 사용한다.

❼ **[뷰어] 패널 :** 스마트폰의 화면에 해당하며 [팔레트]에서 드래그하여 삽입한 컴포넌트들이 표시된다.

❽ **[컴포넌트] 패널** : [뷰어] 영역에 삽입된 컴포넌트들이 순서대로 표시되며 삽입된 컴포넌트가 어떤 컴포
넌트에 속해 있는지 계층적 구조로 표시한다.

❾ **[미디어] 패널** : 앱에 삽입되는 사진, 동영상, 음악, 데이터 파일 등을 업로드한다.

❿ **[속성] 패널** : [컴포넌트] 영역에서 선택한 컴포넌트의 속성이 표시되며 각 컴포넌트의 속성을 사용자가
직접 변경할 수 있다.

◈ [블록] 편집기 살펴보기

[디자이너] 편집기에서 삽입한 컴포넌트와 관련된 명령 블록을 이용하여 실제 앱이 동작되도록 코딩하는
화면이다. [블록] 패널, [미디어] 패널, [뷰어] 패널로 구성되어 있다.

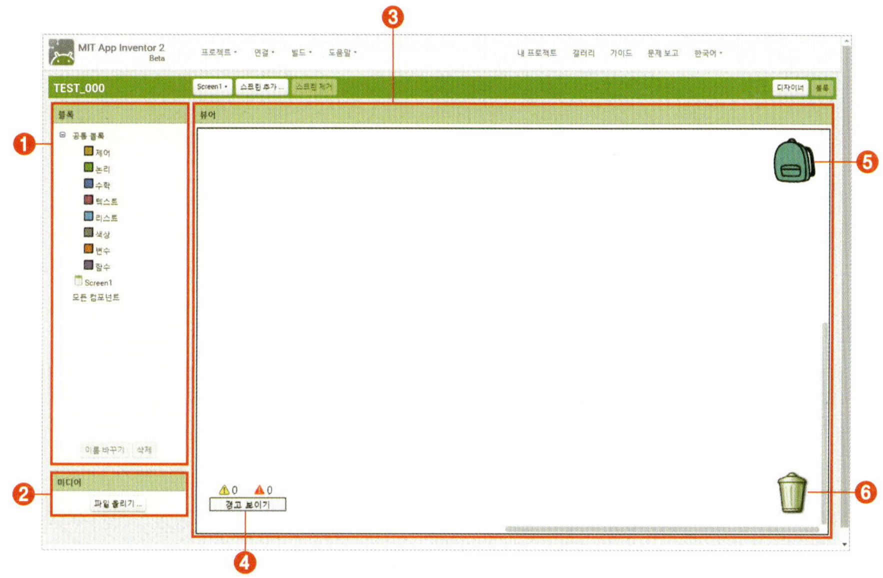

❶ **[블록] 패널** : 앱을 실행하는 명령어가 블록의 형태로 제공된다. 기본적으로 제공되는 공통 블록과 삽입한 컴포
넌트에 관련된 명령 블록, 스크린에 관련된 명령 블록으로 구성되어 있다.

❷ **[미디어] 패널** : 앱에 삽입되는 사진, 동영상, 음악, 데이터 파일 등을 앱 인벤터 서버에 업로드한다. 앱 인벤터
에서는 앱 개발에 사용되는 모든 미디어 데이터 중 스마트폰의 데이터가 아닌 경우에는 반드시 앱 인벤터 서버
에 업로드해야 한다.

❸ **[뷰어] 패널** : [블록] 패널에 표시되는 명령 블록을 드래그하여 실제 앱의 동작을 코딩하는 영역이다.

❹ **경고** : 코딩한 내용 중에 문제가 발생할 수 있는 부분을 화면에 표시한다.

❺ **백팩** : 일종의 '클립보드'로 여러 스크린을 사용할 때 코딩의 일부분을 복사하여 저장해 두었다가 다른 스크린에
서 꺼내 재사용할 수 있다. 백팩에 저장하려는 명령 블록을 마우스 오른쪽 버튼으로 클릭한 후 [백팩에 추가하
기] 메뉴를 누른다.

❻ **휴지통** : 사용하지 않는 명령 블록을 삭제할 때 '휴지통'으로 드래그하여 삭제한다. 삭제하려는 명령 블록을 선
택한 후 Delete 를 누르거나 마우스 오른쪽 버튼을 누른 후 [블록 삭제하기] 메뉴를 클릭해도 된다.

Chapter 02

앱 인벤터 프로젝트 작성하기

앱 인벤터에서는 개발되는 모든 프로그램을 프로젝트라 한다. 스크래치, 파이썬과 같은 프로그래밍 언어는 프로그램을 작성한 후 작성된 프로그램을 파일로 저장하는 것이 일반적이다. 하지만 앱 인벤터에서는 작성하고자 하는 프로그램을 앱 인벤터 웹 서버에 프로젝트로 먼저 저장한 후 프로그램을 코딩하게 된다.

1 새로운 프로젝트 작성하기

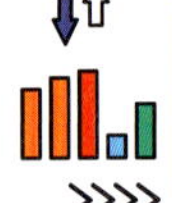

새로운 프로젝트는 [새 프로젝트 시작하기] 버튼을 눌러 작성한다. 프로젝트 이름은 영문, 숫자, _으로만 지정한다. 첫 글자는 무조건 영문자로 지정해야 하며, 대/소문자를 구분한다. 앱 인벤터는 클라우드 컴퓨팅 방식을 사용하기 때문에 생성되는 모든 프로젝트는 앱 인벤터 서버에 저장된다.

◈ 버튼을 누르면 스마트폰 배경색이 변경되는 프로젝트 작성하기

완성 파일 : TEST_01.aia

01 앱 인벤터가 실행된 상태에서 [새 프로젝트 시작하기]를 클릭한다. [새 앱 인벤터 프로젝트 생성] 창이 표시되면 작성하고자 하는 프로젝트 이름을 입력하고 [확인] 버튼을 클릭한다.

02 　빈 스크린이 생성되어 표시되며 프로젝트 이름이 화면 왼쪽 위에 표시된다. [Screen1]에 삽입되는 모든 컴포넌트가 화면 가운데에 위치하도록 지정하기 위해 [컴포넌트] 패널에서 [Screen1]을 선택한다. [속성] 패널에서 [수평 정렬]의 목록 버튼을 클릭한 후 [중앙 : 3]을 선택한다.

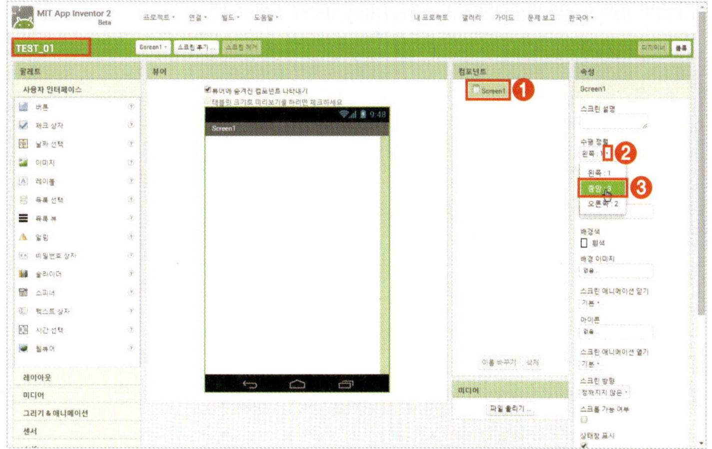

03 　[버튼] 컴포넌트를 삽입하기 위해 [팔레트] 패널의 [사용자 인터페이스] 영역에서 [버튼]을 [뷰어] 영역의 [Screen1] 내부로 드래그한다.

04 　[버튼1 텍스트]로 표시되는 버튼을 눌렀을 때 [Screen1]의 배경색이 변경되도록 코딩하려면 [블록] 편집기로 이동해야 한다. 화면 우측 상단의 [블록] 버튼을 클릭한다. [블록] 패널에서 [버튼1] 컴포넌트를 클릭한다. [버튼] 컴포넌트에서 사용가능한 명령 블록이 표시된다. [언제 {버튼1}.클릭] 블록을 [뷰어] 패널 영역으로 드래그한다.

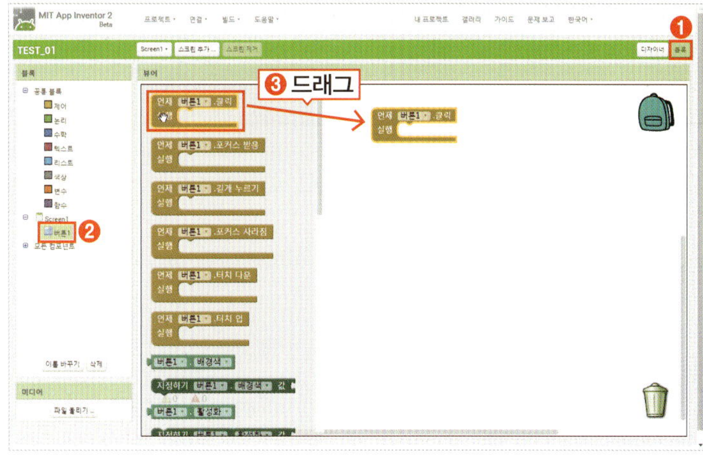

 [블록] 패널의 [Screen1]을 클릭한다. [Scree1]에서 사용 가능한 명령 블록이 표시되면 **[지정하기 {Screen1}.{배경색} 값]** 블록을 [언제 {버튼1}.클릭] 블록 사이로 드래그한다.

 배경색을 지정하기 위해 [블록] 패널의 [공통 블록]에서 [색상]을 클릭한다. 배경색으로 변경하고자 하는 색상 블록을 **[지정하기 {Screen1}.{배경색} 값]** 블록 오른쪽에 드래그하여 삽입한다.

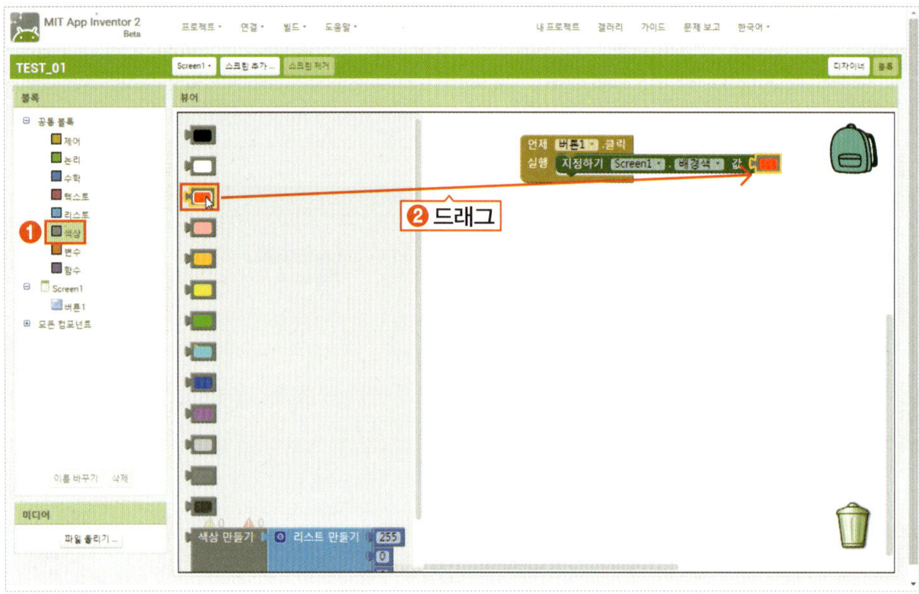

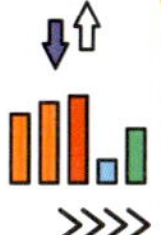

2 완성된 프로젝트 결과 확인하기

작성이 완료된 프로젝트의 결과를 확인하는 방법은 직접 '스마트폰'을 이용하는 경우와 'aiStarter 에뮬레이터'를 이용하는 경우로 나눌 수 있다. '스마트폰'을 활용할 수 있고, 'aiStarter 에뮬레이터'가 설치되어 있다면 USB 케이블로 스마트폰과 컴퓨터를 직접 연결하여 결과를 확인하는 것도 가능하다.

◆ '스마트폰'과 'AI 컴패니언'으로 결과 확인하기

먼저 컴퓨터와 스마트폰을 모두 같은 WIFI로 연결한다. WIFI가 연결되었다면 앱 인벤터의 [연결] 메뉴를 클릭한 후 [AI 컴패니언]을 선택한다.

[컴패니언에 연결하기] 창에 QR 코드가 표시된다. 스마트폰의 [MIT AI2 Companion] 앱을 실행한다. [scan QR code] 버튼을 누른다. 카메라가 활성화되면 QR 코드를 스캔한 후 잠시 기다린다. 만약 QR 코드가 스캔되지 않으면 직접 QR 코드 값을 입력한 후 [connect with code] 버튼을 누른다.

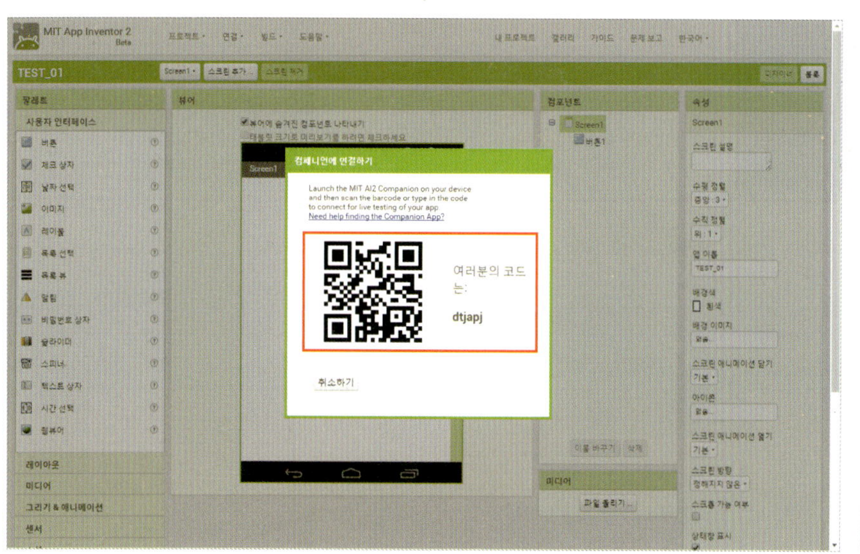

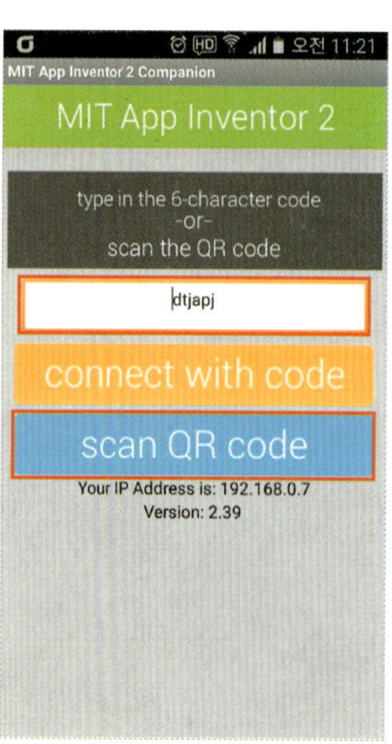

앱이 실행되어 스마트폰에 표시된다. 스마트폰의
화면에 표시되는 [버튼 1 텍스트] 버튼을 누르면
스마트폰의 배경색이 변경된다.

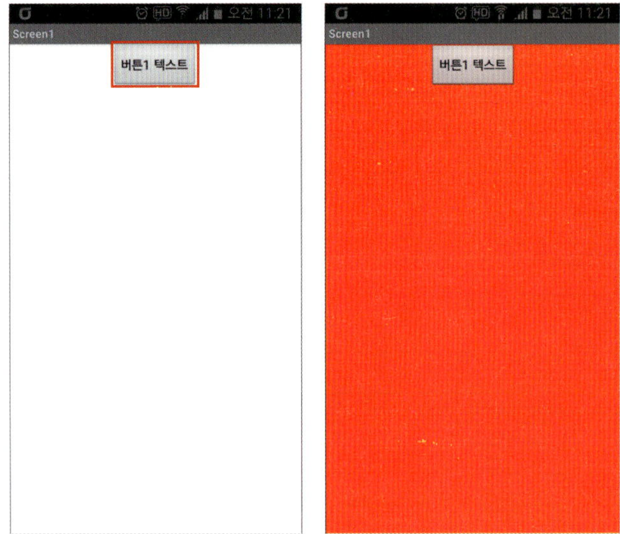

'○ 'aiStarter 에뮬레이터'로 결과 확인하기

작성이 완료된 앱 인벤터 프로젝트의 결과를 'aiStarter 에뮬레이터'로 확인하려면 먼저 'aiStarter
에뮬레이터'를 실행해야 한다. 바탕화면에 표시되는 ■ 아이콘을 더블 클릭한다. 'aiStarter'가 실행되어 표
시되면 앱 인벤터의 [연결] 메뉴를 클릭한 후 [에뮬레이터]를 선택한다.

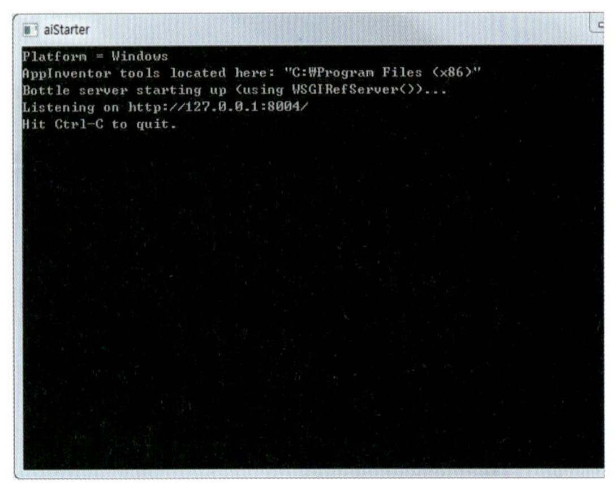

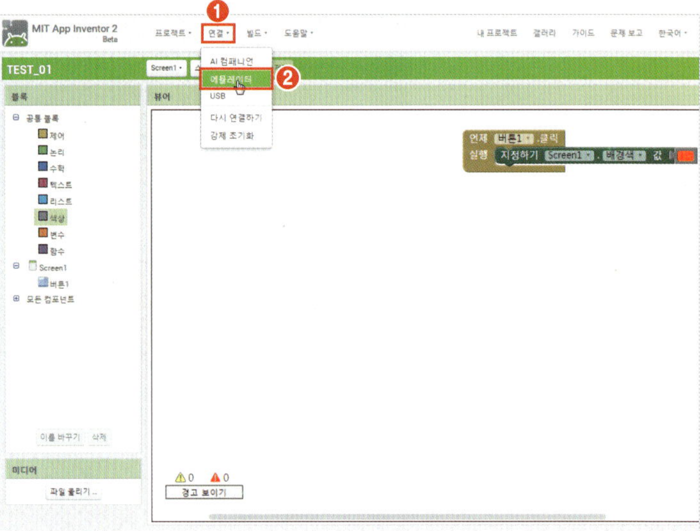

에뮬레이터 연결을 준비하는 화면이 표시된다. 연결이 완료되면 작성된 앱의 결과가 애뮬레이터 화면에 표
시된다. [버튼1 텍스트] 버튼을 마우스로 클릭하면 에뮬레이터 배경색이 변경되어 표시된다.

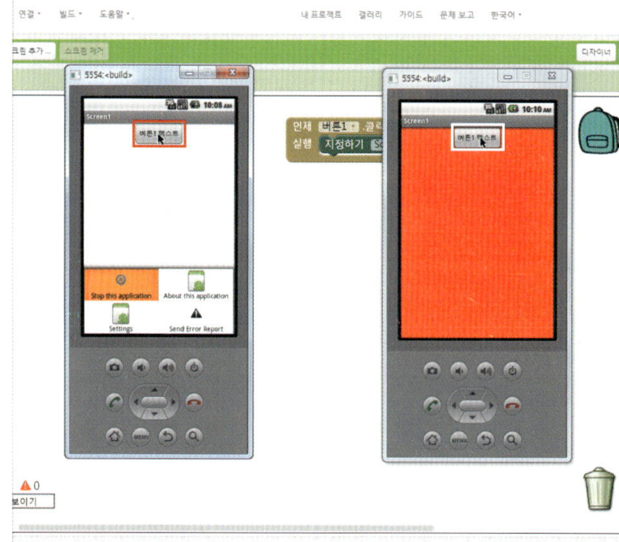

TIP aiStarter 업데이트하기

aiStarter 에뮬레이터를 실행한 후 연결
했을 때 [컴패니언 버전 확인] 창이 표시
된다면 [확인] 버튼을 누른 후 기다린다.
[소프트웨어 업데이트] 창이 표시되면 내
용을 확인한 후 [알겠습니다] 버튼을 클
릭한다.

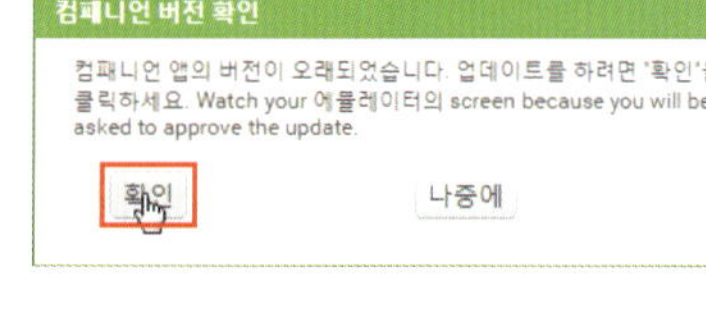

에뮬레이터 화면이 표시되고,
[Replace application]이 표
시되면 [OK] 버튼을 클릭한
다. [Install] 버튼을 눌러 업데
이트를 실행한 후 "Application
installed"이 표시되면 [Done] 버
튼을 클릭하여 업데이트를 완료
한다.

USB 케이블로 연결하여 결과 확인하기

컴퓨터에 'aiStarter 에뮬레이터'가 설치되어 있고, 스마트폰에 'AI 컴패니언'이 설치되어 있다면 USB 케이블을 이용하여 작성한 앱의 결과를 확인할 수 있다. WIFI 연결이 어렵거나 또는 'aiStarter 에뮬레이터'로 결과 확인이 힘들 때 UBS 케이블을 이용하면 된다. 단 USB 케이블을 이용하려면 스마트폰의 "USB 디버깅" 기능을 활성화시켜야 한다. "UBS 디버깅" 기능을 활성화하려면 스마트폰의 [설정]을 실행한 후 [개발자 옵션] 메뉴로 이동한다. 디버깅 항목의 "USB 디버깅"을 체크한 후 [확인] 버튼을 클릭한다.

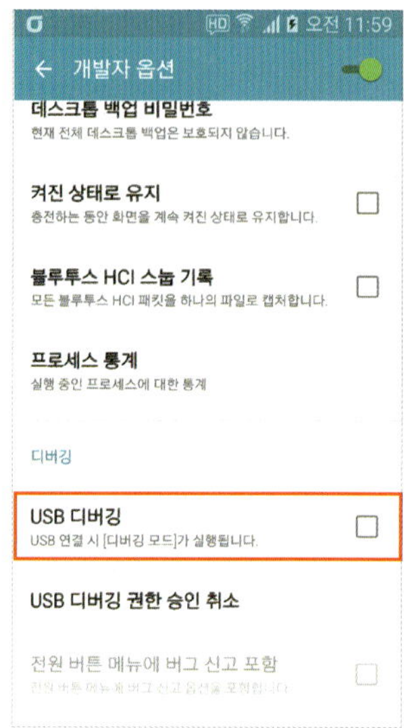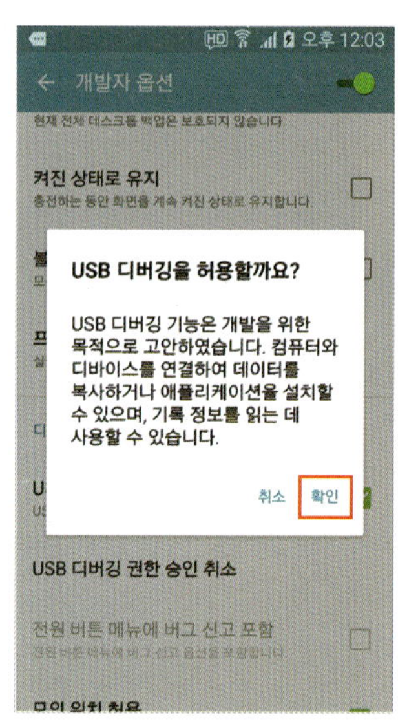

TIP [개발자 옵션] 켜기(표시하기)

[개발자 옵션]은 앱 개발자 입장에서 스마트폰을 설정하고 테스트하기 위해 필요한 메뉴이기 때문에 안드로이드 4.2 이상 버전에서는 메뉴가 표시되지 않는다. 만약 사용자의 스마트폰에 [개발자 옵션] 메뉴가 표시되지 않는다면 [설정]을 실행한 후 [일반]의 [디바이스 정보]를 선택한다. [디바이스 정보]에서 [빌드 번호]를 누른다. 여러 번 누르면 몇 번을 눌러야 개발자 모드로 설정이 완료되는지 표시해준다. 설정이 완료되면 추가된 개발자 옵션이 표시된다.

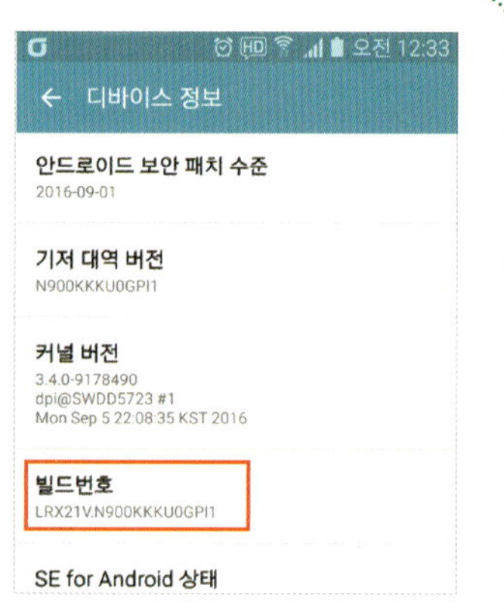

USB 케이블을 이용하여 컴퓨터와 스마트폰을 연결한 상태에서 'aiStarter 에뮬레이터'를 실행한다. 'aiStarter 에뮬레이터'가 실행되어 표시되면 앱 인벤터의 [연결] 메뉴를 클릭한 후 [USB]를 선택한다. "USB 디버깅을 허용할까요?"라는 팝업창이 스마트폰에 표시되면 [확인]을 누른다. USB 케이블에 연결하는 상태를 표시한다.

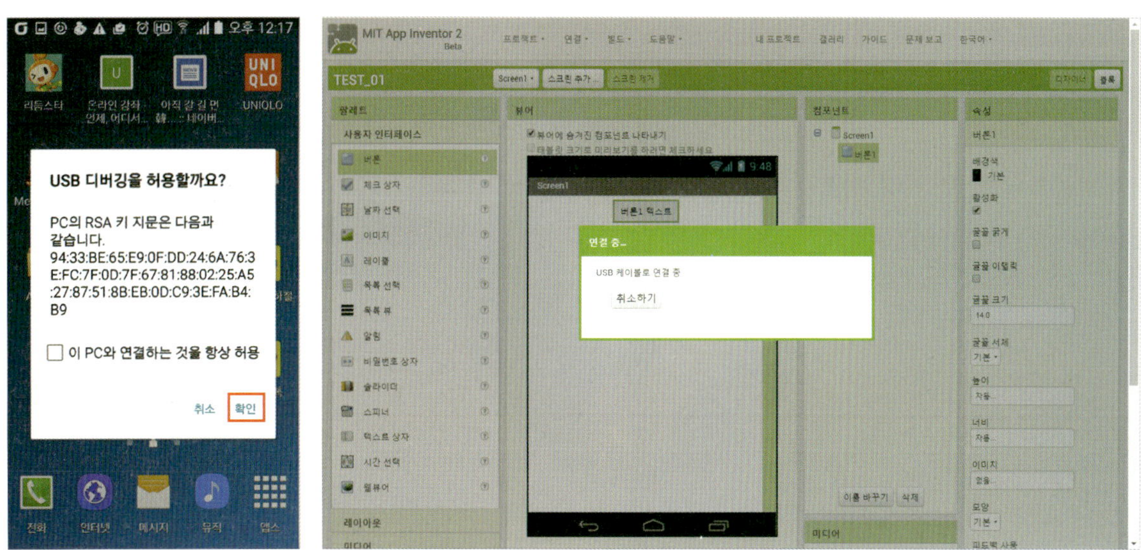

TIP USB 디버깅 '항상 허용' 지정하기

스마트폰에 표시되는 [USB 디버깅을 허용할까요?] 팝업창에서 [확인]을 선택하지 않거나 USB 케이블이 제대로 연결되어 있지 않으면 다음과 같은 창이 표시된다. [확인] 버튼을 매번 누르는 것이 번거롭다면 [이 PC와 연결하는 것을 항상 허용] 항목을 선택한 후 [확인] 버튼을 누른다.

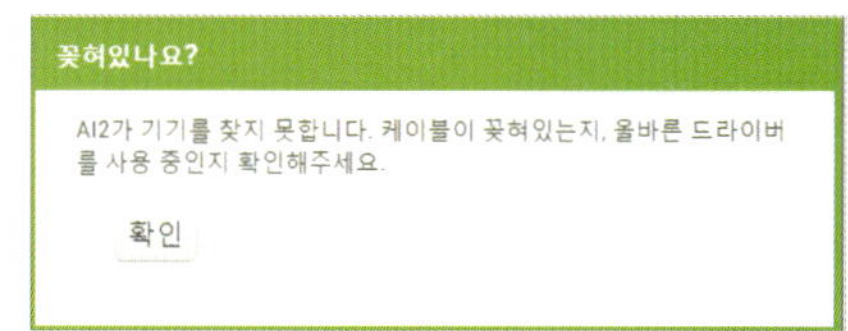

USB 케이블과 연결되면 연결된 기기의 정상 작동여부를 확인한다. 기기의 정상작동이 확인되면 컴패니언을 시작하면서 정상작동 여부를 확인한다. 문제가 없다면 스마트폰에 AI 컴패니언이 자동으로 실행된 후 앱이 실행되어 표시된다.

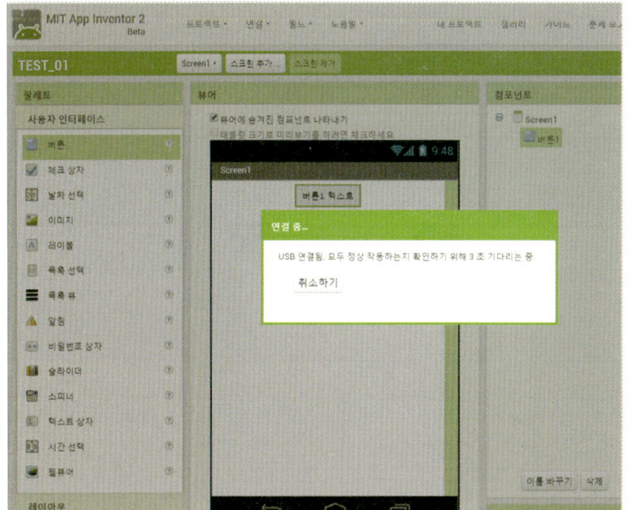

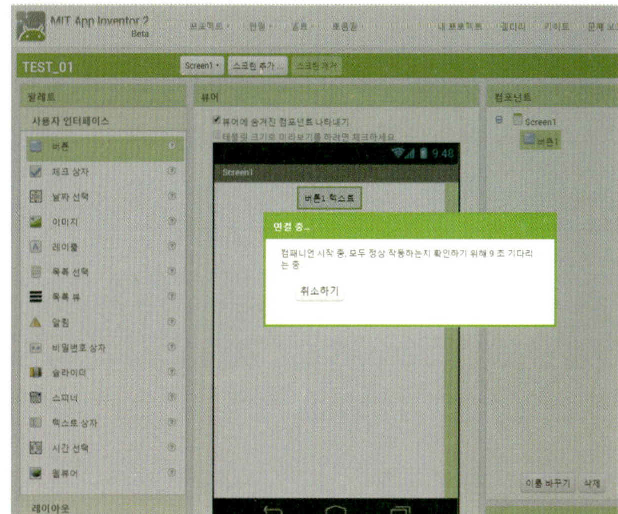

연결 초기화하기

작성된 앱 결과를 확인하는 도중 앱 인벤터와 스마트폰 또는 'aiStarter 에뮬레이터'의 연결이 끊긴다면 연결을 다시 초기화해야 한다. 연결 초기화는 [연결] 메뉴의 [다시 연결하기]와 [강제 초기화] 메뉴를 이용한다. 앱 인벤터와 스마트폰의 연결에 문제가 있다면 [다시 연결하기]를 클릭하여 기존의 연결을 초기화한 후 다시 앱 인벤터와 스마트폰을 연결한다. [강제 초기화]는 'aiStarter 에뮬레이터'를 초기화한다.

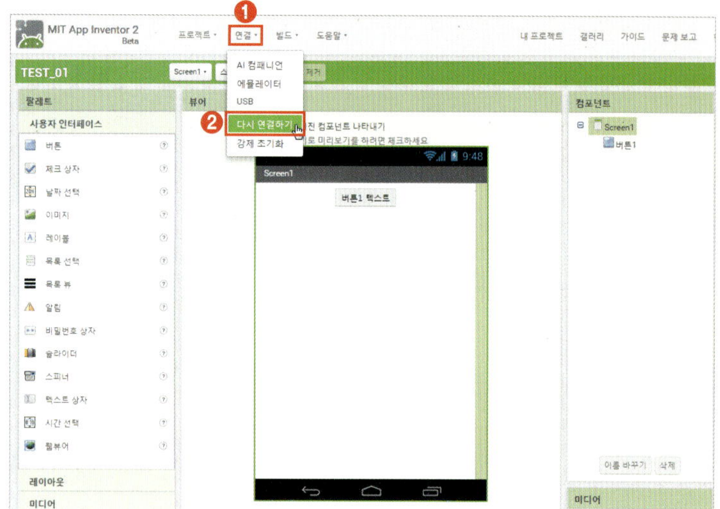

3 실제 앱 스마트폰에 설치하기(빌드하기)

스마트폰 또는 aiStarter 에뮬레이터로 결과를 확인한 앱을 실제로 스마트폰에 설치하여 활용하려면 프로젝트 파일(.aia)을 설치 파일(.apk)로 변환해야 한다. 설치 파일의 확장자 .apk는 'Android application package'의 약자로 안드로이드 응용 프로그램 패키지를 의미한다. 설치 파일은 QR 코드를 이용하여 직접 스마트폰에 설치하는 방법과 컴퓨터에 저장한 후 스마트폰으로 복사하는 방법으로 나뉜다.

QR 코드로 스마트폰에 설치하기

01 [빌드] 메뉴를 클릭한 후 [앱 (.apk 용 QR 코드 제공)] 메뉴를 클릭한다.

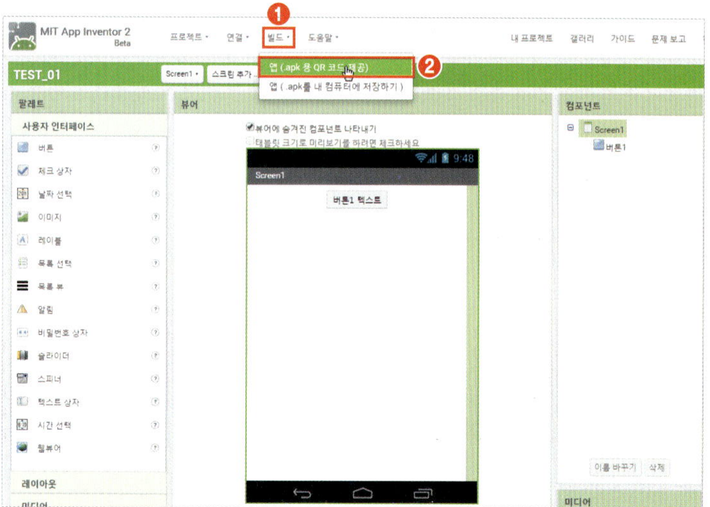

02 다음과 같이 진행 상태 바가 표시되며, QR 코드 창이 표시되면 스마트폰의 [MIT AI2 Companion] 앱을 실행한다. [scan QR code] 버튼을 누른다. 카메라가 활성화되면 QR 코드를 스캔한다.

Note. 스마트폰에 [QR 코드 리더기] 앱이 설치되어 있다면, [MIT AI2 Companion] 앱을 이용하지 않고 직접 [QR 코드 리더기] 앱을 이용해서 설치해도 된다.

03 다음과 같이 [설치 차단] 알림이 표시되면 [설정] 버튼을 누른다. [보안] 설정 화면으로 이동되면 [출처를 알 수 없는 앱]을 체크한 후 [확인] 버튼을 클릭한다.

Note. 기본적으로 플레이스토어에 등록된 앱만 설치할 수 있도록 지정되어 있기 때문에 직접 작성했거나 플레이스토어가 아닌 곳에서 다운로드한 .apk 파일을 설치하면 [설치 차단] 알림이 표시된다.

04 실제 앱을 설치할 수 있는 화면으로 이동되면 [설치] 버튼을 누른다. '설치 중...' 화면이 표시되면 잠시 기다린다. 설치가 완료되면 [완료]와 [열기] 버튼이 표시된다. [완료] 버튼을 클릭하여 앱 설치 작업을 완료한다.

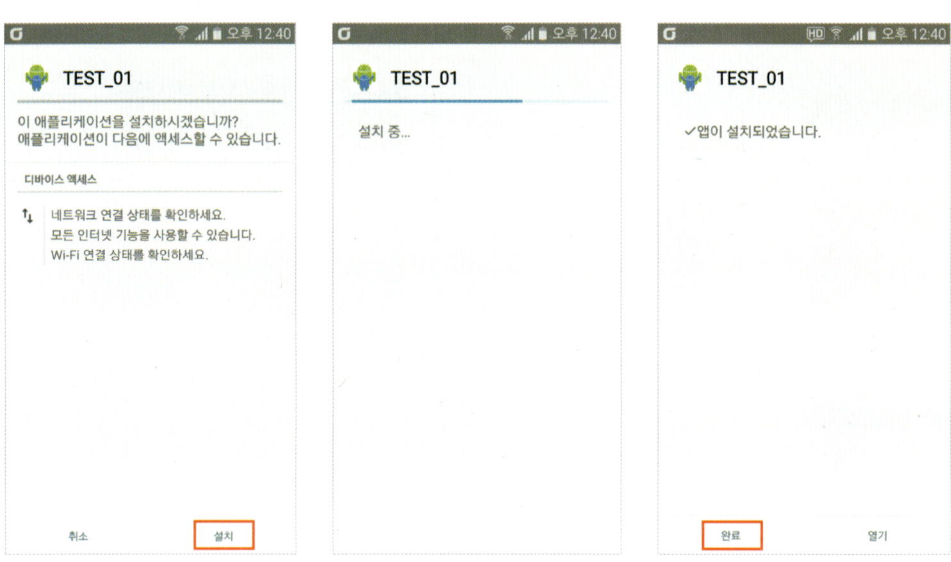

05 스마트폰의 바탕화면을 살펴보면 [TEST_01] 앱 아이콘이 표시된다. 앱 아이콘을 지정하지 않았기 때문에 기본 아이콘으로 등록되어 표시된다.

컴퓨터에 저장한 후 폰에 설치하기

01 [빌드] 메뉴를 클릭한 후 [앱 (.apk를 내 컴퓨터에 저장하기)] 메뉴를 클릭한다.

02 다음과 같이 진행 상태 바가 표시된다. .apk 생성이 완료되면 'TEST_01.apk' 파일이 컴퓨터의 [Download] 폴더에 다운로드된다.

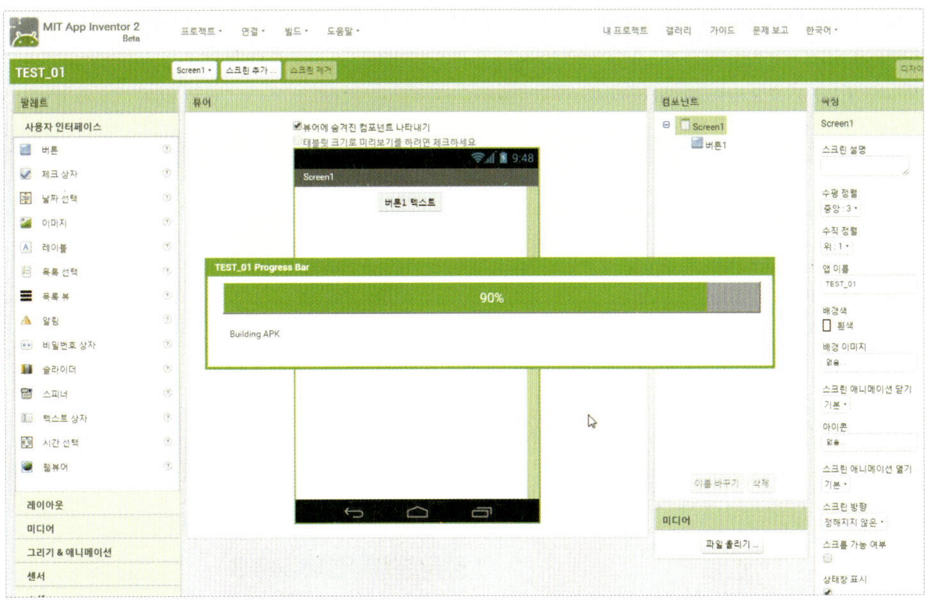

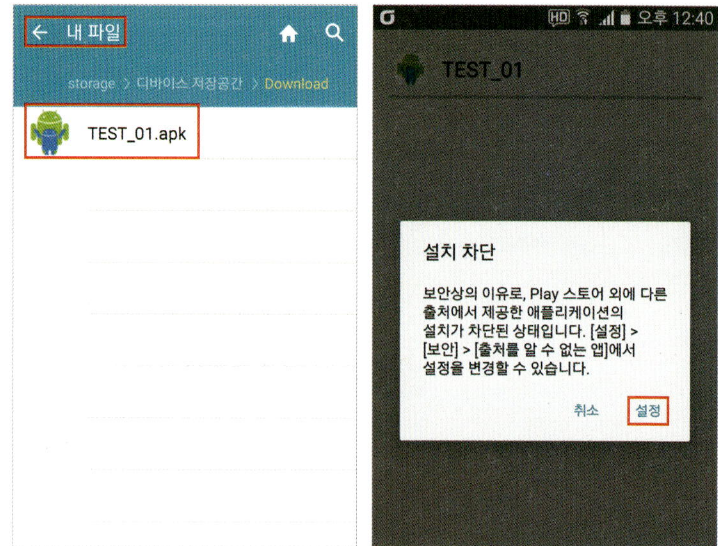

03　다운로드된 'TEST_01.apk' 파일을 스마트폰으로 복사한다. 스마트폰의 [내 파일] 앱을 실행한 후 복사한 'TEST_01.apk' 파일을 누른다. [설치 차단] 알림이 표시되면 [설정] 버튼을 누른 후 앞 페이지와 동일한 방법으로 설치 완료한다.

4 프로젝트 저장하고 삭제하기

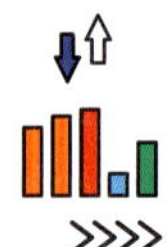

앱 인벤터로 작성되는 모든 프로젝트 파일은 기본적으로 앱 인벤터 서버에 저장되는 클라우드 방식이 적용된다. 서버에 보관중인 프로젝트 파일 중 이미 완성된 프로젝트는 컴퓨터에 저장하고, 필요 없는 프로젝트 파일은 삭제하여 관리하는 것이 프로젝트 파일을 관리하는데 효율적이다. 단 삭제된 프로젝트는 서버에서 영구히 삭제되기 때문에 복구가 불가능하다.

◆ 프로젝트 저장하기/다른 이름으로 저장하기

현재 작성 중인 프로젝트는 앱 인벤터 서버에 자동으로 저장되지만 프로그래밍 작업을 종료할 때는 만약을 대비하여 직접 저장하는 것이 효율적이다. 현재 작성 중인 프로젝트 저장은 [프로젝트] 메뉴의 [프로젝트 저장]을 클릭한다. 이미 작성된 프로젝트의 특정 기능을 변경하여 다른 이름으로 저장하고자 한다면 [프로젝트 다른 이름으로 저장]을 클릭한 후 새로 지정하고자 하는 프로젝트 이름으로 입력하고 [확인] 버튼을 클릭한다.

◈ 체크포인트 저장

앱 인벤터로 코딩 작업 도중 새로운 컴포
넌트의 삽입이나 새로운 명령 블록 삽입과 같은
새로운 작업을 추가하기 전 현재 상태를 체크포
인트로 저장할 수 있다. 체크포인트 저장은 [체크
포인] 메뉴를 클릭한 후 체크포인트 이름을 입력
하고 [확인] 버튼을 클릭하면 된다. 체크포인트로
지정된 프로젝트는 서버에 저장되고 현재 화면에
는 표시되지 않는다.

TIP 다른 이름으로 저장과 체크포인트

현재 프로젝트를 다른 이름으로 저장하게 되면
저장 전까지의 프로젝트는 이전 이름으로 저장
되고 화면에는 새로운 프로젝트 이름이 표시된
다. 하지만 체크포인트로 저장하면 저장 전까지
의 프로젝트가 새로운 이름으로 저장되고 현재
화면에는 이전 프로젝트 이름이 표시된다.

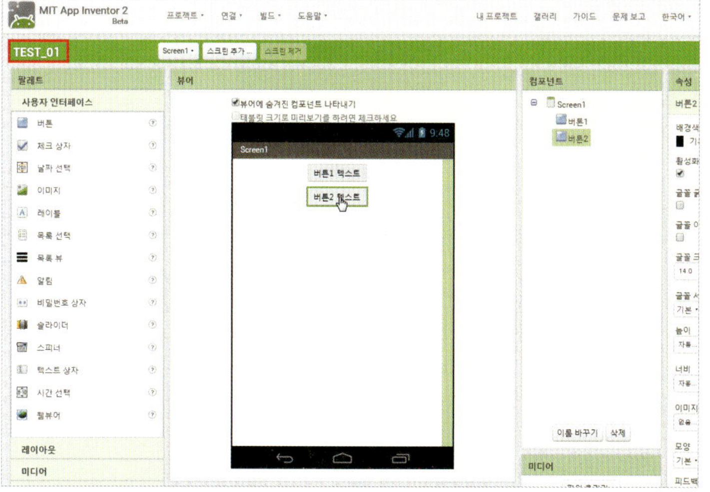

◈ 작성중인 프로젝트 삭제하기

작성중인 프로젝트를 삭제하려면 [프로젝트] 메뉴를 클릭한 후 [프로젝트 삭제] 메뉴를 클릭한다. 경고창이 표시되면 [확인] 버튼을 클릭한다.

◈ 프로젝트 목록에서 선택하여 삭제하기

앱 인벤터 서버에 저장되어 있는 프로젝트의 목록을 직접 보고 삭제하고자 한다면 화면 오른쪽 상단의 [내 프로젝트]를 클릭한다. 프로젝트 목록이 표시되면 삭제하고자 하는 프로젝트를 체크한 후 [프로젝트 삭제] 버튼을 클릭한다. 경고창이 표시되면 [확인] 버튼을 클릭한다.

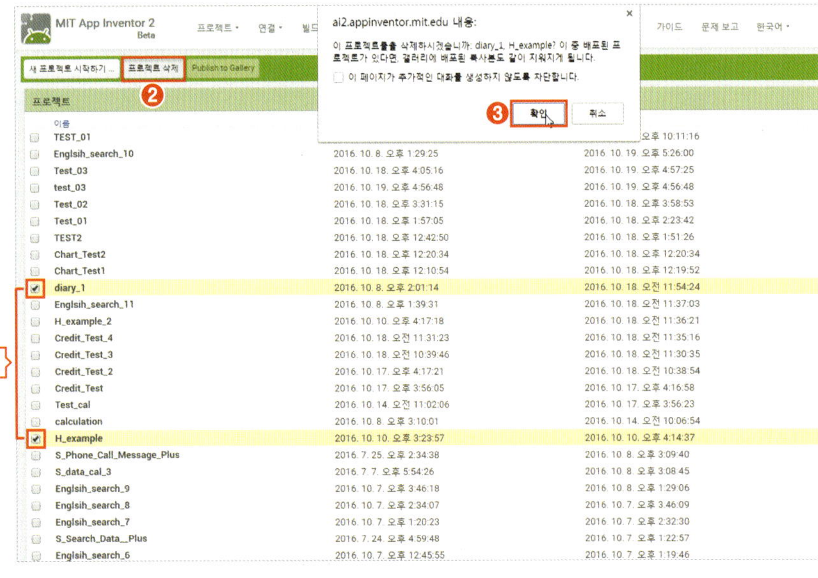

5 컴퓨터에 저장된 프로젝트 열기 및 컴퓨터에 저장하기

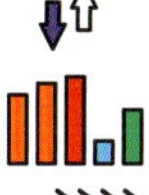

작성된 프로젝트를 추가 수정하려면 해당 프로젝트를 불러와야 한다. 앱 인벤터 서버에 저장되어 있는 프로젝트 뿐만 아니라 컴퓨터(로컬 메모리)에 저장된 프로젝트도 불러올 수 있다.

[내 프로젝트]로 서버에 저장된 프로젝트 확인하고 불러오기

[내 프로젝트] 메뉴를 클릭하면 앱 인벤터 서버에 저장되어 있는 프로젝트 목록을 확인할 수 있다. 목록으로 표시되는 프로젝트 이름을 클릭하면 서버에 저장되어 있던 프로젝트가 화면에 표시된다.

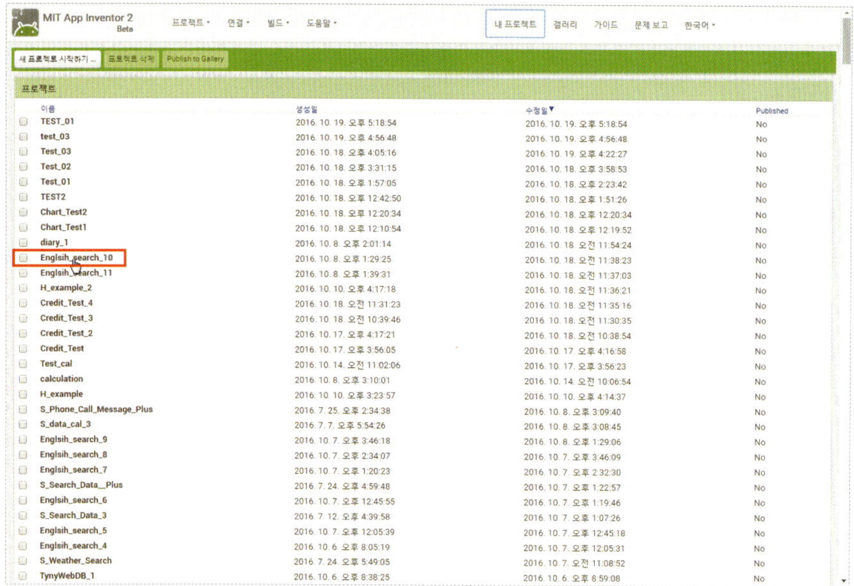

✦ 컴퓨터에 저장된 프로젝트 불러오기

컴퓨터(로컬 메모리)에 저장된 프로젝트를 불러오려면 [프로젝트] 메뉴의 [내 컴퓨터에서 프로젝트(.aia) 가져오기] 메뉴를 클릭한다. [프로젝트 가져오기...]창의 [파일 선택] 버튼을 누른다. 불러오려는 프로젝트 파일이 저장된 위치를 지정한 후 해당 프로젝트 파일을 선택하고 [열기] 버튼을 누른다. 단 불러오기 하려는 프로젝트의 파일명이 앱 인벤터 서버에 저장된 파일명과 동일하면 불러오기 오류 메시지가 표시된다.

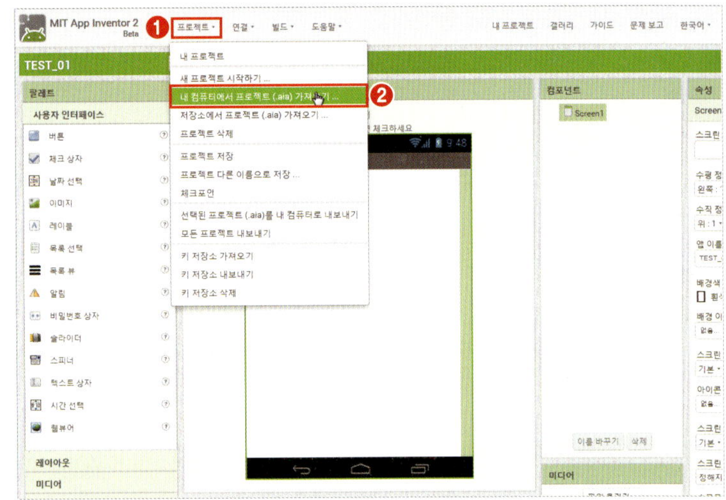

Note. 워드프로세서 문서 파일이나 엑셀 문서 파일은 클라우드 방식으로 저장하지 않기 때문에 컴퓨터(로컬 메모리)에 저장된 파일을 더블 클릭하면 자동으로 해당 프로그램이 실행되어 파일이 열린다. 하지만 앱 인벤터로 작성된 프로젝트 파일은 반드시 앱 인벤터 서버에 업로드해야 파일을 열기할 수 있다.

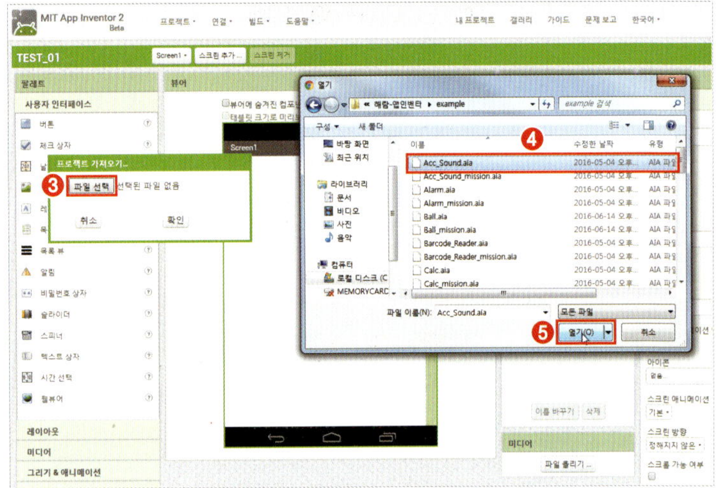

✦ 작성된 프로젝트 컴퓨터에 저장하기

앱 인벤터에서 작성된 프로젝트는 서버에 저장되는 것이 기본이기 때문에 작성된 프로젝트를 컴퓨터에 저장하려면 [프로젝트] 메뉴의 [선택된 프로젝트(.aia)를 내 컴퓨터로 내보내기] 메뉴를 클릭한다. 저장되는 모든 프로젝트 파일은 컴퓨터의 [다운로드] 폴더에서 확인할 수 있다.

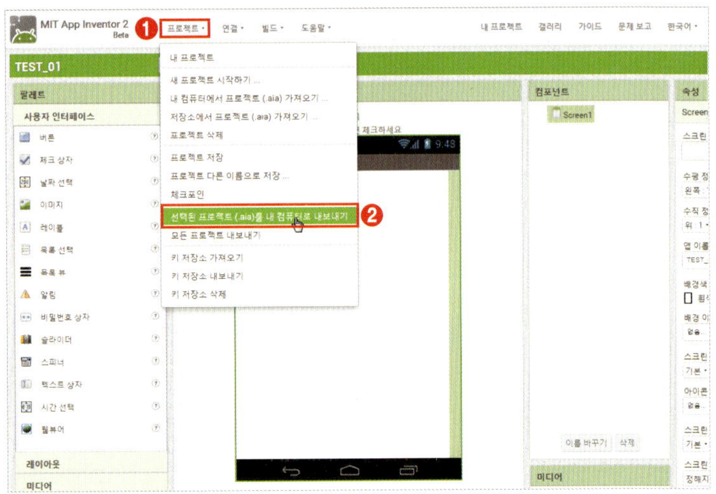

작성된 모든 프로젝트 컴퓨터에 저장하기

작성중인 또는 선택한 특정 프로젝트가 아닌 앱 인벤터 서버에 저장되어 있는 모든 프로젝트를 컴퓨터에 저장하려면 [모든 프로젝트 내보내기] 메뉴를 클릭한다. 알림창이 표시되면 [확인] 버튼을 클릭한다.

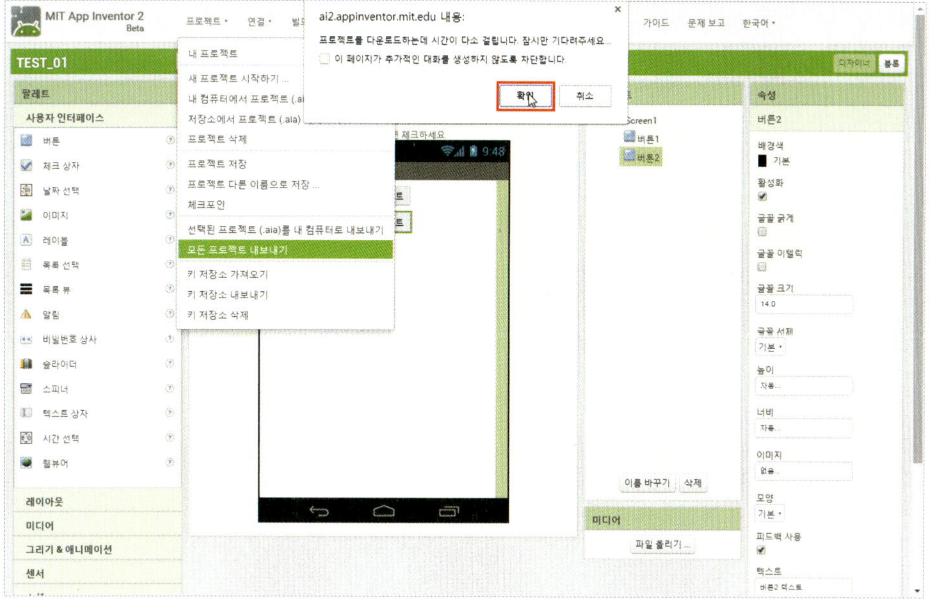

TIP 키스토어

키스토어는 애플리케이션을 작성한 작성자에 관련된 정보를 삽입하는 기능으로 안드로이드 프로젝트 생성 후 배포할 때 반드시 개발자의 KeyStore 파일을 이용하여 서명을 해야 한다. 서명은 앱 개발자임을 표시하는 수단으로 한 번 서명한 KeyStore 파일은 계속 백업 후 유지해야 한다.

6 갤러리 앱 확인하고 등록하기

갤러리는 전 세계의 앱 인벤터 사용자들이 자신이 완성한 프로젝트들을 공유하는 공간이다. 갤러리에 등록된 앱을 다운로드하여 내 프로젝트로 등록하여 확인할 수 있으며, 내가 작성한 앱도 간단히 갤러리에 등록할 수 있다.

갤러리에서 다른 사람의 앱 검색/저장하기

[갤러리] 메뉴를 클릭한다. [RECENT], [TUTORIALS], [FEATURED], [POPULAR], [SEARCH] 메뉴가 표시되면 마음에 드는 항목을 선택한다. 표시되는 앱 목록에서 저장하고자 하는 앱을 클릭한 후 [앱 열기] 버튼을 클릭한다. [프로젝트 이름] 입력 창이 표시되면 [확인] 버튼을 클릭한다.

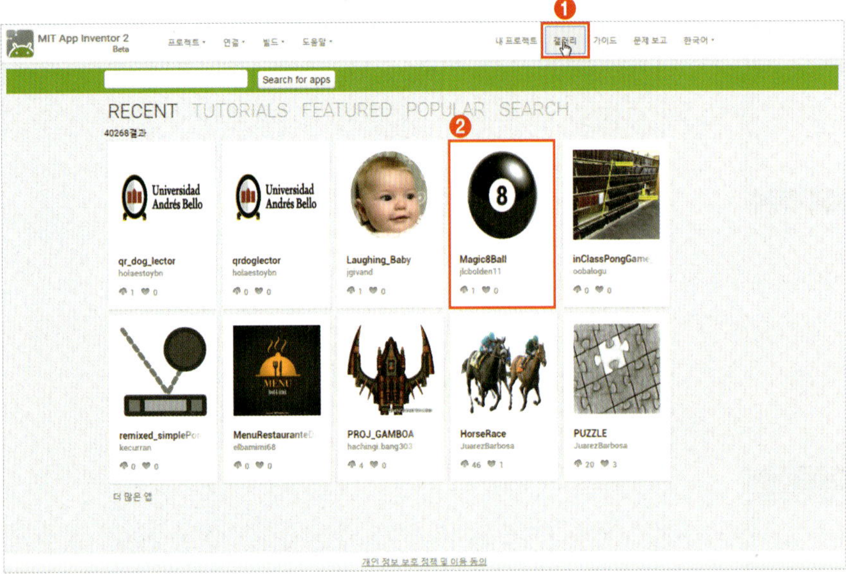

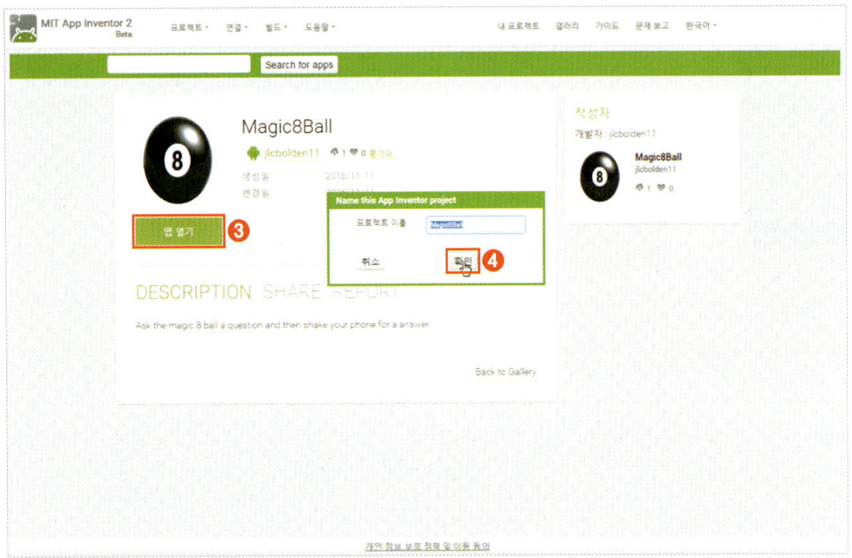

갤러리에 내가 작성한 앱 등록하기

직접 작성한 앱을 등록하려면 [내 프로젝트] 메뉴를 클릭한 후 프로젝트 목록에서 갤러리에 등록하고자
하는 앱을 체크한다. [Publish to Gallery] 메뉴를 클릭한 후 등록 페이지로 이동하면 [발행] 버튼을 클
릭한다.

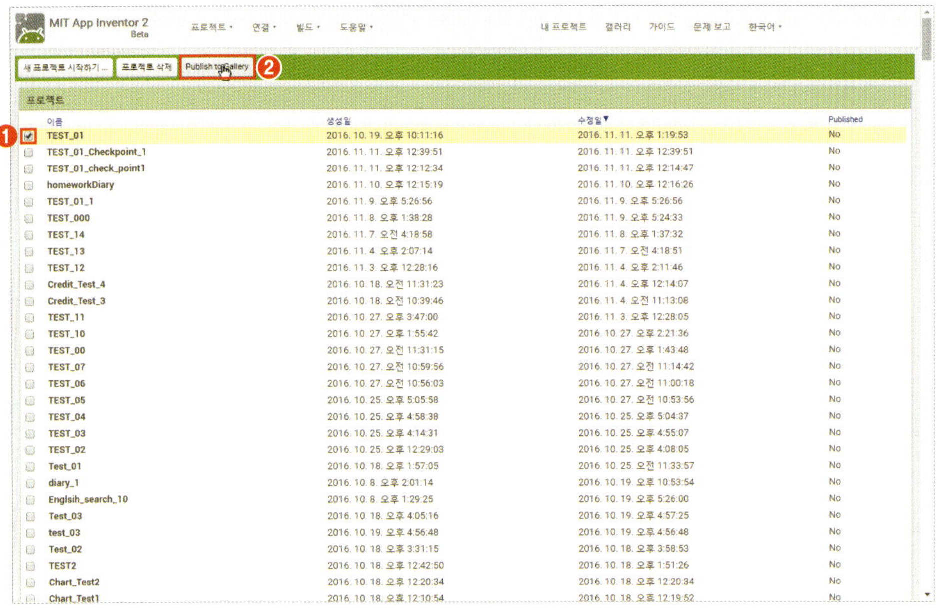

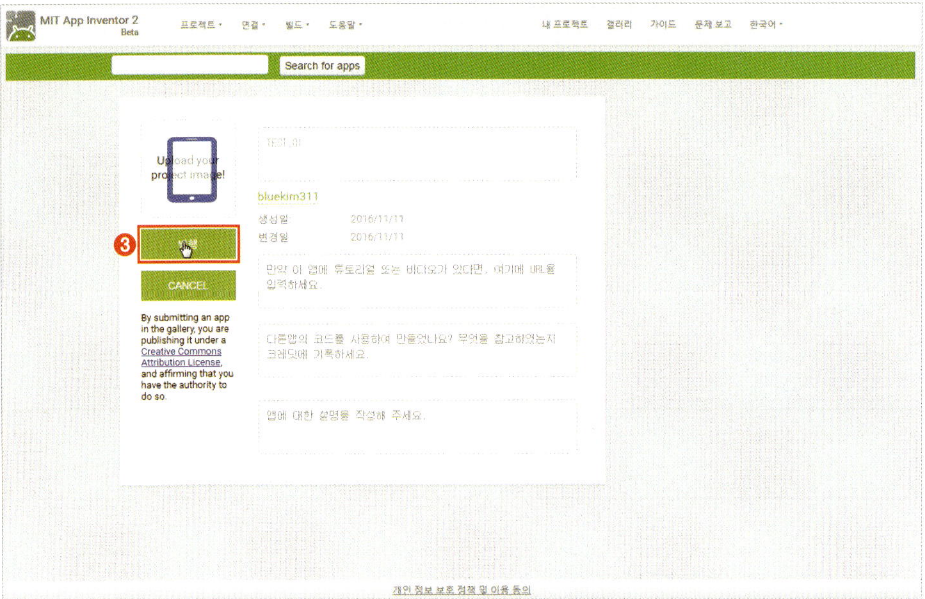

앱 개발에 필요한 개념 익히기

앱 인벤터는 직접 명령을 입력해서 코딩하는 텍스트 위주의 프로그램과 달리 레고 블록을 조립하는 것과 같이 미리 등록되어 있는 블록을 이용하여 코딩하는 블록 코딩 프로그램이다. 기본적으로 특정 사건(이벤트)이 발생하면 처리해야 할 명령을 속성 블록과 함수 블록을 이용하여 구성한다. 앱 인벤터에서 [블록]은 [공통] 블록과 [컴포넌트] 블록 그리고 [모든 컴포넌트] 블록으로 나눈다. [컴포넌트] 블록은 블록의 특성에 따라 [이벤트] 블록, [함수] 블록, [속성] 블록으로 구분하며 [공통] 블록은 앱 인벤터 화면에 삽입된 컴포넌트와 관계없이 모든 블록에 사용가능한 명령 블록을 의미한다.

1 이벤트와 블록

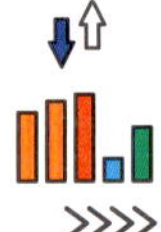

음악 재생 앱에서 음악을 들으려면 [재생], 음악 재생을 멈추게 하려면 [멈춤] 버튼을 눌러야 한다. 단어를 검색하려면 단어를 입력하고 [검색] 버튼을 눌러야한다. 이와 같이 앱을 이용하여 특정 기능을 이용하기 위해 하는 동작들을 '이벤트'라 한다. 이벤트가 발생되었을 때 구현되어야하는 동작들은 명령 블록을 이용하여 구성한다. 앱 인벤터에서는 앱이 처음 실행될 때 발생하는 초기화 이벤트와 사용자가 특정 동작을 수행했을 때 발생하는 사용자 이벤트 그리고 스마트폰 내부에서 특정 동작이 감지되어 발생하는 외부 이벤트로 나뉜다. 블록은 이벤트가 발생되었을 때 수행해야 할 하나하나의 명령을 의미한다.

◈ [이벤트] 블록

이벤트 블록은 사용자가 특정 동작을 하거나 특정 동작이 감지되었을 때 즉 이벤트를 발생시켰을 때 특정 동작을 수행하도록 사용하는 블록으로 블록의 색이 노랑이다. 대표적인 이벤트 블록은 다음과 같다.

1. 초기화 이벤트 블록

앱이 처음 실행되었을 때 자동으로 발생되는 이벤트로 특정 변수 값을 초기화하거나, 특정 이벤트가 자동으로 발생되도록 할 때 활용된다. **[Screen1]의 [언제 {Screen1}.초기화]** 블록을 이용하여 초기화한다.

[초기화] 이벤트 블록	언제 Screen1 ▼ .초기화 실행

2. 사용자 이벤트 블록

버튼을 누르거나, 글을 입력하거나, 공을 드래그하는 것과 같이 사용자가 직접 특정 이벤트(사건)를 직접 발생시키는 이벤트를 의미한다. 앱에서 가장 많이 발생하는 이벤트이다.

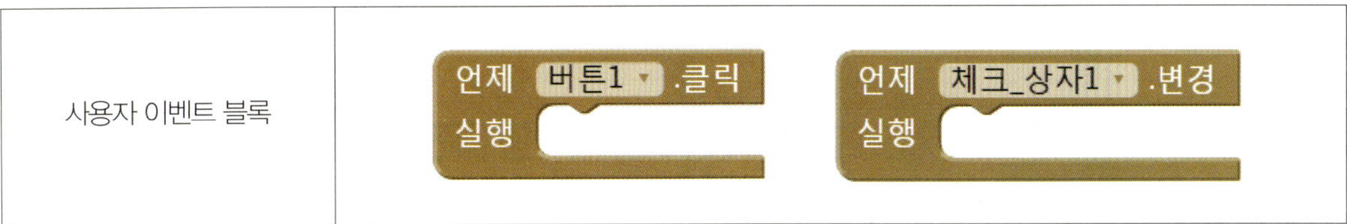

사용자 이벤트 블록	

3. 외부 이벤트 블록

초기화 이벤트와 사용자 이벤트와 달리 스마트폰 내부에서 특정 동작이 감지되었을 때 자동으로 발생하는 이벤트를 의미한다. GPS 위치 정보를 수신 받거나, 문자가 도착되었을 때, 전화를 받지 못했을 때, 특정 시간이 지났을 때 자동으로 발생되는 이벤트가 대표적인 외부 이벤트이다.

외부 이벤트 블록	

🔷 함수 블록

함수 블록은 특정 동작이 가능하도록 앱 인벤터 프로그램에서 미리 만들어놓은 명령 모음 블록으로 '기본 함수 블록'이라 한다. 프로그래머가 자주 반복되는 명령 블록을 모아 직접 함수로 선언하여 프로그램을 코딩하면 간략한 프로그램을 구성할 수 있다. 이와 같이 사용자가 직접 선언하는 함수는 '사용자 지정 함수 블록'이라 한다. '사용자 지정 함수 블록'은 [공통] 블록의 [함수]를 이용하여 함수 이름을 선언하고 활용한다.

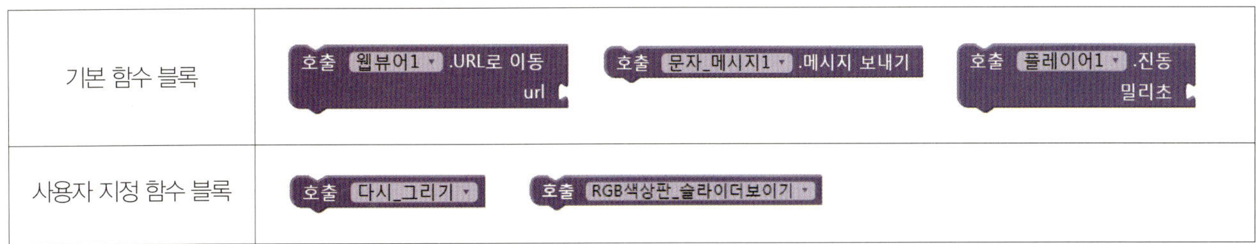

기본 함수 블록	
사용자 지정 함수 블록	

속성 지정 블록

각각의 컴포넌트가 가지는 속성, 즉 색, 너비, 높이, 글자 색, 속도와 같은 값을 변경할 때 사용하는 블록으로 블록 색이 초록이다. 컴포넌트는 블록으로 지정이 불가능한 속성들이 존재한다. 예를 들어 [버튼] 컴포넌트의 [글꼴 서체]는 [디자이너] 편집기의 [속성] 패널에서만 지정 가능하다.

속성 지정 블록	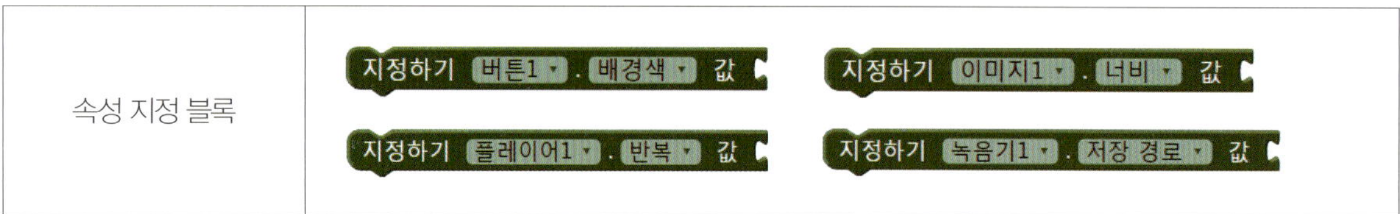

속성 값 블록

속성 값을 기억하고 있는 블록으로 블록 색이 녹색이다. **[[체크 상자1].{선택 여부}]** 블록과 같이 특정 상태를 기억하고 있는 경우에는 'true(참)' 또는 'false(거짓)'라는 값을 저장하고 있다.

속성 값 블록	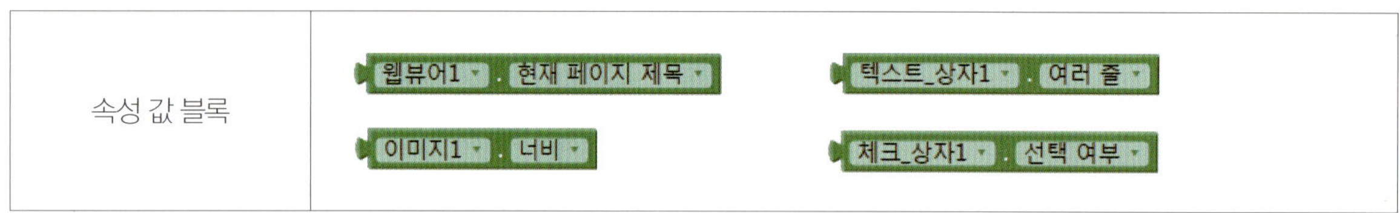

2. 공통 블록 살펴보기

[공통] 블록은 앱 인벤터 화면에 삽입된 컴포넌트와 관계없이 모든 블록에 사용가능한 명령 블록을 의미한다.

공통 블록

공통 블록은 [Screen1]의 컴포넌트 삽입 여부와 관계없이 사용 가능한 명령 블록이다. [블록] 편집기에서 확인 가능하며 [제어], [논리], [수학], [텍스트], [리스트], [색상], [변수], [함수] 블록으로 구성되어 있다.

1. [제어] 블록

프로그램의 흐름을 제어하거나 특정 동작을 반복시키는 명령 블록들로 구성되어 있다.

대표 블록	설명
만약 그러면	지정된 조건이 만족되면 [그러면]의 명령을 실행한다.

대표 블록	설명
각각 반복 숫자 시작 1 끝 5 간격 1 실행	[시작] 값이 1부터 1씩 값을 증가하여 [끝] 값인 5가 될 때까지 즉 5번 블록 내부의 명령 블록을 실행한다. [시작], [끝], [간격]값 모두 변경가능하다.
각각 반복 항목 리스트 실행	리스트에 사용되는 반복 명령 블록으로 리스트의 각 항목마다 블록 내부의 명령 블록을 실행한다.
~하는 동안 검사 실행	조건을 지정한 후 검사한 조건이 참이면 블록 내부의 명령 블록을 실행한다.
결과 무시하고 실행	반환되는 결과 값을 무시하고 무조건 연결된 명령 블록을 실행한다.
다른 스크린 열기 스크린 이름	지정된 이름의 스크린으로 이동한다.
시작 값 가져오기	새로운 스크린으로 이동할 때 이전 스크린에서 넘겨받은 시작 값이다. 만약 넘겨주는 값이 없다면 빈 텍스트를 넘겨준다.
스크린 닫기	현재 스크린을 닫는다.
값을 전달하며 스크린 닫기 결과	새로 열리는 스크린에 값을 전달하고 현재 스크린을 닫는다.

2. [논리] 블록

참, 거짓과 같은 논리적 판단이 필요할 때 사용되는 블록들로 구성되어 있다.

대표 블록	설명
참	논리 값인 true(참)를 반환한다.
거짓	논리 값인 false(거짓)를 반환한다.
아니다	입력 값의 반대 값을 반환한다. 즉 입력 값이 true(참)이면 false(거짓), 입력 값이 false(거짓)이면 true(참)을 반환한다.
=	두 값이 동일한지 비교하여 동일하면 true(참)이면, 다르면 false(거짓)을 반환한다. 앱 인벤터에서는 보여지는 것을 기준으로 비교하기 때문에 숫자 값 0과 문자열 0을 비교하면 true(참)을 반환한다.
그리고	두 값의 조건이 true(참)이면 true(참)을 반환한다.
또는	두 값의 조건 중 하나만 true(참)이면 true(참)을 반환한다.

3. [수학] 블록

숫자 지정 및 사칙 연산, 최대값, 최솟값, 반올림 값 등을 구할 때 사용되는 블록들로 구성되어 있다.

대표 블록	설명
	숫자 값을 지정한다.
	두 값이 동일한지 비교하여 동일하면 true(참)이면, 다르면 false(거짓)를 반환한다.
	두 값을 더한 결과 값을 반환한다. 아이콘을 클릭하여 [number]를 추가 삽입하면 두 개 이상의 값을 더한 결과 값을 반환한다.
	두 값을 뺀 결과 값을 반환한다.
	두 값을 곱한 결과 값을 반환한다. 아이콘을 클릭하여 [number]를 추가 삽입하면 두 개 이상의 값을 곱한 결과 값을 반환한다.
	두 값을 나눈 결과 값을 반환한다.
	앞 블록의 수를 뒤의 블록 수만큼 제곱한 값을 반환한다.
	지정된 범위 내의 임의의 정수를 반환한다.
	지정된 숫자에서 가장 작은 값을 반환한다. 아이콘을 클릭한 후 [number]를 추가 삽입하여 값을 두 개 이상으로 추가할 수 있다.
	지정된 숫자의 제곱근 값을 반환한다.
	지정된 숫자 값을 반올림 한 값을 반환한다.
	지정된 숫자 값을 올림 또는 내림한 값을 반환한다.
	두 숫자 값을 나누기 하여 그 결과 값을 나머지나 몫으로 반환한다.
	지정된 숫자 값(각도)의 sin, cos, tan 값을 반환한다.
	숫자 값을 지정된 소수점 자리까지 표시한다. 숫자 값이 지정된 자릿수보다 길면 지정된 자릿수를 기준으로 반올림되어 표시한다. 반대로 숫자 값이 지정된 자릿수보다 짧으면 지정된 자리에 0이 삽입된다.
	지정된 값이 숫자인지 비교한 후 숫자라면 true(참)이면, 숫자가 아니면 false(거짓)를 반환한다.

4. [텍스트] 블록

특정 텍스트를 지정하거나 텍스트 병합, 분리, 문자열 교체와 같은 명령 블록들로 구성되어 있다.

대표 블록	설명
" "	텍스트 문자열을 지정한다.
합치기	입력된 모든 텍스트를 하나의 문자열로 합친다.
길이	텍스트의 길이를 반환한다(공백 포함).
텍스트 비교하기 <	첫 번째 텍스트와 두 번째 텍스트의 순서를 비교한다. 단 순서는 사전상의 순서를 의미하며, 사전상의 순서가 앞쪽인 텍스트가 작은 값을 가진 것으로 지정하여 텍스트를 비교한다.
다듬기	지정된 텍스트 문자열의 앞쪽과 뒤쪽의 공백을 모두 삭제한다.
대문자 / 대문자 / 소문자	지정된 텍스트 문자열을 대문자 또는 소문자로 변환한다.
~에서 시작하기 텍스트 조각	지정된 텍스트 문자열에서 [조각]에 삽입된 텍스트가 포함되어 있는지 비교한 후 해당 텍스트가 포함된 위치를 숫자로 반환한다. 만약 텍스트가 포함되어 있지 않다면 0을 반환한다.
포함 텍스트 조각	텍스트 문자열에 [조각]에 삽입된 텍스트가 포함되어 있는지 알려준다. 문자열이 포함되어 있다면 그 결과를 true(참)이면 포함되어 있지 않다면 false(거짓)로 반환한다.
분할 텍스트 구분	텍스트 문자열을 [구분]에 삽입된 텍스트를 기준으로 나누어 두 부분으로 분할하여 반환한다.
빈 칸으로 분할	텍스트 문자열을 빈칸을 기준으로 분할하여 반환한다.
부분 텍스트 시작 길이	텍스트 문자열을 [시작]의 위치에서 [길이]의 길이만큼 추출하여 반환한다.
모두 교체하기 부분 교체	[부분]에 지정된 텍스트와 동일한 텍스트를 [교체]의 내용으로 치환한다.
텍스트 난독화 " "	입력된 텍스트를 읽기 어려운 형태의 새로운 텍스트로 변환하여 반환한다.

5. [리스트] 블록

여러 개의 데이터 값을 저장하는 리스트를 생성하고, 리스트에 저장된 특정 값을 추출하거나 삭제 또는 병합과
관련된 명령 블록들로 구성되어 있다.

대표 블록	설명
빈 리스트 만들기	빈 리스트를 만든다.
리스트 만들기	여러 개의 항목을 가지는 리스트를 만든다.
리스트에 항목 추가하기 리스트 item	[리스트]에 지정된 리스트의 마지막 항목에 [item]에 지정된 데이터를 추가한다.
리스트에 포함되어 있나요? 값 리스트	[리스트]에 [값]에 지정된 데이터가 포함되어 있다면 true(참), 포함되어 있지 않다면 false(거짓)를 반환한다.
리스트 길이 리스트	리스트의 길이 즉 리스트에 저장되어 있는 데이터의 개수를 반환한다.
리스트가 비어있나요? 리스트	빈 리스트라면 true(참), 빈 리스트가 아니라면 false(거짓)를 반환한다.
임의의 항목 선택하기 리스트	리스트에서 특정 항목이 아닌 임의의 항목을 선택한다.
리스트에서의 위치 값 리스트	[리스트]에 지정된 리스트에 [값]에 지정된 데이터가 포함되어 있는지 검색한 후 포함되어 있다면 몇 번째에 위치하는지 위치 값을 반환한다. 만약 리스트에 데이터가 포함되어 있지 않다면 0을 반환한다.
리스트에서 항목 선택하기 리스트 위치	[리스트]에 지정된 리스트에서 [위치]에 해당하는 데이터를 반환한다.
리스트에 항목 추가하기 리스트 위치 항목	리스트에서 지정된 위치의 항목 데이터를 삽입한다.
리스트의 항목 교체하기 리스트 위치 교체	리스트에서 [위치]로 지정된 데이터를 [교체]의 데이터로 변경한다.
리스트에서 항목 삭제하기 리스트 위치	리스트에서 [위치]로 지정된 데이터를 삭제한다.
리스트 붙이기 리스트1 리스트2	[리스트1]의 리스트에 [리스트2]의 리스트를 덧붙인다.
리스트 복사하기 리스트	리스트의 복사본을 만든다.
리스트인가요? 값	리스트인지 검사한 후 리스트라면 true(참), 리스트가 아니라면 false(거짓)를 반환한다.
리스트를 csv 행으로 바꾸기 리스트	리스트를 테이블의 행을 나타내는 CSV 텍스트로 변환한다.
리스트를 csv 표로 바꾸기 리스트	리스트를 표를 나타내는 CSV 텍스트로 변환한다.
csv 행을 리스트로 바꾸기 텍스트	CSV 형태의 텍스트를 리스트로 변환한다.
csv 표를 리스트로 바꾸기 텍스트	CSV 형식의 표를 나타내는 텍스트를 리스트로 변환한다.

대표 블록	설명
	쌍으로 이루어진 리스트에서 [키]의 데이터와 연관된 데이터를 찾아 반환한다.

6. [색상] 블록

바로 선택할 수 있는 13가지의 색과 RGB 코드 값을 직접 지정하여 색을 지정할 수 있는 명령 블록 그리고 선택한 위치의 색상을 RGB 코드로 분리하는 명령 블록으로 구성되어 있다.

대표 블록	설명
	지정하고자 하는 색을 선택한다.
색상 만들기 ◎ 리스트 만들기 255 / 0 / 0	Red, Green, Blue 코드 값을 이용하여 직접 색을 지정한다.
색상 분리하기	지정된 색을 0~255 사이의 Red, Green, Blue의 코드 값과 투명도 값을 반환한다.

7. [변수] 블록

하나의 데이터 값을 임시로 저장하는 전역변수와 지역변수를 선언하고 변수 값을 가져오는 명령 블록들로 구성되어 있다.

대표 블록	설명
전역변수 초기화 변수_이름 값	전역변수를 생성하고, 값을 지정한다.
가져오기	지정된 변수 값을 반환한다.
지정하기 값	변수의 값을 직접 지정한다.
◎ 지역변수 초기화 변수_이름 값 / 실행	지역변수를 선언하고 블록 내부의 명령 블록을 실행한다.
◎ 지역변수 초기화 변수_이름 값 / 실행	지역변수를 선언한 후 블록의 명령을 실행한 결과를 반환한다.

8. [함수] 블록

사용자 지정 함수를 선언하고 선언된 함수를 호출하는 명령 블록들로 구성되어 있다.

대표 블록	설명
함수 함수_이름 실행	함수 이름을 선언하고 해당 함수가 처리해야 할 명령 블록을 [실행]에 삽입한다. 반환값이 존재하지 않는다.
호출 함수_이름	선언된 함수 이름을 지정하여 함수를 호출한다.
함수 함수_이름 결과	함수 이름을 선언하고 해당 함수가 처리해야 할 명령 블록을 [결과]에 삽입한 후 실행 결과를 반환한다.
호출 함수_이름	선언된 함수 이름을 지정하여 함수를 호출한 후 실행 결과 값을 반환한다.

3 변수와 리스트

앱 인벤터에서 임시로 데이터를 기억하는 대표적인 자료형에 변수와 리스트가 있다. 변수는 하나의 값만 저장 가능하고 리스트는 여러 개의 값을 저장할 수 있는 임시 기억공간이다. 변수는 현재 스크린에서 제한 없이 사용가능한 전역변수와 변수가 선언된 이벤트나 함수(프로시저)에서만 사용가능한 지역변수로 나뉜다. 리스트는 고정된 크기를 가지는 리스트와 상황에 따라 리스트의 크기와 입력값을 정할 수 있는 동적 리스트로 나뉜다.

전역변수 선언하기

변수는 임시로 데이터 값을 기억하는 임시 기억공간을 의미한다. 하나의 값만 기억하며 숫자형, 문자형 등과 같이 저장되는 데이터 형식을 구분하는 다른 프로그래밍 언어와 달리 앱 인벤터에서의 변수는 자료형에 관계없이 선언한 후 값을 지정한다. 변수 선언은 [공통 블록]의 [변수]에서 **[전역변수 초기화 {변수 이름} 값]** 블록을 이용한다. **[전역변수 초기화 {변수 이름} 값]** 블록을 [뷰어] 영역으로 드래그하여 삽입한 후 **{변수_이름}** 입력란을 클릭하여 변수 이름을 입력한다. 전역변수란 모든 이벤트 블록과 프로시저에 공통으로 사용할 수 있음을 의미한다.

⌇ **[전역변수 초기화 {변수 이름} 값]** 블록으로 변수 선언

◆ 변수 값 초기화하고 값 읽기

[전역변수 초기화 {변수 이름} 값] 블록을 이용하여 변수를 선언하였다면 해당 변수의 초기값을 선언해야
한다. 문자값으로 초기화하려면 [공통 블록]의 [텍스트]에서 ["{ }"] 블록을 삽입하여 값을 지정한다. 숫자
값으로 초기화하려면 [수학]에서 [{0}] 블록을 삽입한 후 값을 지정한다.

○ 숫자 값과 문자 값으로 초기화

변수 이름에 마우스를 이동시키면 [가져오기]라는 블록과 [지정하기]라는 블록이 표시된다. 전역변수로
선언된 변수에는 변수 이름 앞에 "global"이 삽입되어 표시된다. [가져오기] 블록은 현재 변수 값을 가져
와 다른 명령 블록에 삽입하여 코딩할 때 사용하며, [지정하기] 블록은 현재 값을 다른 값으로 변경할 때
사용한다.

○ 전역변수의 블록

○ [가져오기] 블록과 [지정하기] 블록

◆ 지역변수 선언하기

지역변수는 하나의 이벤트 또는 하나의 함수 내에서만 사용되는 변수를 의미한다. 해당 변수가 선언된 이
벤트나 함수 이외의 블록에서 해당 변수를 이용하면 오류가 발생한다. 지역변수는 [공통 블록]의 [변수]에
서 [지역변수 초기화 {변수 이름} 값] 블록을 이용하여 선언한다.
{변수_이름} 입력란을 클릭하여 변수 이름을 입력한다. 선언된 지역변수를 활용하여 처리해야 할 명령 블
록은 [실행]에 삽입한다. 지역변수는 변수 이름 앞에 "global"이 삽입되어 표시되는 전역변수와 달리 변
수 이름 앞에 아무것도 삽입되지 않는다.

○ [지역변수 초기화 {변수 이름} 값] 블록으로 변수 선언

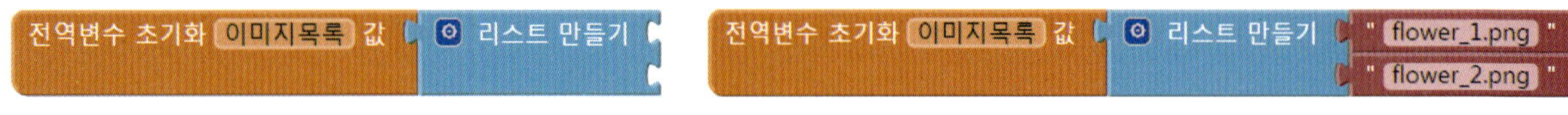

◁ 지역변수 값 초기화하고 명령 블록 실행

리스트 선언하기

하나의 값만 저장하는 변수와 달리 여러 개의 값을 저장하는 리스트는 [공통 블록]의 [리스트]에서 [리스트 만들기] 블록을 이용한다. 먼저 [전역변수 초기화 {변수 이름} 값] 블록을 이용하여 전역변수와 같이 리스트의 이름을 선언한 후 [리스트 만들기] 블록을 삽입한다. 리스트도 변수와 같이 데이터 자료형을 구분하지 않는다. 기본적으로 리스트에는 두 개의 데이터 값 저장이 가능하다.

◁ 리스트 선언하고 값 초기화하기

리스트에 항목 추가/삭제하기

기본적으로 [리스트 만들기] 블록은 두 개 데이터 값을 저장할 수 있다. 더 많은 값을 지정하고자 한다면 [리스트 만들기] 블록의 ⊙ 아이콘을 클릭한다. 표시되는 [항목]을 추가하고자 하는 위치에 드래그하여 삽입한다. 반대로 추가 삽입된 항목을 삭제하려면 항목 목록에서 삭제하고자 하는 항목을 바깥쪽으로 드래그한다.

◁ 리스트의 항목 추가하기

◁ 리스트의 항목 삭제하기

◁ 여러 개의 데이터 값을 선언한 리스트

🔶 리스트의 특정 항목 선택/삭제하기

리스트로 선언된 값은 입력된 순서대로 즉 첫 번째 항목 값은 1, 두 번째 항목 값은 2라는 위치(인덱스)를 가지게 된다. 특정 항목을 선택하려면 [리스트] 블록의 [리스트에서 항목 선택하기 리스트] 블록에 선택하려고 하는 값이 저장되어 있는 리스트의 이름과 위치 값을 지정하면 됩니다. 리스트에서 특정 항목을 삭제하려면 [리스트] 블록의 [리스트에서 항목 삭제하기 리스트] 블록을 이용한다. 항목 선택과 마찬가지로 삭제하려고 하는 값이 저장되어 있는 리스트 이름과 위치 값을 지정하면 된다.

🔖 "이미지목록" 리스트의 2 항목 값 선택   🔖 "이미지목록" 리스트의 1 항목 값 선택하여 삭제

🔶 크기가 고정되지 않은 리스트 선언하고 값 추가하기(동적 리스트)

크기가 고정된 리스트가 아닌 이벤트가 발생하는 상황에 따라 동적으로 리스트를 생성하고 값을 입력하고자 한다면 [리스트] 블록의 [빈 리스트 만들기] 블록을 이용하여 리스트를 선언한다. [빈 리스트 만들기] 블록을 이용하여 생성된 리스트는 저장할 데이터의 개수와 데이터가 지정되지 않는다.

🔖 "문서번호" 리스트 선언

값이 지정되지 않은 빈 리스트에 동적으로 값을 입력하려면 [리스트]의 [리스트에 항목 추가하기 리스트] 블록을 이용하며, 항목을 추가하려는 리스트 이름과 추가하려는 값을 지정하면 된다. 일반적으로 동적 리스트의 값 지정은 특정 이벤트가 발생할 때 값이 추가되는 형태로 구현된다.

🔖 "문서번호" 리스트에 "문서_2010"을 추가   🔖 [버튼1]을 누를 때마다 "문서번호" 리스트에 항목을 추가

일반적으로 리스트에 저장되는 항목인 데이터는 추가되는 순서대로 리스트에 저장된다. 하지만 특정 위치(인덱스)에 값을 저장하고자 한다면 [리스트에 항목 추가하기 리스트] 블록을 이용하여 저장 위치를 직접 지정해야 한다. 리스트에 저장된 데이터 항목 수는 [리스트 길이 리스트] 블록을 이용하여 확인할 수 있다.

🔖 [버튼1]을 누를 때 "문서번호" 리스트의 5번째 항목에 추가   🔖 "문서번호" 리스트의 데이터 개수

4 조건 처리와 반복

앱 인벤터의 대표적인 제어 명령 블록은 조건 처리 블록과 반복 블록이다. 학점 계산 시 F 학점 포함여부에 따라 학점을 계산하는 식이 달라지는 경우와 같이 특정 조건에 따라 처리해야 하는 명령 블록이 달라져야 한다면 조건 명령 블록을 이용한다. 리스트에 저장된 데이터를 모두 화면에 출력하는 경우와 같이 동일한 명령 블록을 반복해야 하는 경우에는 반복 명령 블록을 이용한다.

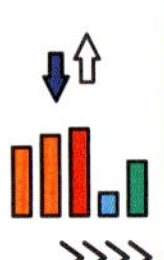

◈ 조건 처리 명령 블록

특정 조건을 지정한 후 해당 조건을 만족하는 경우 명령을 처리하고 조건을 만족하지 않으면 명령을 처리하지 않도록 블록을 구성하려면 [공통 블록]의 [제어]에서 **[만약 ~ 그러면]** 블록을 이용한다. 조건식은 조건의 결과가 참 또는 거짓으로 판단되도록 구성해야 한다. 참 또는 거짓으로 판단할 수 없는 조건식을 작성하면 **[만약 ~ 그러면]** 블록은 실행되지 않는다.

◁ "상태" 변수 값이 "0"이면 [녹음기]가 호출되어 실행됨

조건에 따라 처리해야 하는 명령 블록이 나뉜다면 **[만약 ~ 그러면 아니면]** 블록을 이용해야 한다. **[만약 ~ 그러면 아니면]** 블록은 **[만약 ~ 그러면]** 블록의 ⚙ 아이콘을 클릭한 후 **[아니면]** 블록을 **[만약]** 블록 사이로 드래그하여 구성한다.

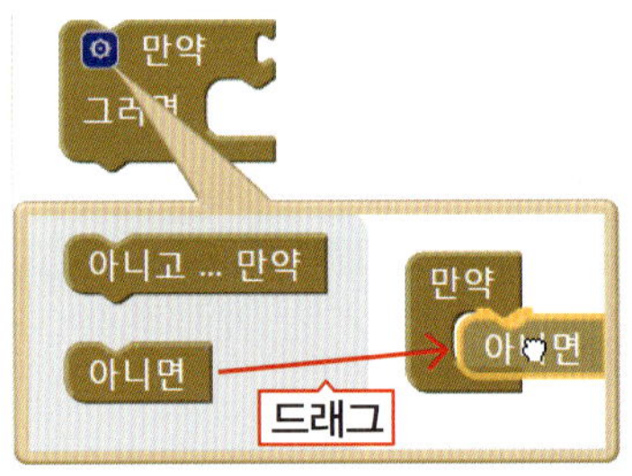

◁ '상태' 변수 값이 '0'이면 녹음되고 '0'이 아니면 녹음이 정지됨

◈ 다중 조건 처리 명령 블록

점수가 4.5이면 A+, 4.0이면 A, 3.5이면 B+, 3.0이면 B과 같이 점수에 따라 학점을 구분하여 표시해야 한다면 점수를 비교해야 하는 조건이 학점을 나누는 기준만큼 필요하게 된다. 이와 같이 여러 개의 조건을 지정한 후 해당 조건에 따라 처리해야 할 명령 블록을 따로 선언하고자 할 때 사용하는 명령 블록이 바로 **[만약 ~ 그러면 아니고 ~ 라면]** 블록이다. **[만약 ~ 그러면 아니고 ~ 라면]** 블록은 **[만약 ~ 그러면]** 블록의 ⚙ 아이콘을 클릭한 후 **[아니고 ... 만약]** 블록을 **[만약]** 블록 사이로 드래그하여 구성한다.

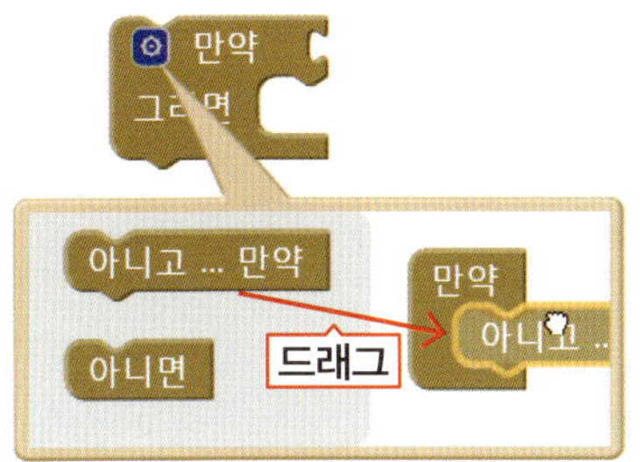

🗝 점수에 따라 학점이 지정됨

🔶 반복 처리 명령 블록

동일한 명령 블록을 반복해서 처리해야 할 때 해당 명령 블록을 반복해서 작성하는 것이 아니라 반복 횟수를 지정하여 명령 블록을 간단히 구성할 수 있도록 제공되는 명령 블록이 [제어]의 **[각각 반복 {숫자} 시작]** 블록이다. [시작] 값부터 시작하여 [간격] 값이 증가하여 [끝] 값이 될 때까지 반복한다.

🗝 동일한 명령 블록을 세 번 작성

🗝 [각각 반복] 블록을 이용하여 구성함

[각각 반복 {숫자} 시작] 블록을 이용하여 리스트의 각 항목마다 특정 명령 블록을 실행하도록 구성하려면 먼저 리스트에 저장된 데이터의 개수를 알아야 한다. 이러한 번거로움을 제거하고 간단히 사용할 수 있도록 제공되는 명령 블록이 바로 **[각각 반복 {항목} 리스트]** 블록이다. **[각각 반복 {항목} 리스트]** 블록은 리스트의 항목을 기준으로 명령 블록을 반복 처리하기 때문에 반복 회수를 따로 지정하지 않아도 된다. 또한 해당 항목의 데이터를 따로 추출하지 않고도 명령 구성이 가능하다.

🗝 [각각 반복 {숫자} 시작] 블록으로 반복문 구성

🗝 [각각 반복 {항목} 리스트] 블록으로 반복문 구성

5 함수(프로시저)의 이해 및 활용

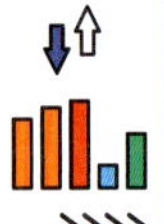

함수(프로시저)란 명령 블록의 묶음으로 정의할 수 있다. 앞서 살펴본 것과 같이 함수에는 앱 인벤터에서 미리 만들어 놓은 기본 함수와 사용자가 직접 만들어 활용할 수 있는 사용자 정의 함수로 나뉜다. 반복되거나 중복되는 명령 블록을 사용자 정의 함수(프로시저)로 선언한 후 해당 명령을 사용해야 하는 경우에 해당 함수를 호출하면 프로그램을 단순하고 간략하게 작성할 수 있을 뿐만 아니라 프로그램 오류도 줄일 수 있다.

◈ 사용자 지정 함수(프로시저) 선언하기

함수(프로시저) 선언은 [공통] 블록의 [함수]에서 [함수 {함수 이름} 실행] 블록을 이용한다. 먼저 [함수 {함수 이름} 실행] 블록을 [뷰어] 영역으로 드래그하여 삽입한 후 {함수_이름} 입력란을 클릭하여 함수 이름을 입력한다. 해당 함수에서 처리해야한 명령 블록을 [실행] 영역에 삽입한다.

◁ 함수 선언하기　　　　　　◁ 함수에 명령 블록 추가하기

◈ 사용자 지정 함수(프로시저) 호출하기

함수를 많이 선언했다 하더라도 해당 함수를 호출하지 않으면 아무런 의미가 없다. 선언된 함수(프로시저)는 [호출]이라는 명령 블록을 이용하여 호출한다. 함수를 선언하면 [공통 블록]의 [함수]에 해당 함수의 [호출] 블록이 자동으로 추가되어 표시된다. 호출하고자 하는 함수 블록을 드래그하여 명령 블록에 삽입한다.

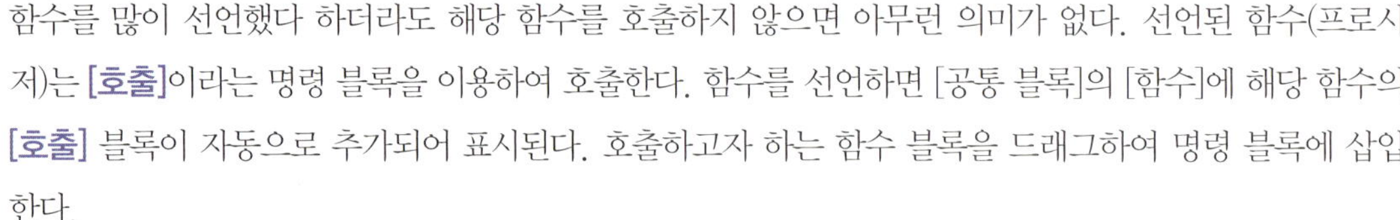

값을 주고받는 함수 선언하기

앞서 살펴본 함수는 특정 값을 전달하거나 또는 전달되는 값을 이용하지 않는 단순한 형태의 함수이다. 즉 함수 외부의 변수 값에 영향을 받지 않는 함수(프로시저)이다. 예를 들어 계산기의 경우 결과가 항상 동일한 것이 아니라 입력된 값에 따라 결과가 달라져야하므로 단순한 형태의 함수가 아닌 입력된 값을 전달받아 명령을 처리하는 함수를 구성해야 한다. 이때 전달하는 값을 기억하는 변수를 '매개변수'라 한다. 매개변수는 [함수 {함수 이름} 실행] 블록의 ⚙ 아이콘을 클릭한 후 [입력: {x}] 블록을 [입력값] 블록 사이에 삽입하여 추가한다. 매개변수의 개수는 전달하는 값의 개수만큼 추가하면 된다.

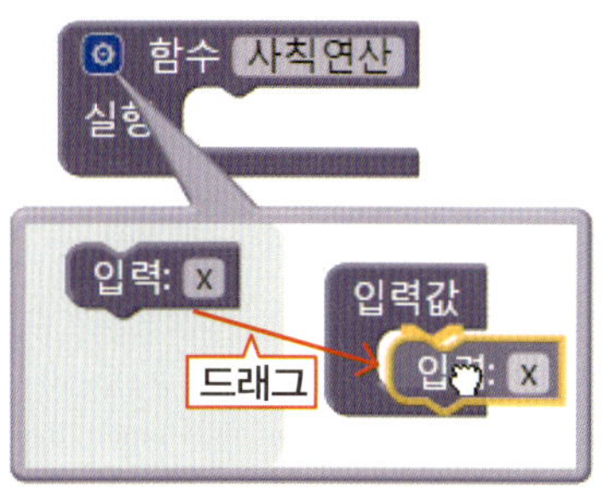

◁ 함수에 첫 번째 매개변수 추가

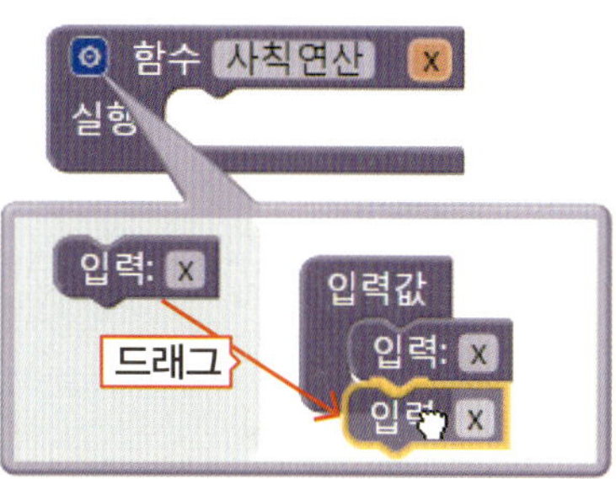

◁ 함수에 두 번째 매개변수 추가

매개변수는 [x], [x2]와 같은 이름을 가지며 사용자가 매개변수 이름을 변경할 수 있다. 매개변수는 함수 내에서 사용되는 지역변수이기 때문에 해당 값을 이용하여 처리된 결과 값을 되돌려 주려면 전역변수를 이용해야 한다. 만약 매개변수를 함수 외부의 블록에 삽입하면 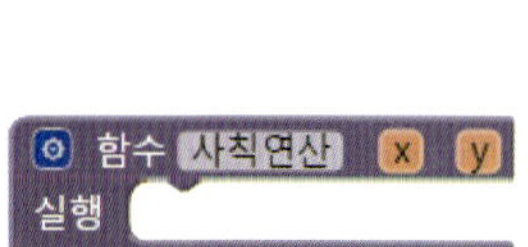 와 같이 블록에 오류가 표시된다.

◁ x, y 값을 이용하여 연산된 결과는 '합계', '빼기', '곱하기', '나누기' 전역변수에 저장됨

함수 호출은 해당 함수의 [호출] 블록을 명령 블록에 삽입하되, 매개변수의 값을 직접 지정한다. 매개변수 값으로 단순한 데이터 값뿐만 아니라 리스트도 전달할 수 있다.

◁ 입력된 두 값 더한 값과 뺀 값을 표시

만약 함수에서 반환되는 값이 하나이거나 또는 반환된 값만 단순히 사용한다면 **[함수 {함수 이름} 결과]** 블록을 이용하여 함수의 결과 값을 직접 전달받아 처리하면 된다.

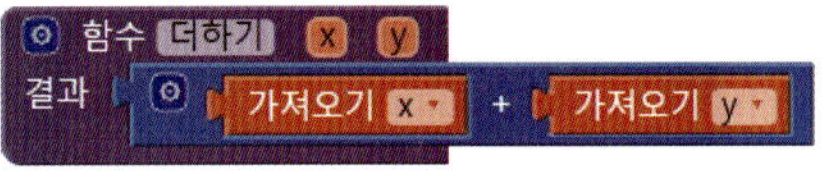

6 데이터 저장에 활용되는 파일과 데이터베이스 이해하기

간단히 데이터 값을 저장하고 활용하기 위해 변수와 리스트를 이용한다. 하지만 변수와 리스트에 저장된 값은 임시적인 값이기 때문에 앱이 종료되면 해당 변수나 리스트에 기억된 값은 모두 처음에 지정된 데이터 값으로 초기화된다. 특정 데이터 값을 계속 저장하여 활용하고자 한다면 스마트폰의 메모리에 직접 값을 저장하거나 또는 앱 인벤터에서 제공하는 데이터베이스에 값을 저장하면 된다.

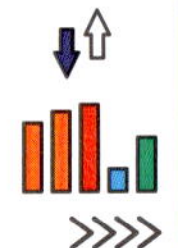 File

앱 인벤터로 작성한 내용(데이터)을 텍스트 파일로 스마트폰의 비공개 공간에 저장할 수 있다. 텍스트 파일로 저장하려면 [팔레트] 패널의 [저장소]에서 [파일] 컴포넌트를 이용한다. [파일] 컴포넌트는 비공개 컴포넌트로 파일을 /sdcard/AppInventor/data에 저장하며, 사용자가 직접 파일명을 지정할 수 있다.

 TinyDB

TinyDB는 스마트폰에 값을 영구적으로 저장하여 활용하고자 할 때 사용한다. 텍스트를 문서로 저장하는 File과는 달리 변수 값이나 리스트 값 등을 저장하는데 활용되기 때문에 값을 저장할 때 파일 이름이 아닌 [태그]라는 식별자를 이용하여 저장하게 된다. 물론 TinyDB에 저장된 값을 불러오기 할 때도 데이터 식별자인 [태그]를 이용한다. TinyDB는 여러 화면을 가지는 다중 스크린 앱에서는 데이터를 전달하여 값을 공유할 수 있지만 스마트폰의 다른 앱들 사이에 데이터 값 전달은 불가능하다. 또한 TinyDB의 데이터 저장 공간은 별로도 메모리가 할당되는 것이 아니라 메모리를 공유하기 때문에 동일한 [태그]를 이용하여 데이터를 저장하면 이전에 저장된 값이 삭제된다. 그러므로 앱을 작성할 때는 앱별로 태그가 중복되지 않도록 다른 태그를 지정하여 데이터를 저장해야 한다.

 WebTinyDB

데이터를 웹 데이터베이스에 저장할 수 있도록 앱인벤터에서 제공하는 컴포넌트로 서비스 주소가 "http://appinvtinywebdb.appspot.com"이다. 데이터를 스마트폰의 메모리가 아닌 웹에 저장하기 때

문에 메모리 초기화 등과 같은 작업을 통해 데이터가 삭제되는 것을 방지할 수 있다는 장점을 가진다. 하
지만 TinyWebDB 주소만 알면 누구든지 쉽게 접속하고 데이터 삭제가 가능하다는 문제가 있다.

7 앱 인벤터의 편리한 추가 기능

앱 인벤터의 [블록] 편집에서 명령 블록을 이용하여 프로그램을 코딩할 때 작성한 명령 블록들에 주석을 달거나
바로 실행하여 결과를 확인하는 것과 같이 알아두면 편리한 기능들이 여러 가지 있다.

블록에 주석 추가하기

[블록] 편집기에서 작성한 명령 블록에 간단히 주석을 달아 해당 명령 블록이 어떤 기능을 하는 명령 블록
인지 기록을 추가할 수 있다. 주석을 추가하려면 명령 블록에서 마우스 오른쪽 버튼을 누른 후 [주석 추가
하기] 메뉴를 클릭한다. ⑦가 추가되어 표시되면 ⑦ 아이콘을 클릭한 후 주석 입력란에 내용을 입력한다.
입력 완료 후 ⑦ 아이콘을 누르면 주석이 숨겨지며, 다시 ⑦ 아이콘을 누르면 입력한 주석이 표시된다.

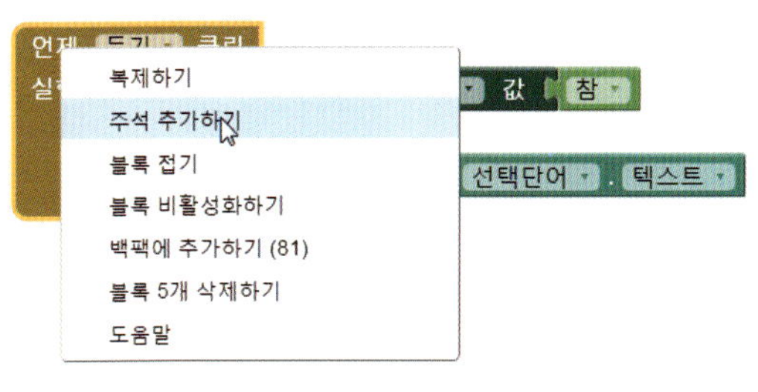

◁ [주석 추가하기] 메뉴 선택

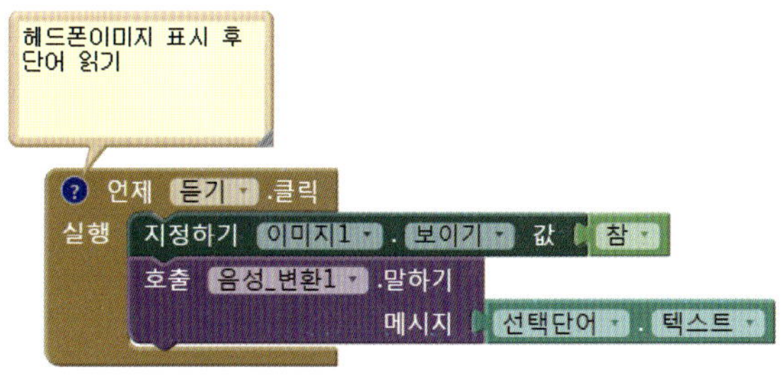

◁ 직접 주석 추가 입력

블록 접고 펼치기

[블록] 편집기에 코딩된 명령 블록을 좀 더 간단히 표시할 수 있도록 앱 인벤터에서는 [블록 접기] 메뉴
를 지원한다. 블록에서 마우스 오른쪽 버튼을 누른 후 [블록 접기] 메뉴를 클릭하면 한줄 블록으로 표시된
다. 블록의 내용을 확인하려면 접혀있는 블록을 마우스 오른쪽 버튼으로 클릭한 후 [블록 펼치기] 메뉴를
클릭한다.

◁ [블록 접기] 메뉴 선택

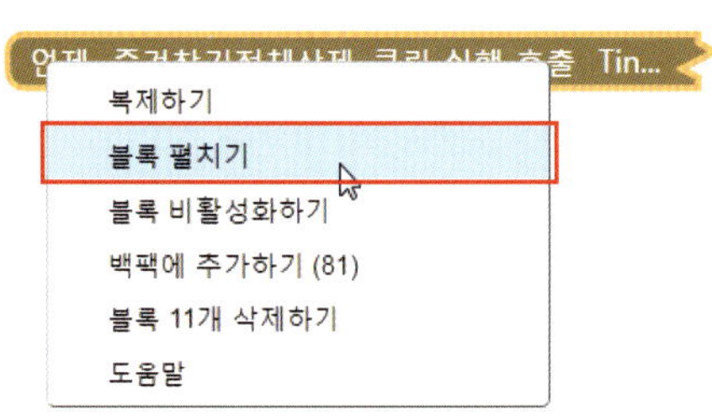

◁ 접힌 블록에서 [블록 펼치기] 메뉴 클릭

◈ 백팩에 블록 보관하고 활용하기

[블록] 편집기 오른쪽 위에 표시되는 [백팩]을 이용하면 명령 블록을 복사해서 저장한 후 다른 스크린에서 해당 명령 블록을 가져다 편집하여 사용할 수 있다. 명령 블록을 백팩에 추가하려면 명령 블록에서 마우스 오른쪽 버튼을 클릭한 후 [백팩에 추가하기] 메뉴를 클릭한다. 백팩에 명령 블록이 복사되면 백팩의 모양이 변경된다.

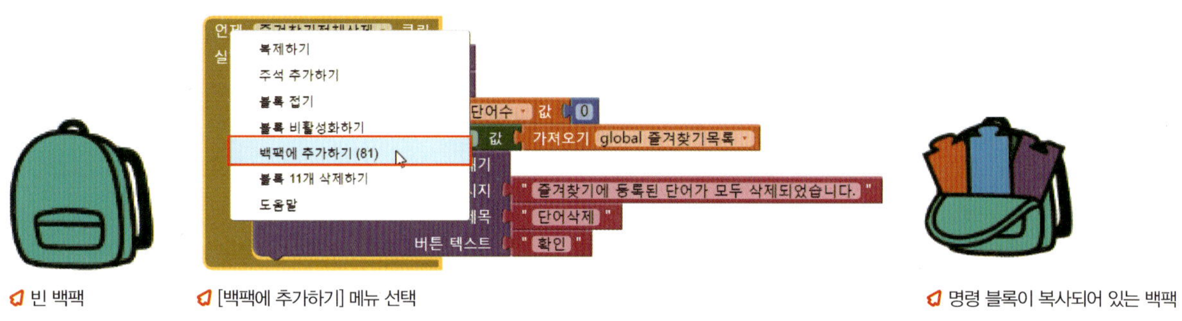

◁ 빈 백팩　　　◁ [백팩에 추가하기] 메뉴 선택　　　◁ 명령 블록이 복사되어 있는 백팩

◈ 바로 실행으로 결과 확인하기

기본적으로 명령 블록의 결과를 확인하려면 [AI2 컴패니언]이나 [AiStarter]를 이용해야 한다. 하지만 명령 블록 작성 중 특정 블록의 결과만 간단히 확인하고자 한다면 [바로 실행] 메뉴를 이용하면 된다. 결과를 확인하고자 하는 명령 블록을 마우스 오른쪽 버튼으로 클릭한 후 [바로 실행] 메뉴를 클릭한다.

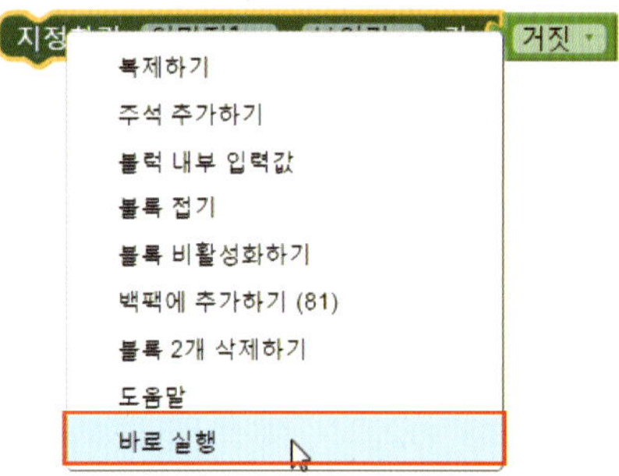

앱 인벤터의 기본 살펴보기

앱 인벤터에서 제공하는 다양한 컴포넌드 그리고
컴포넌트와 관련된 다양한 속성 및 명령 블록들을
살펴보고 간단한 예제를 작성한다.

Chapter 01

앱 인벤터 화면 디자인 및
기본 블록 살펴보기

앱 인벤터로 앱을 작성하기 위해선 먼저 화면을 디자인해야 한다. 화면 디자인은 [디자이너] 편집기를 이용하며 [디자이너] 편집기에는 다양한 형태의 컴포넌트가 제공된다. 기본적으로 [팔레트] 패널의 컴포넌트를 스크린에 삽입하여 화면을 디자인하며 각 컴포넌트의 기본 속성은 [속성] 패널에서 지정한다. 지정된 속성은 [블록] 편집기의 각각의 컴포넌트에서 제공되는 속성 지정 블록을 이용하여 값을 새로이 지정하거나 새로운 값으로 변경할 수 있다.

1 스크린 살펴보기

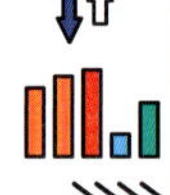

스크린은 앱 인벤터로 만들고자 하는 앱의 컴포넌트가 삽입되는 공간이다. 앱 인벤터를 실행하면 [Screen1] 이라는 이름을 가지는 스크린이 화면에 표시된다. [스크린 추가] 버튼을 누르면 간단히 스크린을 추가할 수 있고 [스크린 제거] 버튼을 누르면 간단히 스크린을 제거할 수 있다.

◈ 앱 이름 지정하고 앱 설명 입력하기

스마트폰에 앱을 설치하면 앱 아이콘과 앱 이름이 표시된다. 기본적으로 앱 이름은 프로젝트 이름으로 자동 지정되지만 한글로 쉽게 표시하려면 [속성] 패널의 [앱 이름] 입력란에 앱 이름을 입력하면 된다. 앱에 관련된 설명을 입력하려면 [속성] 항목의 [스크린 설명] 입력란에 입력한다.

◈ 앱 제목 지정하고 배경색 지정하기

앱을 실행했을 때 스마트폰 화면 왼쪽 영역에 표시되는 이름을 앱 제목이라한다. 앱 제목을 따로 지정하지 않으면 [Screen1]이 표시된다. 앱 제목은 [속성] 패널의 [제목] 입력란에 입력한다. [제목 보이기] 항목의 체크를 해제하면 스마트폰 상단의 제목 영역 전체가 표시되지 않는다. [배경색] 항목의 '흰색'을 클릭하여 색을 지정하면 스크린의 바탕색을 변경할 수 있다.

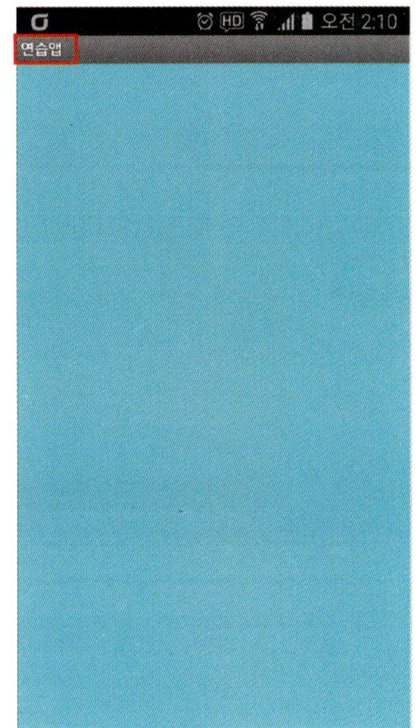

◈ 스크린 크기 지정하기

[속성] 패널의 [크기] 항목은 기본적으로 '고정형'이 지정되어 있다. '고정형'은 완성된 앱이 설치될 기기의 크기와 상관없이 스크린의 크기를 '360*460' 픽셀로 고정한다. 넓은 화면의 스마트폰을 이용하게 되면 앱 화면이 기본 이상으로 너무 크게 되어 오히려 화면의 가독성이 떨어지는 경우가 발생한다. 이 경우를 대비하여 앱이 설치될 기기의 크기에 맞게 자동으로 조정되도록 하려면 '반응형'을 지정하면 된다.

🔶 스크린 방향 지정하기

앱이 실행되었을 때의 스크린의 화면 방향을 지정한다. 기본적으로는 '정해지지 않음'으로 지정되어 있어 기기의 방향에 따라 가로 또는 세로로 스크린의 방향이 변경된다. 하지만 기기의 방향과 관계없이 고정된 세로 또는 가로 방향이 되도록 지정하려면 '정해지지 않은' 입력란을 클릭한 후 '세로' 또는 '가로'를 선택한다. 스크린 방향을 '센서'로 지정하게 되면 기기의 회전 센서의 값에 따라 방향이 결정되기 때문에 기기의 화면 회전 기능을 꺼두어도 스크린이 회전된다.

🔶 화면 스크롤 지정하기

스크린에 삽입된 컴포넌트들의 높이가 기본적인 스크린의 높이 범위보다 크면 범위를 벗어난 컴포넌트들은 스크린에 표시되지 않는다. 이때 [스크롤 가능 여부]를 체크하면 화면 위 아래로 스크롤되어 표시되지 않는 컴포넌트들을 활용할 수 있다.

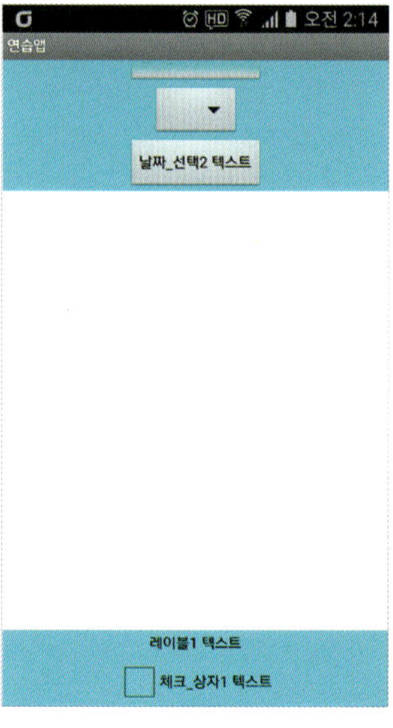

◈ 앱 아이콘 지정하기

완성된 앱이 기기에 설치되면 기기의 바탕화면에 ![]와 같은 안드로이드 모양의 아이콘이 표시된다. 이때
특정 모양의 아이콘이 표시되도록 지정하려면 [속성] 패널의 [아이콘]에 아이콘으로 표시하고자 하는 이
미지를 등록하면 된다.

◈ [Screen1]의 명령 블록과 속성 지정 블록 살펴보기

[Screen1]에서 지정 가능한 기본적인 이벤트 블록과 현재 설정된 속성 값을 변경하거나 또는 지정되지
않은 속성을 새롭게 변경하려면 속성 지정 명령 블록을 이용해야 한다.

대표 블록	설명
언제 Screen1 .뒤로가기 누름 / 실행	스마트폰의 [뒤로가기] 버튼을 누르면 블록 내부의 명령 블록을 실행한다.
언제 Screen1 .초기화 / 실행	앱이 처음 실행될 때 블록 내부의 명령 블록을 실행한다.
언제 Screen1 .다른 스크린 닫힘 / 다른 스크린 이름 결과 / 실행	현재 스크린이 아닌 다른 스크린이 닫힐 때 블록 내부의 명령 블록을 실행한다. • [다른 스크린 이름] : 닫힌 스크린 이름 • [결과] : 닫힌 스크린에서 전달한 결과 값

언제 Screen1 .스크린 방향 변경 실행	앱이 실행되었을 때 스크린의 방향이 변경되면 블록 내부의 명령을 실행한다.
호출 Screen1 .키보드 숨기기	스크린에서 키보드를 숨기는 함수 블록이다.
Screen1 . 스크린 설명	스크린의 [속성] 패널에서 입력란 스크린 설명을 저장하고 있는 속성 값 블록이다.
지정하기 Screen1 . 스크린 설명 값	스크린의 스크린 설명을 직접 지정하는 속성 블록이다.
Screen1 . 스크린 방향	스크린의 스크린 방향을 저장하고 있는 속성 값 블록이다.
지정하기 Screen1 . 스크린 방향 값	스크린의 스크린 방향을 직접 지정하는 속성 블록이다. 속성은 영문으로 지정해야 하기 때문에 세로는 'Portrait', 가로는 'Landscape', 센서는 'Sensor', 사용자는 'User'로 지정해야 한다.
Screen1 . 배경 이미지	스크린에 지정되어 있는 배경 이미지의 이미지 파일명을 저장하고 있는 속성 값 블록이다.
지정하기 Screen1 . 배경 이미지 값	스크린의 배경 이미지를 지접 지정하는 속성 블록이다. [미디어] 패널에 미리 등록한 이미지뿐만 아니라 갤러리에서 선택한 이미지도 배경 이미지로 지정할 수 있다. 스마트폰 메모리에 저장된 이미지의 정확한 경로 지정만 가능하다면 메모리의 특정 이미지를 배경 이미지로 지정 가능하다.
Screen1 . 스크롤 가능 여부	스크린의 스크롤 가능 여부의 선택 여부를 'true', 'false' 값으로 반환하는 속성 값 블록이다.
지정하기 Screen1 . 스크롤 가능 여부 값	스크린의 스크롤 가능 여부를 직접 지정한다. 스크롤이 가능하도록 지정하려면 [논리] 블록의 [{참}], 아니면 [{거짓}] 블록을 삽입한다.
Screen1 . 상태창 표시	스크린의 상태창 표시 여부를 'true', 'false' 값으로 반환하는 속성 값 블록이다.
지정하기 Screen1 . 상태창 표시 값	스크린의 상태창 가능 여부를 직접 지정한다. 상태창을 표시하려면 [논리] 블록의 [{참}] 아니면 [{거짓}] 블록을 삽입한다.
Screen1 . 제목	스크린에 지정되어 있는 제목을 저장하고 있는 속성 값 블록이다.
지정하기 Screen1 . 제목 값	스크린의 제목을 직접 지정하는 속성 블록이다.

2 컴포넌트 관리하기

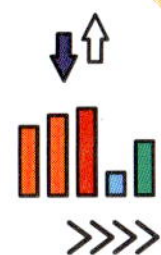

[뷰어] 영역의 [Screen1] 영역에 삽입되는 모든 개체를 '컴포넌트'라 한다. 컴포넌트는 스마트폰 화면에 직접 표시되는 일반 컴포넌트와 화면에 표시되지 않는 숨김 컴포넌트로 나뉜다.

컴포넌트 삽입하고 이름 바꾸기

삽입하고자 하는 컴포넌트를 [팔레트] 패널에서 선택한 후 [뷰어] 패널의 스크린 내부로 드래그한다. 스크린에 삽입되는 모든 컴포넌트는 [컴포넌트] 패널에 표시된다. 컴포넌트의 이름은 [버튼1], [버튼2], [레이블1], [레이블2]와 같이 삽입되는 컴포넌트의 이름에 번호가 붙어 표시된다. [디자인] 편집 단계에서는 이름을 변경하지 않아도 직관적으로 컴포넌트의 이름을 알 수 있지만 [블록] 편집 단계에서는 스크린의 화면 확인이 불가능하기 때문에 비슷한 컴포넌트의 이름으로 인해 명령 블록 삽입에 혼돈 가능성이 높아지게 된다. 이름 혼돈으로 인한 오류 발생 문제를 해결하기 위한 가장 좋은 방법은 삽입되는 모든 컴포넌트의 이름을 직관적으로 변경하는 것이다. 컴포넌트의 이름 변경은 [컴포넌트] 패널의 [이름 바꾸기] 버튼을 이용한다. 화면에 표시되지 않는 숨김 컴포넌트의 경우 스크린 내부로 드래그해도 자동으로 [보이지 않는 컴포넌트] 영역으로 삽입된다.

01 [프로젝트]의 [새 프로젝트 만들기] 메뉴를 클릭한다. [새 앱 인벤터 프로젝트 생성] 창의 [프로젝트 이름 :] 입력란에 프로젝트 이름을 입력한 후 [확인] 버튼을 클릭한다. [팔레트] 패널의 [사용자 인터페이스] 그룹을 선택한다. [버튼]을 선택한 후 [뷰어] 패널의 스크린 내부로 드래그한다.

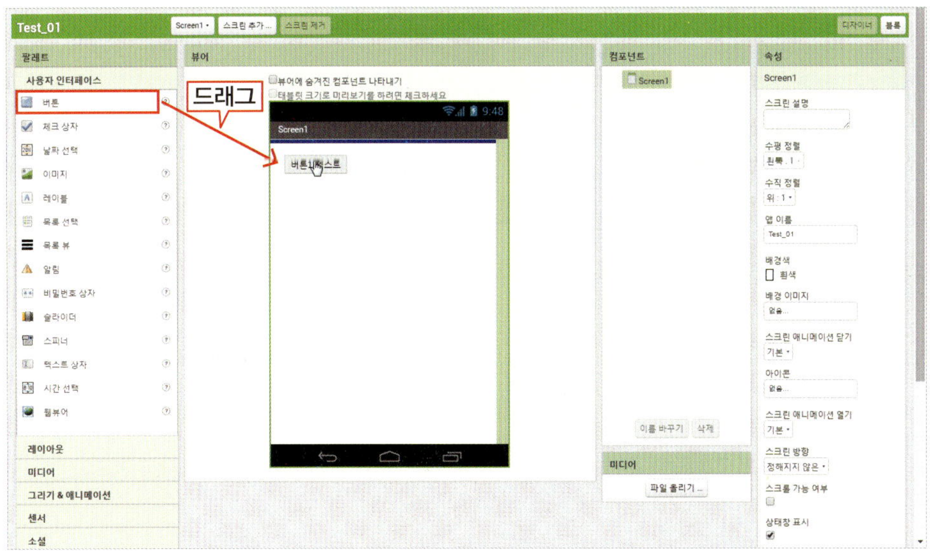

02   [버튼1]로 지정된 이름을 변경하기 위해 [컴포넌트] 패널에서 [이름 바꾸기] 버튼을 클릭한다. [컴포넌트 이름 바꾸기] 창에서 [새 이름] 입력란에 "번역하기"를 입력하고 [확인] 버튼을 클릭한다.

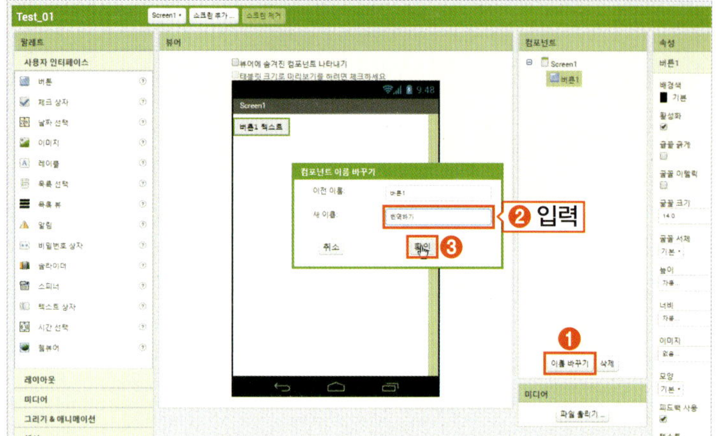

03   [미디어] 그룹에서 [Yandex 번역] 컴포넌트를 스크린 내부로 드래그한다. [Yandex 번역] 컴포넌트는 숨김 컴포넌트이기 때문에 스크린 바깥 아래쪽에 [보이지 않는 컴포넌트] 영역에 삽입되어 표시된다.

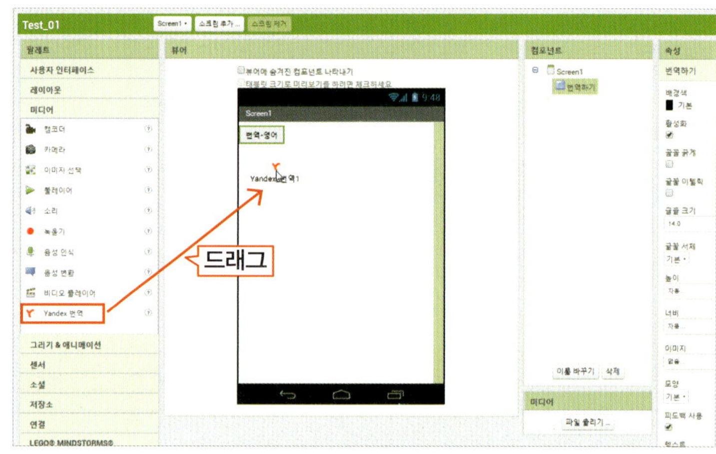

◈ 컴포넌트 텍스트 변경하기

    스크린에 삽입된 컴포넌트의 이름을 변경했다 하더라도 스크린에 표시되는 컴포넌트의 텍스트가 변경되는 것이 아니다. 실제 앱 사용자는 스크린에 표시되는 텍스트를 보고 어떤 버튼을 누를지, 어떤 값을 입력할지를 선택하게 된다. 간단히 정리하면 컴포넌트의 이름은 프로그래머 입장의 이름이고 컴포넌트의 텍스트는 사용자 입장의 이름이라 할 수 있다. 컴포넌트에 표시되는 텍스트를 변경하려면 해당 컴포넌트를 선택한 후 [속성] 패널의 [텍스트] 항목에 입력된 기본 텍스트를 삭제한다. 화면에 표시하려는 텍스트를 입력한 후 Enter 를 누른다.

컴포넌트 삭제하기

[뷰어] 패널에 삽입되어 표시되는 모든 컴포넌트는 [컴포넌트] 패널의 [삭제] 버튼을 눌러서 삭제한다. 컴포넌트를 삭제하면 [블록] 에디터에 코딩되어 있는 연관 블록들이 모두 같이 삭제되며 한 번 삭제된 컴포넌트는 되돌릴 수 없으므로 삭제 시 주의해야 한다.

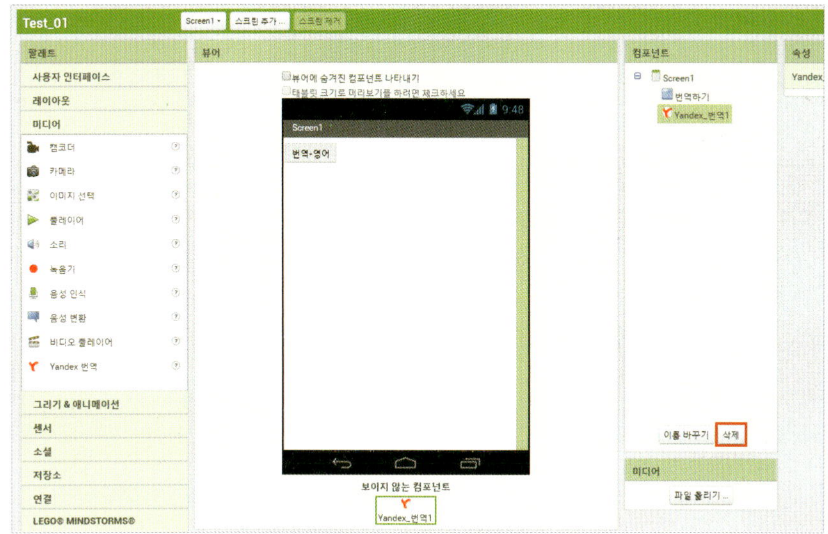

Note. 앱 인벤터에서는 명령 블록 복사는 가능하지만 컴포넌트 복사는 불가능하다.

3 화면 구성에 기본이 되는 [사용자 인터페이스] 그룹 살펴보기

화면 구성에 가장 기본이 되는 컴포넌트들을 모아 놓은 그룹이 [사용자 인터페이스]이다. [사용자 인터페이스] 그룹의 컴포넌트 중 [알림] 컴포넌트는 경고를 표시하는 컴포넌트이기 때문에 화면에 표시되지 않는 숨김 컴포넌트이다.

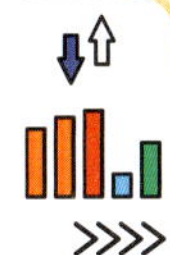 버튼

버튼을 눌렀을 때 지정된 동작을 처리하는 컴포넌트이다. 기본적으로 삽입되는 버튼은 `버튼1 텍스트` 와 같은 사각형 모양에 '버튼1 텍스트'와 같은 텍스트가 표시된다. [속성] 패널에서 [배경색], [글꼴 크기], [높이], [너비], [모양] 항목을 지정하면 다양한 모양과 색, 글자 크기를 가지는 버튼으로 변경가능하다. 이미지를 등록하여 [이미지]를 지정하면 버튼을 이미지로 변경할 수 있다.

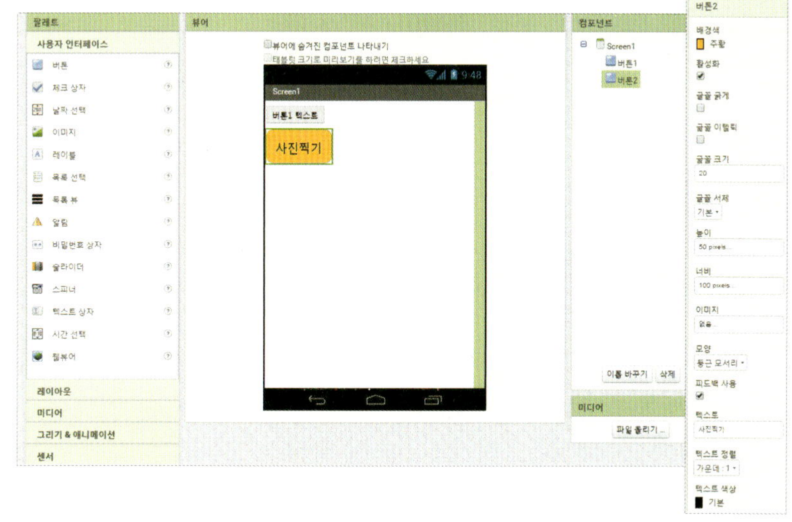

대표 블록	설명
언제 버튼1.클릭 실행	버튼을 누르면 블록 내부의 명령 블록을 실행한다.
언제 버튼1.길게 누르기 실행	버튼을 길게 누르면 블록 내부의 명령을 실행한다.
언제 버튼1.터치 업 실행	버튼을 누르고 있을 때 블록 내부의 명령을 실행한다.
언제 버튼1.포커스 사라짐 실행	버튼을 누른 후 손을 떼면 블록 내부의 명령을 실행한다.
버튼1 . 배경색	버튼의 배경색 번호를 저장하고 있는 속성 값 블록이다. [속성] 패널에서 배경색을 지정하지 않았다면 '0' 값을 기억한다.
지정하기 버튼1 . 배경색 값	버튼의 배경색을 직접 지정하는 속성 값 블록이다. 색 지정은 [색상] 블록을 이용하거나 직접 색상 값(숫자 값)을 지정해도 된다.
버튼1 . 활성화	버튼의 활성화 여부를 'true', 'false' 값으로 반환하는 속성 값 블록이다.
지정하기 버튼1 . 활성화 값	버튼의 활성화 여부를 직접 지정한다. 활성화(선택가능) 하려면 [논리] 블록의 [{참}] 아니면 [{거짓}] 블록을 삽입한다. [버튼] 컴포넌트가 비활성화(선택불가능)로 지정하면 버튼 내부의 텍스트가 흐리게 표시된다.
버튼1 . 글꼴 굵게	버튼에 표시되는 텍스트의 글꼴 굵게 속성 선택 여부를 'true', 'false' 값으로 반환하는 속성 값 블록이다.
지정하기 버튼1 . 글꼴 굵게 값	버튼 텍스트의 글꼴 굵게 여부를 직접 지정한다. 글꼴을 굵게 지정하려면 [논리] 블록의 [{참}] 아니면 [{거짓}] 블록을 삽입한다.
버튼1 . 글꼴 크기	버튼 텍스트의 글꼴 크기를 저장하고 있는 속성 값 블록이다.
지정하기 버튼1 . 글꼴 크기 값	버튼 텍스트의 글꼴 크기를 직접 지정한다. [수학] 블록의 [{0}] 블록을 이용하여 크기를 지정한다.
버튼1 . 보이기	버튼의 보이는 상태를 저장하고 있는 속성 값 블록이다.
지정하기 버튼1 . 보이기 값	버튼을 화면에 보이게 할지 숨길지를 직접 지정한다. [논리] 블록의 [{참}], 아니면 [{거짓}] 블록으로 지정한다.

✅ 체크 상자

지정된 항목의 선택 유무를 지정한다. 기본적으로 체크 상자는 체크되어 있지 않기 때문에 앱 실행 시 체크되어 표시되도록 지정하려면 [속성] 패널에서 [선택 여부] 항목을 체크해야 한다. 체크 상자의 텍스트와 배경색, 글꼴 색 등도 [속성] 영역에서 변경할 수 있다.

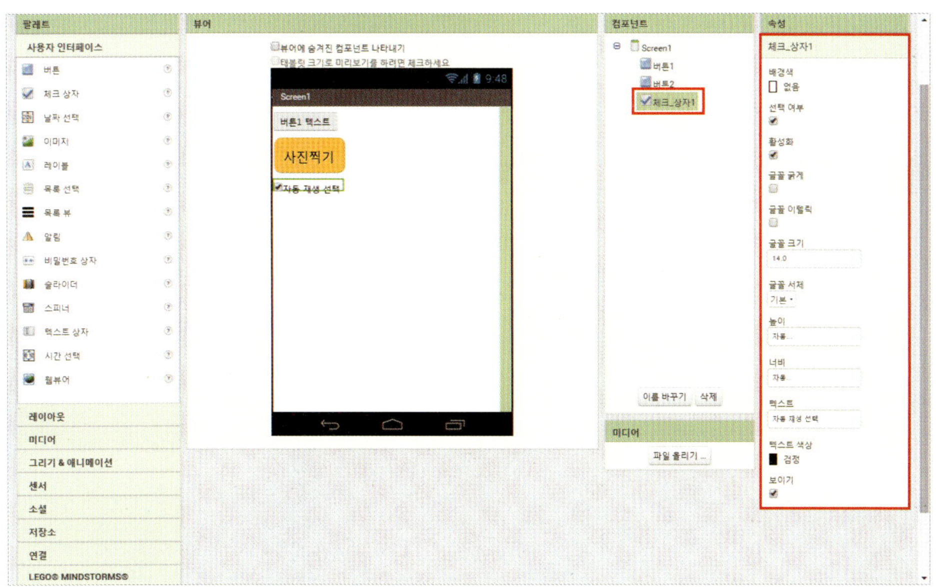

대표 블록	설명
언제 체크_상자1.변경 실행	체크 상자의 상태가 변경되면 블록 내부의 명령을 실행한다.
체크_상자1 . 선택 여부	체크 상자의 선택 상태를 'true', 'false' 값으로 반환하는 속성 값 블록이다.
지정하기 체크_상자1 . 선택 여부 값	체크 상자의 선택 유무를 집적 지정한다. [논리] 블록의 [[참]], 아니면 [[거짓]] 블록으로 지정한다.
체크_상자1 . 활성화	체크 상자의 활성화 여부를 'true', 'false' 값으로 반환하는 속성 값 블록이다.
지정하기 체크_상자1 . 활성화 값	체크 상자의 활성화 여부를 직접 지정한다. 활성화(선택가능) 하려면 [논리] 블록의 [[참]], 아니면 [[거짓]] 블록을 삽입한다. [체크 상자]가 비활성화(선택불가능)로 지정하면 □가 회색으로 표시된다.
체크_상자1 . 높이	체크 상자의 높이를 저장하고 있는 속성 값 블록이다.
지정하기 체크_상자1 . 높이 값	체크 상자의 높이를 직접 지정한다. [체크 상자]의 높이는 체크 상자인 □의 크기를 의미하는 것이 아니라 체크 상자가 표시되는 영역의 높이를 의미한다.
체크_상자1 . 너비	체크 상자의 너비를 저장하고 있는 속성 값 블록이다.
지정하기 체크_상자1 . 너비 값	체크 상자의 너비를 직접 지정한다. [체크 상자]는 지정된 너비를 기준으로 중앙 정렬 지정이 불가능하기 때문에 너무 크게 지정하지 않는 것이 좋다.

날짜 선택

날짜를 선택할 수 있도록 제공되는 컴포넌트로 [버튼] 컴포넌트와 비슷하게 생겼지만 [날짜 선택] 컴포넌트를 누르면 날짜를 선택하는 팝업창이 표시된다. 스마트폰의 날짜와 연결되어 있기 때문에 현재 날짜와 요일이 자동으로 표시된다. [날짜 선택] 컴포넌트도 [속성] 패널에서 [배경색], [높이], [너비], [모양], [텍스트] 등을 변경할 수 있다. **[호출 {날짜_선택}.표시할 날짜 지정]** 블록을 이용하면 표시되는 날짜를 직접 지정할 수 있다. 속성 중 [글꼴], [모양], [텍스트 정렬]은 [디자인] 편집기에서만 지정 가능하다.

대표 블록	설명
언제 날짜_선택1 .날짜 선택 후 실행	날짜 선택 버튼을 눌러 팝업창이 표시되면 날짜를 선택한다. [확인] 버튼을 누르면 블록의 내부 명령을 실행한다.
언제 날짜_선택1 .터치 다운 실행	날짜 선택 버튼을 눌렀을때 블록 내부의 명령 블록을 실행한다.
호출 날짜_선택1 .선택창 열기	날짜를 선택할 수 있도록 날짜를 선택하는 팝업창을 호출한다.
호출 날짜_선택1 .표시할 날짜 지정 year month day	날짜 선택 버튼을 눌러 표시되는 날짜 선택 팝업창에 표시되는 날짜를 직접 지정한다. 날짜를 지정하지 않으면 현재 스마트폰의 날짜가 표시된다.
날짜_선택1 . 날짜	날짜 선택 팝업창에서 선택된 날짜를 저장하고 있는 속성 값 블록이다.
날짜_선택1 . 월	날짜 선택 팝업창에서 선택된 월을 저장하고 있는 속성 값 블록이다.
날짜_선택1 . 년	날짜 선택 팝업창에서 선택된 년도를 저장하고 있는 속성 값 블록이다.

이미지

이미지를 화면에 표시하고자 할 때 삽입하는 컴포넌트이다. [이미지] 컴포넌트만 삽입하고 표시할 사진을 지정하지 않으면 스마트폰 화면에 아무것도 표시되지 않는다. 사진 지정은 이미 등록된 이미지를 선택하는 방법과 직접 이미지를 등록하는 방법으로 나뉜다. 사진 등록 시 선택하려고 하는 사진의 파일명이 한글이면 오류가 발생한다. 등록 가능한 사진의 파일명은 영문자와 숫자 또는 _으로 구성되어야 한다. 등록된 이미지 파일은 앱 인벤터 서버에 등록되기 때문에 [미디어] 패널에도 표시된다.

대표 블록	설명
지정하기 이미지1 . 애니메이션 값	이미지가 화면에 움직이면서 표시되도록 지정한다. 움직임은 ScrollRightSlow, ScrollRight, ScrollRightFast, ScrollLeftSlow, scrollLeft, ScrollLeftFast. Stop으로 나뉘며, [공통 블록]의 [텍스트]에서 ["{ }"] 블록을 이용하여 삽입한다.
이미지1 . 높이	이미지의 높이를 저장하고 있는 속성 값 블록이다.
지정하기 이미지1 . 높이 값	이미지의 높이를 직접 지정한다. 기본적으로 pixel 단위 값을 지정한다. 퍼센트를 기준으로 높이를 직접 지정하려면 지정하기 이미지1 . 높이 퍼센트 값 블록을 이용한다.
이미지1 . 사진	이미지 파일 이름을 저장하고 있는 속성 값 블록이다.
지정하기 이미지1 . 사진 값	[이미지] 컴포넌트의 이미지를 지정한다. 파일 이름과 확장자를 정확히 지정해야 한다. 일반적으로는 [공통 블록]의 [텍스트]에서 ["{ }"] 블록을 이용한다.
이미지1 . RotationAngle	이미지의 회전 각도 값을 저장하고 있는 속성 값 블록이다
지정하기 이미지1 . RotationAngle 값	이미지의 회전 각도를 직접 지정한다. 기본적으로 이미지는 회전 각도가 0이다.
지정하기 이미지1 . 사진 크기 맞추기 값	[이미지] 컴포넌트의 높이/너비로 지정된 크기에 딱 맞게 이미지 크기를 지정하려면 [논리] 블록의 [{참}], 원본 비율에 맞춰 삽입하려면 [{거짓}] 블록을 삽입한다. 지정하기 이미지1 . 사진 크기 맞추기 값 블록을 이용하여 사진 크기를 맞추면 현재 사진이 원본 비율이 유지된 것인지 아닌지 확인이 불가능하다. 앱 프로그램 작성 시 원본 비율 유지 여부를 판단하여 코딩해야 한다면 지정하기 이미지1 . Scaling 값 블록을 이용하여 지정해야 한다.
이미지1 . Scaling	이미지 크기 변경 시 원본 이미지의 가로/세로 비율을 유지하게 되면 '0', 유지하지 않고 크기를 변경하려면 '1' 값이 지정되어 있다.
지정하기 이미지1 . Scaling 값	[이미지] 컴포넌트의 가로/세로 비율을 유지하려면 '0', 유지하지 않고 지정된 크기로 변경하려면 '1'을 지정한다.
이미지1 . 보이기	이미지의 보이는 상태를 저장하고 있는 속성 값 블록이다.
지정하기 이미지1 . 보이기 값	이미지를 화면에 보이게 할지, 숨길지를 직접 지정한다. [논리] 블록의 [{참}] 아니면 [{거짓}] 블록으로 지정한다.
이미지1 . 너비	이미지의 너비를 저장하고 있는 속성 값 블록이다.

	[이미지] 컴포넌트 영역의 너비를 직접 지정한다. 기본적으로 pixel 단위 값을 지정한다. 퍼센트를 기준으로 높이를 직접 지정하려면 지정하기 이미지1 . 너비 퍼센트 값 블록을 이용한다.
지정하기 이미지1 . 너비 값	

레이블

텍스트를 스마트폰 화면에 표시할 때 사용하는 컴포넌트이다. [레이블] 컴포넌트의 이름은 [속성] 패널에서 [이름 바꾸기]를 눌러 지정하며 레이블의 배경색, 글꼴 크기, 높이, 너비, 텍스트 정렬 등의 모든 속성을 지정할 수 있다.

[레이블] 컴포넌트는 컴포넌트간의 간격 조절용으로 활용된다. 모든 컴포넌트는 컴포넌트간의 기본적인 간격이 지정되어 있기 때문에 실제 컴포넌트들이 붙어서 삽입되지 않는다. 하지만 기본 간격 이상으로 간격을 조절하고자 한다면 [레이블] 컴포넌트를 이용해야 한다. 간격 조절용으로 활용될 때는 [텍스트]를 반드시 삭제한다.

대표 블록	설명
레이블1 ▼ . 글꼴 크기 ▼	레이블에 지정되어 있는 텍스트의 글꼴 크기를 저장하고 있는 속성 값 블록이다.
지정하기 레이블1 ▼ . 글꼴 크기 ▼ 값	레이블에 지정되어 있는 텍스트의 글꼴 크기를 직접 지정한다.
레이블1 ▼ . 텍스트 ▼	레이블에 지정되어 있는 텍스트를 저장하고 있는 속성 값 블록이다.
지정하기 레이블1 ▼ . 텍스트 ▼ 값	레이블에 지정될 텍스트를 직접 지정한다.
레이블1 ▼ . 텍스트 색상 ▼	레이블에 지정되어 있는 텍스트의 색을 저장하고 있는 속성 값 블록이다.
지정하기 레이블1 ▼ . 텍스트 색상 ▼ 값	레이블에 지정되어 있는 텍스트의 색을 직접 지정한다.

목록 선택

[Screen1]에 버튼 형태로 삽입되며 삽입된 [목록 선택] 버튼을 누르면 이미 입력된(지정된) 여러 항목을
목록으로 표시하는 컴포넌트이다. 목록으로 표시하고자 하는 목록은 [속성] 패널의 [목록 문자열]에 입력
하며 항목의 구분은 ,(콤마)로 지정한다. 많은 양의 데이터를 표시할 때 주로 사용하며 [필터 사용] 항목
을 체크하면 목록에서 원하는 정보를 바로 검색하여 확인할 수 있다. [글꼴 굵게], [글꼴 이탤릭], [글꼴
크기], [글꼴 서체], [텍스트 정렬] 속성은 [디자인] 편집기에서만 속성 지정이 가능하다.

🡢 목록이 표시됨　　　🡢 "용"으로 검색

대표 블록	설명
언제 [목록_선택1 ▼] .선택 후 실행	목록 선택 버튼이 눌러지면 [목록 문자열]에 입력한 목록이 표시된다. 목록에서 특정 하나를 선택하면 블록 내부의 명령 블록을 실행한다.
호출 [목록_선택1 ▼] .열기	[목록_선택] 컴포넌트에 지정되어 있는 목록을 표시하는 함수 블록이다.
[목록_선택1 ▼] . 요소 ▼	목록 선택에 지정되어 있는 목록을 저장하는 속성 값 블록이다. 예를 들어 [속성] 창에서 [목록 문자열]에 '봄, 여름, 가을, 겨울'을 지정했다면 [목록_선택1 ▼] . 요소 ▼ 속성 블록에는 (봄, 여름, 가을, 겨울)의 값이 저장되어 있다.
지정하기 [목록_선택1 ▼] . 요소 ▼ 값	목록 선택의 목록 문자열을 직접 지정한다. 목록 지정 시 [공통 블록]의 [리스트] 블록을 이용한다.
지정하기 [목록_선택1 ▼] . 목록 문자열 ▼ 값	목록 선택의 목록 문자열 하나를 직접 지정한다. 지정하기 [목록_선택1 ▼] . 요소 ▼ 값 블록은 여러 개의 목록 지정이 가능하지만 지정하기 [목록_선택1 ▼] . 목록 문자열 ▼ 값 은 목록 값 한 개만 지정한다.
[목록_선택1 ▼] . 선택된 항목 ▼	목록 선택의 목록 문자열에서 직접 선택한 항목을 저장하는 속성 값 블록이다.
지정하기 [목록_선택1 ▼] . 선택된 항목 ▼ 값	목록 선택의 선택 문자열을 직접 지정한다.
[목록_선택1 ▼] . 선택된 항목 번호 ▼	목록 선택의 목록 문자열에서 직접 선택한 항목의 번호를 저장하는 속성 값 블록이다. 목록의 첫 번째 문자열의 항목 번호는 1, 두 번째 문자열의 항목 번호는 2가 된다.
지정하기 [목록_선택1 ▼] . 선택된 항목 번호 ▼ 값	목록 선택의 선택 문자열을 항목 번호로 직접 지정한다.
[목록_선택1 ▼] . 필터 사용 ▼	목록 선택의 목록 문자열의 필터 검색 기능 사용 여부를 저장하고 있는 속성 값 블록이다.
지정하기 [목록_선택1 ▼] . 필터 사용 ▼ 값	목록 선택의 목록 문자열의 필터 검색 기능 사용 여부를 직접 지정한다. [논리] 블록의 [{참}], 아니면 [{거짓}] 블록을 이용한다.
[목록_선택1 ▼] . 제목 ▼	목록 선택의 제목을 저장하고 있는 속성 값 블록이다.
지정하기 [목록_선택1 ▼] . 제목 ▼ 값	목록 선택의 제목을 직접 지정한다.

목록 뷰

[목록 선택] 컴포넌트와 달리 [목록 뷰] 컴포넌트는 [Screen]에 이미 입력된(지정된) 여러 항목을 목록으로 표시한다. 목록의 글꼴 크기를 직접 지정할 수 있으며, 선택된 항목은 밝은 회색으로 표시된다. 목록 입력은 [목록 선택] 컴포넌트와 같이 [속성] 패널의 [목록 문자열]에 ,(콤마)로 항목을 구분하여 입력한다. 지정된 높이 이상으로 목록이 길어지면 자동으로 화면이 스크롤되며, [필터 사용] 항목을 체크하면 직접 입력하여 항목을 검색할 수 있다.

🔺 "경기"로 검색

대표 블록	설명
언제 목록_뷰1.선택 후 실행	목록 뷰에 표시되는 목록 중 하나를 선택하면 블록 내부의 명령 블록을 실행한다.
목록_뷰1.요소	목록 뷰에 지정되어 있는 목록을 저장하는 속성 값 블록이다.
지정하기 목록_뷰1.요소 값	목록 뷰의 목록 문자열을 직접 지정한다. 목록 지정 시 [공통 블록]의 [리스트] 블록을 이용한다.
지정하기 목록_뷰1.목록 문자열 값	목록 뷰의 목록 문자열 하나를 직접 지정한다.
목록_뷰1.선택된 항목	목록 뷰의 목록 문자열에서 직접 선택한 항목을 저장하는 속성 값 블록이다.
지정하기 목록_뷰1.선택된 항목 값	목록 뷰의 선택 문자열을 직접 지정한다.
목록_뷰1.선택된 항목 번호	목록 뷰의 목록 문자열에서 직접 선택한 항목을 저장하는 속성 값 블록이다.
지정하기 목록_뷰1.선택된 항목 번호 값	목록 뷰의 선택 문자열을 항목 번호로 직접 지정한다.

메시지창, 선택 대화창, 경고창 등과 같은 알림창을 스크린에 표시하는 컴포넌트로 [Screen1]에 직접 삽입되지 않고 [Screen1] 아래쪽 [보이지 않는 컴포넌트 영역]에 삽입된다. 알림창은 특정 이벤트(조건)가 지정되었을 때 알리려 하는 내용을 표시하는 창이기 때문에 [블록] 화면에서 직접 블록을 삽입하여 메시지를 직접 입력해야 한다. 메시지 삽입을 위해서 [공통 블록]의 [텍스트] 블록을 삽입한다.

대표 블록	설명
언제 알림1 .선택 후 / 선택 / 실행	[알림] 선택 대화창에서 [버튼1] 또는 [버튼2]를 눌렀을 때 선택한 버튼의 텍스트가 [선택] 블록에 저장된다. 그리고 버튼이 눌렸을 때 블록 내부의 명령 블록을 실행한다.
호출 알림1 .선택 대화창 나타내기 / 메시지 / 제목 / 버튼1 텍스트 / 버튼2 텍스트 / 취소 가능 여부 참	선택 대화창을 표시한다. [버튼1]과 [버튼2] 중 하나를 선택하면 선택 대화창이 사라진다.
언제 알림1 .텍스트 입력 후 / 응답 / 실행	[알림]의 텍스트 대화창이 표시된 후 텍스트 입력이 완료되면 입력된 텍스트는 [응답]에 저장된다.
호출 알림1 .텍스트 대화창 나타내기 / 메시지 / 제목 / 취소 가능 여부 참	응답을 입력할 수 있는 텍스트 대화창이 표시된다. [취소 가능 여부] 블록에 [참]이 지정되면 [OK]와 [취소] 버튼이 표시되고 [거짓]을 지정하면 [OK] 버튼만 표시된다.
호출 알림1 .진행 대화창 나타내기 / 메시지 / 제목	진행 상태를 나타내는 대화창을 표시한다. 대화창을 취소하는 단추가 표시되지 않기 때문에 호출 알림1 .진행 대화창 종료 블록으로 강제 종료해야 한다.
호출 알림1 .진행 대화창 종료	진행 상태를 나타내는 상태창을 강제로 종료한다.
호출 알림1 .오류 로그 / 메시지	안드로이드 시스템 로그에 오류 메시지를 기록한다.
호출 알림1 .정보 로그 / 메시지	안드로이드 시스템 로그에 정보 메시지를 기록한다.
호출 알림1 .경고 로그 / 메시지	안드로이드 로그에 경고 메시지를 기록한다.
호출 알림1 .경고창 나타내기 / 알림	임시 알림 메시지를 표시한다. 경고창의 모양이 아닌 **연습입니다.**와 같은 한줄 텍스트로 표시되며 자동으로 사라진다.
호출 알림1 .메시지창 나타내기 / 메시지 / 제목 / 버튼 텍스트	메시지 창을 표시한다.

 비밀번호 상자

비밀번호를 입력받는 컴포넌트이다. [텍스트 상자] 컴포넌트와 사용법이 동일하지만 [텍스트 상자] 컴포 넌트와 달리 입력하는 내용이 화면에 표시되지 않고 · 모양의 점으로 표시된다. 스크린에 삽입된 [비밀 번호 상자] 컴포넌트에는 · · · 이 표시되지만 실제 앱을 실행하면 빈 텍스트 상자로 표시된다.

대표 블록	설명
언제 비밀번호_상자1 .포커스 받음 실행	비밀번호 상자가 포커스를 받으면 블록 내부의 명령 블록을 실행한다.
언제 비밀번호_상자1 .포커스 사라짐 실행	비밀번호 상자가 포커스가 사라지면 블록 내부의 명령 블록을 실행한다.
호출 비밀번호_상자1 .포커스 활성화	비밀번호 상자의 포커스가 활성화되도록 내장 함수를 호출한다.
비밀번호_상자1 . 활성화	비밀번호 상자의 활성화 여부를 저장하고 있는 속성 값 블록이다.
지정하기 비밀번호_상자1 . 활성화 값	비밀번호 상자의 활성화 여부를 직접 지정한다. [논리] 블록의 [{참}], 아니면 [{거짓}] 블록을 이용한다.

슬라이더

[슬라이더]는 조정 버튼인 섬네일을 직접 손가락으로 움직여 진행 상태나 값 등을 변경하고자 할 때 사용하는 컴포넌트이다. 주로 볼륨 조절이나 이미지 크기 조절과 같은 작업에 활용된다. 슬라이더의 최솟값과 최댓값 그리고 섬네일의 초기 위치 값 등을 직접 지정할 수 있다. 슬라이드의 색도 직접 변경가능하다.

섬네일을 드래그하여 위치 지정

대표 블록	설명
언제 슬라이더1 .위치 변경 / 섬네일 위치 / 실행	슬라이더의 섬네일 위치가 변경되면 변경된 위치를 [섬네일 위치] 블록에 저장된다. 그리고 위치가 변경되면 블록 내부의 명령을 실행한다.
슬라이더1 . 섬네일 활성화	슬라이더의 활성화 여부를 저장하고 있는 속성 값 블록이다.
지정하기 슬라이더1 . 섬네일 활성화 값	슬라이더의 활성화 여부를 직접 지정한다. [논리] 블록의 [[참]] 아니면 [[거짓]] 블록을 이용한다.
슬라이더1 . 섬네일 위치	슬라이더의 섬네일 위치를 저장하고 있는 속성 값 블록이다.
지정하기 슬라이더1 . 섬네일 위치 값	슬라이더의 섬네일 위치를 직접 지정한다.

◈ 🗔 스피너

[스피너]는 [목록 버튼]을 포함하고 있으며 선택하면 미리 입력된(지정된) 항목을 선택할 수 있는 팝업창을 표시하는 컴포넌트이다. [목록 문자열] 입력란에 ,(콤마)로 항목을 구분하여 입력한다. 스크린에는 '항목 추가'라고 표시되지만 실제 실행하면 [선택된 항목]에 입력된 항목에 선택되어 표시된다. 만약 [선택된 항목] 입력란을 공백으로 지정하면 [목록 문자열] 입력란의 목록 중 제일 처음으로 입력된 항목을 표시한다.

🔊 목록에서 선택

대표 블록	설명
언제 스피너1 .선택 후 선택 실행	스피너를 눌러 표시된 목록 중 하나를 선택하면 선택된 항목이 [선택] 블록에 저장된다. 그리고 목록이 선택되면 블록 내부의 명령 블록을 실행한다.
호출 스피너1 .드롭다운 표시	스피너의 목록을 표시한다.
스피너1 . 요소	스피너에 지정되어 있는 목록을 저장하는 속성 값 블록이다.
지정하기 스피너1 . 요소 값	스피너의 목록 문자열을 직접 지정한다. 목록 지정 시 [공통 블록]의 [리스트] 블록을 이용한다.
지정하기 스피너1 . 목록 문자열 값	스피너의 목록 문자열 하나를 직접 지정한다.
스피너1 . 선택된 항목	스피너의 목록 문자열에서 직접 선택한 항목을 저장하는 속성 값 블록이다.
지정하기 스피너1 . 선택된 항목 값	스피너의 선택 문자열을 직접 지정한다.
스피너1 . 선택된 항목 번호	스피너의 목록 문자열에서 직접 선택한 항목을 저장하는 속성 값 블록이다.
지정하기 스피너1 . 선택된 항목 번호 값	스피너의 선택 문자열을 항목 번호로 직접 지정한다.

텍스트 상자

[텍스트 상자]는 사용자로부터 직접 텍스트를 입력받고자 할 때 사용하는 컴포넌트이다. 한 줄 이상의 텍스트 또는 많은 양의 텍스트를 입력하려면 [여러 줄] 항목을 체크해야 한다. [여러 줄] 항목을 체크하지 않으면 모든 내용이 한 줄로 입력되기 때문에 입력 내용이 많은 경우 일부 내용이 화면이 표시되지 않을 수도 있다. [숫자 만] 항목을 체크하면 숫자 입력만 가능한 키보드가 표시된다. 높이와 너비뿐만 아니라 글꼴 크기와 텍스트 색상도 변경 가능하다. 단 [글꼴 굵게], [글꼴 이탤릭], [글꼴 서체] 속성은 [디자인] 편집기에서만 속성을 지정할 수 있다.

대표 블록	설명
언제 텍스트_상자1 .포커스 받음 실행	텍스트 상자를 누르는 순간 블록 내부의 명령 블록을 실행한다.
언제 텍스트_상자1 .포커스 사라짐 실행	다른 텍스트 상자를 선택하거나 또는 다른 컴포넌트를 선택했을 때 블록 내부의 명령 블록을 실행한다.
호출 텍스트_상자1 .키보드 숨기기	한줄 텍스트 상자의 경우 키보드에 [완료] 버튼이 표시되지만 여러 줄 텍스트 상자의 경우 [완료] 버튼 대신 Enter 버튼이 표시된다. 여러 줄 텍스트 상자에서 텍스트 입력 완료 후 키보드를 숨기기 위해 호출하는 함수이다.
텍스트_상자1 . 활성화	텍스트 상자의 활성화 여부를 저장하고 있는 속성 값 블록이다.
지정하기 텍스트_상자1 . 활성화 값	텍스트 상자의 활성화 여부를 직접 지정한다. [논리] 블록의 [[참]] 아니면 [[거짓]] 블록을 이용한다.

대표 블록	설명
텍스트_상자1 . 여러 줄	텍스트 상자의 여러 줄 지정 여부를 저장하고 있는 속성 값 블록이다. 여러 줄이 지정되어 있다면 'true', 그렇지 않으면 'false'가 저장되어 있다.
지정하기 텍스트_상자1 . 여러 줄 값	텍스트 상자에 여러 줄 속성을 직접 지정한다. [논리] 블록의 [[참]] 아니면 [[거짓]] 블록을 이용한다.
텍스트_상자1 . 숫자만	텍스트 상자에 숫자만 속성 지정 여부를 저장하고 있는 속성 값 블록이다.
지정하기 텍스트_상자1 . 숫자만 값	텍스트 상자에 숫자만 속성을 직접 지정한다. [논리] 블록의 [[참]] 아니면 [[거짓]] 블록을 이용한다.

🕗 시간 선택

[날짜 선택] 컴포넌트와 같이 시간을 선택할 수 있도록 제공되는 컴포넌트로 [버튼] 컴포넌트와 비슷하게 생겼지만 [시간 선택] 컴포넌트를 누르면 시간을 선택하는 팝업창이 표시된다. 스마트폰의 시계와 연결되어 있기 때문에 현재 시간이 자동으로 표시된다. [시간 선택] 컴포넌트도 [속성] 패널에서 [배경색], [높이], [너비], [모양], [텍스트] 등을 변경할 수 있다.

△ 시간 선택

대표 블록	설명
언제 시간_선택1 .시간 설정 후 실행	시간 선택 버튼을 눌러 시간을 선택한 후 [확인] 버튼을 누르면 블록 내부의 명령 블록을 실행한다.

호출 시간_선택1 .선택창 열기	시간을 선택할 수 있도록 시간을 선택하는 팝업창을 호출한다.
호출 시간_선택1 .표시할 시간 지정 hour minute	시간 선택 버튼을 눌러 표시되는 시간 선택 팝업창에 시간을 직접 지정한다. 시간을 지정하지 않으면 현재 스마트폰의 날짜가 표시된다.
호출 시간_선택1 .인스턴트로 표시할 시간 지정 인스턴트	[인스턴트]로 지정된 데이터로 시간을 표시한다.
시간_선택1 . 시간	시간 선택 팝업창에서 선택된 시간을 저장하고 있는 속성 값 블록이다.
시간_선택1 . 인스턴트	날짜 선택 팝업창에서 선택된 시간 데이터의 정보를 기억하고 있는 속성 값 블록이다.
시간_선택1 . 분	시간 선택 팝업창에서 선택된 분을 저장하고 있는 속성 값 블록이다.

웹 뷰어

[웹 뷰어] 컴포넌트는 특정 웹 페이지를 앱 화면에 표시하고자 할 때 사용하는 컴포넌트이다. [속성]의 [홈 URL] 입력란에 웹 페이지 주소를 지정하면 앱이 실행되었을 때 해당 웹 페이지를 표시한다. 상황에 따라 연결하는 웹 페이지를 변경할 수 있도록 명령 블록 구성이 가능하다. [링크 따라하기] 항목의 체크를 해제하면 웹 페이지가 이동되지 않는다.

🌐 헤지원 사이트가 연결되어 표시됨

대표 블록	설명
호출 웹뷰어1 .뒤로 가기 가능 여부	웹뷰어에 표시되는 웹 페이지에서 이전 페이지로 이동이 가능한 지를 호출하여 그 결과를 알려준다. 웹 페이지로 이동이 가능하면 'true', 불가능하면 'false' 값을 반환한다.
호출 웹뷰어1 .앞으로 가기 가능 여부	웹뷰어에 표시되는 웹 페이지에서 다음 페이지로 이동이 가능한 지를 호출하여 그 결과를 알려준다. 웹 페이지로 이동이 가능하면 'true', 불가능하면 'false' 값을 반환한다.
호출 웹뷰어1 .캐시 지우기	웹뷰어의 캐시 데이터를 삭제한다.
호출 웹뷰어1 .위치 정보 지우기	웹뷰어에 저장되어 있는 위치 정보를 삭제한다.
호출 웹뷰어1 .뒤로 가기	이전 페이지로 이동한다. 이전 페이지가 존재하지 않으면 페이지 이동을 하지 않는다.
호출 웹뷰어1 .앞으로 가기	다음 페이지로 이동한다. 다음 페이지가 존재하지 않으면 페이지 이동을 하지 않는다.
호출 웹뷰어1 .홈페이지로 이동	[속성] 패널의 [URL]에 지정한 페이지로 이동한다.
호출 웹뷰어1 .URL로 이동 url	직접 입력한 URL 페이지로 이동한다.
웹뷰어1 . 현재 페이지 제목	웹뷰어에 표시되고 있는 웹 페이지의 제목을 저장하고 있는 속성 값 블록이다.
웹뷰어1 . 현재 URL	웹뷰어에 표시되고 있는 웹 페이지의 URL을 저장하고 있는 속성 값 블록이다.
웹뷰어1 . 링크 따라가기	웹뷰어에 지정되어 있는 URL의 링크를 따라 페이지를 연결이 가능한 지를 저장하고 있는 속성 값 블록이다. 기본적으로 페이지 연결이 가능하도록 [링크 따라하기] 속성이 true로 지정되어 있다.
지정하기 웹뷰어1 . 링크 따라가기 값	[링크 따라하기] 속성 값을 직접 지정한다. [논리] 블록의 [[참]] 아니면 [[거짓]] 블록을 이용한다.
웹뷰어1 . 홈 URL	앱이 실행되었을 때 맨 처음 표시된 웹 페이지의 URL을 저장하고 있는 속성 값 블록이다.
지정하기 웹뷰어1 . 홈 URL 값	앱이 실행되었을 때 맨 처음 표시된 웹 페이지의 URL을 직접 지정한다.

화면 배치에 활용되는 [레이아웃] 그룹 살펴보기

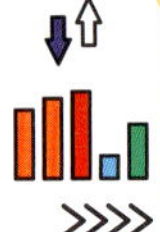

기본적으로 [Screen] 영역에 삽입되는 모든 컴포넌트는 한 줄에 하나씩만 삽입된다. 만약 한 줄에 여러 개의 컴포넌트를 삽입하거나 전화기 버튼 배열과 같이 여러 행과 열로 구성되도록 컴포넌트를 삽입하려면 [레이아웃] 그룹의 컴포넌트를 이용해야 한다.

수평배치

한 줄에 여러 개의 즉 왼쪽에서 오른쪽으로 컴포넌트들을 삽입하여 배치하고자 할 때 활용하는 컴포넌트이다. [수평배치] 컴포넌트도 배경색, 높이 너비 등을 지정할 수 있다. [수평배치] 컴포넌트에 삽입된 컴포넌트들의 배치는 [수평 정렬]과 [수직 정렬] 항목을 이용하여 지정한다.

HorizontalScrollArrangement

[수평배치] 컴포넌트와 같이 한 줄에 여러 개의 컴포넌트를 삽입하고자 할 때 사용한다. 단 [수평배치] 컴포넌트는 여러 개의 컴포넌트를 삽입했다 하더라도 스마트폰의 가로 너비 범위를 넘어가는 컴포넌트는 표시되지 않는다. 이런 단점을 보완하여 삽입된 컴포넌트가 [HorizontalScrolllArrangement] 컴포넌트이다. [HorizontalScrolllArrangement] 컴포넌트는 컴포넌트의 개수가 스마트폰의 가로 너비 범위를 넘어가면 자동으로 가로 스크롤을 생성하여 모든 컴포넌트를 확인할 수 있다. 높이와 너비 그리고 수직 정렬은 사용자가 직접 지정할 수 있지만 수평 정렬을 "중앙" 또는 "오른쪽"으로 지정하는 것은 불가능하다.

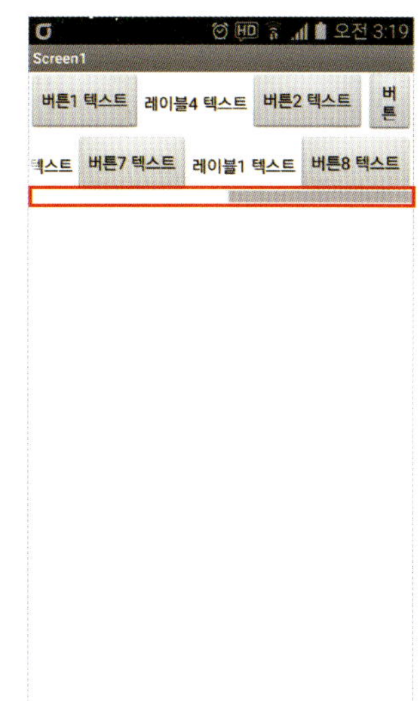

◁ 가로 스크롤이 표시되어 화면 이동이 가능함

표배치

[표배치] 컴포넌트는 전화기 버튼 배열이나 계산기 숫자 버튼 배열과 같이 표 형태로 컴포넌트를 삽입하고자 할 때 사용한다. 기본적으로 삽입되는 [표배치] 컴포넌트는 2열, 2행이지만 [속성]의 [열]과 [행] 입력란에 열 수와 행 수를 직접 지정할 수 있다. [수평배치], [수직배치] 컴포넌트와 달리 배경색 지정이 불가능하기 때문에 배경색을 지정하고자 한다면 [수평배치] 또는 [수직배치] 컴포넌트를 먼저 삽입한 후 [표배치] 컴포넌트를 삽입해야 한다.

◁ 표 형태로 배치되어 표시됨

수직배치

한 줄에 여러 개의 즉 위에서 아래쪽으로 컴포넌트들을 삽입하여 배치하고자 할 때 활용하는 컴포넌트이다. [수평배치] 컴포넌트도 배경색, 높이, 너비 등을 지정할 수 있다. [수직배치] 컴포넌트에 삽입된 컴포넌트들의 배치는 [수평 정렬]과 [수직 정렬] 항목을 이용하여 지정한다. [수직배치] 컴포넌트에 지정된 높이 범위를 넘어가게 컴포넌트를 삽입하면 앱 실행 시 스크린에 표시되지 않는다.

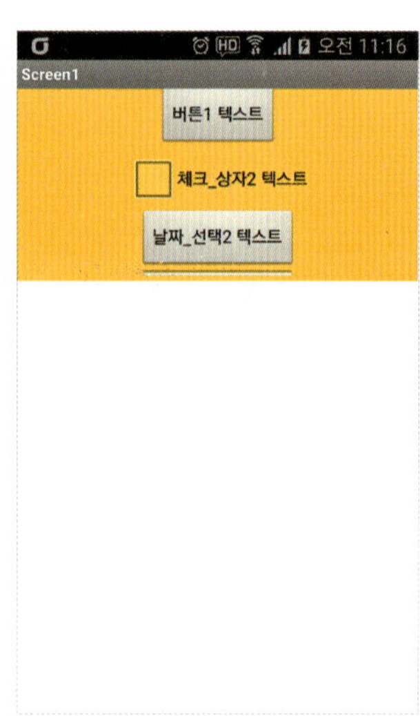

▵ 아래쪽 컴포넌트가 표시되지 않음

VerticalScrollArrangement

[VerticalScrolllArrangement] 컴포넌트는 한 줄에 컴포넌트를 위에서 아래쪽으로 삽입하는 [수직배치] 컴포넌트와 거의 기능이 동일하다. 하지만 여러 개의 컴포넌트를 삽입한 경우 지정된 높이 범위를 넘어가는 컴포넌트가 있다면 자동으로 세로 스크롤을 생성하여 높이 범위 아래쪽에 삽입된 모든 컴포넌트를 확인할 수 있다. 높이와 너비 그리고 수평 정렬은 사용자가 직접 지정할 수 있지만 수직 정렬을 "가운데"나 "아래"로 지정하는 것이 불가능하다.

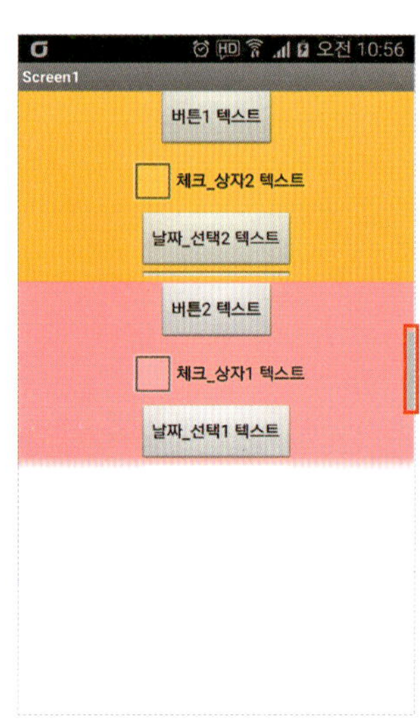

▵ 세로 스크롤바가 표시되어 화면 이동이 가능함

슬라이더를 이용하여 이미지 크기 조절하기

완성 파일 : Slider_Image_.aia

슬라이더의 섬네일을 드래그하면 스크린에 삽입된 이미지의 크기가 변경되는 앱을 작성한다. 앱 작성을 위해 [슬라이더] 컴포넌트와 [이미지] 컴포넌트 그리고 이미지 크기를 표현하기 위해 [레이블] 컴포넌트를 활용한다. 컴포넌트간의 간격은 [레이블] 컴포넌트를 이용하여 조정한다.

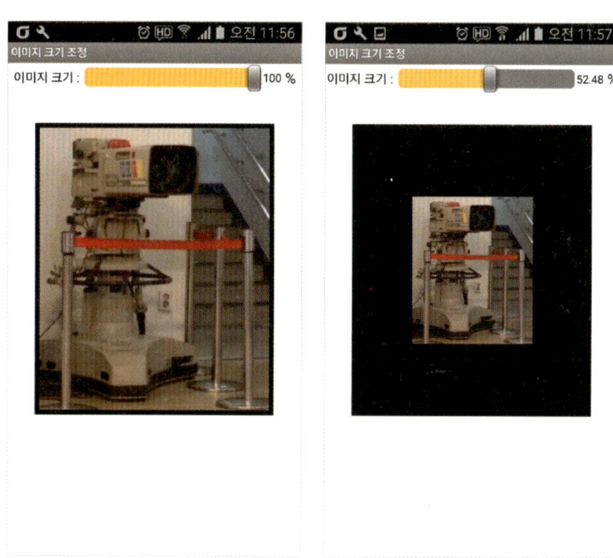

1. 스크린 정렬하고 제목 변경하기

01 스크린에 삽입되는 컴포넌트가 화면 중앙에 배치되도록 지정하기 위해 [Screen1]의 [속성] 패널에서 [수평 정렬]의 기본 속성인 "왼쪽 : 1"을 클릭하여 "중앙 : 3"을 선택한다.

 앱 제목을 지정하기 위해 [속성] 패널에서 [제목]에 "이미지 크기 조정"을 입력한다.

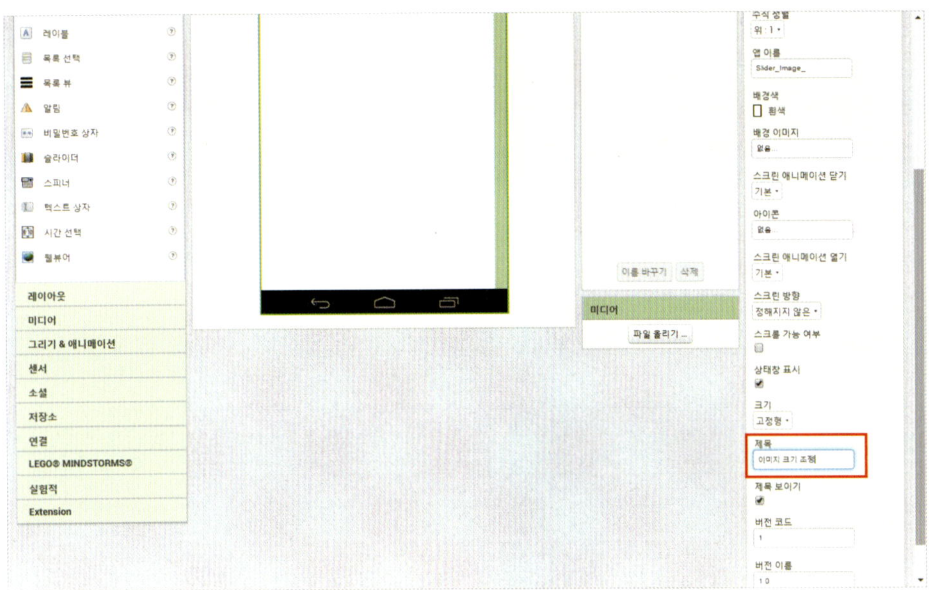

2. 수평 배치 컴포넌트와 레이블 삽입하기

 [수평 배치] 컴포넌트를 삽입하기 위해 [팔레트] 패널의 [레이아웃]을 선택한다. [수평배치] 컴포넌트를 [뷰어] 패널의 스크린 내부로 드래그한다.

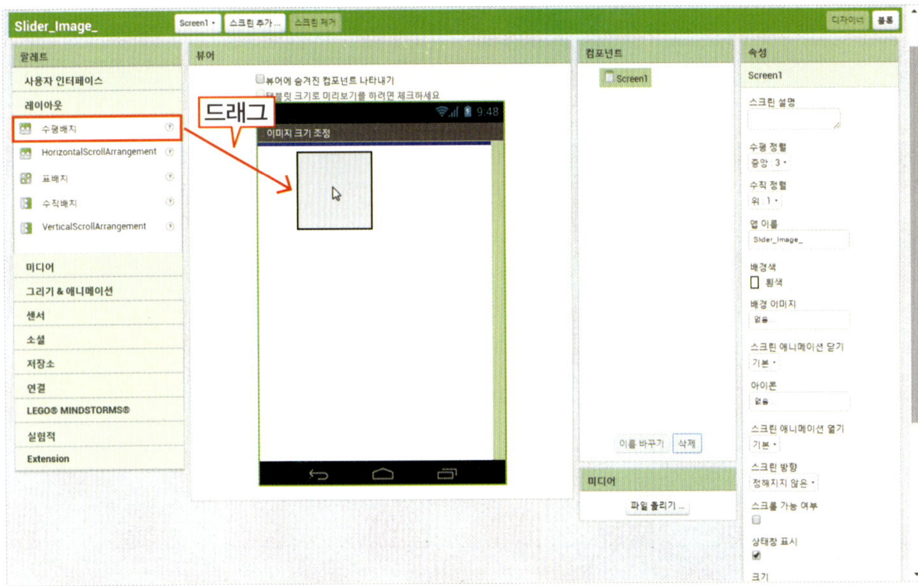

02   [속성] 패널에서 [수직 정렬]의 기본 속
성인 "위 : 1"을 클릭하여 "가운데 : 2"를 선택
한다. [너비]의 기본 속성인 "자동"을 클릭한 후
"100 percent"를 지정하고 [확인] 버튼을 클릭
한다.

03   [팔레트] 패널의 [사용자 인터페이스]
에서 [레이블] 컴포넌트를 드래그하여 [수평배치
1] 컴포넌트 내부로 드래그한다.

04   [레이블1] 컴포넌트의 [속성] 패널에서
[텍스트]에 "이미지 크기 : "를 입력한다.

3. 슬라이더 삽입하기

01 [팔레트] 패널의 [사용자 인터페이스]에서 [슬라이더] 컴포넌트를 [레이블1] 컴포넌트 오른쪽에 드래그하여 삽입한다.

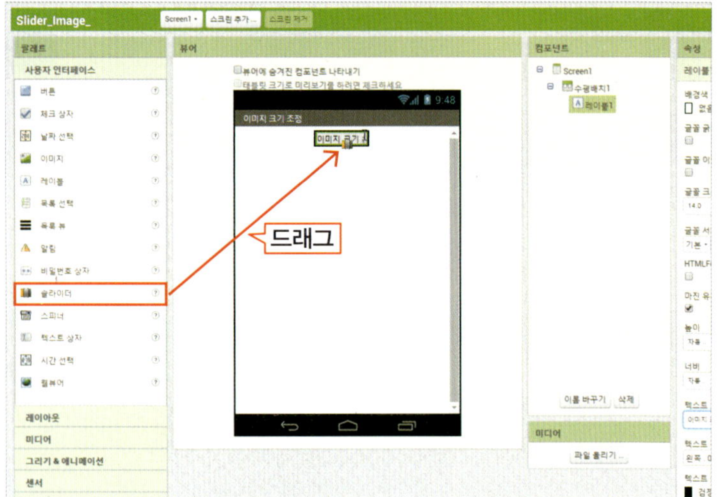

02 슬라이더의 너비를 지정하기 위해 [속성] 패널에서 [너비]의 "자동"을 클릭한다. "60 percent"를 지정하고 [확인] 버튼을 클릭한다.

03 [최댓값]에 "100", [최솟값]에 "1"을 입력한다. [섬네일 위치]는 "100"으로 지정한다.

4. 이미지 크기와 단위를 표시하는 레이블 삽입하기

01 슬라이더의 섬네일을 드래그했을 때 얼마만큼 드래그했는지 그 값을 표시할 레이블을 삽입하기 위해 [레이블] 컴포넌트를 [슬라이더1] 컴포넌트 오른쪽에 드래그하여 삽입한다. [이름 바꾸기] 버튼을 클릭한 후 "이미지크기비율"을 입력한 후 [확인] 버튼을 클릭한다.

02 [글꼴 크기]에는 "12"를 입력하고 [너비]의 "자동"을 클릭한다. "30 pixels"을 지정하고 [확인] 버튼을 클릭한다. [텍스트]에는 "100"을 입력한다.

03 단위인 %를 표시하기 위해 [레이블] 컴포넌트를 [이미지크기비율] 컴포넌트 오른쪽에 드래그하여 삽입한다. [글꼴 크기]는 "16", [텍스트]에는 "%"를 입력한다.

5. 간격 조절을 위한 레이블 삽입하기

01 컴포넌트간의 간격 조정을 위한 레이블을 삽입하기 위해 [레이블] 컴포넌트를 [수평배치1] 컴포넌트 아래에 드래그하여 삽입한다.

02 [높이]의 기본 속성인 "자동"을 클릭한 후 "30 pixels"을 지정하고 [확인] 버튼을 클릭한다. [텍스트]를 삭제한다.

6. 이미지 삽입하기

01 이미지가 삽입되어 표시될 영역보다 크게 배경색을 지정하기 위해 [레이아웃]을 선택한다. [수평배치] 컴포넌트를 [레이블3] 컴포넌트 아래에 삽입한다.

02 [수평 정렬]의 기본 속성인 "왼쪽 : 1"을 클릭한 후 "중앙 : 3"을 선택한다. [수직 정렬]의 이미지 기본 속성인 "위 : 1"을 클릭한 후 "가운데 : 2"를 선택한다.

03 [배경색]의 기본 속성인 "기본"을 클릭한 후 "검정"을 선택한다.

04　[높이]의 "자동"을 클릭한 후 "310 pixels"을 지정하고 [확인] 버튼을 클릭한다. [너비]의 "자동"을 클릭한 후 "260 pixels"을 지정하고 [확인] 버튼을 클릭한다.

05　실제 이미지를 삽입하기 위해 [사용자 인터페이스]를 선택한 후 [이미지] 컴포넌트를 [수평배치2] 내부로 삽입한다.

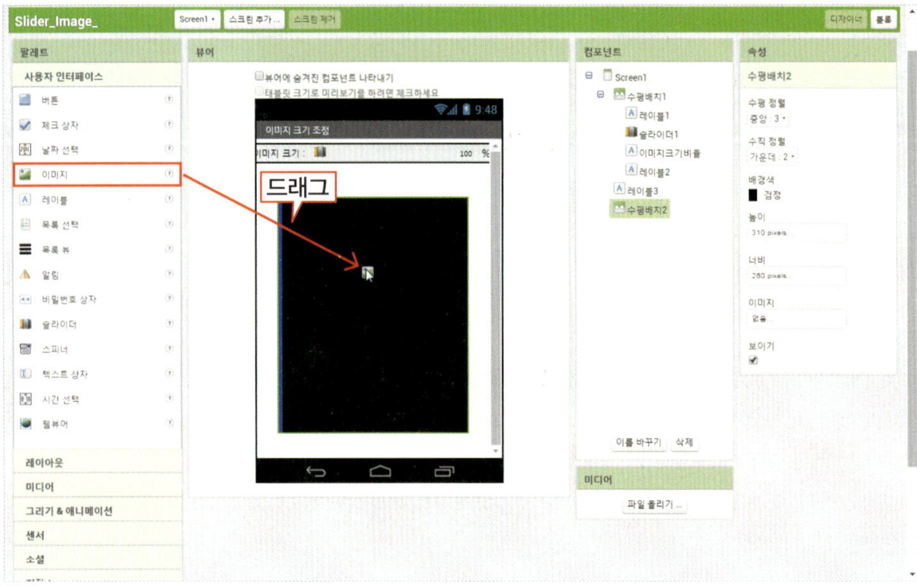

06 [높이]의 "자동"을 클릭한 후 "300 pixels"을 지정하고 [확인] 버튼을 클릭한다. [너비]의 "자동"
을 클릭한 후 "250 pixels"을 지정하고 [확인] 버튼을 클릭한다.

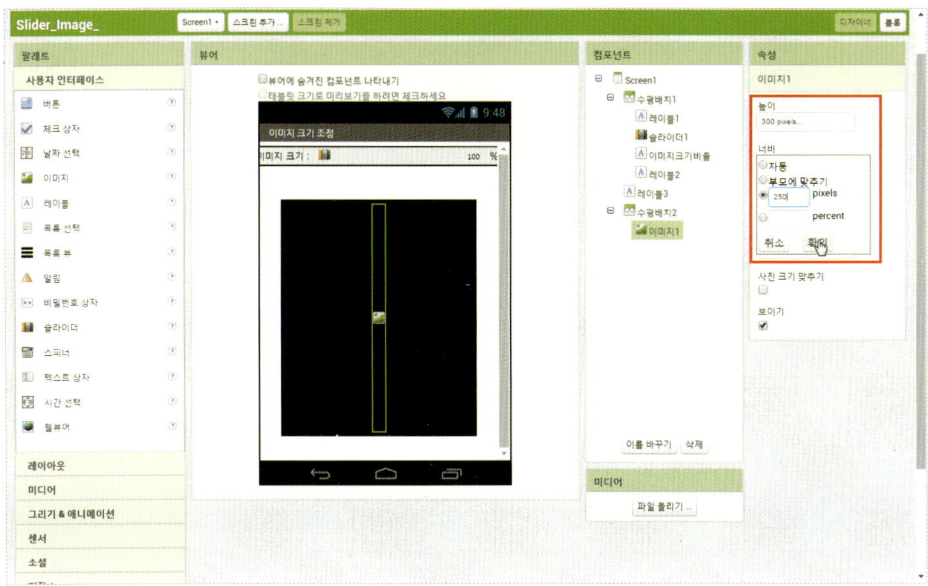

07 [사진]의 기본 속성인 "없음"을 클릭한다. [파일 올리기] 버튼을 클릭한 후 [파일 선택] 버튼을 클
릭한다. 스크린에 삽입하여 표시하고자 하는 사진을 선택한 후 [열기] 버튼을 클릭한다.

7. 섬네일을 드래그했을 때 이미지 크기 비율 표시하기

01   섬네일을 드래그하면 해당 크기의 비율이 표시되도록 하기 위해 화면 우측 상단의 [블록] 버튼을 클릭한다. [블록] 패널에서 [슬라이더1]을 클릭한 후 **[언제 {슬라이더1}.위치 변경]** 블록을 [뷰어] 패널 영역으로 드래그한다.

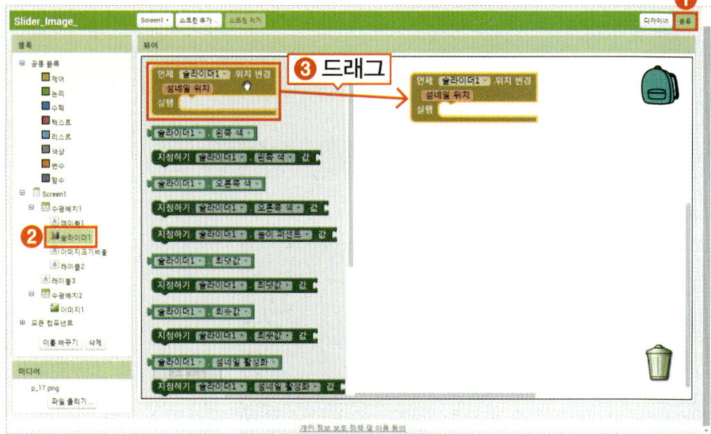

02   이미지의 가로 크기 비율이 변경되었을 때 세로 크기 비율이 같은 비율로 조정되도록 지정하기 위해 [이미지1]을 클릭한 후 **[지정하기 {이미지1}.{Scaling} 값]** 블록을 [언제 {슬라이더1}.위치 변경] 블록 사이로 드래그한다.

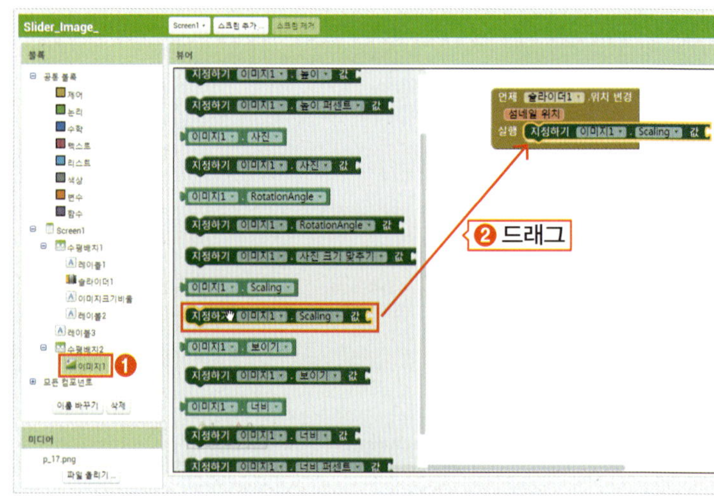

03   [공통 블록]의 [수학]에서 **[{0}]** 블록을 드래그하여 **[지정하기 {이미지1}.{Scaling} 값]** 블록에 삽입한다.

04 현재 이미지 크기 비율을 표시하기 위해 [이미지크기비율]의 **[지정하기 {이미지크기비율}.{텍스트} 값]** 블록을 삽입한다.

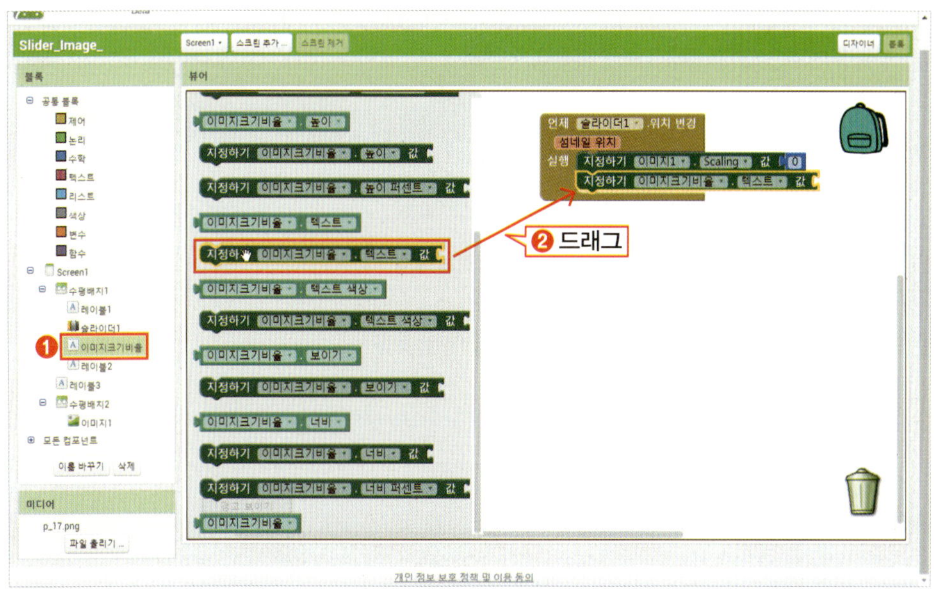

05 **[섬네일 위치]**에 마우스를 이동시킨 후 **[가져오기 {섬네일 위치}]**를 드래그하여 **[지정하기 {이미지크기비율}.{텍스트} 값]** 블록에 삽입한다.

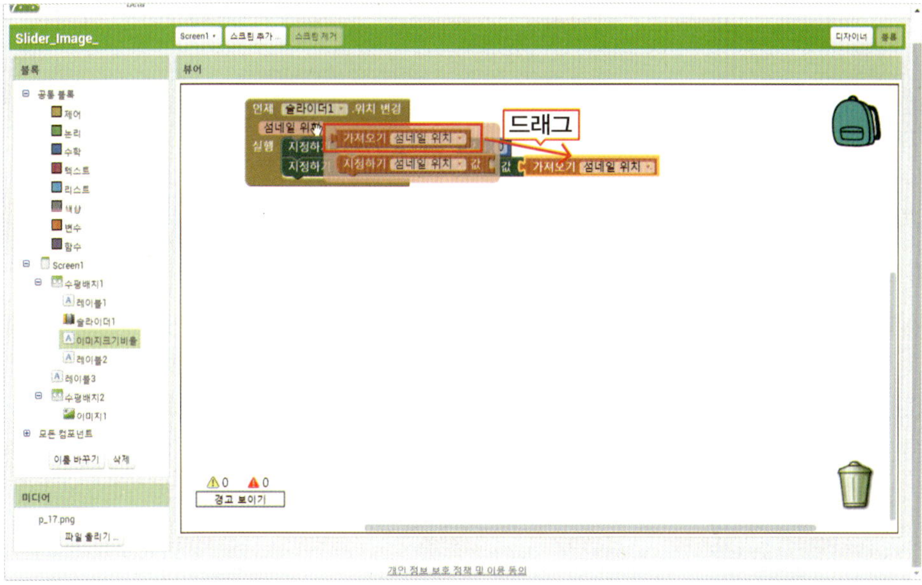

8. 이미지 크기가 변경되도록 명령 블록 코딩하기

01 섬네일의 위치 변동에 따른 크기의 비율로 이미지의 크기가 변경되도록 지정하기 위해 [이미지1]의 **[지정하기 {이미지1}.{너비} 값]** 블록을 삽입한다.

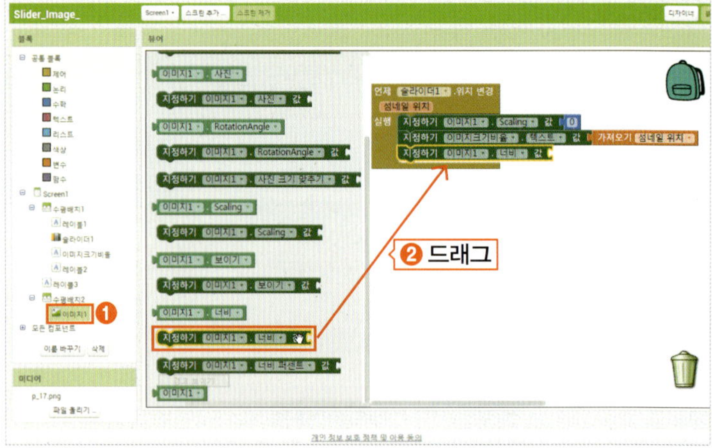

02 슬라이더의 섬네일 값이 100이 되었을 때 이미지의 가로 크기가 250 pixels이 되도록 지정하려면 슬라이더의 섬네일 위치 값에 2.5를 곱해야 한다. 너비 크기 값을 계산하기 위해 [공통 블록]의 [수학]에서 **[{ } × { }]** 블록을 삽입한다.

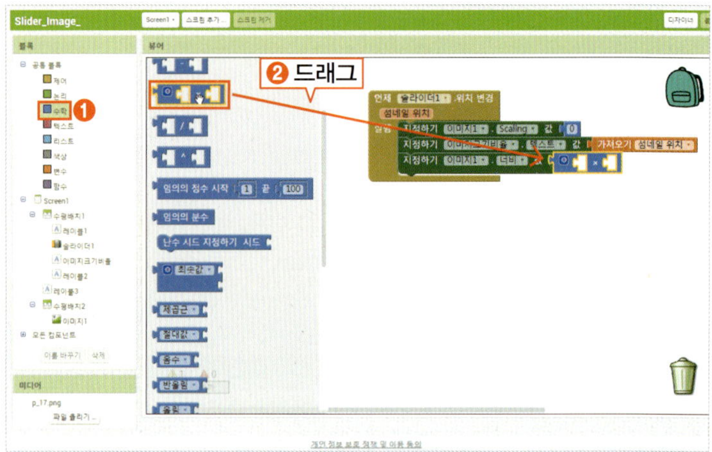

03 [수학]의 **[{0}]** 블록을 삽입한 후 "2.5"를 입력한다. [섬네일 위치]에 마우스를 이동시킨 후 **[가져오기 {섬네일 위치}]**를 드래그하여 삽입한다.

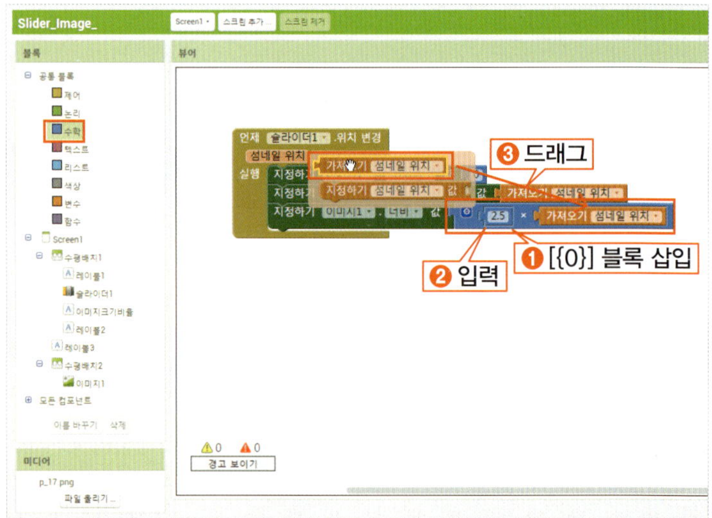

스피너/텍스트 상자와 웹 뷰어를 이용하여 웹 사이트 접속하기

완성 파일 : Spinner_Web.aia

목록으로 표시되는 웹 사이트 주소를 선택하면 해당 웹 페이지로 이동하고, 목록에 표시되지 않는 웹 사이트는 직접 주소를 입력하여 이동하여 웹 페이지를 보여주는 앱을 작성한다.

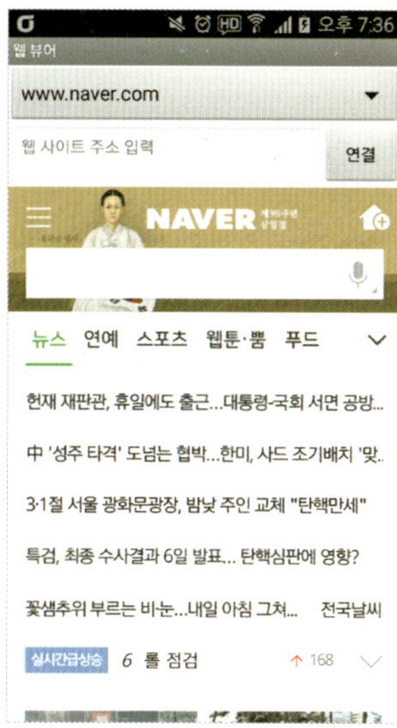
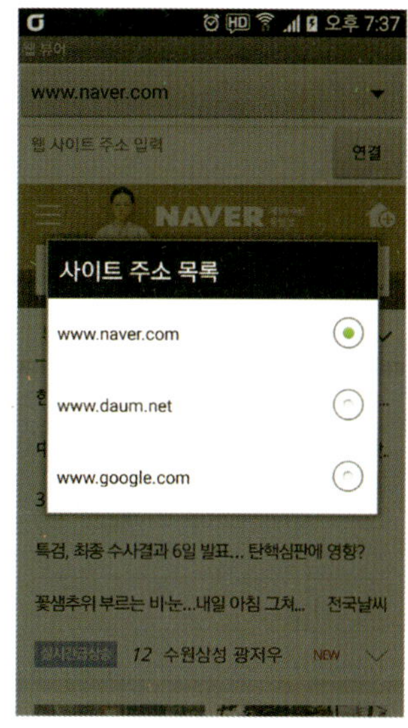

1. 앱 제목 지정하고 스피너 삽입하기

01 앱 제목을 지정하기 위해 [속성] 패널에서 [제목]에 "웹 뷰어"를 입력한다.

02 미리 사이트 주소를 지정한 후 선택하도록 지정하기 위해 [사용자 인터페이스]에서 [스피너] 컴포넌트를 드래그하여 [뷰어] 패널의 스크린 내부로 드래그한다.

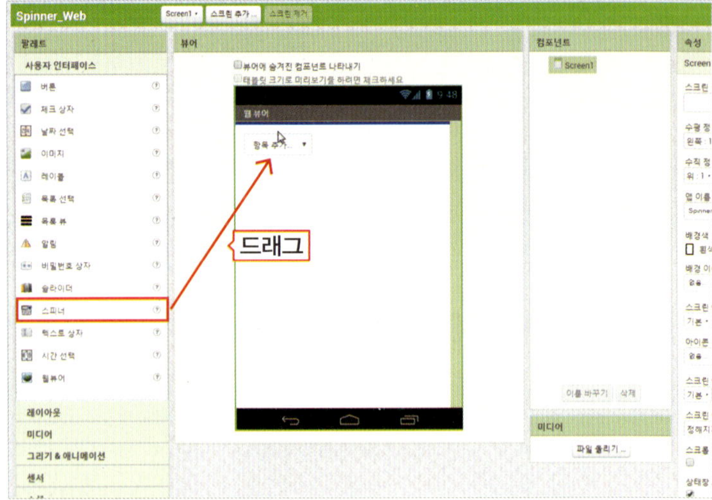

03 [속성] 패널의 [목록 문자열]에 "www.naver.com,www.daum.net,www.google.com"을 입력한다.

04 [너비]의 기본 속성인 "자동"을 클릭한 후 "100 percent"를 지정하고 [확인] 버튼을 클릭한다. [창 제목]에 "사이트 주소 목록"을 입력한다.

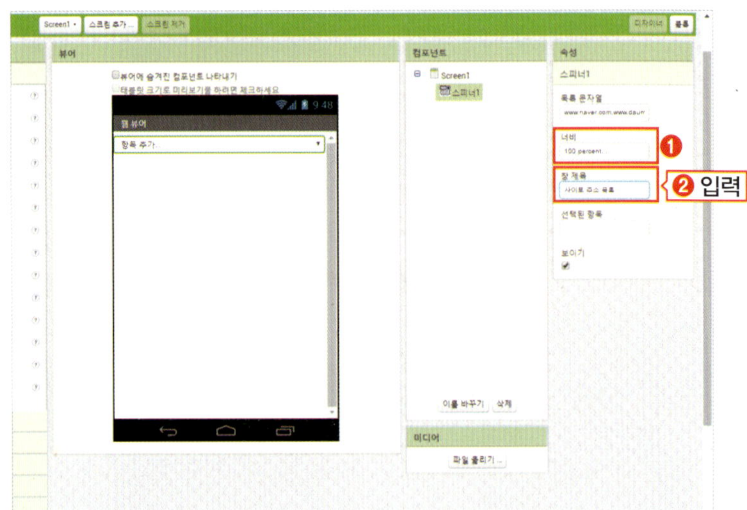

2. 웹 사이트 주소 입력란 및 연결 버튼 삽입하기

01 주소 입력란과 버튼을 나란히 배치하기 위해 [팔레트] 패널의 [레이아웃]을 선택한다. [수평배치] 컴포넌트를 [스피너1] 컴포넌트 아래에 삽입한다.

02 [수평 정렬]의 기본 속성인 "왼쪽 : 1"을 클릭하여 "중앙 : 3"을 선택한다. [너비]의 기본 속성인 "자동"을 클릭한 후 "100 percent"를 지정하고 [확인] 버튼을 클릭한다.

03 웹 사이트 주소 입력란을 삽입하기 위해 [사용자 인터페이스]에서 [텍스트 상자]를 [수평배치1] 내부에 삽입한다.

04 [이름 바꾸기] 버튼을 클릭한 후 "주소 입력"을 입력하고 [확인] 버튼을 클릭한다.

Note. 새 이름 입력 시 '주소 입력'과 같이 공백이 삽입되면 공백이 _(언더라인)으로 변경되어 표시된다.

05 [속성] 패널에서 "너비"의 자동을 클릭한 후 "80 percent"를 지정하고 [확인] 버튼을 클릭한다. [힌트]에 "웹 사이트 주소 입력"을 입력한다.

06 연결 버튼을 삽입하기 위해 [사용자 인터페이스]의 [버튼]을 [주소_입력] 컴포넌트 오른쪽에 삽입한다.

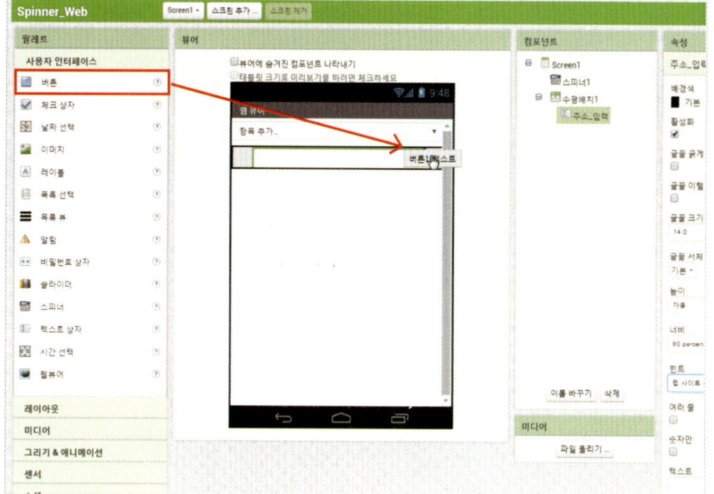

07 [이름 바꾸기] 버튼을 클릭한 후 "연결"을 입력하고 [확인] 버튼을 클릭한다.

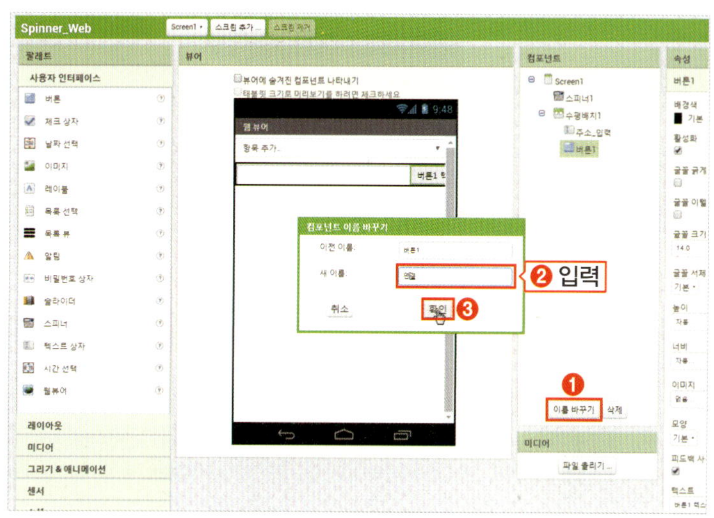

08 [속성] 패널에서 "너비"의 자동을 클릭한 후 "20 percent"를 지정하고 [확인] 버튼을 클릭한다. [텍스트]에 "연결"을 입력한다.

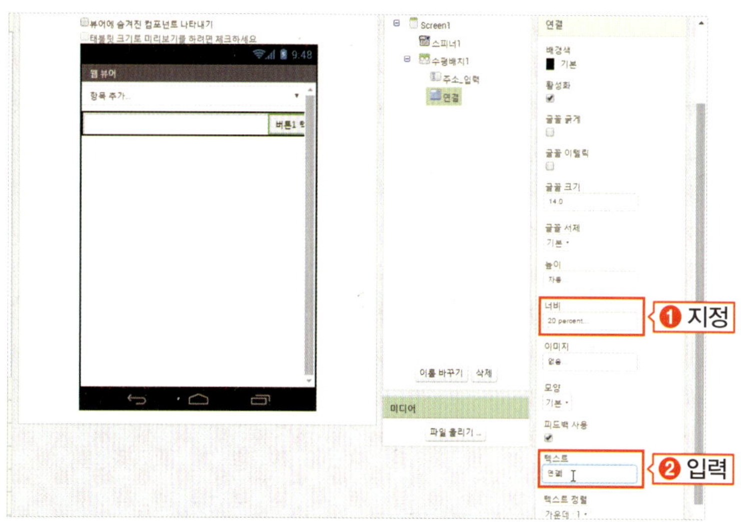

3. 웹 뷰어 삽입하기

01 [사용자 인터페이스]에서 [웹 뷰어]를 드래그하여 [수평배치1] 아래에 삽입한다.

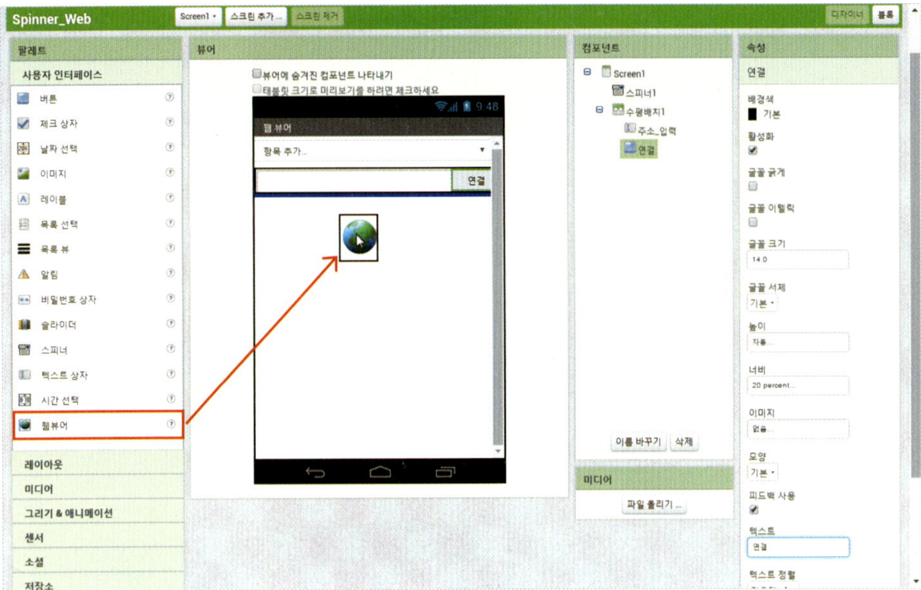

02 앱이 처음 실행되었을 때 접속되는 웹 페이지 주소를 지정하기 위해 [속성] 패널의 [홈 URL]에 "http://www.naver.com"을 입력한다.

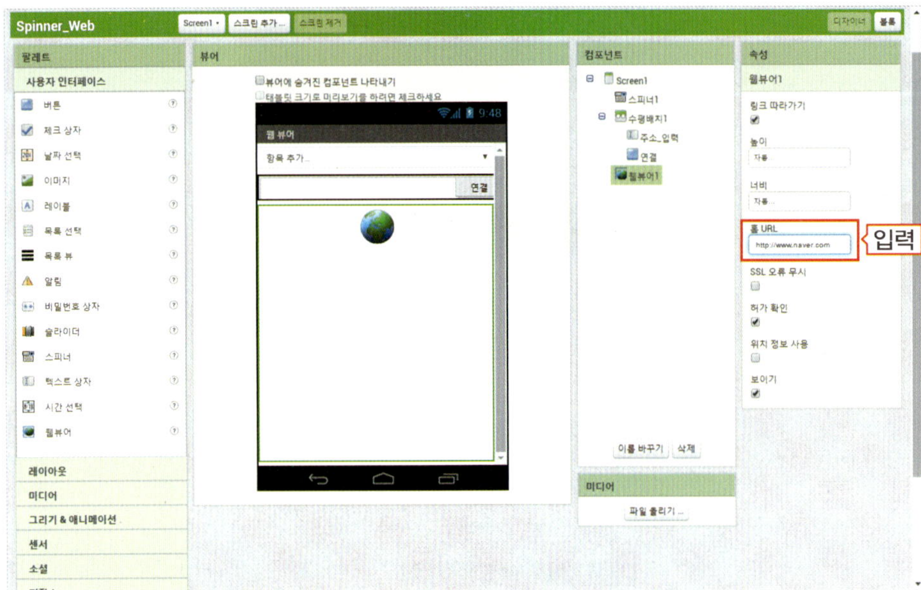

Note. 웹 사이트 주소 입력 시 'http://'를 반드시 입력해야 한다.

4. 스피너를 눌러 선택한 웹 사이트로 연결되도록 코딩하기

01 스피너를 눌렀을 때 선택한 웹 사이트로 연결되도록 지정하기 위해 화면 우측 상단의 [블록] 버튼을 클릭한다. [블록] 패널에서 [스피너1]을 클릭한 후 **[언제 {스피너1}.선택 후]** 블록을 [뷰어] 패널 영역으로 드래그한다.

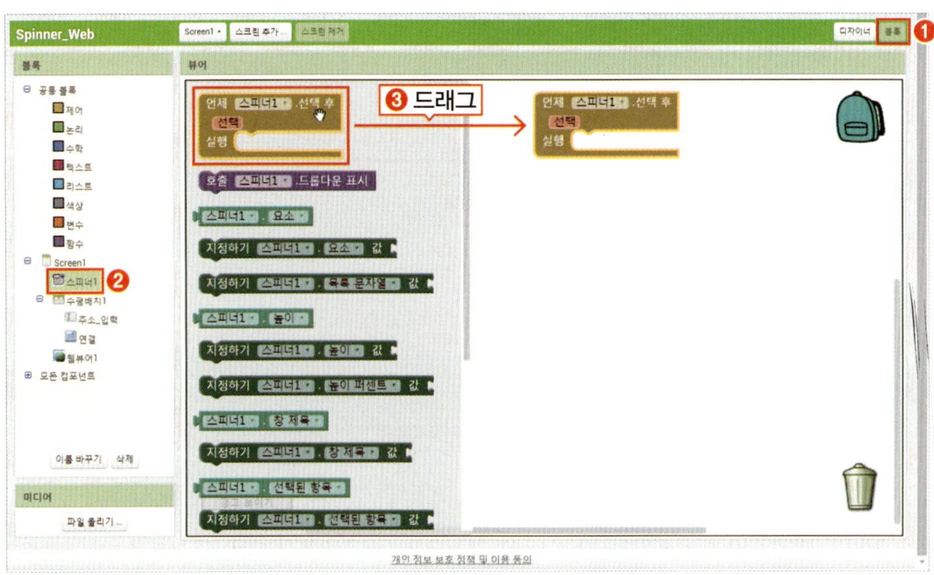

02 [웹뷰어1]을 선택한 후 **[호출 {웹뷰어1}.URL로 이동]** 블록을 **[언제 {스피너1}.선택 후]** 블록 사이로 드래그한다.

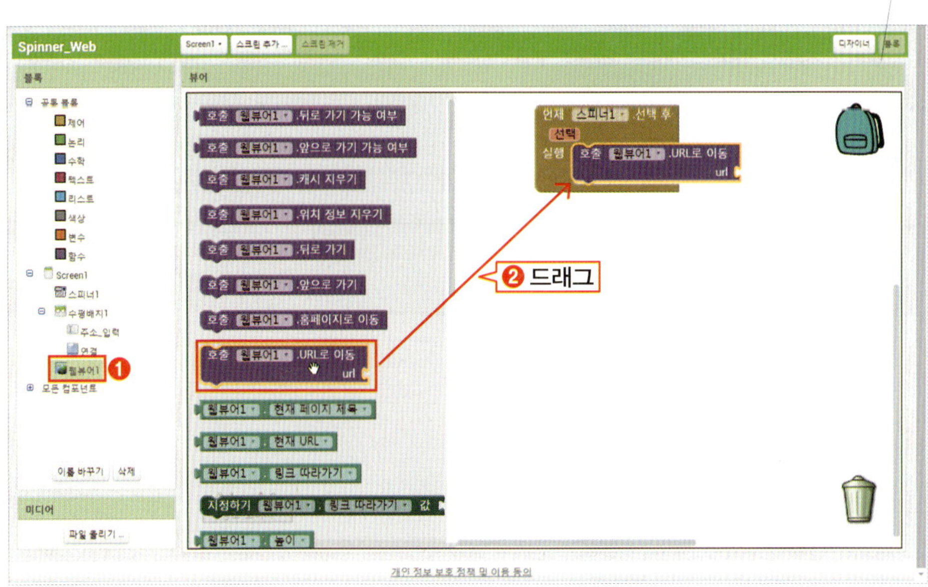

03 스피너에서 선택한 웹 주소에는 웹 프로토콜인 "http://"가 삽입되어 있지 않기 때문에 선택된 웹 주소 앞쪽에 "http://"을 연결하기 위해 [공통 블록]의 [텍스트]를 클릭한다. [합치기] 블록을 드래그하여 삽입한다.

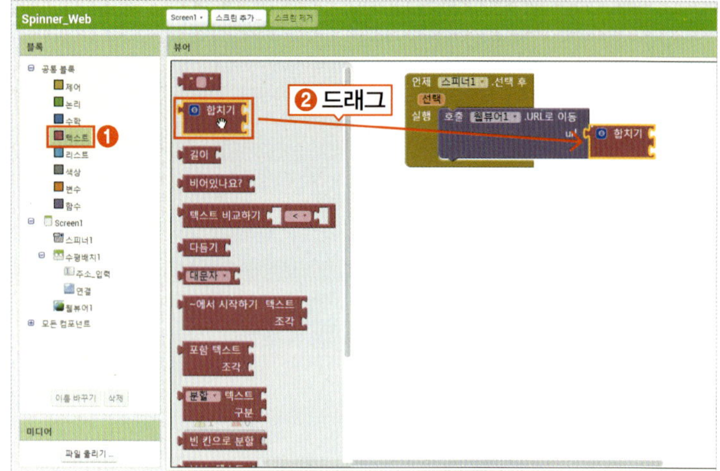

04 [텍스트]에서 ["{ }"] 블록을 삽입한 후 "http://"를 입력한다.

Note. 〔그림〕과 같이 "http://"을 연결하지 않으면 사이트가 연결되지 않는다.

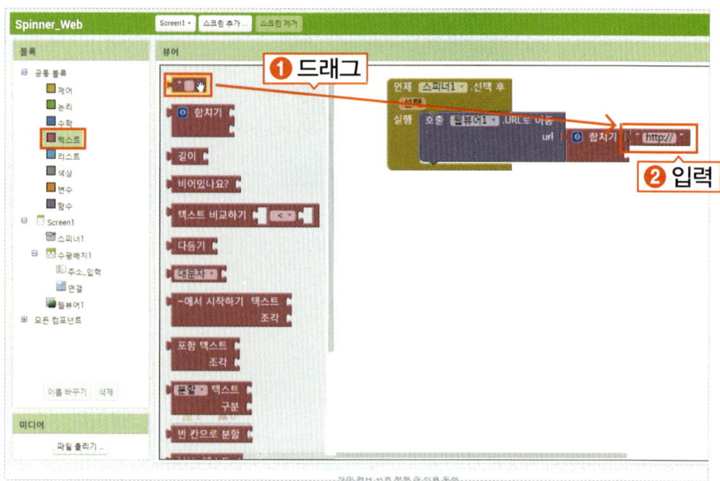

05 [언제 {스피너1}.선택 후] 블록의 [선택]에 마우스를 이동시킨 후 [가져오기 {선택}]을 드래그하여 [합치기] 블록에 삽입한다.

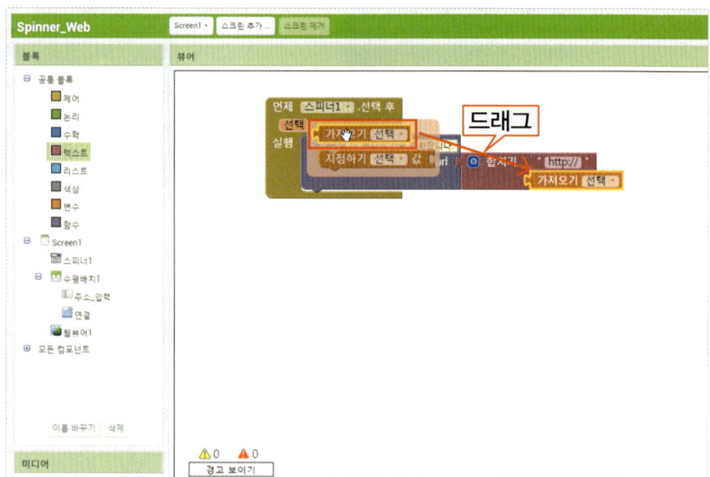

5. [연결] 버튼을 눌러 직접 입력한 웹 사이트로 연결하기

01   [연결]을 클릭한 후 [언제 {연결}.클릭] 블록을 [뷰어] 패널 영역으로 드래그한다.

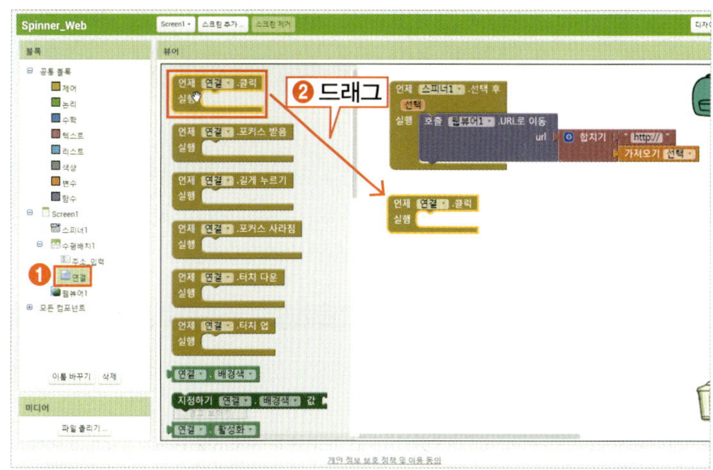

02   [웹뷰어1]을 선택한 후 [호출 {웹뷰어1}.URL로 이동] 블록을 [언제 {연결}.클릭] 블록 사이로 드래그한다.

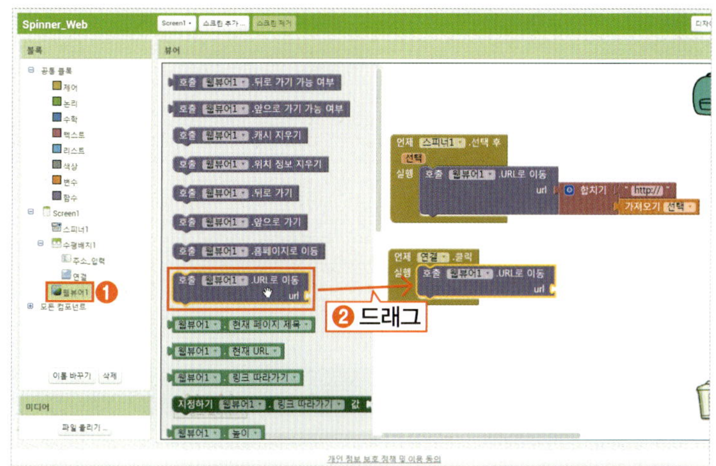

03   텍스트 상자에 직접 입력한 주소에는 웹 프로토콜인 "http://"가 삽입되어 있지 않기 때문에 선택된 웹 주소 앞쪽에 "http://"을 연결하기 위해 [공통 블록]의 [텍스트]를 클릭한다. [합치기] 블록을 삽입한다. [텍스트]에서 ["{ }"] 블록을 삽입한 후 "http://"를 입력한다. [주소 입력]을 클릭한 후 [{주소_입력}.{텍스트}] 블록을 [합치기] 블록에 삽입한다.

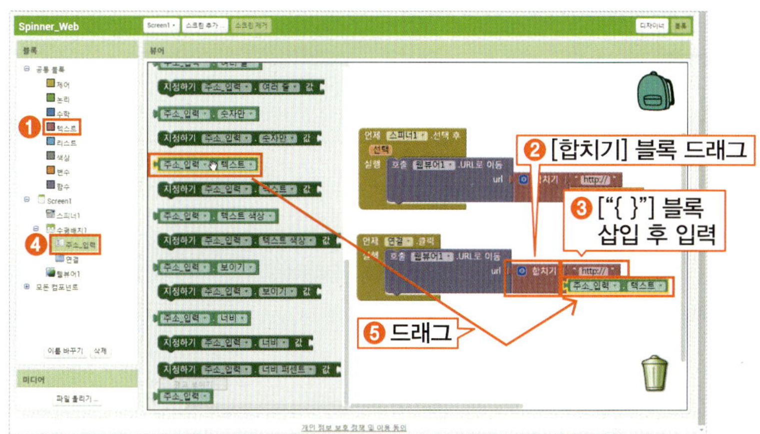

Chapter 02

앱 개발에 활용되는 다양한 컴포넌트와 명령 블록 활용하기

앞서 살펴본 [사용자 인터페이스]나 [레이아웃]은 간단히 화면을 디자인하는데 활용되는 컴포넌트들로 구성되어 있다. 실제 앱 인벤터로 앱을 작성할 때는 작성하고자 하는 앱의 기능에 따라 [미디어] 그룹, [그리기 & 애니메이션] 그룹, [센서] 그룹, [소셜] 그룹, [저장소] 그룹의 컴포넌트들을 이용한다.

1 멀티미디어 데이터 활용에 사용되는 컴포넌트와 블록

[미디어] 그룹은 멀티미디어 자료를 활용하는데 주로 사용되는 컴포넌트들로 구성되어 있다. [미디어] 그룹의 컴포넌트들을 이용하여 스마트폰의 카메라뿐만 아니라 녹음기, 비디오 플레이어 등을 직접 제어할 수 있다.

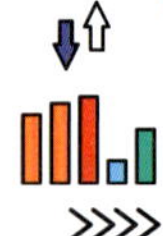 캠코더

스마트폰의 캠코더를 직접 제어하여 동영상을 녹화할 수 있는 컴포넌트로 화면에는 표시되지 않는 보이지 않는 컴포넌트이다. 실제 스마트폰의 캠코더를 이용하여 동영상을 녹화하면 스마트폰에서 자동으로 [저장], [취소] 버튼이 표시된다. 이때 [저장] 버튼을 눌러 스마트폰의 메모리에 동영상이 저장되면 저장된 영상이 [클립] 변수에 기억된다.

대표 블록	설명
언제 캠코더1 .녹화 후 / 클립 / 실행	동영상이 녹화된 후 호출되어 블록 내부의 명령 블록을 실행한다.
호출 캠코더1 .비디오 녹화하기	캠코더를 호출하여 비디오를 녹화한다.

 카메라

스마트폰의 카메라를 직접 제어하여 사진을 촬영하는 화면에 보이지 않는 컴포넌트이다.

대표 블록	설명
언제 카메라1 .사진 찍은 후 / 이미지 / 실행	사진이 촬영된 후 호출되어 블록 내부의 명령 블록을 실행한다.
호출 카메라1 .사진 찍기	카메라를 호출하여 사진을 촬영한다.

◈ 🖼 이미지 선택

스마트폰의 갤러리에 표시되는 사진을 선택할 수 있는 특수 버튼이다. 일반적으로 선택된 이미지를 표시하기 위해 [사용자 인터페이스] 그룹의 [이미지] 컴포넌트를 이용한다.

대표 블록	설명
언제 이미지_선택1.선택 후 실행	이미지 선택 버튼이 눌려지면 갤러리가 실행되고 갤러리에서 이미지를 선택하면 블록 내부의 명령 블록을 실행한다.
언제 이미지_선택1.선택 전 실행	이미지 선택 버튼이 눌려진 후 갤러리가 실행되기 전 블록 내부의 명령 블록을 실행한다.
언제 이미지_선택1.터치 다운 실행	이미지 선택 버튼이 눌려질 때 블록 내부의 명령 블록을 실행한다.
언제 이미지_선택1.터치 업 실행	이미지 선택 버튼이 누른 후 손을 뗄 때 블록 내부의 명령 블록을 실행한다.
호출 이미지_선택1.열기	이미지 선택 버튼이 눌려진 것처럼 갤러리가 실행된다.
이미지_선택1 . 배경색	이미지 선택 버튼의 배경색에 대한 정보를 저장하고 있는 속성 값 블록이다.
지정하기 이미지_선택1 . 배경색 값	이미지 선택 버튼의 배경색을 지정하는 속성 지정 블록이다. 배경색은 [공통 블록]의 [색상] 블록을 이용하여 지정한다.
이미지_선택1 . 활성화	이미지 선택 버튼의 활성화에 대한 정보를 저장하고 있는 속성 값 블록이다.
지정하기 이미지_선택1 . 활성화 값	이미지 선택 버튼의 활성화 여부를 직접 지정하는 속성 지정 블록이다. [이미지_선택] 버튼을 활성화(사용가능 상태)하려면 [공통 블록]의 [논리] 블록에서 **[{참}]** 블록을 이용하여 지정한다.
이미지_선택1 . 글꼴 굵게	이미지 선택 버튼의 글꼴이 '굵게'로 지정되어 있다면 'true', 그렇지 않다면 'false' 값을 반환하는 속성 값 블록이다.
지정하기 이미지_선택1 . 글꼴 굵게 값	이미지 선택 버튼의 글꼴 '굵게'를 직접 지정하는 속성 지정 블록이다. 글꼴 '굵게'를 지정하려면 [공통 블록]의 [논리] 블록에서 **[{참}]** 블록, 글꼴 굵게 지정을 해제하려면 **[{거짓}]** 블록을 지정한다.
이미지_선택1 . 선택된 항목	갤러리에서 선택한 이미지에 대한 정보를 저장하고 있는 속성 값 블록이다(이미지의 저장 위치와 파일 이름이 저장되어 있다).
이미지_선택1 . 이미지	이미지 선택 버튼의 이미지에 대한 정보를 저장하고 있는 속성 값 블록이다.

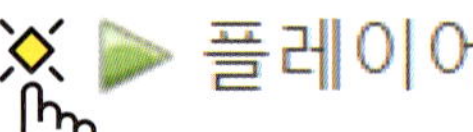

플레이어

음악을 재생하거나 스마트폰의 진동을 울리는 보이지 않는 컴포넌트이다. 노래나 배경 음악과 같이 긴 음악을 재생할 때 사용하며 mp3, wma 등의 확장자를 가진 음악 파일 재생이 가능하다.

대표 블록	설명
언제 플레이어1.재생 완료 실행	음악 재생이 완료되면 블록 내부의 명령 블록을 실행한다.
언제 플레이어1.다른 플레이어 시작 실행	다른 플레이어가 시작되면 블록 내부의 명령 블록을 실행한다.
언제 플레이어1.PlayerError 메시지 실행	음악 플레이어에 오류가 발생했을 때 블록 내부의 명령 블록을 실행한다. [메시지]는 플레이어에 발생한 오류 메시지를 저장하고 있다.
호출 플레이어1.일시정지	음악 재생을 일지 정지시킨다.
호출 플레이어1.시작	지정된 음악을 재생한다.
호출 플레이어1.정지	음악 재생을 멈춘다.
호출 플레이어1.진동 밀리초	지정된 시간동안 스마트폰에 진동을 울린다.
플레이어1.재생 중	현재 음악이 재생중인지를 저장하고 있는 속성 값 블록이다.
플레이어1.반복	플레이어에 반복 속성이 선택되어 있는지를 저장하고 있는 속성 값 블록이다.
지정하기 플레이어1.반복 값	플레이어의 반복 여부를 지정한다. 반복 속성을 지정하려면 [공통 블록]의 [논리] 블록에서 [[참]] 블록을 이용하여 지정한다.
플레이어1.현재 스크린에서만 재생	현재 스크린에서만 음악을 재생하는지 아니면 다른 스크린에서도 음악이 연속으로 재생하는지를 저장하고 있는 속성 값 블록이다.
지정하기 플레이어1.현재 스크린에서만 재생 값	플레이어가 음악 재생 시 현재 스크린에서만 재생할 것인지 아니면 다른 스크린에서 음악이 연속적으로 재생되도록 할 것인지를 지정한다. [논리] 블록에서 [[참]] 블록을 삽입하면 플레이어가 삽입된 스크린에서만 음악이 재생되고, [[거짓]] 블록을 삽입하면 플레이어가 삽입된 스크린 뿐만 아니라 이동된 새로운 스크린에서도 음악이 연속으로 재생된다.
플레이어1.소스	플레이어에 지정되어 있는 소스를 저장하고 있는 속성 값 블록이다.
지정하기 플레이어1.소스 값	플레이어에 소스를 직접 지정한다.
지정하기 플레이어1.볼륨 값	플레이어의 볼륨을 직접 지정한다.

간단한 음악 재생 앱 만들기

완성 파일 : Music_Player.aia

[목록 선택] 컴포넌트와 [Player] 컴포넌트를 이용하면 재생하고자 하는 음악을 목록으로 등록한 후 음악을 선택하면 해당 음악이 재생되도록 간단히 앱을 구현할 수 있다.

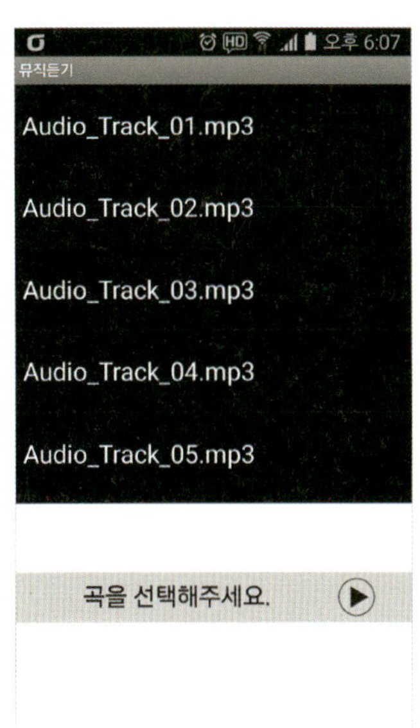
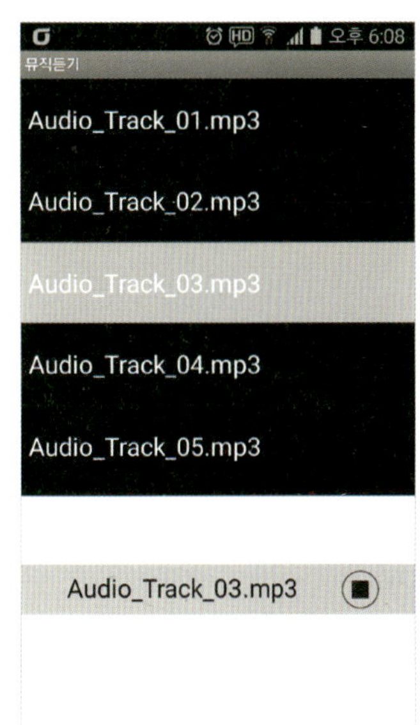

1. 스크린 정렬 지정하고 제목 변경하기

01 스크린에 삽입되는 컴포넌트가 중앙에 배치되도록 지정하기 위해 [Screen1]의 [속성] 패널에서 [수평 정렬]의 기본 속성인 "왼쪽 : 1"을 클릭하여 "중앙 : 3"을 선택한다.

 스크린 화면의 화면 이동이 가능하도록 [스크롤 가능 여부]를 체크한다. [제목]에 "뮤직듣기"를 입력한다.

2. 목록 뷰 삽입하고 목록 문자열 지정하기

01 목록 뷰를 삽입하기 위해 [팔레트] 패널의 [사용자 인터페이스]에서 [목록 뷰]를 선택한 후 [뷰어] 패널의 스크린 내부로 드래그한다.

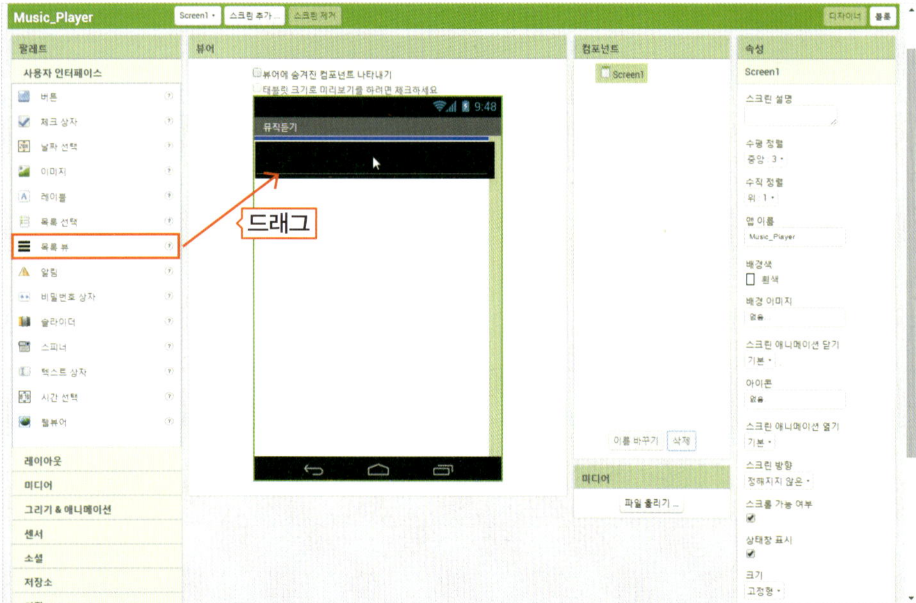

02 [목록 문자열]에 "Audio_Track_01.mp3,Audio_Track_02.mp3,Audio_Track_03.mp3,Audio_Track_04.mp3,Audio_Track_05.mp3"를 입력한다.

03 [높이]의 "자동"을 클릭한 후 "330 pixels"을 지정하고 [확인] 버튼을 클릭한다. [너비]의 "자동"을 클릭한 후 "100 percent"를 지정하고 [확인] 버튼을 클릭한다. [텍스트 크기]에 "60"을 입력한다.

04 간격 조절을 위한 레이블을 삽입하기 위해 [사용자 인터페이스]에서 [레이블]을 [목록 뷰1] 아래에 삽입한다. [높이]의 "자동"을 클릭한 후 "50 pixels"을 지정하고 [확인] 버튼을 클릭한다. [텍스트]는 삭제한다.

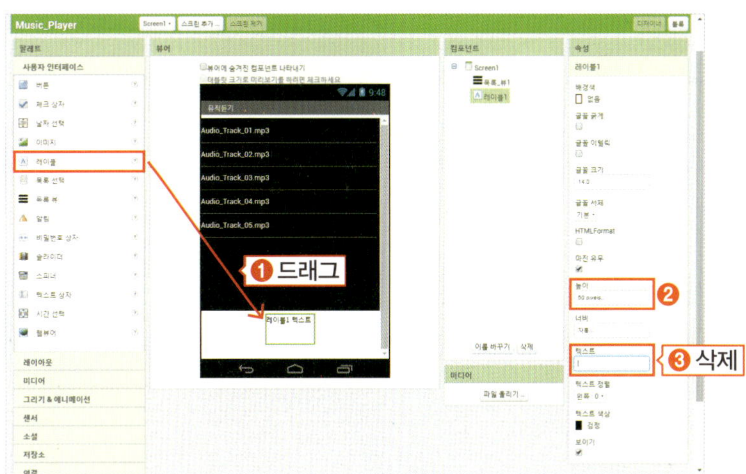

3. 선택 곡명 표시를 위한 레이블 삽입하기

01   선택 곡명을 표시하는 레이블과 ▶, ■
을 나란히 삽입하기 위해 [팔레트] 패널의 [레이
아웃]을 선택한 후 [수평배치] 컴포넌트를 [레이
블1] 아래로 드래그하여 삽입한다.

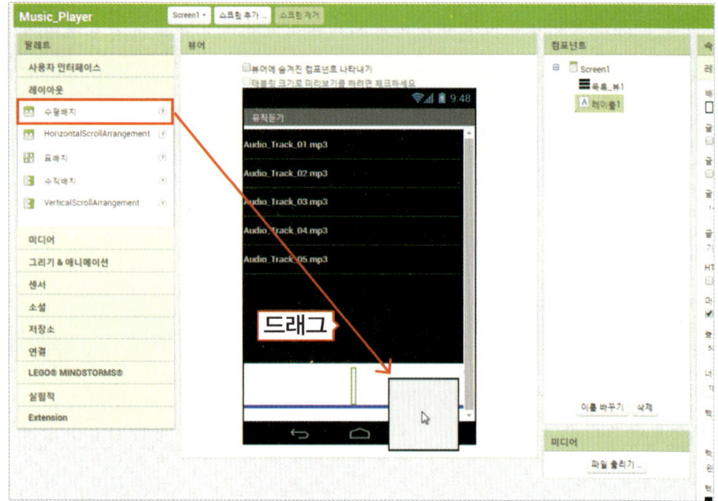

02   [수직 정렬]의 "위 : 1"을 선택한 후 "가
운데 : 2"를 클릭한다. [배경색]의 "기본"을 클릭
한 후 "밝은 회색"을 선택한다. [높이]의 "자동"을
클릭한 후 "40 pixels"을 지정하고 [확인] 버튼
을 클릭한다. [너비]의 "자동"을 클릭한 후 "100
percent"를 지정하고 [확인] 버튼을 클릭한다.

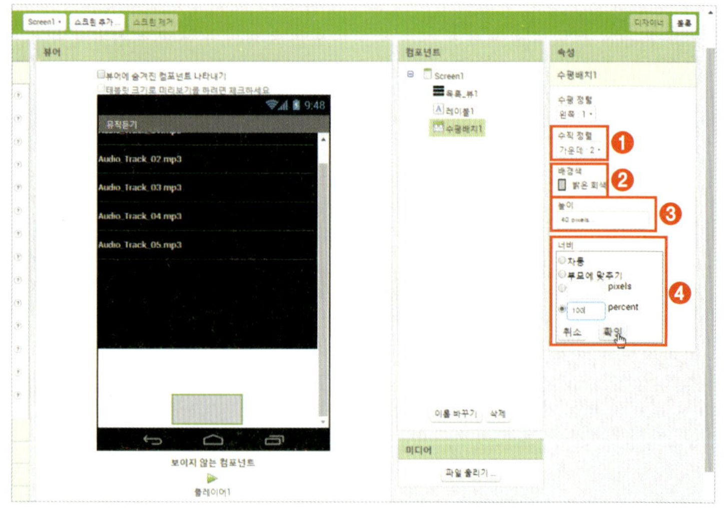

03   선택 곡명을 표시하기 위한 레이블을
삽입하기 위해 [레이블]을 [수평배치1] 내부로 드
래그하여 삽입한다.

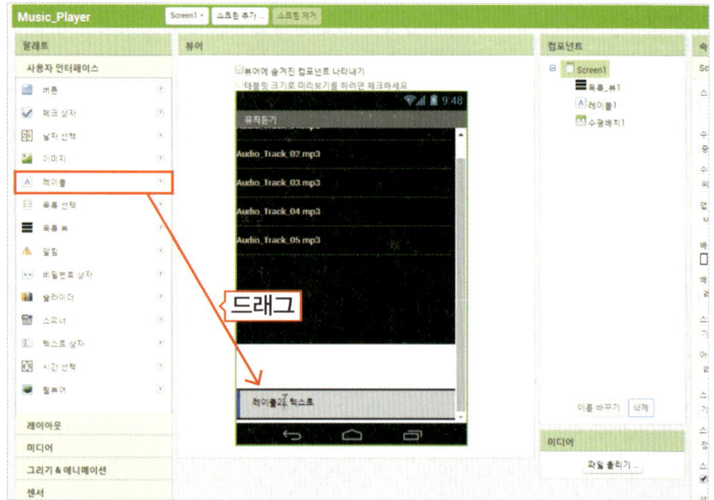

04 [글꼴 크기]에 "20"을 입력한다. [높이]의 "자동"을 클릭한 후 "30 pixels"을 지정하고 [확인] 버튼을 클릭한다. [너비]의 "자동"을 클릭한 후 "80 percent"를 지정하고 [확인] 버튼을 클릭한다.

05 [텍스트]에 "곡을 선택해주세요"를 입력한다. [텍스트 정렬]의 기본 속성인 "왼쪽 : 0"을 선택한 후 "가운데 : 1"을 클릭한다.

4. ▶, ■ 삽입하기

01   [사용자 인터페이스]에서 [버튼] 컴포넌트를 클릭한 후 [레이블2] 오른쪽으로 드래그하여 삽입한다.

02   [이름 바꾸기] 버튼을 클릭한 후 "재생"을 입력하고 [확인] 버튼을 클릭한다.

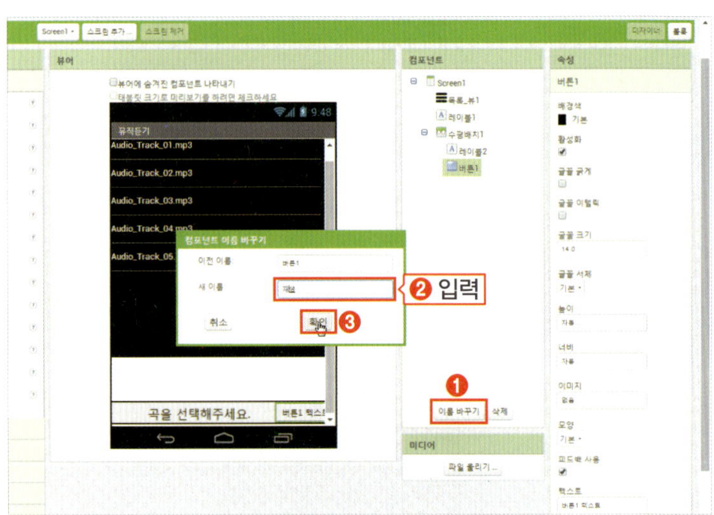

03   [높이]의 "자동"을 클릭한 후 "30 pixels"을 지정하고 [확인] 버튼을 클릭한다. [너비]의 "자동"을 클릭한 후 "30 pixels"을 지정하고 [확인] 버튼을 클릭한다. [텍스트]는 삭제한다.

04 버튼에 이미지를 지정하기 위해 [이미지]의 "없음"을 클릭한 후 [파일 올리기] 버튼을 클릭한다. [파일 선택] 버튼을 클릭한 후 "play.png"를 선택한다. [열기] 버튼을 클릭한 후 [확인] 버튼을 클릭한다.

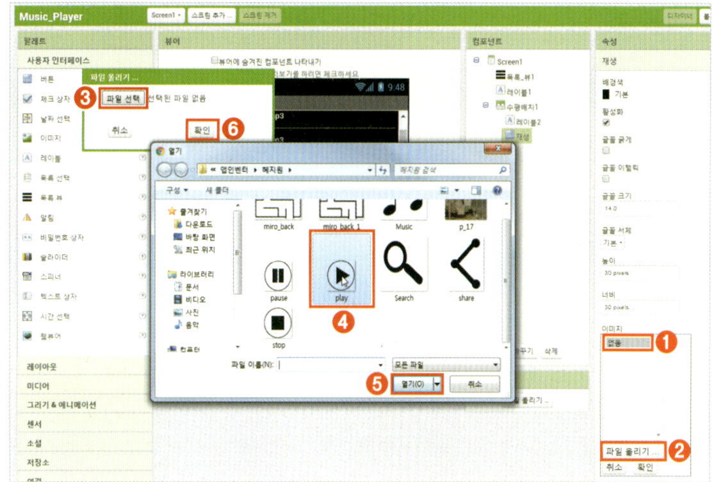

05 위와 동일한 방법으로 [버튼]을 삽입한 후 [높이]와 [너비]를 "30 pixels"로 지정하고 버튼의 이름을 "정지"로 변경한다. 버튼에 "stop.png" 파일을 지정한다. [텍스트]는 삭제한다.

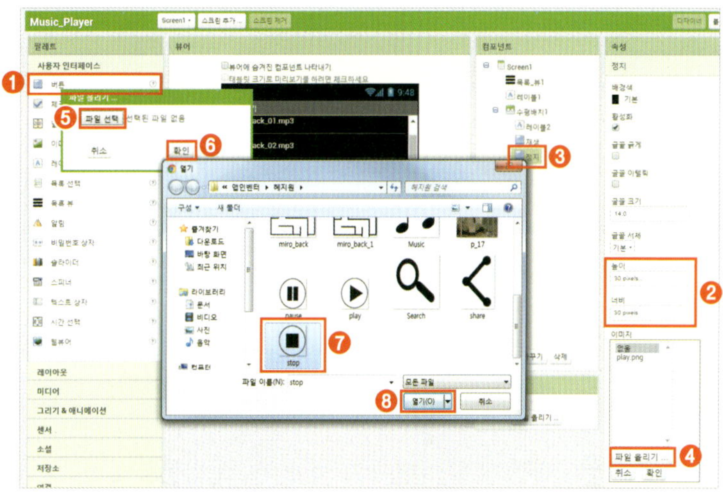

06 앱이 처음 실행되었을 때 ■이 표시되지 않도록 지정하기 위해 [정지]를 선택한 후 [보이기]의 체크를 해제한다.

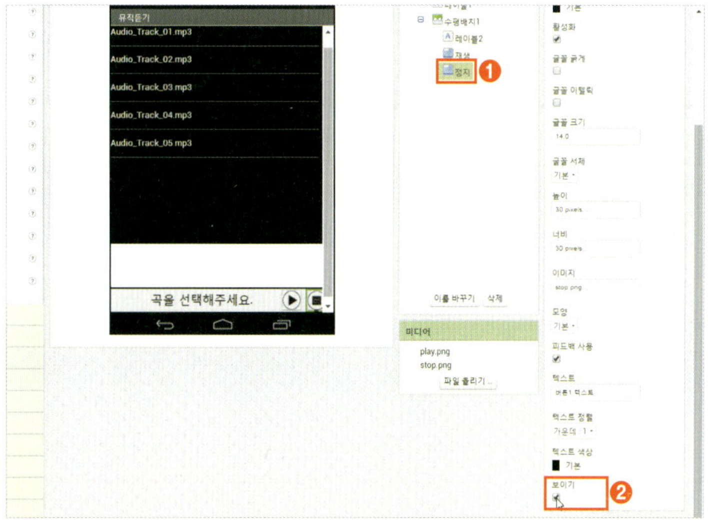

5. 플레이어 컴포넌트 삽입하고 음악 업로드하기

01 음악 재생을 위해 [팔레트] 패널의 [미디어]에서 [플레이어]를 선택한 후 [뷰어] 패널 내부로 드래그한다.

02 보이지 않는 컴포넌트 영역에 플레이어 컴포넌트가 삽입되어 표시된다. [미디어] 패널에서 [파일 올리기] 버튼을 클릭한다. [파일 선택] 버튼을 클릭한 후 "Audio_Track_01.mp3"를 선택하고 [열기] 버튼을 클릭한다. [파일 올리기] 창에 파일 명이 표시되면 [확인] 버튼을 클릭한다.

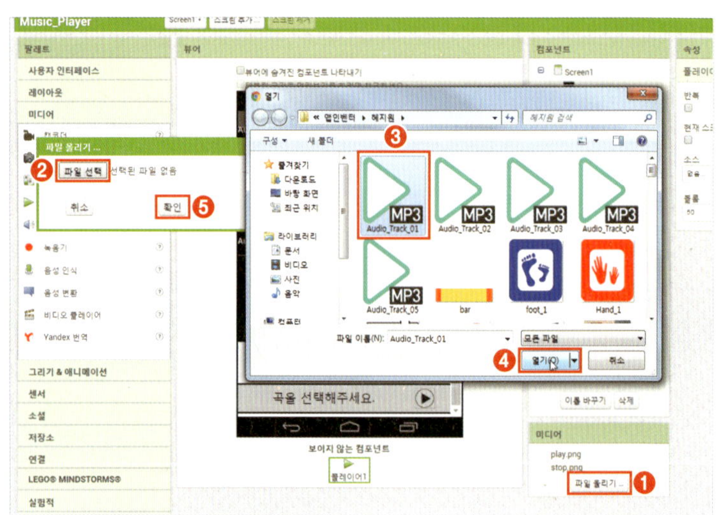

03 위와 동일한 방법으로 "Audio_Track_02.mp3, Audio_Track_03.mp3, Audio_Track_04.mp3, Audio_Track_05.mp3" 파일을 모두 업로드한다.

6. 목록 뷰에서 선택한 음악 재생하기

01 목록 뷰에서 선택한 음악이 재생되도록 지정하기 위해 [블록] 편집기로 이동한다. [목록_뷰1]을 선택한 후 **[언제 {목록_뷰1}.선택 후]** 블록을 [뷰어] 패널 영역으로 드래그한다.

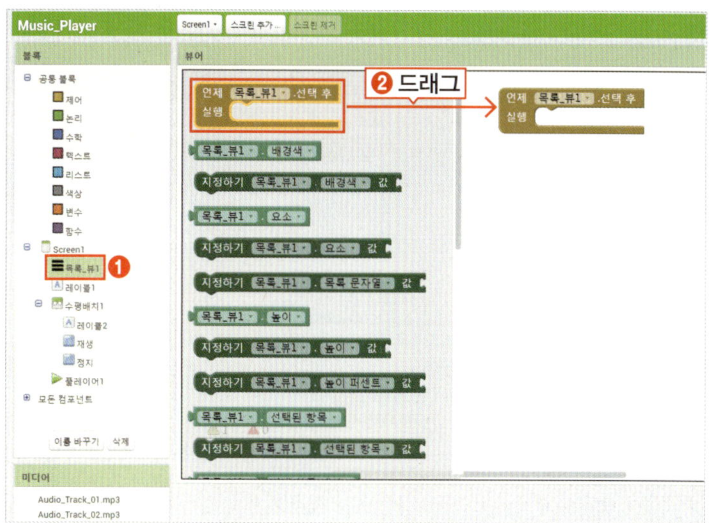

02 선택한 음악 제목을 표시하기 위해 [레이블2]를 선택한 후 **[지정하기 {레이블2}.{텍스트} 값]** 블록을 **[언제 {목록_뷰1}.선택 후]** 블록 내부에 삽입한다. [목록_뷰1]을 선택한 후 **[{목록_뷰1}.{선택된 항목}]** 블록을 삽입한다.

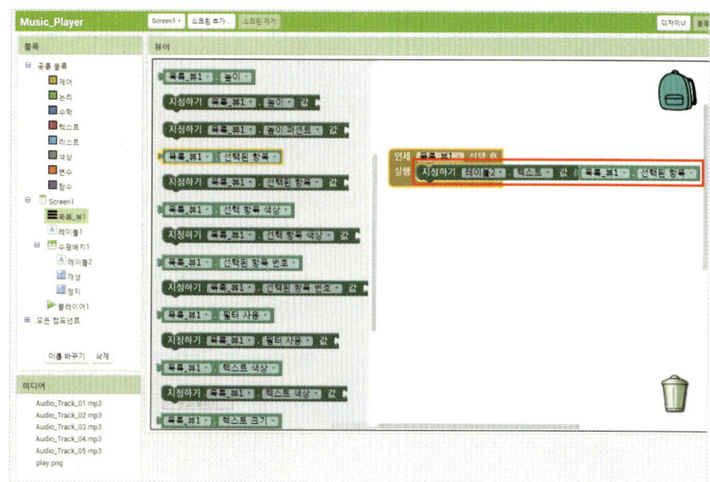

03 목록 뷰에서 선택한 음악이 바로 재생할 음악이므로 [플레이어1]을 선택한 후 **[지정하기 {플레이어1}.{소스} 값]** 블록을 **[지정하기 {레이블2}.{텍스트} 값]** 블록 아래에 삽입한다. [목록_뷰1]을 선택한 후 **[{목록_뷰1}.{선택된 항목}]** 블록을 삽입한다.

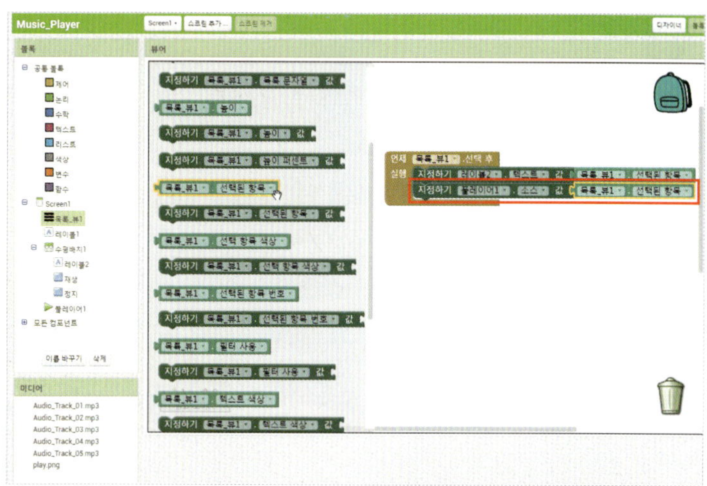

04 목록 뷰에서 선택한 음악을 재생하기 위해 [플레이어1]을 선택한 후 **[호출 {플레이어1}.시작]** 블록을 삽입한다.

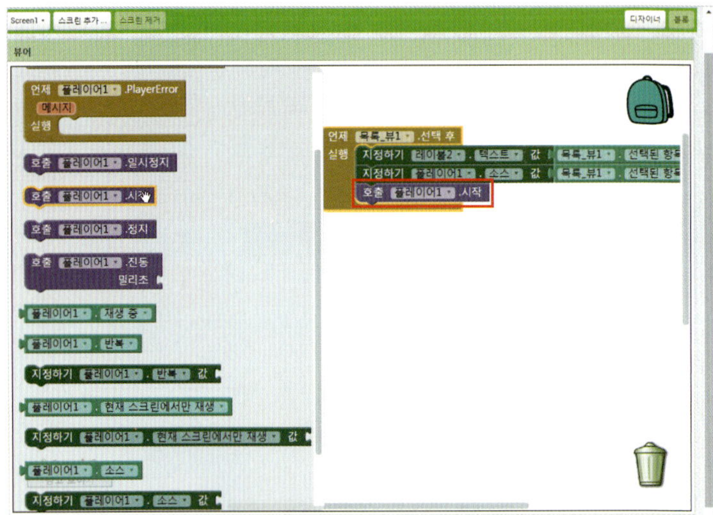

05 음악이 재생될 땐 ▶ 대신 ■이 표시되어야 하므로 [재생]을 선택한 후 **[지정하기 {재생}.{보이기} 값]** 블록을 삽입한다. [공통 블록]의 [논리]에서 **{{거짓}}** 블록을 삽입한다. [정지]를 선택한 후 **[지정하기 {정지}.{보이기} 값]** 블록을 삽입한다. [논리]에서 **{{참}}** 블록을 삽입한다.

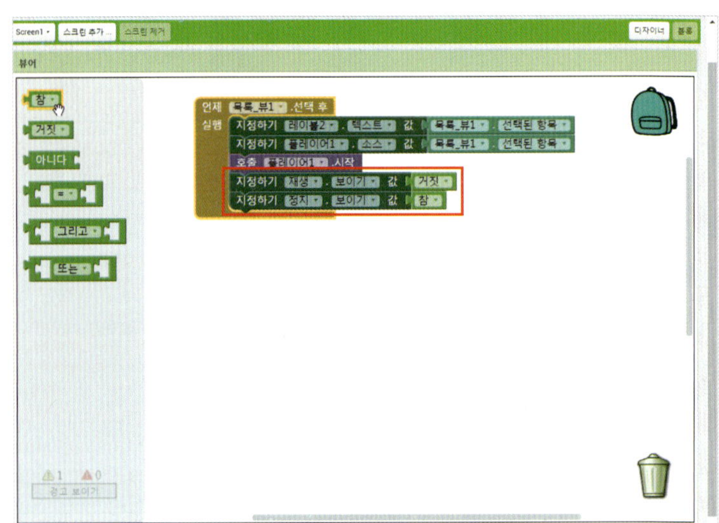

7. ■ 을 누르면 음악 재생을 정지하기

01 ■인 [정지] 버튼을 눌렀을 때 음악 재생을 정지시키기 위해 [정지]를 선택한 후 **[언제 {정지}.클릭]** 블록을 [뷰어] 패널 영역으로 드래그한다. [플레이어1]을 선택한 후 **[호출 {플레이어1}.정지]** 블록을 삽입한다.

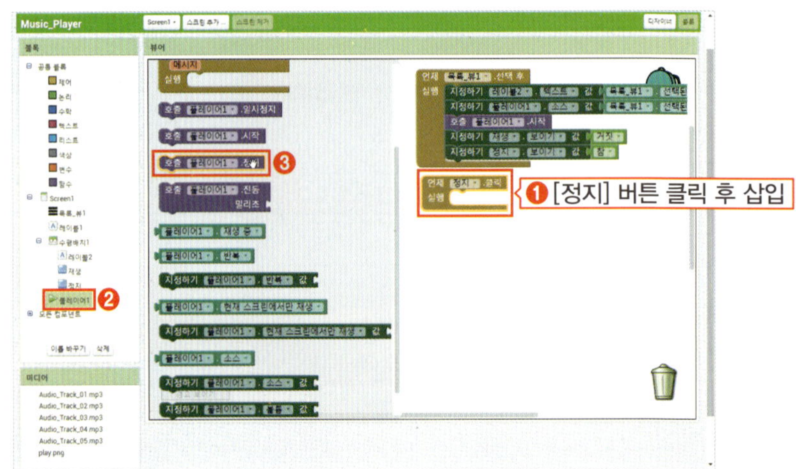

02 음악 재생이 중지되면 ⬛ 대신 ▶이 표시되어야 하므로 [정지]를 선택한 후 **[지정하기 {정지}.{보이기} 값]** 블록을 삽입한다. [공통 블록]의 [논리]에서 **[{거짓}]** 블록을 삽입한다. [재생]을 선택한 후 **[지정하기 {재생}.{보이기} 값]** 블록을 삽입한다. [논리]에서 **[{참}]** 블록을 삽입한다.

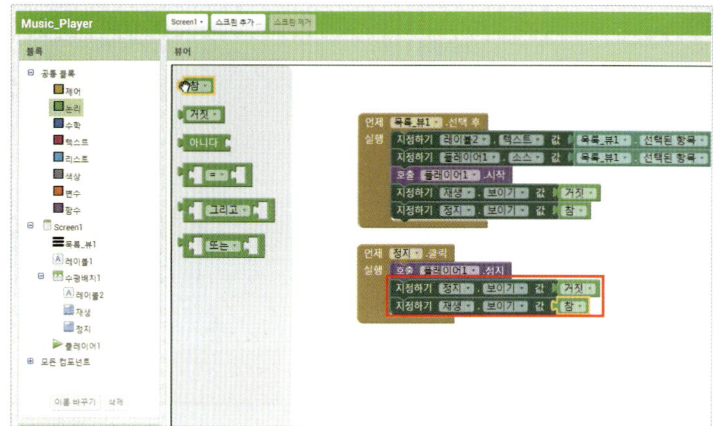

8. 음악 재생이 완료되면 ⬛ 대신 ▶이 표시

01 음악 재생이 완료되면 ⬛ 대신 ▶이 표시되어야 하므로 [플레이어1]을 선택한 후 **[언제 {플레이어1}.재생완료]** 블록을 [뷰어] 패널 영역으로 드래그한다.

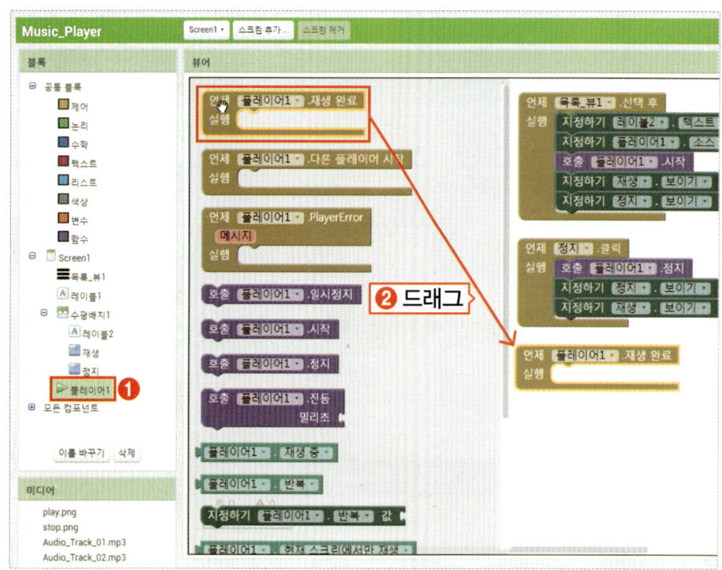

02 [정지]를 선택한 후 **[지정하기 {정지}.{보이기} 값]** 블록을 삽입한다. [공통 블록]의 [논리]에서 **[{거짓}]** 블록을 삽입한다. [재생]을 선택한 후 **[지정하기 {재생}.{보이기} 값]** 블록을 삽입한다. [논리]에서 **[{참}]** 블록을 삽입한다.

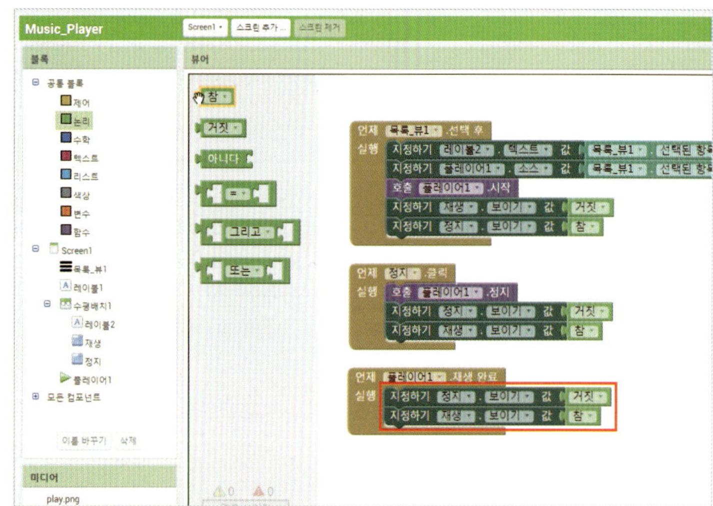

🔊 소리

소리 파일을 재생하거나 스마트폰의 진동을 울리는 보이지 않는 컴포넌트이다. [플레이어] 컴포넌트와 달리 효과음과 같은 짧은 소리 재생에 최적화되어 있는 컴포넌트이다.

대표 블록	설명
언제 소리1.SoundError 메시지 실행	소리 재생에 에러가 발생하면 블록 내부의 명령 블록을 실행한다.
호출 소리1.일시정지	소리 재생을 일시정지한다.
호출 소리1.재생	지정된 소스의 소리를 재생한다.
호출 소리1.다시 시작	소리의 재생을 다시 시작한다.
호출 소리1.정지	소리 재생을 정지한다.
호출 소리1.진동 밀리초	지정된 시간 동안 진동이 울린다. 시간은 밀리초 단위로 지정한다.
소리1 . 최소 간격	소리 재생과의 최소 간격을 저장하고 있는 속성 값 블록이다.
지정하기 소리1 . 최소 간격 값	소리 재생의 최소 간격을 직접 지정한다.
소리1 . 소스	재생하려는 소리의 소스를 저장하고 있는 속성 값 블록이다.
지정하기 소리1 . 소스 값	재생하려는 소리의 소스를 직접 지정한다.

🔴 녹음기

스마트폰의 마이크로 입력되는 소리를 녹음하여 저장하는 보이지 않는 컴포넌트이다.

대표 블록	설명
언제 녹음기1.녹음 후 소리 실행	녹음기로 녹음 후 블록 내부의 명령 블록을 실행한다. 녹음된 소리 파일은 [소리]에 저장된다.
언제 녹음기1.녹음 시작 실행	녹음기가 처음 실행되어 녹음을 시작할 때 블록 내부의 명령 블록을 실행한다.

대표 블록	설명
언제 녹음기1 .녹음 정지 실행	녹음기의 녹음이 정지될 때 블록 내부의 명령 블록을 실행한다.
호출 녹음기1 .시작	녹음을 시작한다.
호출 녹음기1 .정지	녹음을 정지한다.
녹음기1 . 저장 경로	녹음된 소리 파일이 저장된 저장 경로를 저장하고 있는 속성 값 블록이다.
지정하기 녹음기1 . 저장 경로 값	녹음기로 녹음된 소리 파일의 저장 경로를 직접 지정한다.

 음성 인식

스마트폰의 마이크를 통하여 입력된 음성을 인식하여 글(텍스트)로 표시하는 보이지 않는 컴포넌트이다.

대표 블록	설명
언제 음성_인식1 .텍스트 가져온 후 결과 실행	스마트폰의 마이크를 이용하여 인식된 소리를 텍스트로 변환한 후 블록 내부의 명령 블록을 실행한다.
언제 음성_인식1 .텍스트 가져오기 전 실행	스마트폰의 마이크를 이용하여 인식된 소리를 텍스트로 변환하기 전 블록 내부의 명령 블록을 실행한다.
호출 음성_인식1 .텍스트 가져오기	스마트폰의 마이크를 이용하여 인식된 소리 파일을 가져온다.
음성_인식1 . 결과	음성 인식된 결과를 저장하고 있는 속성 값 블록이다.

음성 변환

지정된 텍스트를 소리로 변환해주는 보이지 않는 컴포넌트이다. 말하는 속도를 지정할 수 있으며, 음성(소리) 생성의 기준이 되는 국가와 음성(소리) 생성의 기준이 되는 언어를 직접 지정할 수 있다.

대표 블록	설명
언제 음성_변환1 .말하기 후 결과 실행	인식된 텍스트를 실제 음성(소리)으로 변환한 후 블록 내부의 명령 블록을 실행한다.
언제 음성_변환1 .말하기 전 실행	인식된 텍스트를 실제 음성(소리)으로 변환하기 전 블록 내부의 명령 블록을 실행한다.

대표 블록	설명
호출 음성_변환1 . 말하기 메시지	지정된 메시지를 음성(소리)으로 변환하여 음성(소리) 파일을 스마트폰 스피커를 통하여 들려준다.
음성_변환1 . 국가	음성(소리) 생성에 사용할 국가 코드를 저장하고 있는 속성 값 블록이다.
지정하기 음성_변환1 . 국가 값	국가 코드를 직접 지정한다.
음성_변환1 . 언어	음성(소리) 생성에 사용할 언어를 지정하는 속성 값 블록이다. 즉 단어가 발음되는 방식을 지정한다.
지정하기 음성_변환1 . 언어 값	언어를 직접 지정한다.
음성_변환1 . 피치	음성 변환의 피치 값을 저장하고 있는 속성 값 블록이다.
지정하기 음성_변환1 . 피치 값	0~2까지의 값을 이용하여 음성 변환의 피치를 지정한다.
음성_변환1 . 결과	변환된 음성 파일을 저장하고 있는 속성 값 블록이다.
음성_변환1 . 말하기 속도	음성으로 말하는 속도를 저장하고 있는 속성 값 블록이다.
지정하기 음성_변환1 . 말하기 속도 값	음성으로 말하는 속도를 지정한다.

비디오 플레이어

스마트폰에 저장되었거나 연결된 URL의 비디오를 재생해주는 컴포넌트이다. 재생 가능한 비디오 파일은 Windows Media Video(.wmv), 3GPP(.3gp), MPEG-4(.mp4)이며, 비디오가 재생되는 화면의 높이와 너비 그리고 볼륨을 직접 지정할 수 있다. 재생 중인 영상 화면을 누르면 화면 내부에 [재생], [일시정지], [빨리감기], [되감기] 버튼이 표시된다.

대표 블록	설명
언제 비디오_플레이어1 .재생 완료 실행	비디오 재생이 완료되면 블록 내부의 명령 블록을 실행한다.
언제 비디오_플레이어1 .VideoPlayerError 메시지 실행	비디오 재생에 오류가 발생하면 블록 내부의 명령 블록을 실행한다. 오류 메시지를 [메시지]에 저장된다.
호출 비디오_플레이어1 .재생시간 가져오기	비디오 재생 시간을 알려준다.
호출 비디오_플레이어1 .일시정지	비디오 재생을 일시 정지한다.

대표 블록	설명
호출 비디오_플레이어1 .찾기 밀리초	비디오에서 밀리초 단위로 지정된 구간을 찾는다.
호출 비디오_플레이어1 .시작	비디오를 재생한다.
비디오_플레이어1 . 전체 화면	비디오 재생 화면의 전체 화면 지정 여부를 저장하고 있는 속성 값 블록이다.
지정하기 비디오_플레이어1 . 전체 화면 값	비디오 재생 화면을 전체 화면으로 지정한다.
비디오_플레이어1 . 높이	비디오 재생 화면의 높이 값을 저장하고 있는 속성 값 블록이다.
지정하기 비디오_플레이어1 . 높이 값	비디오 재생 화면의 높이 값을 지정한다.
지정하기 비디오_플레이어1 . 높이 퍼센트 값	비디오 재생 화면의 높이 퍼센트 값을 지정하고 있는 속성 값 블록이다.
지정하기 비디오_플레이어1 . 소스 값	재생하려고 하는 비디오의 소스(원본 파일)를 지정한다.
비디오_플레이어1 . 보이기	비디오 재생 화면의 표시 여부를 저장하고 있는 속성 값 블록이다.
지정하기 비디오_플레이어1 . 보이기 값	비디오 재생 화면의 표시 여부를 직접 지정한다.
지정하기 비디오_플레이어1 . 볼륨 값	비디오 재생 시 소리 볼륨을 직접 지정한다.
비디오_플레이어1 . 너비	비디오 재생 화면의 너비 값을 저장하고 있는 속성 값 블록이다.
지정하기 비디오_플레이어1 . 너비 값	비디오 재생 화면의 너비 값을 지정한다.
지정하기 비디오_플레이어1 . 너비 퍼센트 값	비디오 재생 화면의 너비 퍼센트 값을 지정한다.

Yandex 번역

입력된 텍스트를 지정된 다른 언어로 번역해주는 보이지 않는 컴포넌트이다. 이 컴포넌트는 Yandex.Translate 서비스에 연결하여 번역한 후 그 결과를 전송받아 표시해주는 형식이기 때문에 반드시 인터넷에 연결되어 있어야 해당 기능을 사용할 수 있다. 원본 언어와 번역 언어는 미리 지정되어 있는 언어 코드를 이용하여 지정한다. 만약 원본 소스 언어를 지정하지 않으면 자동으로 원본 언어를 분석하여 번역한다.

대표 블록	설명
언제 Yandex_번역1 .번역 받음 응답 코드 번역 실행	번역된 결과를 받아서 블록 내부의 명령 블록을 실행한다.
호출 Yandex_번역1 .번역 요청하기 번역 언어 문자번역	지정된 내용을 지정한 언어(번역 언어)로 번역을 요청한다.

단어(문장) 번역기 만들기

완성 파일 : Yandex_Speech.aia

[음성 변환] 컴포넌트와 [Yandex 번역] 컴포넌트를 이용하면 간단히 입력된 단어를 선택한 언어로 번역하고 해당 단어의 음성도 들을 수 있다. 번역하고자 하는 언어 선택은 [목록뷰] 컴포넌트를 이용한다.

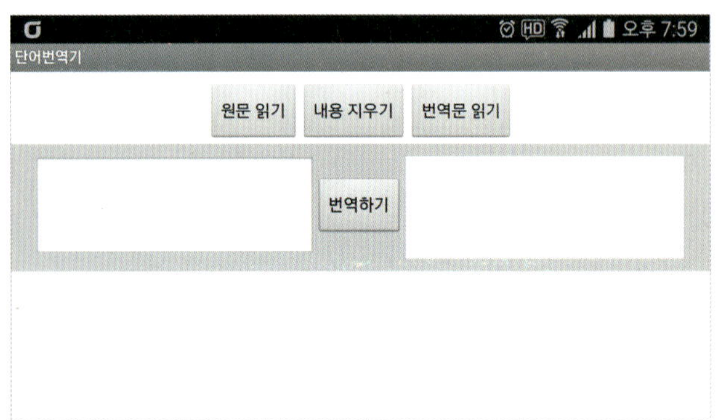

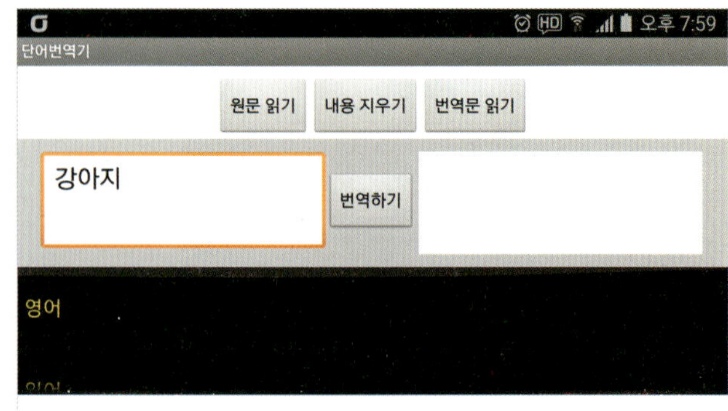

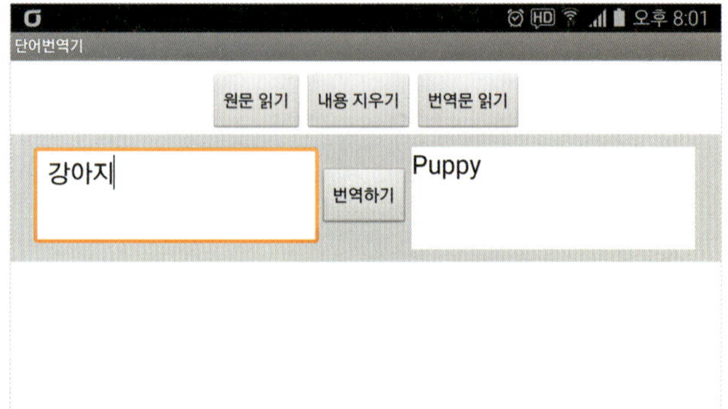

1. 스크린 정렬/방향 지정하고 제목 변경하기

01 스크린에 삽입되는 컴포넌트가 화면 중앙에 배치되도록 지정하기 위해 [Screen1]의 [속성] 패널에서 [수평 정렬]의 기본 속성인 "왼쪽 : 1"을 클릭하여 "중앙 : 3"을 선택한다. 화면의 방향을 가로로 고정하기 위해 [스크린 방향]의 [정해지지 않은]을 클릭한 후 "가로"를 선택한다.

02 앱 제목을 지정하기 위해 [속성] 패널에서 [제목]에 "단어 번역기"를 입력한다.

2. 레이블과 버튼 삽입하기

01 간격 조절을 위한 레이블을 삽입하기 위해 [사용자 인터페이스]에서 [레이블]을 [뷰어] 패널의 스크린 내부로 드래그한다. [높이]는 "5 pixels"을 지정하고 [텍스트]를 삭제한다.

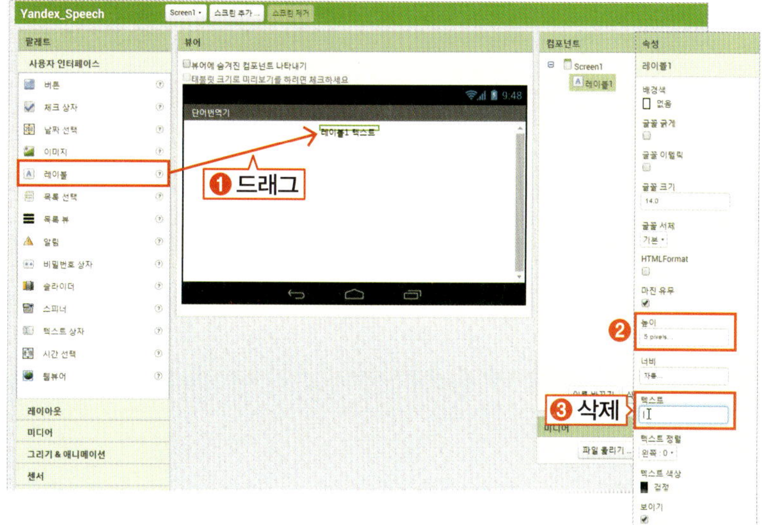

02 버튼을 가로로 삽입하기 위해 [레이아웃]의 [수평배치]를 [레이블1] 아래로 드래그하여 삽입한다. [속성] 창에서 [수평 정렬]을 "중앙 : 3"으로 지정한다.

03 [버튼]을 [수평배치1] 내부로 드래그하여 삽입한다. [속성] 패널에서 [텍스트]에 "원문읽기"를 입력한다. [이름 바꾸기] 버튼을 클릭한 후 "원문읽기"를 입력한다.

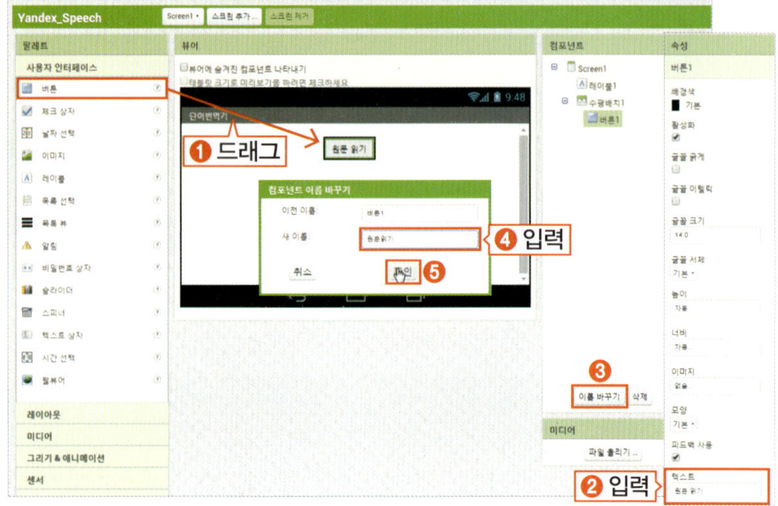

04 [버튼]을 [원문 읽기] 버튼 오른쪽에 삽입한다. [속성] 패널에서 [텍스트]에 "내용 지우기"를 입력한다. [이름 바꾸기] 버튼을 클릭한 후 "지우기"를 입력한다.

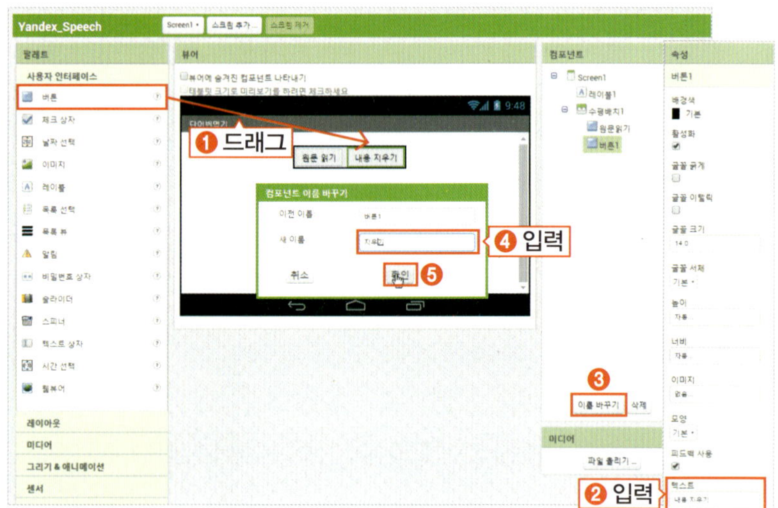

05 [버튼]을 [내용 지우기] 버튼 오른쪽에 삽입한다. [속성] 패널에서 [텍스트]에 "번역문읽기"를 입력한다. [이름 바꾸기] 버튼을 클릭한 후 "번역문읽기"를 입력한다.

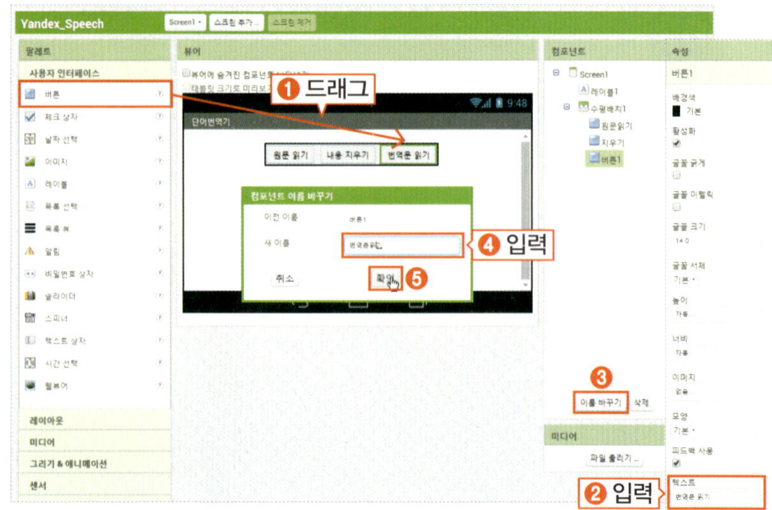

3. 원문/번역문 표시란과 [번역하기] 버튼 삽입하기

01　단어 입력란과 [번역하기] 버튼 그리고 번역된 단어 표시란을 나란히 삽입하기 위해 [레이아웃]의 [수평배치]를 [수평배치1] 아래로 드래그하여 삽입한다. [속성] 패널에서 [수평 정렬]을 "중앙 : 3"으로 지정한다. [수직 정렬]은 "가운데 : 2"로 지정하고 [배경색]은 "밝은 회색"을 지정한다.

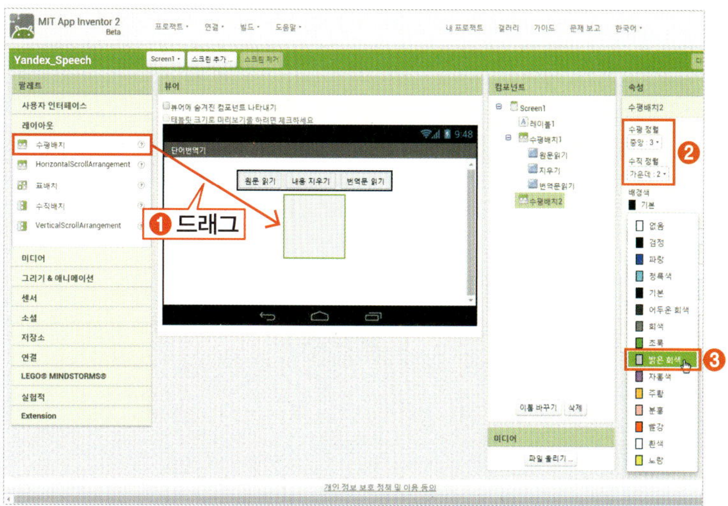

02　[높이]는 "100 pixels", [너비]는 "100 percent"를 지정한다.

03　단어 입력란을 삽입하기 위해 [사용자 인터페이스]에서 [텍스트 상자]를 드래그하여 [수평배치2] 내부에 삽입한다.

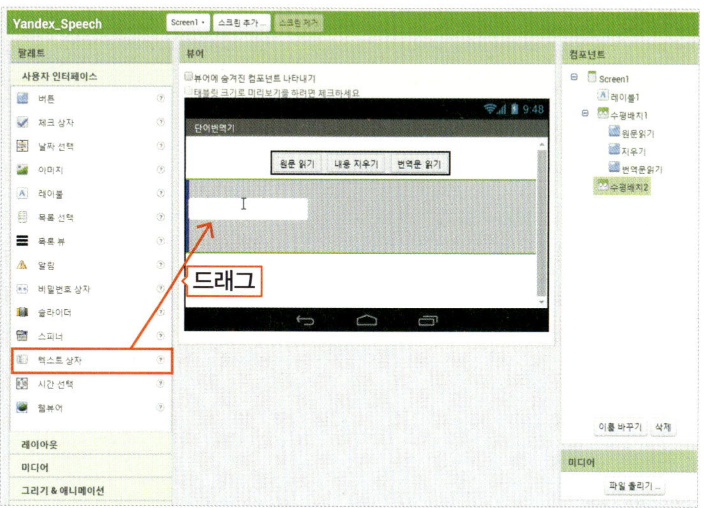

04 [속성] 패널에서 [글꼴 크기]는 "20", [높이]는 "80 pixels", [너비]는 "40 percent"를 지정한다. [힌트]는 삭제한다.

05 [버튼]을 드래그하여 [텍스트_상자1] 오른쪽에 삽입한다. [텍스트]에 "번역하기"를 입력한다. [이름 바꾸기] 버튼을 클릭한 후 "번역하기"를 입력한다.

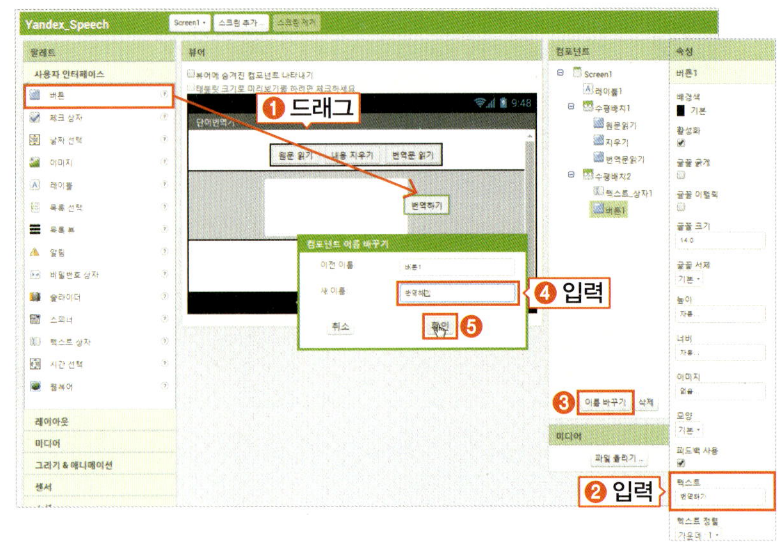

06 번역된 단어 표시란을 삽입하기 위해 [레이블]을 드래그하여 [번역하기] 버튼 오른쪽에 삽입한다. [속성] 패널에서 [배경색]은 "흰색", [글꼴 크기]는 "20", [높이]는 "80 pixels", [너비]는 "40 percent"를 지정한다. [텍스트]는 삭제한다.

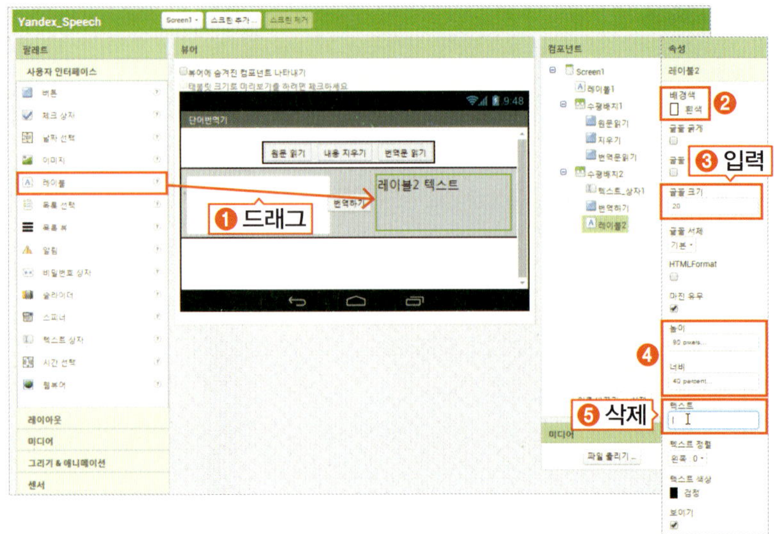

4. 번역 언어를 표시하기 위한 목록 뷰 삽입하기

01 [사용자 인터페이스]에서 [목록 뷰]를 선택한 후 [수평배치2] 아래로 드래그하여 삽입한다.

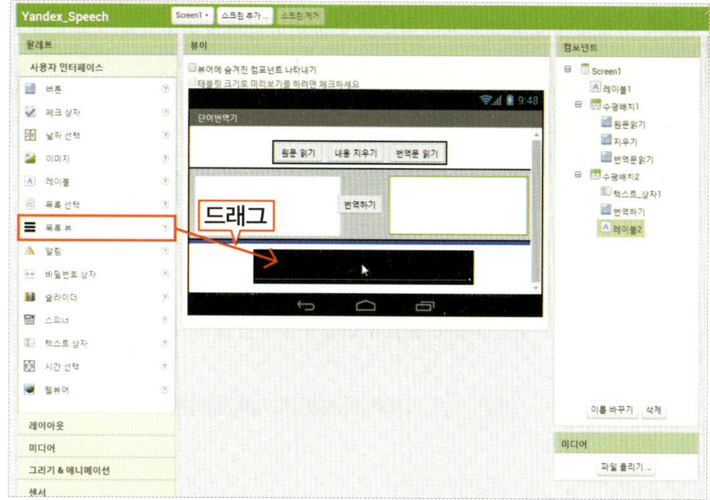

02 [속성] 패널에서 [목록 문자열]에 "영어, 일어, 중국어"를 입력한다. [높이]는 "100 pixels", [너비]는 "100 percent"를 지정한다.

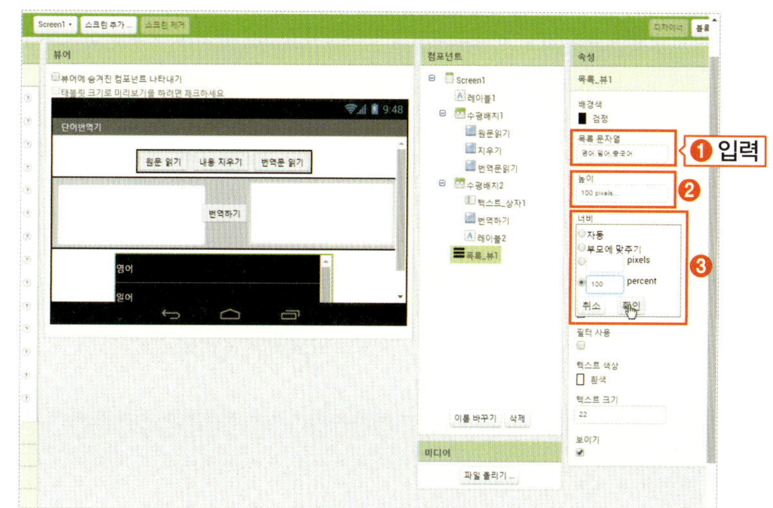

03 [선택 항목 색상]은 "검정", [텍스트 색상]은 "주황"을 지정한다. [텍스트 크기]에는 "50"을 입력한다. 앱을 처음 실행했을 때는 보이지 않고 [번역하기] 버튼을 눌렀을 때 표시되도록 지정하기 위해 [보이기]의 체크를 해제한다.

5. [음성 변환] 컴포넌트와 [Yandex 번역] 컴포넌트 삽입하기

01   [팔레트] 패널의 [미디어]에서 [음성 변환]을 선택한 후 [뷰어] 패널의 스크린 내부로 드래그한다.

02   [미디어]에서 [Yandex 번역]을 선택한 후 [뷰어] 패널의 스크린 내부로 드래그한다. [음성 변환], [Yandex 번역] 모두 보이지 않는 컴포넌트에 삽입된다.

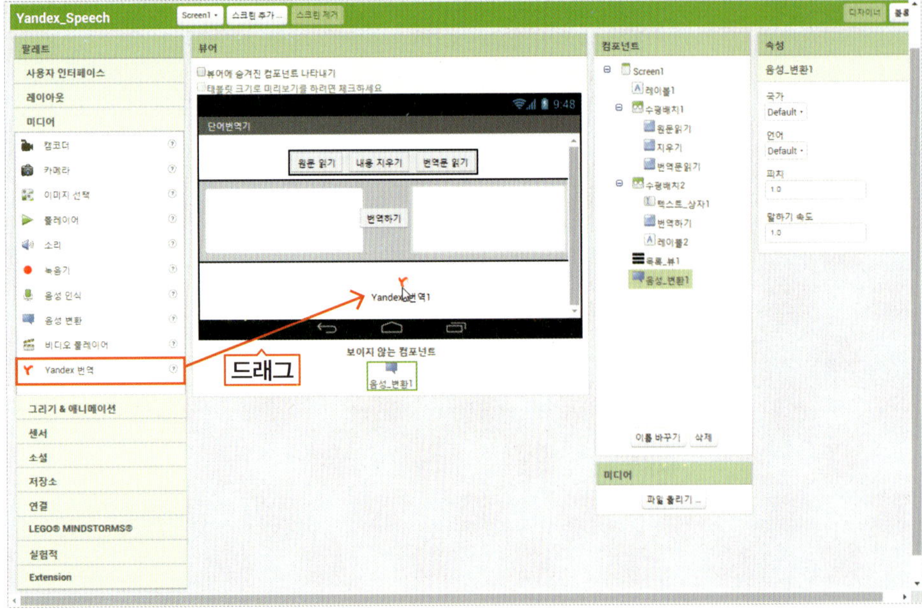

6. [원문 읽기] 버튼 눌러 단어 읽기

01 화면 우측 상단의 [블록] 버튼을 클릭한다. [원문읽기] 버튼을 눌렀을 때 입력된 단어(내용)을 한 국어로 읽기 위해 [음성 변환]에 언어는 한국어로 지정해야 한다. [블록] 패널에서 [원문읽기]를 클릭한 후 **[언제 {원문읽기}.클릭]** 블록을 [뷰어] 패널 영역으로 드래그한다. [음성_변환1]을 클릭한 후 **[지정하기 {음 성_변환1}.{언어} 값]** 블록을 삽입한다. [공통 블록]의 [텍스트]를 클릭한다. **["{ }"]** 블록을 삽입한 후 "ko"를 입력한다.

02 지정된 언어로 [텍스트 상자]에 입력된 내용을 직접 읽도록 지정하기 위해 [음성_변환1]을 클릭한 후 **[호출 {음성_변환1}.말하기]** 블록을 **[언제 {원문읽기}.클릭]** 블록 내부에 삽입한다. [텍스트_상자1]을 클 릭한다. **[{텍스트_상자1}.{텍스트}]** 블록을 삽입한다.

7. [지우기] 버튼을 눌러 입력 내용과 번역 내용 삭제하기

01 [지우기] 버튼을 눌렀을 때 입력 내용이 표시되는 [텍스트 상자]의 내용을 삭제하기 위해 [지우기] 를 클릭한 후 **[언제 {지우기}.클릭]** 블록을 [뷰어] 패널 영역으로 드래그한다. [텍스트_상자1]을 선택한 후 **[지정하기 {텍스트_상자1}.{텍스트} 값]** 블록을 삽입한다. [공통 블록]의 [텍스트]를 클릭한다. **["{ }"]** 블록을 삽입한다.

02 번역된 내용이 표시되는 [레이블2]의 내용도 삭제하기 위해 [레이블2]를 선택한 후 **[지정하기 {레이블2}.{텍스트} 값]** 블록을 삽입한다. [공통 블록]의 [텍스트]를 클릭한다. **["{ }"]** 블록을 삽입한다.

8. [번역문 읽기] 버튼 눌러 단어 읽기

01 [번역문 읽기] 버튼을 눌렀을 때 번역된 단어(내용)가 표시되는 [레이블2]의 내용을 읽어야 한다. [번역문읽기]를 클릭한 후 **[언제 {번역문읽기}.클릭]** 블록을 [뷰어] 패널 영역으로 드래그한다.

02 [음성_변환1]을 클릭한 후 **[호출 {음성_변환1}.말하기]** 블록을 **[언제 {번역문읽기}.클릭]** 블록 내부에 삽입한다. [레이블2]를 선택한 후 **[{레이블2}.{텍스트}]** 블록을 삽입한다.

9. [번역하기] 버튼을 눌러 단어 번역하기

01 목록 뷰로 표시된 목록에서 번역하고자 하는 언어를 선택했을 때 선택한 언어를 임시 저장할 변수를 선언하기 위해 [공통 블록]의 [변수]에서 **[전역변수 초기화 {변수 이름} 값]** 블록을 [뷰어] 패널 영역으로 드래그한다. {변수_이름} 입력란을 클릭한 후 "번역언어"를 입력한다.

02   [번역하기] 버튼을 눌렀을 때 실제 번역할 언어를 선택할 수 있는 목록 뷰가 표시되도록 지정하기 위해 [번역하기]를 클릭한 후 **[언제 {번역하기}.클릭]** 블록을 [뷰어] 패널 영역으로 드래그한다. [목록_뷰1]을 클릭한 후 **[지정하기 {목록_뷰1}.{보이기} 값]** 블록을 삽입한다. [공통 블록]의 [논리]에서 **[{참}]** 블록을 드래그하여 삽입한다.

03   표시된 목록 뷰에서 특정 언어를 선택하면 선택한 언어에 따라 번역 언어가 지정되어야 한다. [목록_뷰1]을 클릭한 후 **[언제 {목록_뷰1}.선택 후]** 블록을 [뷰어] 패널 영역으로 드래그한다. 목록 뷰에 선택한 언어가 "영어"인지 비교하기 위해 [공통 블록]의 [제어]에서 **[만약 ~ 그러면]** 블록을 **[언제 {목록_뷰1}.선택 후]** 블록 내부에 삽입한다. [논리]의 **[{ } = { }]** 블록을 삽입한다.

04   [목록_뷰1]을 클릭한 후 **[{목록_뷰1}.{선택된 항목}]** 블록을 삽입한다. [공통 블록]의 [텍스트]에서 **[" { }"]** 블록을 드래그하여 삽입한다. "영어"를 입력한다.

05   만약 현재 선택한 언어가 "영어"라면 [번역언어] 변수와 [음성 변환]의 언어를 모두 "영어"로 지정해야 한다. [변수]를 클릭한 후 **[지정하기 { } 값]** 블록을 삽입한다. 목록 버튼을 클릭하여 "global 번역언어"를 선택한다.

06 [음성_변환1]을 선택한 후 **[지정하기 {음성_변환1}.{언어} 값]** 블록을 삽입한다. [공통 블록]의 [텍스트]에서 **["{ }"]** 블록을 드래그하여 삽입한 후 영어의 코드 "en"을 입력한다.

07 목록 뷰로 선택한 항목이 "일어"인 경우와 "중국어"인 경우에도 [번역언어] 변수와 [음성 변환]의 언어를 지정해야 한다. ⚙ 아이콘을 클릭한 후 **[아니고 … 만약]** 블록을 **[만약]** 블록 사이로 드래그하여 삽입한다.

08 [목록_뷰1]을 클릭한 후 **[{목록_뷰1}.{선택된 항목}]** 블록을 삽입한다. [공통 블록]의 [텍스트]에서 **["{ }"]** 블록을 드래그하여 삽입한다. "일어"를 입력한다. [변수]를 클릭한 후 **[지정하기 { } 값]** 블록을 삽입한다. 목록 버튼을 클릭하여 "global 번역언어"를 선택한다. [음성_변환1]을 선택한 후 **[지정하기 {음성_변환1}.{언어} 값]** 블록을 삽입한다. [공통 블록]의 [텍스트]에서 **["{ }"]** 블록을 드래그하여 삽입한 후 일어의 코드 "ja"를 입력한다.

09   동일한 방법으로 ⚙ 아이콘을 클릭한 후 [아니고 … 만약] 블록을 삽입한다. 목록 뷰를 눌러 "중국어"를 선택했을 때 [번역언어] 변수와 [음성_변환1]의 언어 코드가 "zh"가 되도록 다음과 같이 명력 블록을 삽입한다.

10   언어 선택이 완료되면 실제 선택한 번역 언어를 기준으로 텍스트 상자에 입력된 단어가 번역되도록 요청하기 위해 [Yandex_번역1]을 클릭한다. [호출 {Yandex_번역1}.번역 요청하기] 블록을 삽입한다.

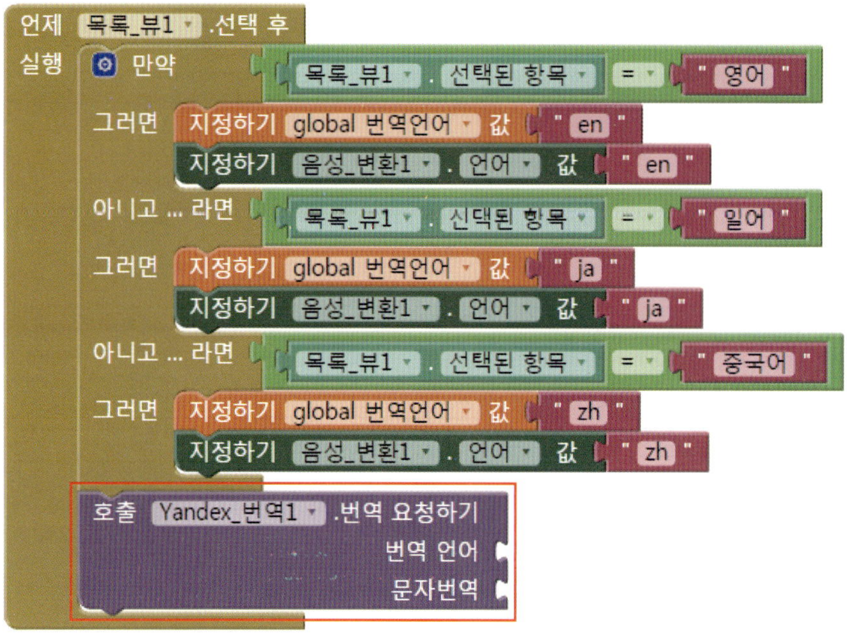

11 [번역 언어] 블록에 [변수]의 [가져오기 { }] 블록을 삽입한다. 목록 버튼을 클릭한 후 "global 번역 언어"를 선택한다. [문자번역]에는 [텍스트_상자1]의 [[텍스트_상자1].{텍스트}] 블록을 삽입한다.

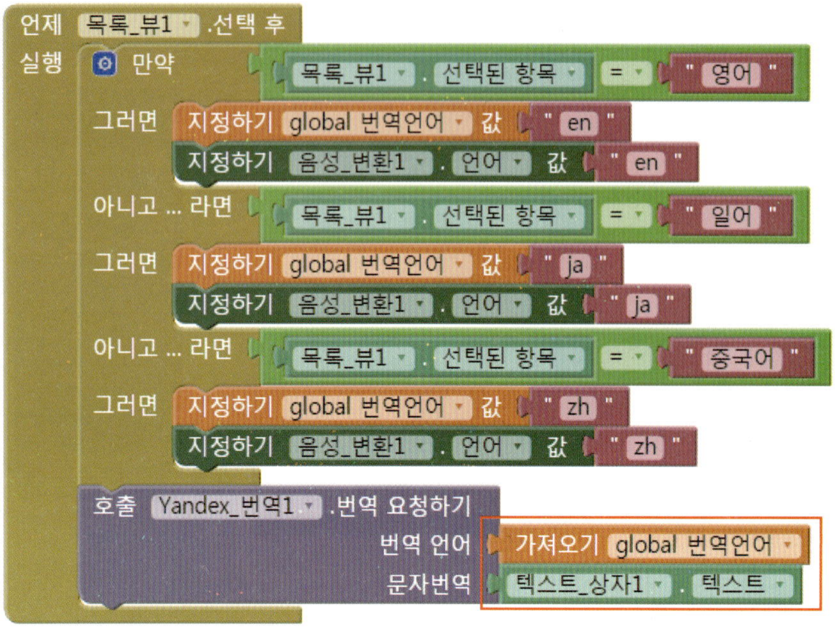

12 문자 번역이 완료되면 목록 뷰가 보이지 않도록 [목록_뷰1]을 선택한 후 [지정하기 {목록_뷰1}.{보이기} 값] 블록을 삽입한다. [공통 블록]의 [논리]에서 [{거짓}] 블록을 드래그하여 삽입한다.

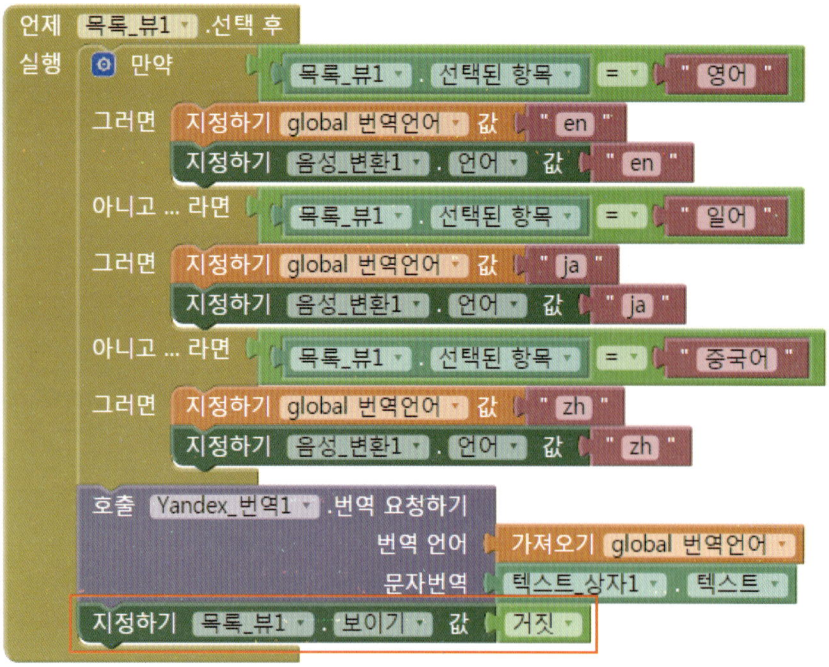

10. 번역된 단어 표시하기

01　번역이 완료되어 반환된 단어(내용)을 표시하기 위해 [Yandex_번역1]을 선택한 후 **[언제 {Yandex_번역1}.번역 받음]** 블록을 [뷰어] 패널 영역으로 드래그한다. [레이블2]를 선택한 후 **[지정하기 {레이블2}.{텍스트} 값]** 블록을 삽입한다.

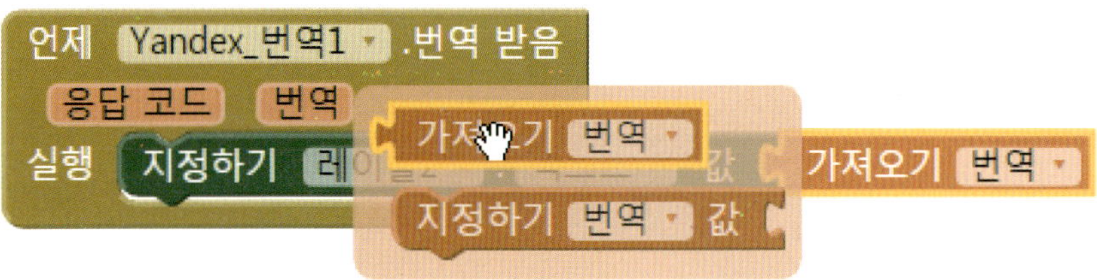

02　[번역]에 마우스를 이동시킨 후 **[가져오기 {번역}]**을 드래그하여 삽입한다.

2 그리기에 활용되는 컴포넌트

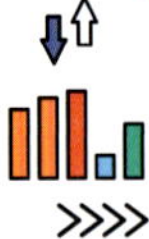

[그리기 & 애니메이션] 그룹은 스마트폰의 스크린을 직접 손가락으로 드래그하여 그림을 그리거나 또는 특정 이미지를 손가락으로 움직일 수 있도록 제공되는 컴포넌트들로 구성되어 있다.

 공

[공] 컴포넌트는 [캔버스] 컴포넌트 내에서만 사용가능하다. 즉 [공] 컴포넌트를 터치하거나 드래그하여 캔버스의 모서리에 부딪혔을 때 반응 또는 특정 속성에 맞춰 움직일 수 있도록 지정할 수 있다.

대표 블록	설명
언제 공1.충돌 / 다른 / 실행	공이 충돌되면 블록 내부의 명령 블록을 실행한다.
언제 공1.드래그 / 시작X 시작Y 이전X 이전Y 현재X 현재Y / 실행	캔버스에 삽입된 공을 드래그하면 블록 내부의 명령 블록을 실행한다.
언제 공1.모서리에 닿음 / 모서리 / 실행	공이 스크린의 모서리에 닿으면 블록 내부의 명령 블록을 실행한다. 공이 모서리에 닿으면 닿은 위치 값이 [모서리]에 저장된다. 공이 닿는 방향에 따라 [모서리]에 저장되는 값을 다음과 같다. -4　1　2 -3　캔버스　3 -2　-1　4
언제 공1.플링 / x y 속도 방향 x속도 y속도 / 실행	공이 플링될 때 블록 내부의 명령 블록을 실행한다.
언제 공1.더 이상 충돌하지 않음 / 다른 / 실행	공이 더 이상 충돌되지 않으면 블록 내부의 명령 블록을 실행한다.
언제 공1.터치 다운 / x y / 실행	공을 손가락으로 터치하는 순간에 블록 내부의 명령 블록을 실행한다. 터치한 위치는 [x], [y]에 저장된다.
언제 공1.터치 업 / x y / 실행	공을 손가락으로 터치한 후 만지는 것을 멈추면 블록 내부의 명령 블록을 실행한다. 터치한 위치는 [x], [y]에 저장된다.

블록	설명
언제 공1 .터치 x y 실행	공을 손가락으로 터치한 후 손을 떼면 블록 내부의 명령 블록을 실행한다. 터치한 위치는 [x], [y]에 저장된다.
호출 공1 .튕기기 모서리	공을 지정한 모서리 방향으로 튕긴다.
호출 공1 .충돌 여부 다른	공이 다른 공 또는 캔버스의 모서리와 같은 컴포넌트들과 충돌되었을지를 판단하여 그 결과를 참 또는 거짓으로 반환한다.
호출 공1 .경계로 이동하기	캔버스 내부에 공의 일부분이 표시되지 않으면 공을 캔버스 내부 경계선에 맞춰 이동시킨다.
호출 공1 .좌표로 이동하기 x y	지정된 [x], [y] 좌표로 공을 이동시킨다.
호출 공1 .해당 위치 바라보기 x y	[x], [y] 좌표 지점을 공이 가리키도록 지정한다.
호출 공1 .스프라이트 바라보기 대상	공이 지정된 대상(스프라이트)을 향하도록 지정한다.
공1 . 활성화	공의 활성화 여부를 저장하고 있는 속성 값 블록이다.
지정하기 공1 . 활성화 값	공의 활성화 여부를 지정한다. [논리] 블록의 [[참]], 아니면 [[거짓]] 블록으로 지정한다.
공1 . 방향	공의 방향 값을 저장하고 있는 속성 값 블록이다.
지정하기 공1 . 방향 값	공의 방향 값을 지정한다.
공1 . 간격	공이 이동되는 시간 간격을 저장하고 있는 속성 값 블록이다.
지정하기 공1 . 간격 값	공이 이동되는 시간 간격을 밀리초 단위로 지정한다.
공1 . 페인트 색상	공의 색상 값을 저장하고 있는 속성 값 블록이다.
지정하기 공1 . 페인트 색상 값	공의 색상 값을 지정한다.
공1 . 반지름	공의 반지름 크기를 저장하고 있는 속성 값 블록이다.
지정하기 공1 . 반지름 값	공의 반지름 크기를 지정한다.
공1 . 속도	공이 지정된 시간에 이동되는 거리를 저장하고 있는 속성 값 블록이다.

대표 블록	설명
지정하기 공1 . 속도 값	공이 지정된 시간동안 이동되는 거리를 픽셀 단위로 지정한다.
공1 . 보이기	스크린 내부에 공의 표시 여부를 저장하고 있는 속성 값 블록이다.
지정하기 공1 . 보이기 값	스크린 내부의 공 표시 여부를 지정한다. [논리] 블록의 [{참}], 아니면 [{거짓}] 블록으로 지정한다.
공1 . X	공의 [x] 좌표 값을 저장하고 있는 속성 값 블록이다.
지정하기 공1 . X 값	공의 [x] 좌표 값을 지정한다.
공1 . Y	공의 [y] 좌표 값을 저장하고 있는 속성 값 블록이다.
지정하기 공1 . Y 값	공의 [y] 좌표 값을 지정한다.
공1 . Z	공의 [z] 좌표 값을 저장하고 있는 속성 값 블록이다.
지정하기 공1 . Z 값	공의 [z] 좌표 값을 지정한다.

캔버스

손가락으로 터치가 가능한 2차원 패널로 손가락으로 드래그하여 그림을 그리거나 [캔버스] 내부의 공이나 이미지 스프라이트를 드래그하여 움직일 수 있다. 캔버스에서 터치되는 위치는 X, Y 값으로 표시한다. X 는 캔버스의 왼쪽 모서리로부터 떨어진 픽셀 수, Y는 캔버스 위쪽 모서리에서 떨어진 픽셀 수를 의미한다.

대표 블록	설명
언제 캔버스1 .드래그 시작X 시작Y 이전X 이전Y 현재X 현재Y 드래그된 스프라이트 실행	캔버스 내부를 드래그하면 블록 내부의 명령 블록을 실행한다.
언제 캔버스1 .플링 x y 속도 방향 x속도 y속도 플링된 스프라이트 실행	캔버스 내부를 플링하면 블록 내부의 명령 블록을 실행한다.
언제 캔버스1 .터치 다운 x y 실행	캔버스를 손가락으로 터치하는 순간에 블록 내부의 명령 블록을 실행한다. 터치한 위치는 [x], [y]에 저장된다.
언제 캔버스1 .터치 업 x y 실행	캔버스를 손가락으로 터치한 후 손을 떼는 순간 블록 내부의 명령 블록을 실행한다. 터치한 위치는 [x], [y]에 저장된다.

블록	설명
언제 캔버스1 .터치 / x y 터치된 스프라이트 / 실행	캔버스를 손가락으로 터치한 후 손을 떼면 블록 내부의 명령 블록을 실행한다. 터치한 위치는 [x], [y]에 저장된다.
호출 캔버스1 .지우기	캔버스 내부에 그려진 그림과 배경 이미지를 삭제한다.
호출 캔버스1 .원 그리기 / 중심X / 중심Y / 반지름 / fill 참	저장된 위치에 반지름 크기를 가지는 원을 그린다. [fill]을 [{참}]으로 지정하면 색이 채워진 원, [{거짓}]으로 지정하면 테두리만 색이 지정된 원이 그려진다.
호출 캔버스1 .선 그리기 / x1 / y1 / x2 / y2	[x1]와 [x2], [y1[와, [y2] 좌표 사이에 선을 그린다.
호출 캔버스1 .점 그리기 / x / y	[x1], [y1] 좌표에 점을 그린다.
호출 캔버스1 .글자 쓰기 / 텍스트 / x / y	[x1], [y1] 좌표에 지정된 텍스트를 삽입한다. 삽입되는 텍스트는 이미지 형태로 그려진다.
호출 캔버스1 .기울어진 텍스트 그리기 / 텍스트 / x / y / 각도	[x1], [y1] 좌표에 지정된 텍스트 지정된 각도만큼 기울여 삽입한다.
호출 캔버스1 .배경 픽셀 색상 가져오기 / x / y	[x1], [y1] 좌표의 배경 색상을 추출하여 알려준다.
호출 캔버스1 .픽셀 색상 / x / y	[x1], [y1] 좌표의 색상을 추출하여 알려준다.
호출 캔버스1 .저장	캔버스에 그려진 그림을 저장한다. 일반적으로 /storage/emulated/0/My Document/Pictures/ 폴더에 app_Inventor로 시작하는 png 파일로 저장한다.
호출 캔버스1 .다른 이름으로 저장 / 파일 이름	캔버스에 그려진 그림을 지정하는 파일 이름으로 저장한다. 일반적으로 /storage/emulated/0/ 폴더에 지정한 파일 이름을 가지는 png 파일로 저장한다.
호출 캔버스1 .배경 픽셀 색상 지정하기 / x / y / 색상	캔버스의 [x1], [y1] 좌표에 지정한 색을 배경색으로 변경한다.
캔버스1 . 배경색	캔버스에 지정되어 있는 배경색을 저장하고 있는 속성 값 블록이다.
지정하기 캔버스1 . 배경색 값	캔버스의 배경색을 지정한다.
캔버스1 . 배경 이미지	캔버스의 배경 이미지의 파일 이름을 저장하고 있는 속성 값 블록이다.

지정하기 캔버스1 . 배경 이미지 값	캔버스의 배경 이미지를 지정한다.
캔버스1 . 글꼴 크기	캔버스의 글꼴 크기를 저장하고 있는 속성 값 블록이다. [호출 {캔버스}.글자 쓰기] 명령 블록을 실행했을 때 적용되는 글자 크기를 의미한다.
지정하기 캔버스1 . 글꼴 크기 값	캔버스의 글꼴 크기를 지정한다.
캔버스1 . 높이	캔버스의 높이 값을 저장하고 있는 속성 값 블록이다.
지정하기 캔버스1 . 높이 값	캔버스의 높이 값을 지정한다.
지정하기 캔버스1 . 높이 퍼센트 값	캔버스의 높이 퍼센트 값을 지정한다.
캔버스1 . 선 두께	캔버스 내부를 드래그하여 선이나 점을 그릴 때 적용되는 선 두께를 저장하고 있는 속성 값 블록이다.
지정하기 캔버스1 . 선 두께 값	캔버스의 선 두께를 지정한다.
캔버스1 . 페인트 색상	캔버스의 페인트 색성을 저장하고 있는 속성 값 블록이다.
지정하기 캔버스1 . 페인트 색상 값	캔버스의 페인트 색상을 지정하다.
캔버스1 . 텍스트 정렬	캔버스에 [호출 {캔버스}.글자 쓰기] 명령 블록을 이용하여 글자를 삽입할 때 지정된 텍스트 정렬 값을 저장하고 있는 속성 값 블록이다. 속성 값이 '0'인 왼쪽으로 지정되어 있으면 지정된 좌표에 텍스트의 첫 글자를 표시하고 '1'인 가운데로 지정되어 있으면 좌표에 텍스트의 정 가운데 글자, '2'인 오른쪽으로 지정되어 있으면 좌표에 텍스의 마지막 글자가 표시되도록 정렬된다.
지정하기 캔버스1 . 텍스트 정렬 값	캔버스에 삽입된 텍스트의 정렬 방식을 지정한다.
캔버스1 . 보이기	캔버스의 표시 유무를 저장하고 있는 속성 값 블록이다.
지정하기 캔버스1 . 보이기 값	캔버스의 표시 유무를 지정한다. [논리] 블록의 [{참}], 아니면 [{거짓}] 블록으로 지정한다.
캔버스1 . 너비	캔버스의 너비 값을 저장하고 있는 속성 값 블록이다.
지정하기 캔버스1 . 너비 값	캔버스의 너비 값을 지정한다.
지정하기 캔버스1 . 너비 퍼센트 값	캔버스의 너비 퍼센트 값을 지정한다.

이미지 스프라이트

[이미지 스프라이트] 컴포넌트는 [캔버스] 컴포넌트 내에서만 사용가능하다. [공] 컴포넌트와 같이 터치하거나 드래그하여 다른 스프라이트에 반응 또는 특정 속성에 맞춰 움직일 수 있도록 지정할 수 있다. 단 [공] 컴포넌트는 이미지를 변경할 수 없지만 [이미지 스프라이트]는 사용자가 이미지 파일을 등록하여 변경할 수 있다.

대표 블록	
언제 이미지_스프라이트1 .충돌 / 다른 / 실행	이미지 스프라이트가 충돌되면 블록 내부의 명령 블록을 실행한다.
언제 이미지_스프라이트1 .드래그 / 시작X 시작Y 이전X 이전Y 현재X 현재Y / 실행	캔버스에 삽입된 이미지 스프라이트를 드래그하면 블록 내부의 명령 블록을 실행한다.
언제 이미지_스프라이트1 .모서리에 닿음 / 모서리 / 실행	이미지 스프라이트가 스크린의 모서리에 닿으면 블록 내부의 명령 블록을 실행한다. 공이 모서리에 닿으면 닿은 위치 값이 [모서리]에 저장된다. 공이 닿는 방향에 따라 [모서리]에 저장되는 값을 다음과 같다. -4 1 2 -3 캔버스 3 -2 -1 4
언제 이미지_스프라이트1 .플링 / x y 속도 방향 x속도 y속도 / 실행	이미지 스프라이트가 플링될 때 블록 내부의 명령 블록을 실행한다.
언제 이미지_스프라이트1 .더 이상 충돌하지 않음 / 다른 / 실행	이미지 스프라이트가 더 이상 충돌되지 않으면 블록 내부의 명령 블록을 실행한다.
언제 이미지_스프라이트1 .터치 다운 / x y / 실행	이미지 스프라이트를 손가락으로 터치하는 순간에 블록 내부의 명령 블록을 실행한다. 터치한 위치는 [x], [y]에 저장된다.
언제 이미지_스프라이트1 .터치 업 / x y / 실행	이미지 스프라이트를 손가락으로 터치한 후 손을 떼는 순간 블록 내부의 명령 블록을 실행한다. 터치한 위치는 [x], [y]에 저장된다.
언제 이미지_스프라이트1 .터치 / x y / 실행	이미지 스프라이트를 손가락으로 터치한 후 손을 떼면 블록 내부의 명령 블록을 실행한다. 터치한 위치는 [x], [y]에 저장된다.
호출 이미지_스프라이트1 .튕기기 / 모서리	이미지 스프라이트를 지정한 모서리 방향으로 튕긴다.

블록	설명
호출 이미지_스프라이트1 .충돌 여부 다른	이미지 스프라이트가 다른 이미지 스프라이트나 캔버스의 모서리와 같은 컴포넌트들과 충돌되었을지를 판단하여 그 결과를 참 또는 거짓으로 반환한다.
호출 이미지_스프라이트1 .경계로 이동하기	캔버스 내부에 이미지 스프라이트의 일부분이 표시되지 않으면 이미지 스프라이트를 캔버스 내부 경계선에 맞춰 이동시킨다.
호출 이미지_스프라이트1 .좌표로 이동하기 x y	지정된 [x], [y] 좌표로 이미지 스프라이트를 이동시킨다.
호출 이미지_스프라이트1 .해당 위치 바라보기 x y	[x], [y] 좌표 지점을 이미지 스프라이트가 가리키도록 지정한다.
호출 이미지_스프라이트1 .스프라이트 바라보기 대상	이미지 스프라이트가 지정된 대상(스프라이트)을 향하도록 지정한다.
이미지_스프라이트1 . 활성화	이미지 스프라이트의 활성화 여부를 저장하고 있는 속성 값 블록이다.
지정하기 이미지_스프라이트1 . 활성화 값	이미지 스프라이트의 활성화 여부를 지정한다. [논리] 블록의 [{참}]. 아니면 [{거짓}] 블록으로 지정한다.
이미지_스프라이트1 . 방향	이미지 스프라이트의 방향 값을 저장하고 이는 속성 값 블록이다.
지정하기 이미지_스프라이트1 . 방향 값	이미지 스프라이트의 방향 값을 지정한다.
이미지_스프라이트1 . 높이	이미지 스프라이트의 높이 값을 저장하고 있는 속성 값 블록이다.
지정하기 이미지_스프라이트1 . 높이 값	이미지 스프라이트의 높이 값을 지정한다.
이미지_스프라이트1 . 간격	이미지 스프라이트가 이동되는 시간 간격을 저장하고 있는 속성 값 블록이다.
지정하기 이미지_스프라이트1 . 간격 값	이미지 스프라이트가 이동되는 시간 간격을 밀리초 단위로 지정한다.
이미지_스프라이트1 . 사진	이미지 스프라이트에 지정된 사진 파일 이름을 저장하고 있는 속성 값 블록이다.
지정하기 이미지_스프라이트1 . 사진 값	이미지 스프라이트에 표시할 사진의 파일 이름을 지정한다.
이미지_스프라이트1 . 회전하기	이미지 스프라이트의 회전 여부를 저장하고 있는 속성 값 블록이다.
지정하기 이미지_스프라이트1 . 회전하기 값	이미지 스프라이트의 회전 여부를 지정한다. [논리] 블록의 [{참}] 아니면 [{거짓}] 블록으로 지정하며, [{참}]으로 지정하면 이미지 스프라이트에 지정된 [방향]으로 이미지가 회전된다.
이미지_스프라이트1 . 속도	이미지 스프라이트가 지정된 시간에 이동되는 거리를 저장하고 있는 속성 값 블록이다.
지정하기 이미지_스프라이트1 . 속도 값	이미지 스프라이트가 지정된 시간동안 이동되는 거리를 픽셀 단위로 지정한다.
이미지_스프라이트1 . 보이기	스크린 내부에 공의 표시 여부를 저장하고 있는 속성 값 블록이다.

지정하기 [이미지_스프라이트1 ▾ . 보이기 ▾] 값	스크린 내부의 공 표시 여부를 지정한다. [논리] 블록의 [{참}], 아니면 [{거짓}] 블록으로 지정한다.
[이미지_스프라이트1 ▾ . 너비 ▾]	이미지 스프라이트의 너비 값을 저장하고 있는 속성 값 블록이다.
지정하기 [이미지_스프라이트1 ▾ . 너비 ▾] 값	이미지 스프라이트의 너비 값을 지정한다.
[이미지_스프라이트1 ▾ . X ▾]	이미지 스프라이트의 [x] 좌표 값을 저장하고 있는 속성 값 블록이다.
지정하기 [이미지_스프라이트1 ▾ . X ▾] 값	이미지 스프라이트의 [x] 좌표 값을 지정한다.
[이미지_스프라이트1 ▾ . Y ▾]	이미지 스프라이트의 [y] 좌표 값을 저장하고 있는 속성 값 블록이다.
지정하기 [이미지_스프라이트1 ▾ . Y ▾] 값	이미지 스프라이트의 [y] 좌표 값을 지정한다.
[이미지_스프라이트1 ▾ . Z ▾]	이미지 스프라이트의 [z] 좌표 값을 저장하고 있는 속성 값 블록이다.
지정하기 [이미지_스프라이트1 ▾ . Z ▾] 값	이미지 스프라이트의 [z] 좌표 값을 지정한다.

공 튕기기 게임 만들기

완성 파일 : Ball_Moving.aia

스크린과 공 컴포넌트를 이용하면 바닥에 떨어지는 공을 튕기는 간단한 게임을 만들 수 있다. [공] 컴포넌트의 방향은 임의의 방향이 설정되도록 지정한다.

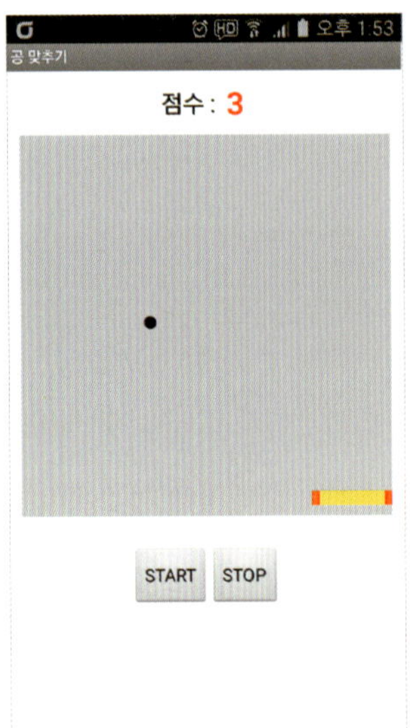

1. 스크린 정렬/방향 지정하고 제목 변경하기

01 스크린에 삽입되는 컴포넌트가 화면 중앙에 배치되도록 지정하기 위해 [Screen1]의 [속성] 패널에서 [수평 정렬]은 "중앙 : 3"을 지정한다.

02 [스크린 방향]은 "세로"로 지정하고 [제목]에 "공 맞추기"를 입력한다.

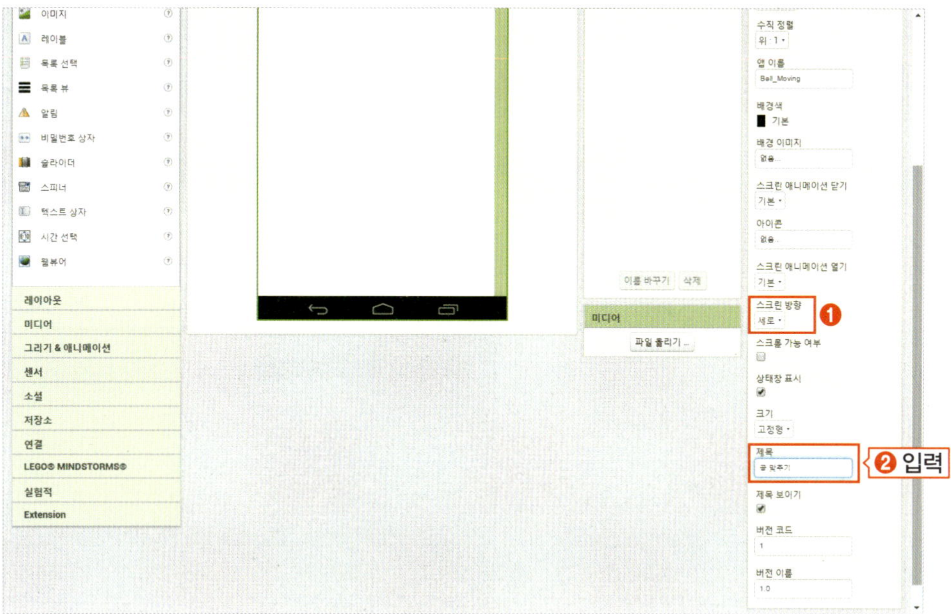

2. 점수 표시를 위한 레이블 삽입하기

01 점수 표시를 위한 레이블을 나란히 삽입하기 위해 [수평배치]를 [뷰어] 패널의 스크린 내부로 드래 그한다. [수평 정렬]은 "중앙 : 3", [수직 정렬]도 "가운데 : 2"를 지정한다. [높이]는 "50 pixels"을 지정한다.

02 [레이블]을 드래그하여 [수평배치1] 내부에 삽입한다. [글꼴 크기]는 "20"을 지정하고 [텍스트]에 "점수 : "를 입력한다. [이름 바꾸기] 버튼을 클릭한 후 "점수"를 입력한다.

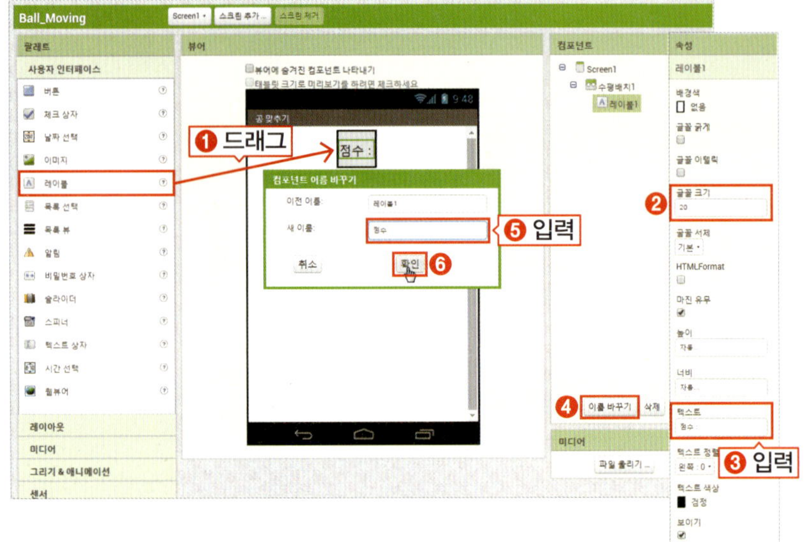

03 실제 점수가 표시될 레이블을 삽입하기 위해 [레이블]을 드래그하여 [점수] 오른쪽에 삽입한다. [이름 바꾸기] 버튼을 클릭한 후 "점수2"를 입력한다.

04 [글꼴 굵게]를 체크하고, [글꼴 크기]를 "25"로 지정한다. [텍스트]에 "0"을 입력하고 [텍스트 색상]을 "빨강"으로 지정한다.

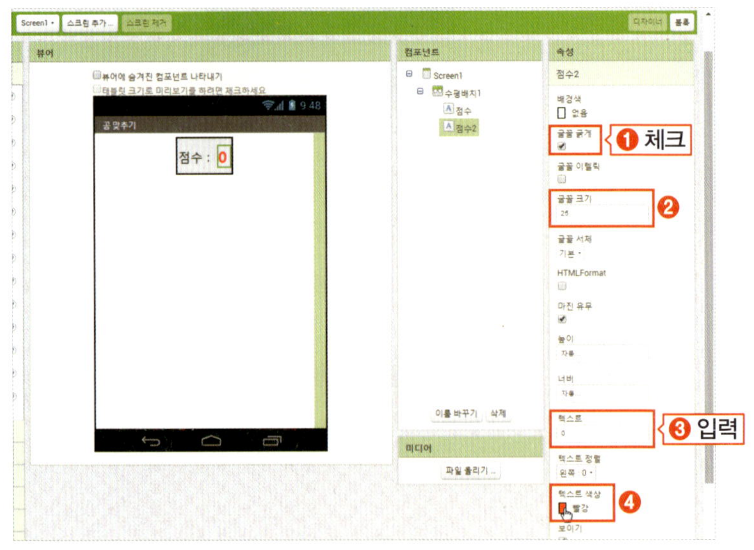

3. 공이 움직일 영역과 공/바 삽입하기

01 실제 공이 움직일 영역을 지정하기 위해 [캔버스]를 드래그하여 [수평배치1] 아래에 삽입한다. [배경색]을 "밝은 회색"으로 지정한다. [높이]는 "300 pixels", [너비]도 "300 pixels"을 지정한다.

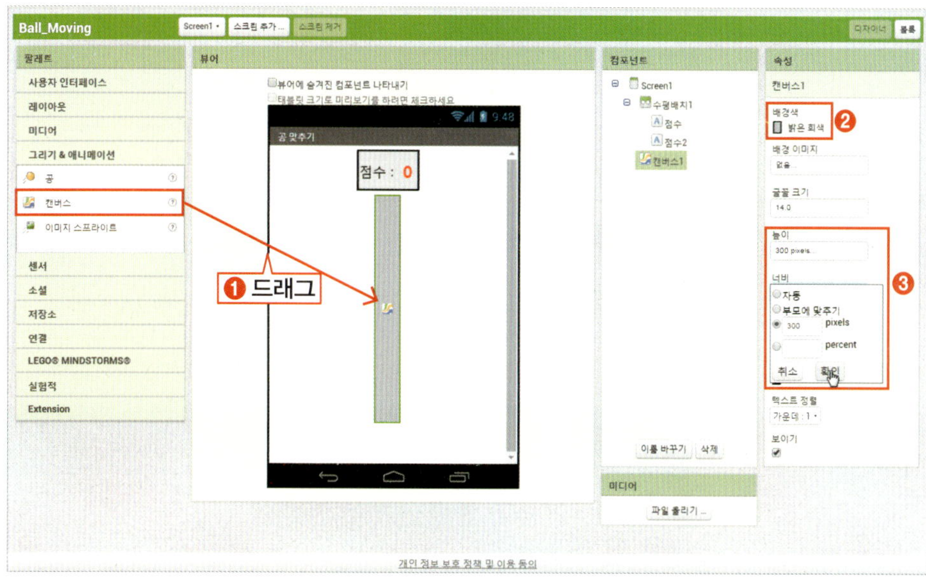

02 떨어지는 공을 튕길 바를 삽입하기 위해 [이미지 스프라이트]를 드래그하여 [캔버스1] 내부에 삽입한다. [높이]는 "20 pixels", [너비]는 "100 pixels"을 지정한다. [사진]의 [없음]을 클릭한 후 "bar.png"을 선택하여 등록한다.

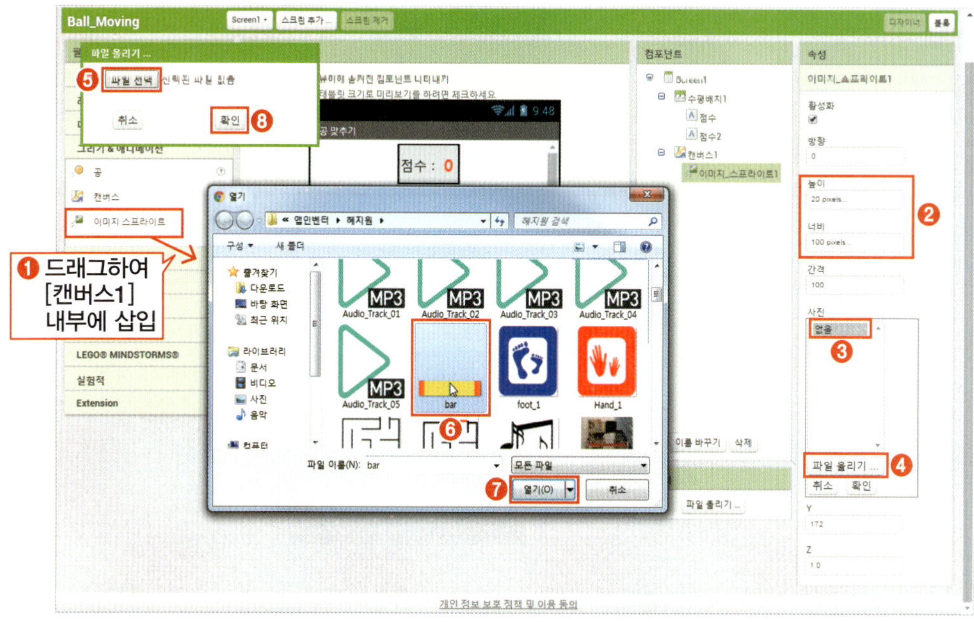

03 바 이미지의 위치를 지정하기 위해 [X] 는 "111", [Y]는 "281"을 입력한다.

Note. 직접 X좌표와 Y좌표 값을 입력하지 않고 [캔버스] 내부에 표시되는 바 이미지를 직접 드래그하여 위치를 지정 해도 된다.

04 공을 삽입하기 위해 [공]을 드래그하여 [캔버스] 내부에 삽입한다. 앱을 실행했을 때 공 이 바로 움직이는 것을 방지하기 위해 [활성화] 의 체크를 해제한다. 공의 위치를 지정하기 위해 [X]에 "2", [Y]에 "285"를 입력한다.

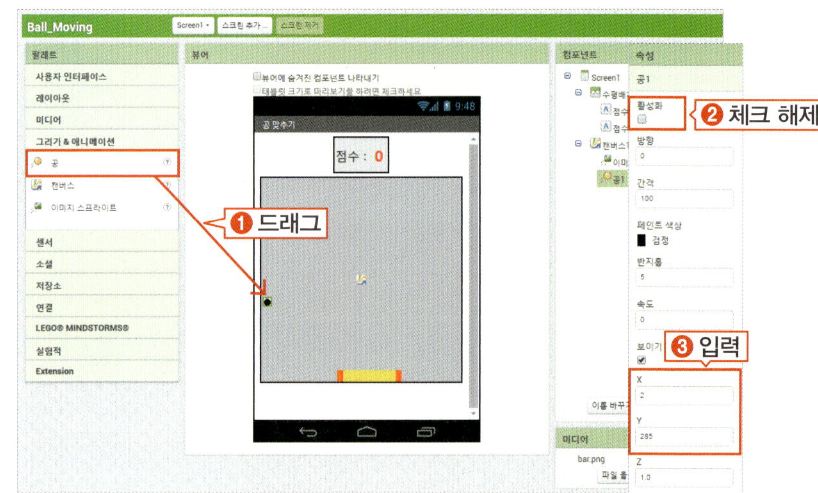

05 간격 조절을 위한 레이블을 삽입하기 위 해 [레이블]을 [캔버스1] 아래에 삽입한다. [높이] 는 "20 pixels"을 지정하고 [텍스트]를 삭제한다.

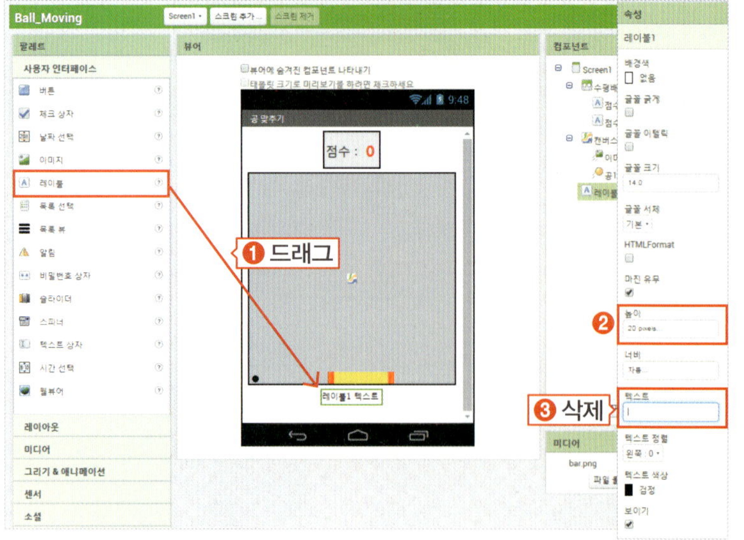

4. START/STOP 버튼 삽입하기

01 버튼을 나란히 삽입하기 위해 [수평배치]를 [레이블1] 아래에 삽입한다. [버튼]을 드래그하여 [수평배치2] 내부에 삽입한다. [이름 바꾸기] 버튼을 클릭한 후 "START"를 입력한다.

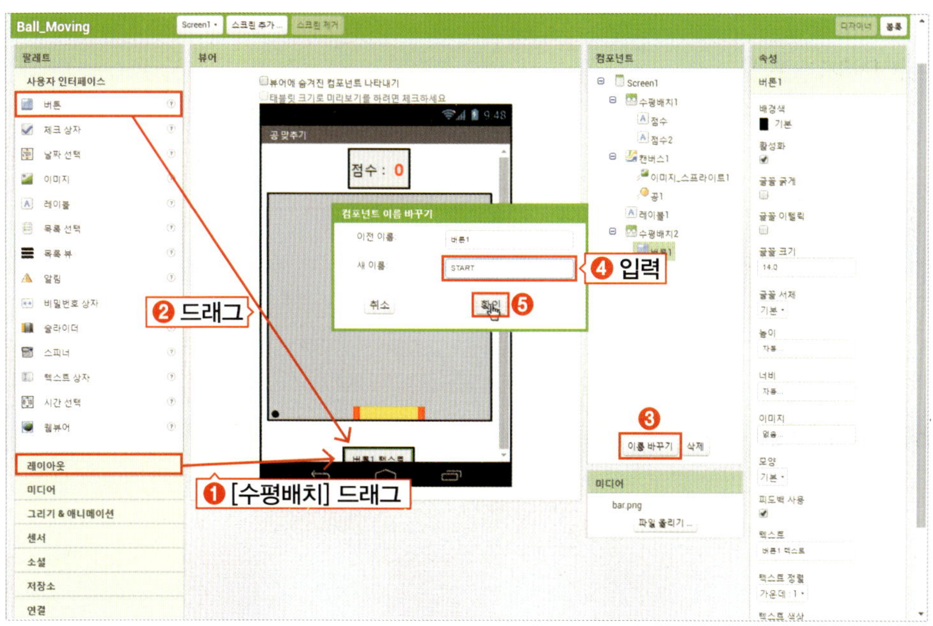

02 [START] 버튼의 [텍스트]에 "START"를 입력한다. [버튼]을 드래그하여 [START] 오른쪽에 삽입한다. [이름 바꾸기] 버튼을 클릭한 후 "STOP"을 입력한다. [텍스트]에 "STOP"을 입력한다.

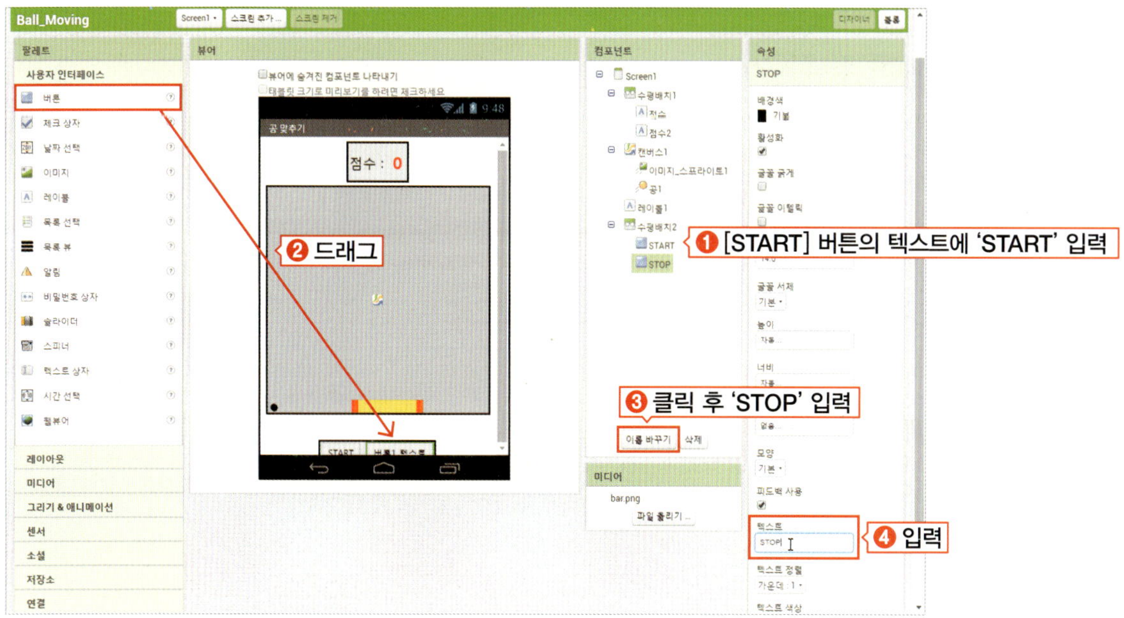

5. 알림과 소리 컴포넌트 삽입하기

01 [사용자 인터페이스]에서 [알림]을 선택한 후 [뷰어] 영역으로 드래그한다.

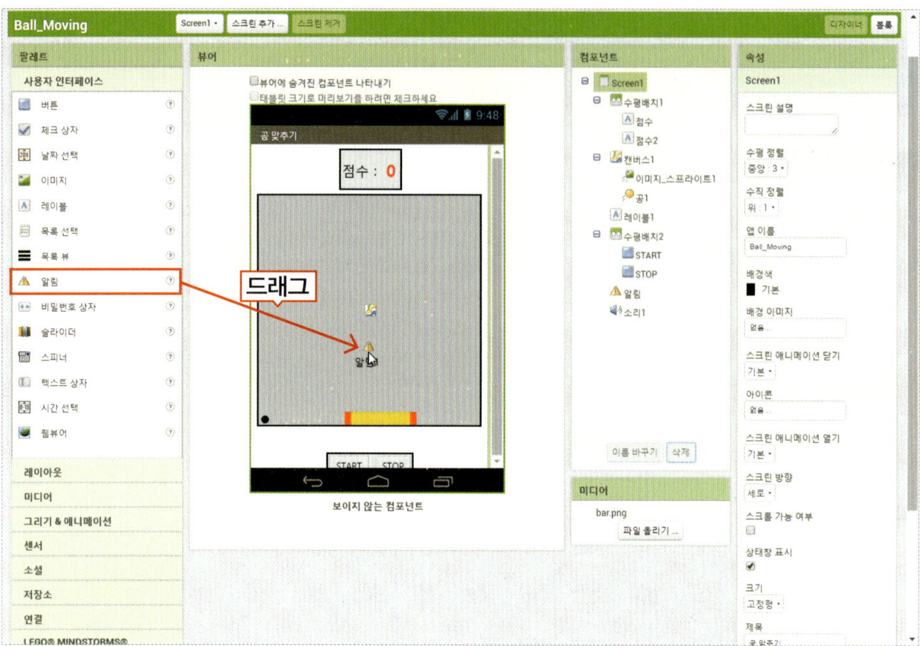

02 [미디어]에서 [소리]를 선택한 후 [뷰어] 영역으로 드래그한다.

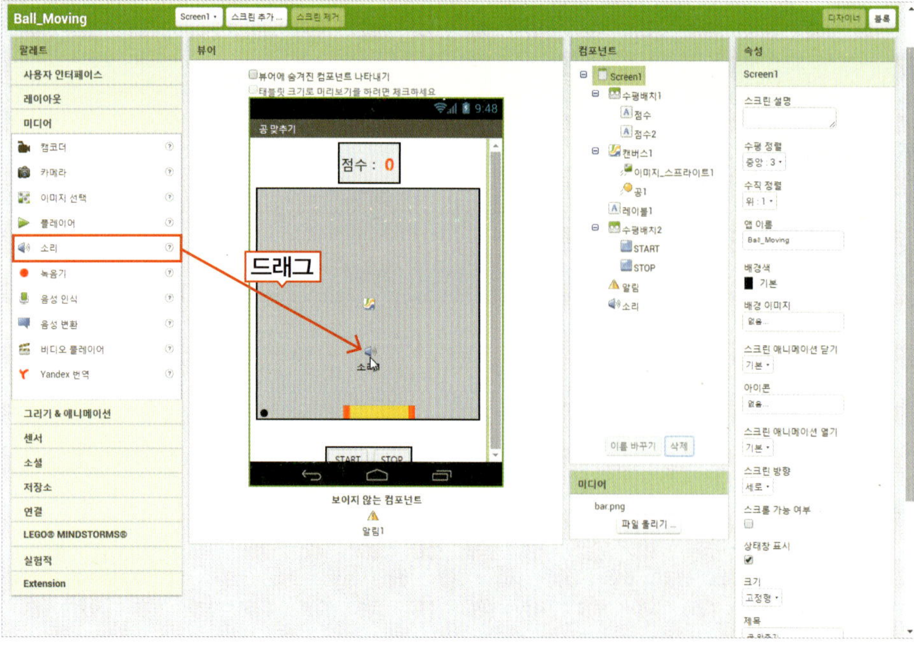

6. START 버튼을 눌러 공이 움직이도록 지정하기

01 화면 우측 상단의 [블록] 버튼을 클릭한다. [START] 버튼을 눌렀을 때 공이 움직여야하므로 [START]를 클릭한 후 **[언제 {START}.클릭]** 블록을 [뷰어] 패널 영역으로 드래그한다. [공1]을 클릭한 후 **[지정하기 {공1}.{활성화} 값]** 블록을 삽입한다. [공통 블록]의 [논리]에서 **[{참}]** 블록을 드래그하여 삽입한다.

02 공의 처음 위치를 지정하기 위해 [공1]의 **[호출 {공1}.좌표로 이동하기]** 블록을 삽입한다.

03 공의 X좌표로 1~300 사이의 임의의 위치가 지정되도록 [공통 블록]의 [수학]에서 **[임의의 정수 시작 {1} 끝 {100}]** 블록을 삽입한다. 100을 "300"으로 변경한다. 공의 Y좌표도 100~300 사이의 임의의 위치가 지정되도록 [공통 블록]의 [수학]에서 **[임의의 정수 시작 {1} 끝 {100}]** 블록을 삽입한다. 1을 "100"으로, 100을 "300"으로 변경한다.

04 공이 이동할 때의 진행 방향을 지정하기 위해 [공1]을 선택한 후 **[지정하기 {공1}.{방향} 값]** 블록을 삽입한다. 공의 이동 방향을 1~360 사이의 임의의 방향이 지정되도록 [공통 블록]의 [수학]에서 **[임의의 정수 시작 {1} 끝 {100}]** 블록을 삽입한다. 100을 "360"으로 변경한다.

공의 방향을 지정하지 않으면 기본적
으로 '0'이 지정되어 있기 때문에 공이
오른쪽으로 움직이게 된다.

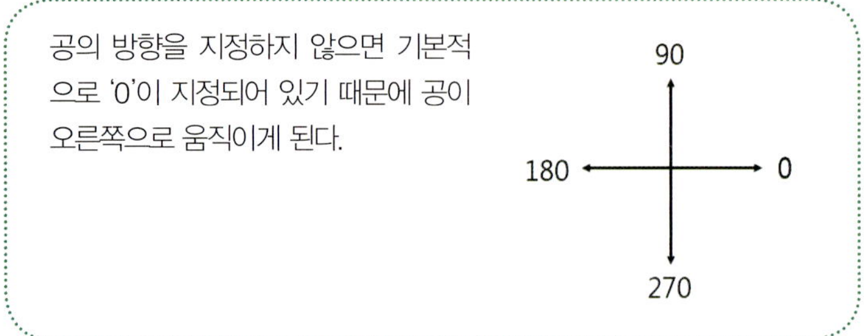

05 공이 이동할 때의 기본 속도를 지정하기 위해 [공1]을 선택한 후 **[지정하기 {공1}.{속도} 값]** 블록을 삽입한다. [공통 블록]의 [수학]에서 **[{0}]** 블록을 삽입한다. "10"을 입력한다.

06 점수를 '0'으로 초기화하기 위해 변수를 선언해야 한다. [공통 블록]의 [변수]에서 **[전역변수 초기화 {변수 이름} 값]** 블록을 [뷰어] 패널 영역으로 드래그한다. **{변수_이름}** 입력란을 클릭한 후 "점수"를 입력한다. [변수]를 클릭한 후 **[지정하기 { } 값]** 블록을 삽입한다. 목록 버튼을 클릭하여 "global 점수"를 선택한다. [수학]의 **[{0}]** 블록을 삽입한다.

07 [START] 버튼을 누르면 이전에 화면에 표시되던 점수도 0이 되어야하므로 실제 점수를 표시하는 [점수2]를 선택한 후 **[지정하기 {점수2}.{텍스트} 값]** 블록을 삽입한다. [공통 블록]의 [수학]에서 **[{0}]** 블록을 삽입한다.

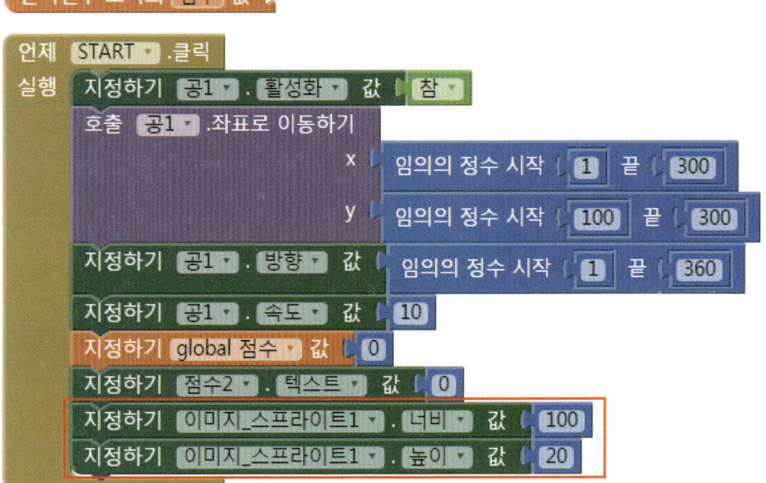

08 공을 튕기는 바의 크기를 원래 크기로 지정하기 위해 [이미지_스프라이트1]을 선택한 후 **[지정하기 {이미지_스프라이트1}.{너비} 값]** 블록을 삽입한다. [공통 블록]의 [수학]에서 **[{0}]** 블록을 삽입한 후 "100"을 입력한다. **[지정하기 {이미지_스프라이트1}.{높이} 값]** 블록을 삽입한다. [공통 블록]의 [수학]에서 **[{0}]** 블록을 삽입한 후 "20"을 입력한다.

7. STOP 버튼을 눌러 공의 움직임 멈추기

01 [STOP] 버튼을 누르면 움직이는 공이 멈춰야하므로 [공1]을 선택한 후 [언제 {STOP}.클릭] 블록을 [뷰어] 패널 영역으로 드래그한다. [공1]을 선택한 후 **[지정하기 {공1}.{활성화} 값]** 블록을 삽입한다.

02 [논리]의 [{거짓}] 블록을 삽입한다.

8. 바를 좌/우로 움직이기

01 손가락으로 밀면 바가 움직이도록 지정하기 위해 [이미지_스프라이트1]을 선택한 후 [언제 {이미지_스프라이트1}.드래그] 블록을 [뷰어] 패널 영역으로 드래그한다.

02 위/아래 이동이 아닌 좌/우 이동만 가능하도록 지정하기 위해 [이미지_스트라이트1]을 선택한 후 **[지정하기 {이미지_스프라이트1}.{X} 값]** 블록을 삽입한다. **[현재X]**에 마우스를 이동시킨 후 **[가져오기 {현재X}]** 블록을 드래그하여 삽입한다.

9. 공을 바로 튕기면 점수를 올리기

01 공이 바에 닿았을 때 즉 공이 바에 튕겼을 때 점수가 1점씩 증가되도록 지정하기 위해 [공1]을 선택한 후 [언제 {공1}.충돌] 블록을 [뷰어] 패널 영역으로 드래그한다. [변수]를 클릭한 후 **[지정하기 { } 값]** 블록을 삽입한다. 목록 버튼을 클릭하여 "global 점수"를 선택한다. [수학]의 **[{ } + { }]** 블록을 삽입한다. [변수]를 선택한 후 **[가져오기 { }]** 블록을 삽입한다. 목록 버튼을 클릭한 후 "global 점수"를 선택한다. [수학]의 **[{0}]** 블록을 삽입한 후 "1"을 입력한다.

02   증가된 점수를 표시하기 위해 [점수2]를 선택한 후 **[지정하기 {점수2}.{텍스트} 값]** 블록을 삽입한다. [변수]를 선택한 후 **[가져오기 { }]** 블록을 삽입한다. 목록 버튼을 클릭한 후 "global 점수"를 선택한다.

10. 점수가 5점이되면 "성공" 알림창 표시하기

01   "점수" 변수가 저장하고 있는 값이 "5"이면 공의 움직임을 멈추고 "성공" 알림창을 표시하기 위해 [공통 블록]의 [제어]에서 **[만약 ~ 그러면]** 블록을 삽입한다. 값 비교를 위해 [수학]에서 **[{ } = { }]** 블록을 삽입한다. [변수]를 선택한 후 **[가져오기 { }]** 블록을 삽입한다. 목록 버튼을 클릭한 후 "global 점수"를 선택한다. [수학]의 **[{0}]** 블록을 삽입한 후 "5"를 입력한다.

02   공의 움직임을 중지시키기 위해 [공1]을 클릭한 후 **[지정하기 {공1}.{활성화} 값]** 블록을 삽입한다. [논리]의 **[{거짓}]** 블록을 삽입한다.

03 "성공" 알림창을 표시하기 위해 [알림1]을 선택한 후 **[호출 {알림1}.메시지창 나타내기]** 블록을 삽입한다. [텍스트]의 **["{ }"]** 블록을 세 개 삽입한 후 "미션성공", "결과확인", "확인" 버튼을 클릭한다.

11. 점수가 5점 미만이면 공의 방향/속도 지정하기

01 점수가 5점 미만이면 공의 방향과 속도가 새로 지정되어야 하므로 [아니면] 블록을 [만약] 블록 사이로 드래그하여 삽입한다. 공의 방향을 지정하기 위해 [공1]을 선택한 후 **[지정하기 {공1}.{방향} 값]** 블록을 삽입한다. [수학]의 **[{ } − { }]** 블록을 삽입한다. **[{0}]** 블록을 삽입한 후 "360"을 입력한다. [공1]을 선택한 후 **[{공1}.{방향}]** 블록을 삽입한다.

02 공의 속도가 빨라지도록 지정하기 위해 **[지정하기 {공1}.{속도} 값]** 블록을 삽입한다. [수학]의 **[{ } + { }]** 블록을 삽입한 후 [공1]의 **[{공1}.{속도}]** 블록을 삽입한다. [수학]]의 **[{0}]** 블록을 삽입하고 "5"를 입력한다.

12. 점수가 5점 미만이면 바의 크기를 10% 줄이기

01 바의 너비가 10%씩 작아지도록 줄이기 위해 [이미지_스프라이트1]을 선택한 후 **[지정하기 {이미지_스프라이트1}.{너비} 값]** 블록을 삽입한다. [수학]의 **[{ } × { }]** 블록을 삽입한다. [이미지_스프라이트1]을 선택한 후 **[{이미지_스프라이트1}.{너비}]** 블록을 삽입한다. [수학]의 **[{0}]** 블록을 삽입하고 "0.9"를 입력한다.

02 바의 높이도 너비와 비례하여 작아지도록 줄이기 위해 [이미지_스프라이트1]을 선택한 후 **[지정하기 {이미지_스프라이트1}.{높이} 값]** 블록을 삽입한다. [수학]의 **[{ } × { }]** 블록을 삽입한다. [이미지_스프라이트1]을 선택한 후 **[{이미지_스프라이트1}.{높이}]** 블록을 삽입한다. [수학]의 **[{0}]** 블록을 삽입하고 "0.9"를 입력한다.

13. 공이 바닥에 닿았을 때 진동 울리고 점수 감소시키기

01 공이 왼쪽/오른쪽/위/아래 벽 중 아래쪽에 닿았을 때 진동이 울리도록 지정하기 위해 [공1]을 선택한 후 [언제 {공1}.모서리에 닿음] 블록을 [뷰어] 패널 영역으로 드래그한다. [제어]에서 [만약 ~ 그러면] 블록을 삽입한 후 [수학]의 [{ } = { }] 블록을 삽입한다. 공이 바닥에 닿았다면 모서리 값이 "–1"이 되므로 [모서리]에 마우스를 이동시킨 후 [가져오기 {모서리}] 블록을 삽입한다. [수학]의 [{0}] 블록을 삽입하고 "–1"을 입력한다.

Note. [모서리] 값은 공이 캔버스의 어느 쪽에 닿았느냐에 따라 값이 달라진다. 위쪽은 "1", 아래쪽은 "–1", 왼쪽은 "3", 아래쪽은 "–3"의 값을 가진다.

02 진동을 0.5초간 울리도록 지정하기 위해 [소리]를 클릭한 후 [호출 {소리1}.진동] 블록을 삽입한다. [수학]의 [{0}] 블록을 삽입하고 "500"을 입력한다.

03 현재 점수에서 1점을 감소시키기 위해 [변수]를 클릭한 후 [지정하기 { } 값] 블록을 삽입한다. 목록 버튼을 클릭하여 "global 점수"를 선택한다. [수학]의 [{ } – { }] 블록을 삽입한다. [변수]를 선택한 후 [가져오기 { }] 블록을 삽입한다. 목록 버튼을 클릭한 후 "global 점수"를 선택한다. [수학]의 [{0}] 블록을 삽입한 후 "1"을 입력한다.

04 점수를 화면에 표시하기 위해 [점수2]를 선택한 후 **[지정하기 {점수2}.{텍스트} 값]** 블록을 삽입한다. [변수]를 선택한 후 **[가져오기 { }]** 블록을 삽입한다. 목록 버튼을 클릭한 후 "global 점수"를 선택한다.

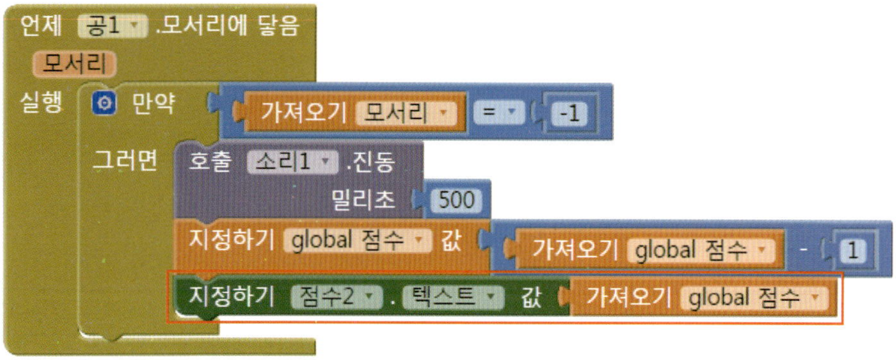

05 공이 왼쪽/오른쪽/위/아래쪽 모서리에 닿았을 땐 반대 방향으로 공이 튕기도록 지정하기 위해 **[호출 {공1}.튕기기]** 블록을 삽입한다. **[모서리]**에 마우스를 이동시킨 후 **[가져오기 {모서리}]** 블록을 삽입한다.

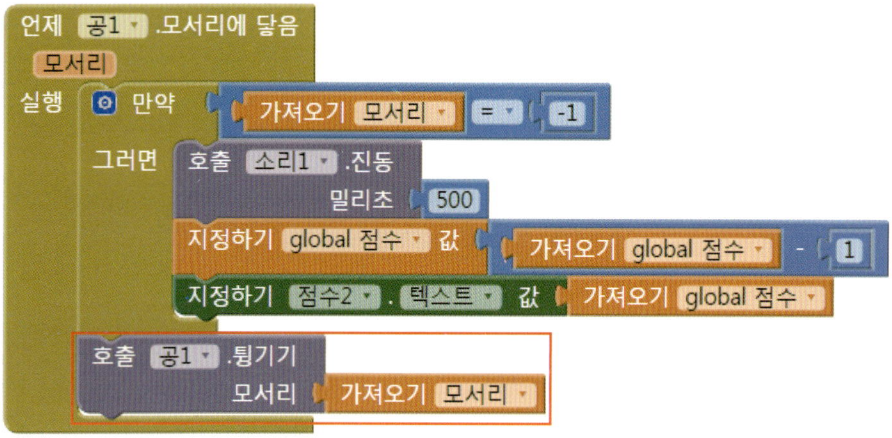

3

센서 활용에 사용되는 컴포넌트

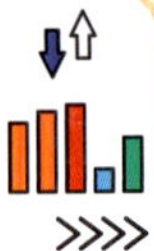

[센서] 그룹은 스마트폰에 내장되어 있는 각종 센서를 활용할 수 있는 컴포넌트들로 구성되어 있다. 대부분의 컴포넌트들이 보이지 않는 컴포넌트들이다.

가속도 센서

스마트폰의 흔들림을 감지하는 보이지 않는 컴포넌트이다. X 가속도는 스마트폰이 평평하게 놓여있을 때 0, 오른쪽 화면이 위쪽으로 올라가면 양수, 왼쪽 화면이 위쪽으로 올라가면 음수 값을 가진다. Y 가속도는 스마트폰이 평평하게 놓여있을 때 0, 스마트폰의 위쪽 화면이 위로 올라가면 양수, 아래쪽 화면이 위로 올라가면 음수 값을 가진다. 올라가면 음수 값을 가진다. Z 가속도는 스마트폰의 화면이 위쪽을 바라본 채 평평하게 놓여있으면 9.8, 지면과 수직으로 놓이면 0, 화면이 아래쪽을 바라본 채 평평하게 놓여있으면 −9.8의 값을 가진다.

대표 블록	설명
언제 가속도_센서1 .가속도 변화 x가속도 y가속도 z가속도 실행	X, Y, Z 가속도가 변경되었을 때 블록 내부의 명령 블록을 실행한다.
언제 가속도_센서1 .흔들림 실행	가속도 센서가 흔들렸을 때 블록 내부의 명령 블록을 실행한다.
가속도_센서1 . 사용 가능	가속도 센서의 사용 가능 여부를 저장하고 있다.
가속도_센서1 . 활성화	가속도 센서의 활성화 여부를 저장하고 있다.
지정하기 가속도_센서1 . 활성화 값	가속도 센서의 활성화 여부를 지정한다.
가속도_센서1 . 최소 간격	가속도 센서가 인지되는 최소 시간 간격 값을 저장하고 있다.
지정하기 가속도_센서1 . 최소 간격 값	가속도 센서가 인지되는 최소 시간 간격 값을 지정한다.
가속도_센서1 . 민감도	가속도 센서의 민감도 값을 저장하고 있다(1=약함, 2=보통, 3=강함).
지정하기 가속도_센서1 . 민감도 값	가속도 센서의 민감도 값을 지정한다(1=약함, 2=보통, 3=강함).
가속도_센서1 . X가속도	가속도 센서의 X 가속도 값을 저장하고 있다.
가속도_센서1 . Y가속도	가속도 센서의 Y 가속도 값을 저장하고 있다.
가속도_센서1 . Z가속도	가속도 센서의 Z 가속도 값을 저장하고 있다.

🔷 🔲 바코드 스캐너

바코드 스캐너를 이용하여 바코드 값 또는 QR 코드 값을 읽을 수 있는 보이지 않는 컴포넌트이다. 바코드는 13자리 숫자로 구성되어 있으며, QR 코드는 웹 주소와 같은 문자열로 구성되어 있다. 단 바코드 스캐너 컴포넌트를 이용하려면 바코드 스캔 어플이 스마트폰에 설치되어 있어야 한다.

대표 블록	설명
언제 바코드_스캐너1 ▾ .스캔 후 결과 실행	바코드 스캐너로 스캔 후 블록 내부의 명령 블록을 실행한다.
호출 바코드_스캐너1 ▾ .스캔하기	바코드 스캐너를 호출한다. 카메라를 이용하여 바코드를 스캔하며, 스캔이 완료되면 [언제 {바코드_스캐너1}.스캔 후] 이벤트를 실행한다.
바코드_스캐너1 ▾ . 결과 ▾	바코드 스캐너로 스캔할 결과 값을 저장하고 있다.
바코드_스캐너1 ▾ . 외부 스캐너 사용 ▾	외부 스캐닝 프로그램을 찾아 사용하는지를 저장하고 있다.
지정하기 바코드_스캐너1 ▾ . 외부 스캐너 사용 ▾ 값	외부 스캐닝 프로그램을 사용할 수 있도록 지정한다.

🔷 ⏰ 시계

스마트폰의 시계를 이용하여 타이머, 시간 계산 기능을 제공하는 보이지 않는 컴포넌트이다. [시계] 컴포넌트의 시간 간격의 [속성] 패널의 [타이머 간격]에서 지정한다. [시계] 센서는 시간을 밀리 초(/ms) 단위로 처리한다.

대표 블록	설명
언제 시계1 ▾ .타이머 실행	지정된 [타이머 간격]마다 블록 내부의 명령 블록을 실행한다. 기본적으로 [타이머 간격]은 1000ms 즉 1초로 지정되어 있다.
호출 시계1 ▾ .Add Days ▾ 인스턴트 quantity	[인스턴트]에 삽입된 시간 데이터에 [quantity]에 삽입된 날짜를 더한 시간 데이터를 계산하여 반환하다.
호출 시계1 ▾ .날짜 인스턴트	[인스턴트]에 삽입된 시간 데이터의 날짜만 추출하여 반환한다.
호출 시계1 ▾ .기간 시작 끝	[시작]과 [끝] 사이의 경과된 시간을 밀리 초로 계산하여 반환한다.

블록	설명
호출 시계1 .DurationToDays duration	지정된 기간을 일수로 계산하여 반환한다.
호출 시계1 .날짜 형식 인스턴트 pattern " MMM d, yyyy "	[인스턴트]에 지정된 날짜/시간 데이터를 "12월 24, 2016"과 같은 형식으로 반환한다.
호출 시계1 .날짜 시간 형식 인스턴트 pattern " MM/dd/yyyy hh:mm:ss a "	[인스턴트]에 지정된 날짜/시간 데이터를 "12/01/2016 12:25:23 오후"와 같은 형식으로 반환한다.
호출 시계1 .인스턴트 만들기 부터	시간 데이터 또는 날짜 데이터를 직접 지정하여 반환한다. [부터] 블록에 지정하고자 날짜는 MM/DD/YYYY, 시간은 hh:mm 형식으로 지정한다. 만약 날짜와 시간을 한 번에 지정하고자 한다면 MM/DD/YYYY hh:mm:ss 형식으로 지정한다.
호출 시계1 .밀리초로 인스턴트 만들기 밀리초	1970년 1월 1일 오전 09 시를 기준으로 지정된 밀리초 만큼 경과된 날짜와 시간을 반환한다.
호출 시계1 .분 인스턴트	[인스턴트]로 지정된 날짜/시간 데이터에서 시간의 분만 추출하여 반환한다.
호출 시계1 .지금	스마트폰의 시계의 날짜와 시간 데이터를 반환한다. 기본적으로 "java.util.GregorianCalendat[time=1480562962584, areFieldsSet=true...."와 같이 표시되기 때문에 스마트폰 화면에 표시할 때는 서식을 지정해주는 함수를 이용해야 한다.
호출 시계1 .시스템 시간	스마트폰의 내부 시간을 밀리초 단위로 반환한다.
호출 시계1 .요일 인스턴트	[인스턴트]로 지정된 날짜/시간 데이터에서 요일을 숫자 값으로 반환한다. 일요일은 '1', 월요일은 '2', 화요일은 '3', 수요일은 '4', 목요일은 '5', 금요일은 '6', 토요일은 '7'을 반환한다.
호출 시계1 .요일 이름 인스턴트	[인스턴트]로 지정된 날짜/시간 데이터에서 요일을 요일 이름으로 반환한다.
시계1 . 타이머 항상 작동	타이머의 항상 작동 여부를 저장하고 있다.
지정하기 시계1 . 타이머 항상 작동 값	타이머의 항상 작동 여부를 직접 지정한다.
시계1 . 타이머 활성 여부	타이머의 활성 여부를 저장하고 있다.
지정하기 시계1 . 타이머 활성 여부 값	타이머의 활성 여부를 직접 지정한다.
시계1 . 타이머 간격	타이머가 실행되는 간격을 저장하고 있다.
지정하기 시계1 . 타이머 간격 값	타이머가 실행되는 간격을 직접 지정한다.

시계 센서를 이용한 나만의 스톱워치 만들기

완성 파일 : Stop_Watch.aia

[시계] 센서를 이용하면 경과 시간을 측정하는 스톱워치를 만들 수 있다. 앱 인벤터에서는 시간을 밀리세컨드 단위로 처리하기 때문에 시간을 시:분:초로 표시하려면 시간을 계산하는 계산식을 적용해야 한다.

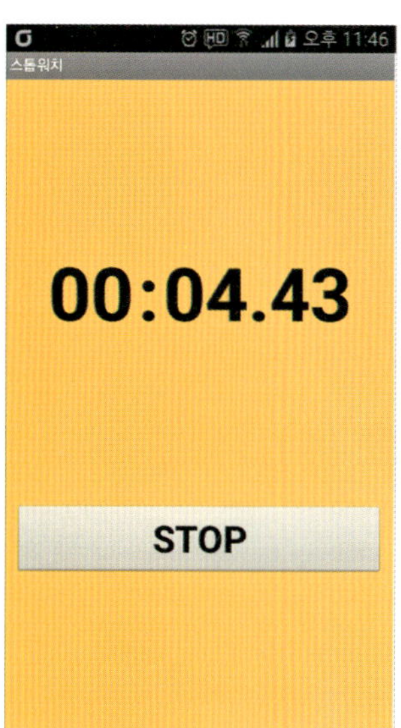

1. 스크린 정렬 지정하고 제목 변경하기

01 스크린에 삽입되는 컴포넌트가 화면 중앙에 배치되도록 지정하기 위해 [Screen1]의 [속성] 패널에서 [수평 정렬]은 "중앙 : 3"을 지정한다. [배경]에 "주황"을 지정하고 [제목]에 "스톱워치"를 입력한다.

2. 분.초 표시하는 레이블 삽입하기

01 　분.초를 표시하는 레이블을 나란히 삽입하기 위해 [수평배치]를 [뷰어] 패널의 스크린 내부로 드래그한다. [수평 정렬]은 "중앙 : 3", [수직 정렬]도 "가운데 : 2"로 지정한다. [높이]는 "60 percent", [너비]는 "100 percent"를 지정한다.

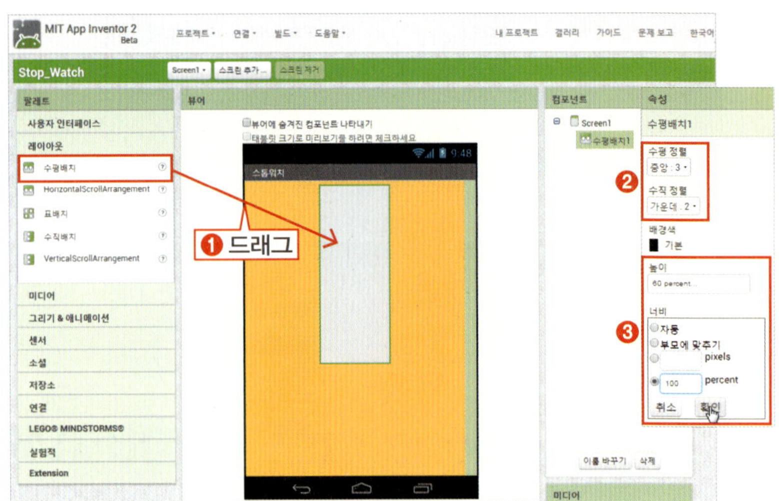

02 　[레이블]을 드래그하여 [수평배치1] 내부에 삽입한다. [글꼴 굵게]를 체크하고 [글꼴 크기]를 "60"으로 지정한다. [텍스트]에 "00"을 입력한다.

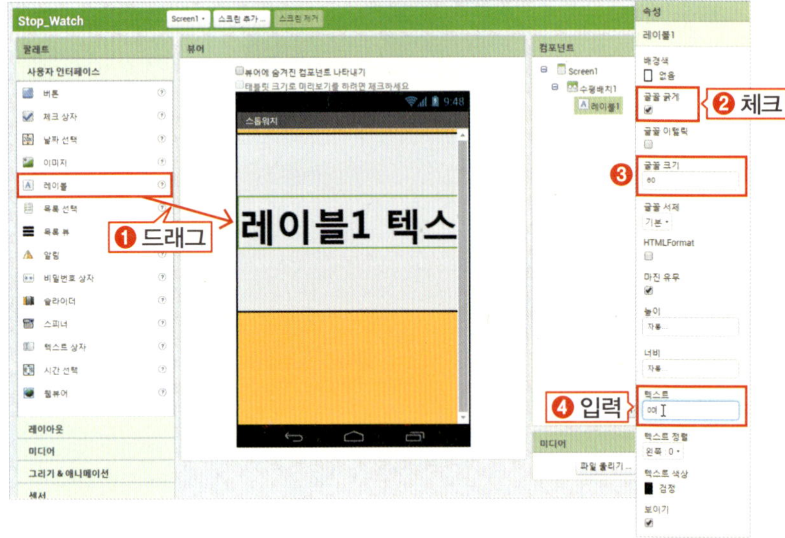

03 　[레이블]을 드래그하여 [레이블1] 오른쪽에 삽입한다. [글꼴 굵게]를 체크하고 [글꼴 크기]를 "60"으로 지정한다. [텍스트]에 ":"을 입력한다. [레이블]을 드래그하여 [레이블2] 오른쪽에 삽입한다. [글꼴 굵게]를 체크하고 [글꼴 크기]를 "60"으로 지정한다. [텍스트]에 "00.00"을 입력한다.

3. [START]/[STOP] 버튼과 시계 삽입하기

01   [START] 버튼과 [STOP] 버튼을 나란히 삽입하기 위해 [수평배치]를 [수평배치1] 아래로 드래그 한다. [수평 정렬]은 "중앙 : 3", [수직 정렬]도 "가운데 : 2"를 지정한다. [높이]는 "60 pixels"로 지정하고 [너비]는 "100 percent"를 지정한다.

02   [버튼]을 드래그하여 [수평배치2] 내부에 삽입한다. [배경색]은 "검정"으로 지정한다. [글꼴 굵게] 를 체크한 후 [글꼴 크기]에 "30"을 지정한다. [너비]는 "95 percent"로 지정하고 [모양]은 "둥근 모서리"로 지정한다. [텍스트]에 "START"를 입력하고 [텍스트 색상]을 "흰색"으로 지정한다. [이름 바꾸기] 버튼을 클릭한 후 "START"를 입력한다.

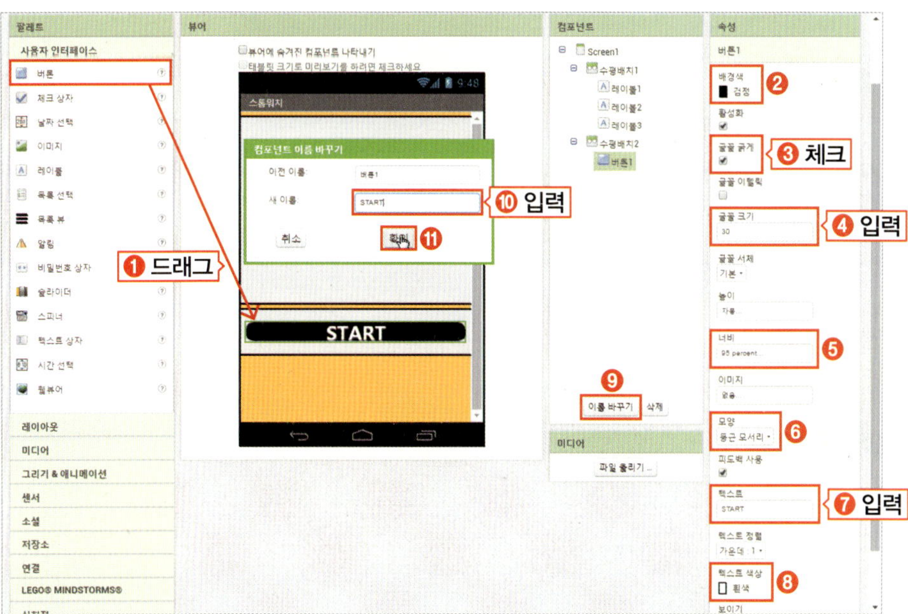

03　[버튼]을 드래그하여 [START] 오른쪽에 삽입한다. [글꼴 굵게]를 체크한 후 [글꼴 크기]에 "30"을 지정한다. [너비]는 "95 percent"로 지정한다. [텍스트]에 "STOP"을 입력하고 [보이기]의 체크를 해제한다. [이름 바꾸기] 버튼을 클릭한 후 "STOP"을 입력한다.

04　[센서]에서 [시계]를 선택한 후 [뷰어] 영역으로 드래그한다. 타이머는 [START] 버튼을 누를 때부터 실행되도록 지정하기 위해 먼저 [타이머 활성 여부]의 체크를 해제한다. 타이머가 실행되는 시간 간격을 1/100초로 지정하기 위해 [타이머 간격]에 "10"을 입력한다.

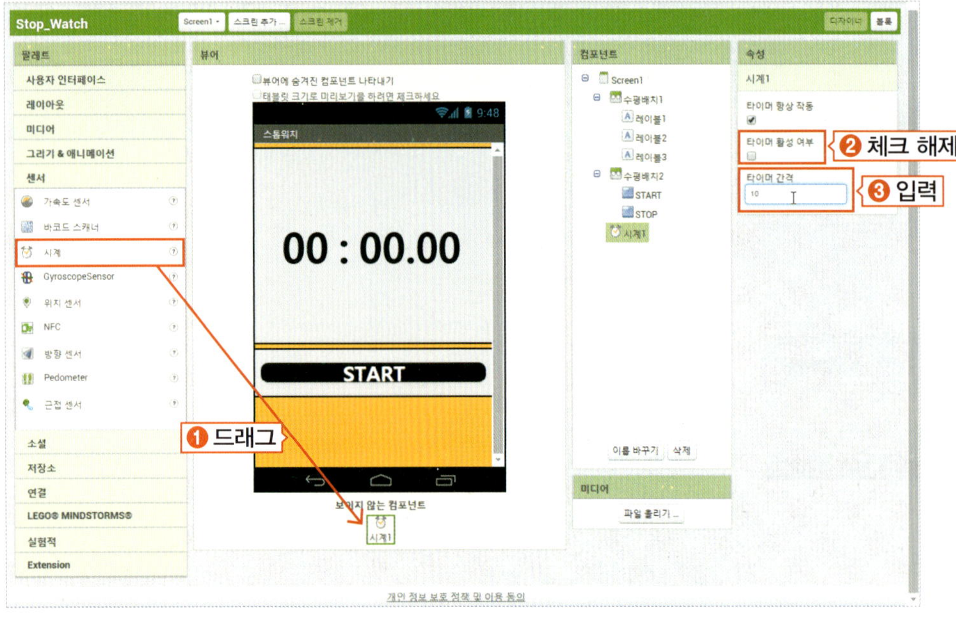

4. 시작 시간과 스톱워치의 분/초를 저장하는 변수 선언하기

01　　화면 우측 상단의 [블록] 버튼을 클릭한다. 스톱워치가 실행되었을 때 현재 시간을 기준으로 경과된 시간이 표시되어야하므로 현재 시간을 기억하는 변수가 필요하다. [변수]에서 **[전역변수 초기화 {변수 이름} 값]** 블록을 삽입한다. {변수_이름}에 "시작시간"을 입력한다.

전역변수 초기화 **시작시간** 값

02　　분과 초를 기억할 변수를 선언하기 위해 [변수]에서 **[전역변수 초기화 {변수 이름} 값]** 블록을 삽입한다. {변수_이름}에 "분"을 입력한다. **[전역변수 초기화 {변수 이름} 값]** 블록을 삽입한 후 {변수_이름}에 "초"를 입력한다.

전역변수 초기화 **분** 값　　　　전역변수 초기화 **초** 값

5. [START] 버튼을 눌러 타이머 활성화하기

01　　[START] 버튼을 눌렀을 때 타이머가 활성화되도록 지정하기 위해 [START] 버튼을 클릭한 후 **[언제 {START}.클릭]** 블록을 삽입한다. [시계1]을 클릭한 후 **[지정하기 {시계1}.{타이머 활성 여부} 값]** 블록을 삽입한다. [논리]에서 **[{참}]** 블록을 드래그하여 삽입한다.

언제 START .클릭
실행 지정하기 시계1 . 타이머 활성 여부 값 참

02　　[START] 버튼을 눌렀을 때 현재 스마트폰의 시간을 "global 시작시간" 변수에 저장하기 위해 [변수]를 선택한 후 **[지정하기 { } 값]** 블록을 삽입한다. "global 시작시간"을 지정한다. [시계1]을 클릭한 후 **[호출 {시계1}.시스템 시간]** 블록을 삽입한다.

언제 START .클릭
실행 지정하기 시계1 . 타이머 활성 여부 값 참
　　　지정하기 global 시작시간 값 호출 시계1 .시스템 시간

03　[START] 버튼을 눌렀을 때 스크린에 표시되는 분/초가 "0"으로 초기화되어야 하므로 [변수]를 선택한 후 [지정하기 { } 값] 블록을 삽입한다. "global 분"을 지정한다. [변수]를 선택한 후 [지정하기 { } 값] 블록을 삽입한다. "global 초"를 지정한다. [수학]의 [{0}] 블록을 삽입한다. [START] 버튼을 눌렀을 때 화면에 표시되는 분:초가 00:00.00으로 표시되도록 지정하기 위해 [레이블3]의 [지정하기 {레이블3}.{텍스트} 값] 블록과 [텍스트]의 ["{ }"] 블록을 삽입한 후 "00.00" 입력한다. [레이블1]의 [지정하기 {레이블1}.{텍스트} 값] 블록과 [텍스트]의 ["{ }"] 블록을 삽입한 후 "00"을 입력한다.

04　[START] 버튼을 눌러 타이머가 활성화되면 [START] 버튼은 보이지 않고 [STOP] 버튼이 표시되도록 지정하기 위해 [START]를 클릭한 후 [지정하기 {START}.{보이기} 값] 블록을 삽입한다. [논리]의 [{거짓}] 블록을 삽입한다. [STOP]을 클릭한 후 [지정하기 {STOP}.{보이기} 값] 블록을 삽입한다. [논리]의 [{참}] 블록을 삽입한다.

6. 타이머가 실행될 때 경과 시간을 초 단위로 계산하기

01　타이머가 실행될 때마다 경과 시간을 표시하기 위해 [시계1]을 선택한 후 [언제 {시계1}.타이머] 블록을 삽입한다. 경과 시간을 초 단위로 계산하여 [초] 변수에 저장하기 위해 [변수]를 선택한 후 [지정하기 { } 값] 블록을 삽입한다. "global 초"를 지정한다.

02　[START] 버튼을 누른 시점을 기준으로 경과 시간을 초로 표시하려면 현재 스마트폰의 시간에서 [START] 버튼을 눌렀을 때의 시간을 빼야한다. [수학]의 **[{ } − { }]** 블록을 삽입한다. [시계1]을 클릭한 후 **[호출 {시계1}.시스템 시간]** 블록을 삽입한다. [변수]를 선택한 후 **[가져오기 { }]** 블록을 삽입한다. "global 시작시간"을 지정한다.

03　계산된 시간이 밀리 초 단위로 표시되므로 초 단위로 표시하려면 1000으로 나눠야한다. [수학] 의 **[{ } / { }]** 블록에 경과 시간을 계산한 블록을 삽입한다. [수학]의 **[{0}]** 블록을 삽입한 후 "1000"을 입력 한다.

04　초 단위의 시간을 소수 2자리까지 표시하기 위해 [수학]의 **[소수로 나타내기 숫자]** 블록을 삽입한 후 초 단위로 나눈 블록을 삽입한다. [수학]의 **[{0}]** 블록을 **[자릿수]**에 삽입한 후 "2"를 입력한다.

05　소수 2자리까지 표시하는 블록을 **[지정하기 {global 초} 값]** 블록에 삽입한다.

7. 초 단위 경과 시간 표시하기

01　계산된 경과 시간이 10초보다 작으면 계산된 초 단위 값에 "0"을 추가 삽입하여 2자리로 표시하 기 위해 [제어]의 **[만약 ～ 그러면]** 블록을 삽입한다. [수학]의 **[{ } = { }]** 블록을 삽입한 후 "="의 목록 버튼 을 클릭한 후 "〈"로 변경한다. [변수]를 선택한 후 **[가져오기 { }]** 블록을 삽입한다. "global 초"를 지정한다. [수학]의 **[{0}]** 블록을 삽입한 후 "10"을 입력한다.

02 [레이블3]을 선택한 후 **[지정하기 {레이블3}.{텍스트} 값]** 블록을 삽입한다. [텍스트]의 **[합치기]** 블록과 **["{ }"]** 블록을 삽입한 후 "0"을 입력한다. [변수]를 선택한 후 **[가져오기 { }]** 블록을 삽입한다. "global 초"를 지정한다. ⚙ 아이콘을 클릭한 후 **[아니면]** 블록을 삽입한다. **[지정하기 {레이블3}.{텍스트} 값]** 블록과 **[가져오기 {global 초}]** 블록을 삽입한다.

8. 분 단위 경과 시간 계산하기

01 계산된 경과 시간인 초가 60보다 커지면 분 단위 경과 시간이 1씩 증가되어야 하므로 [제어]의 **[만약 ~ 그러면]** 블록을 삽입한다. [수학]의 **[{ } = { }]** 블록을 삽입한 후 "="의 목록 버튼을 클릭한 후 "〉"로 변경한다. [변수]를 선택한 후 **[가져오기 { }]** 블록을 삽입한다. "global 초"를 지정한다. [수학]의 **[{0}]** 블록을 삽입한 후 "60"을 입력한다.

02　경과가 60이 되면 현재 분에 1을 더하여 분을 표시하기 위해 [변수]의 **[지정하기 { } 값]** 블록에 삽입한다. "global 분"을 지정한 후 [수학]의 **[{ } + { }]** 블록을 삽입한다. **[가져오기 { }]** 블록을 삽입한 후 "global 분"을 지정한다. [수학]의 **[{0}]** 블록을 삽입한 후 "1"을 입력한다.

9. 분 단위 경과 시간 표시하기

01　계산된 경과 시간이 10보다 작으면 계산된 분 단위 값에 "0"을 추가 삽입하여 2자리로 표시하기 위해 [제어]의 **[만약 ～ 그러면]** 블록을 삽입한다. [수학]의 **[{ } = { }]** 블록을 삽입한 후 "="의 목록 버튼을 클릭한 후 "〈"로 변경한다. [변수]를 선택한 후 **[가져오기 { }]** 블록을 삽입한다. "global 분"을 지정한다. [수학]의 **[{0}]** 블록을 삽입한 후 "10"을 입력한다.

  [레이블1]을 선택한 후 **[지정하기 {레이블1}.{텍스트} 값]** 블록을 삽입한다. [텍스트]의 **[합치기]** 블록과 **["{ }"]** 블록을 삽입한 후 "0"을 입력한다. [변수]를 선택한 후 **[가져오기 { }]** 블록을 삽입한다. "global 분"을 지정한다. ⚙ 아이콘을 클릭한 후 **[아니면]** 블록을 삽입한다. **[지정하기 {레이블1}.{텍스트} 값]** 블록과 **[가져오기 {global 분}]** 블록을 삽입한다.

03 분 표시가 완료되면 초 단위 경과 시간이 0부터 다시 시작되어야 하므로 [변수]를 선택한 후 **[지정하기 { } 값]** 블록을 삽입한다. "global 시작시간"을 지정한다. [시계1]을 클릭한 후 **[호출 {시계1}.시스템 시간]** 블록을 삽입한다.

10. [STOP] 버튼을 눌러 스톱워치 멈추기

01   [STOP] 버튼을 눌렀을 때 타이머가 비 활성화되어 타이머가 실행되지 않도록 지정하기 위해 [STOP] 버튼을 클릭한 후 [언제 {STOP}.클릭] 블록을 삽입한다. [시계1]을 클릭한 후 **[지정하기 {시계 1}.{타이머 활성 여부} 값]** 블록을 삽입한다. [논리]에서 [{거짓}] 블록을 드래그하여 삽입한다.

02   [STOP] 버튼을 눌러 타이머가 비 활성화되면 [STOP] 버튼은 보이지 않고 [START] 버튼이 표시되도록 지정하기 위해 [STOP]을 클릭한 후 **[지정하기 {STOP}.{보이기} 값]** 블록을 삽입한다. [논리]의 [{거짓}] 블록을 삽입한다. [START]을 클릭한 후 **[지정하기 {START}.{보이기} 값]** 블록을 삽입한다. [논리]의 [{참}] 블록을 삽입한다.

GyroscopeSensor

특정 축을 기준으로 각이 돌아가는 속도를 나타내는 각 속도인 회전 속도를 추출하는 보이지 않는 컴포넌트이다. 자이로 센서를 이용하려면 스마트폰에 자이로 센서가 장착되어 있어야 한다.

대표 블록	설명
언제 GyroscopeSensor1 .GyroscopeChanged / xAngularVelocity yAngularVelocity zAngularVelocity timestamp / 실행	자이로 센서 값이 변경되면 블록 내부의 명령 블록을 실행한다.
GyroscopeSensor1 . 사용 가능	자이로 센서의 사용 가능 상태를 저장하고 있다.
GyroscopeSensor1 . 활성화	자이로 센서의 활성화 여부를 저장하고 있다.
지정하기 GyroscopeSensor1 . 활성화 값	자이로 센서의 활성화 여부를 직접 지정한다.
GyroscopeSensor1 . XAngularVelocity	자이로 센서의 X축의 각속도를 저장하고 있다.
GyroscopeSensor1 . YAngularVelocity	자이로 센서의 Y축의 각속도를 저장하고 있다.
GyroscopeSensor1 . ZAngularVelocity	자이로 센서의 Z축의 각속도를 저장하고 있다.

위치 센서

현재 위치의 정보를 제공해주는 보이지 않는 컴포넌트이다. 기본적으로 위치 정보는 경도, 위도, 고도를 표시한다. 위치 센서를 이용하려면 스마트폰에 무선 네트워크 또는 GPS를 이용하여 현재 위치 정보를 파악할 수 있는 센서가 장착되어 있어야 한다. 위치 정보를 파악해주는 GPS는 건물 밖에서는 인식되기 때문에 위치 센서를 이용한 앱은 반드시 건물 밖에서 테스트를 해야 정확한 결과를 확인할 수 있다.

대표 블록	설명
언제 위치_센서1 .위치 변경 / 위도 경도 고도 속도 / 실행	새로운 위치로 위치가 변경되면 블록 내부의 명령 블록을 실행한다.
언제 위치_센서1 .상태 변경 / 서비스 제공자 상태 / 실행	서비스 제공자의 상태가 변경되었을 때 블록 내부의 명령 블록을 실행한다.
호출 위치_센서1 .주소에서 위도 가져오기 / 위치 이름	지정된 위치(주소)를 기준으로 위도 값을 추출하여 반환한다.

대표 블록	설명
호출 위치_센서1 ▾ .주소에서 경도 가져오기 위치 이름 ▾	지정된 위치(주소)를 기준으로 경도 값을 추출하여 반환한다.
위치_센서1 ▾ . 현재 주소 ▾	위치 센서의 현재 주소를 반환한다.
위치_센서1 ▾ . 거리 간격 ▾	위치 센서가 새로운 위치를 업데이트할 최소 간격을 반환한다. 단위는 미터(m)로 기본값은 5로 지정되어 있다.
지정하기 위치_센서1 ▾ . 거리 간격 ▾ 값	위치 센서가 새로운 위치를 업데이트할 최소 거리 간격을 지정한다.
위치_센서1 ▾ . 시간 간격 ▾	위치 센서가 새로운 위치를 업데이트할 최소 시간을 반환한다. 단위는 밀리초로 기본은 6000(6초)으로 지정되어 있다.
지정하기 위치_센서1 ▾ . 시간 간격 ▾ 값	위치 센서가 새로운 위치를 업데이트할 최소 시간 간격을 지정한다.

방향 센서

스마트폰의 방향에 대한 정보를 제공해주는 보이지 않는 컴포넌트이다. 방향 센서는 롤 각도, 피치, 방위각으로 방향을 분석한다. 롤 각도는 스마트폰이 평평하게 위치할 때는 0, 왼쪽으로 기울면 90도까지 값이 증가하며 오른쪽으로 기울면 −90까지 감소한다. 피치는 평평하게 위치할 때는 0, 스마트폰의 윗부분을 땅 쪽으로 기울이면 90까지 증가하고, 반대로 스마트폰의 아랫부분을 땅 쪽으로 기울이면 −90도까지 감소한다. 방위각은 스마트폰의 위쪽이 북쪽을 가리키면 0, 동쪽은 90도 남쪽은 180, 서쪽은 270도 나타낸다.

대표 블록	설명
언제 방향_센서1 ▾ .방향 변경 방위각 피치 롤 각노 실행	방향 센서의 방향이 변경될 때 블록 내부의 명령 블록을 실행한다.
방향_센서1 ▾ . 각도 ▾	스마트폰의 기운 방향을 의미한다. 스마트폰의 표면에 공을 놓았을 때, 구르는 공의 힘의 방향을 의미한다.
방향_센서1 ▾ . 사용 가능 ▾	방향 센서의 사용 가능 여부를 알려주는 속성 값 블록으로 스마트폰의 방향 센서 장착 여부를 판단할 때 활용한다.
방향_센서1 ▾ . 방위각 ▾	방향 센서의 방위각을 알려주는 속성 값 블록이다.
방향_센서1 ▾ . 활성화 ▾	방향 센서의 활성화 여부를 알려주는 속성 값 블록이다.
지정하기 방향_센서1 ▾ . 활성화 ▾ 값	방향 센서의 활성화 여부를 직접 지정한다.

대표 블록	설명
방향_센서1 . 크기	스마트폰의 기운 정도에 따라 0에서 1사이의 값을 갖는다. 폰의 표면에 공을 놓았을 때 구르는 공의 힘을 의미한다.
방향_센서1 . 피치	방향 센서의 피치 값을 알려주는 속성 값 블록이다.
방향_센서1 . 롤	방향 센서의 롤 값을 알려주는 속성 값 블록이다.

Pedometer

걸음 수를 세어주는 보이지 않는 컴포넌트이다. 스마트폰의 Accerlerometer를 이용하여 동작을 감지한다. 보폭 거리인 걸음 길이 지정이 가능하며, 보폭을 이용하여 총 이동 거리 계산도 가능하다. 만보기 앱을 만들 때 유용하다.

대표 블록	설명
언제 Pedometer1 .기본단계 / 간단 단계 거리 / 실행	첫 걸음이 인지되었을 때 블록 내부의 명령 블록을 실행한다.
언제 Pedometer1 .걸음 수 / 걸음 수 거리 / 실행	[Pedometer] 센서가 호출된 후 걸음 수가 변경되었을 때 블록 내부의 명령 블록을 실행한다.
호출 Pedometer1 .일시정지	Pedometer 센서를 일시 정지한다.
호출 Pedometer1 .초기화	Pedometer 센서를 초기화하여, 걸음 수, 거리 등의 값이 0이 된다.
호출 Pedometer1 .다시 시작	일시 정지되었던 센서를 다시 시작하여 걸음 수를 세기 시작한다.
호출 Pedometer1 .저장	Pedometer 센서의 상태를 저장한다.
호출 Pedometer1 .시작	Pedometer 센서를 시작한다. 즉 걸음 수를 세기 시작한다.
호출 Pedometer1 .정지	Pedometer 센서의 걸음 수 세기를 정지한다.
Pedometer1 . 거리	Pedometer 센서의 거리를 저장하고 있는 속성 값 블록이다.
Pedometer1 . 걸린 시간	Pedometer 센서가 실행된 후 경과된 시간을 밀리초로 반환한다.

대표 블록	설명
Pedometer1 . 제한시간감지 정지	제한시간 감지 정지 시간을 저장하고 있는 속상 값 블록이다.
지정하기 Pedometer1 . 제한시간감지 정지 값	제한시간 감지 정지 시간을 지정한다.
Pedometer1 . 걸음 길이	Pedometer 센서의 걸음 길이를 저장하고 있는 속성 값 블록이다.
지정하기 Pedometer1 . 걸음 길이 값	Pedometer 센서의 한 걸음의 길이를 지정한다.
Pedometer1 . WalkSteps	Pedometer 센서의 걸음 수를 저장하고 있는 속성 값 블록이다.

근접 센서

[근접 센서] 컴포넌트는 스마트폰의 스크린으로부터 얼마나 멀리 떨어져 있는지를 측정 가능한 보이지 않는 컴포넌트이다. 주로 스마트폰이 사람의 귀에 가까이에 있는지를 확인하기 위해 사용한다. 스마트폰과 붙어 있으면 거리가 0이 되며, 최대 거리는 8이다.

대표 블록	설명
언제 근접_센서1 .ProximityChanged 거리 실행	근접 센서에 인식된 거리가 변경되면 블록 내부의 명령 블록을 실행한다.
근접_센서1 . 사용 가능	근접 센서의 사용 가능 여부를 저장하고 있는 속성 값 블록이다.
근접_센서1 . 거리	근접 센서의 거리를 저장하고 있는 속성 값 블록이다.
근접_센서1 . 활성화	근접 센서의 활성화 여부를 저장하고 있는 속성 값 블록이다.
지정하기 근접_센서1 . 활성화 값	근접 센서의 활성화 여부를 직접 지정할 수 있다.
근접_센서1 . 백그라운드시 작동 유지	근접 센서의 백그라운드 작동 유지 여부를 저장하고 있는 속성 값 블록이다.
지정하기 근접_센서1 . 백그라운드시 작동 유지 값	근접 센서의 백그라운드 작동 유지여부를 직접 지정한다. true(참)로 지정하면 앱이 보이지 않아도 근접 센서가 작동한다.
근접_센서1 . 최대 거리	근접 센서의 최대 거리 값을 저장하고 있는 속성 값 블록이다. 기본 값은 8이다.

Pedometer 센서를 이용하여 만보기 만들기

완성 파일 : Pedometer.aia

앱 인벤터에서 제공해주는 [Pedometer] 센서를 이용하면 간단히 만보기 앱을 작성할 수 있다. Pedometer 센서는 동작을 감지해주는 센서이다. 새로운 스크린을 추가하여 걸음 수와 운동 시간 그리고 운동 거리가 표시되도록 앱을 작성한다.

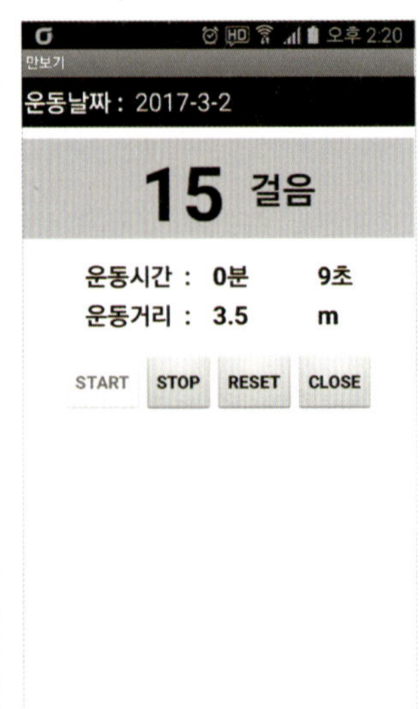

1. 스크린 정렬하고 앱 이름/제목 변경하기

01 스크린에 삽입되는 컴포넌트가 화면 중앙에 배치되도록 지정하기 위해 [Screen1]의 [속성] 패널에서 [수평 정렬]은 "중앙 : 3", [수직 정렬]은 "가운데 : 2"를 지정한다. [앱 이름]에 "만보기"를 입력한다. [제목]에는 "건강케어"를 입력한다.

2. 밑줄이 그어진 텍스트와 간격 조절 레이블 삽입하기

01　[레이블]을 스크린 영역에 드래그하여 삽입한다. [글꼴 굵게]를 체크한 후 [글꼴 크기]는 "20"으로 지정한다. [HTML format]을 체크한 후 [텍스트]에 "〈u〉간단한 운동 – 걷기〈/u〉"를 입력한다.

02　간격 조절을 위한 레이블을 삽입하기 위해 [레이블]을 [레이블1]] 아래에 삽입한다. [높이]는 "10 pixels"을 지정하고 [텍스트]를 삭제한다.

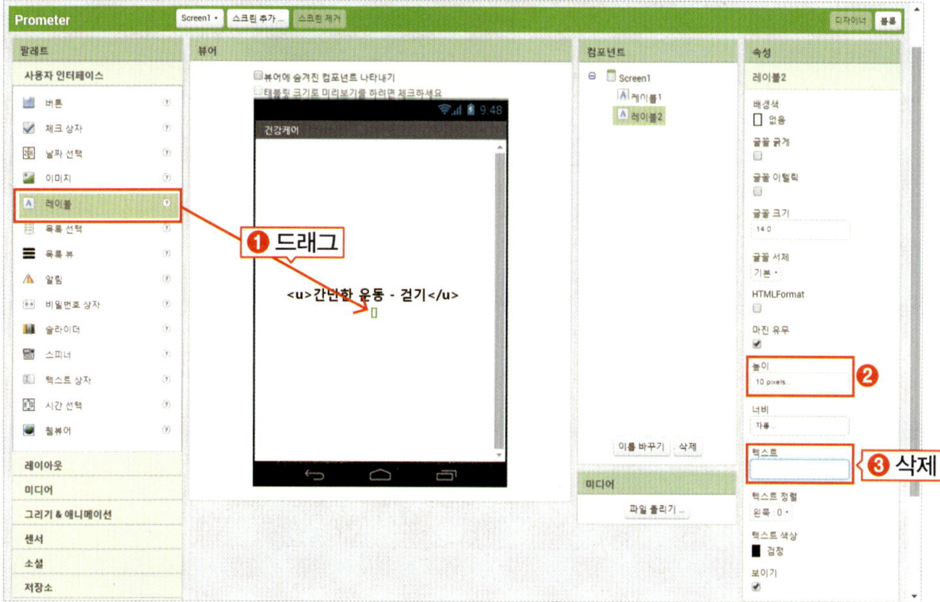

3. 만보기 버튼 삽입하기

01   [버튼]을 드래그하여 [레이블2] 아래에 삽입한다. [높이]와 [너비] 모두 "100 pixels"로 지정한다.
[이미지]의 "없음"을 클릭한 후 "foot_1.png" 파일을 선택한다.

02   [텍스트]는 삭제한 후 [이름 바꾸기] 버튼을 클릭한 후 "만보기"를 입력한다.

4. 새로운 스크린 삽입하고 정렬하기

01 새로운 스크린을 만들기 위해 [스크린 추가...] 버튼을 클릭한다. [새 스크린] 창이 표시되면 [스크린 이름] 입력란에 "Pedometer"를 입력한 후 [확인] 버튼을 클릭한다.

02 새로운 "Pedometer" 스크린이 표시되면 [속성] 패널에서 [수평 정렬]은 "중앙 : 3"을 지정한다. [제목]에 "만보기"를 입력한다.

5. 날짜 선택 컴포넌트와 운동 날짜 표시하기

01 날짜를 직접 선택 또는 확인 가능하도록 지정하기 위해 [날짜 선택]을 [뷰어] 영역에 삽입한다. 앱이 실행되었을 때 [날짜선택] 컴포넌트가 표시되지 않도록 [보이기]의 체크를 해제한다.

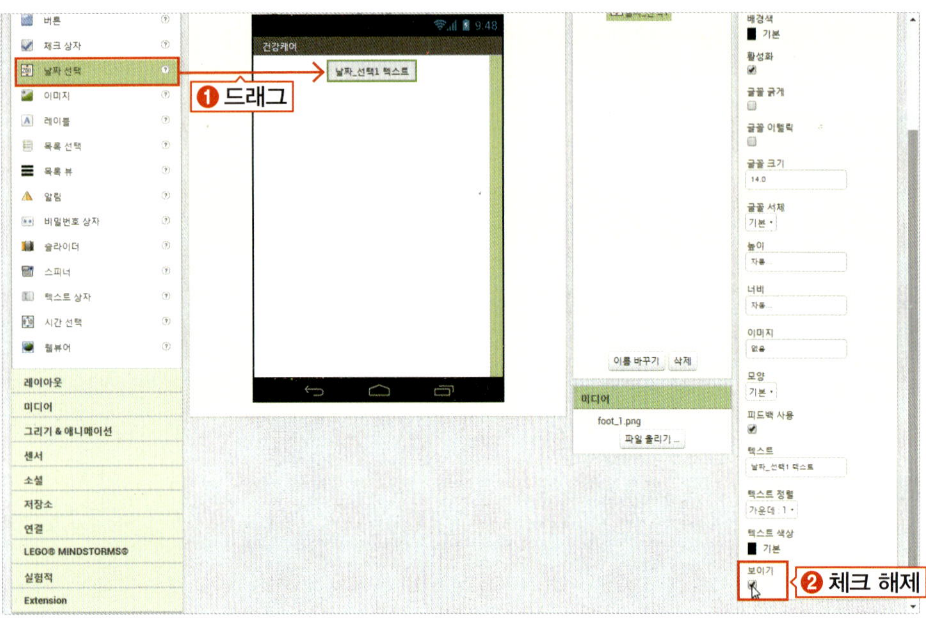

02 날짜를 표시하는 레이블을 나란히 표시하기 위해 [수평배치]를 [날짜_선택1] 아래에 삽입한다. [수직 정렬]은 "가운데 : 2"를 지정한다. [배경색]을 "검정"으로 지정한다. [높이]는 "40 pixels", [너비]는 "100 percent"를 지정한다.

03 [레이블]을 [수평배치1] 내부에 삽입한다. [글꼴 굵게]를 체크하고, [글꼴 크기]는 "20", [텍스트]에 "운동날짜 : "를 입력한다.

04 [텍스트 색상]을 "흰색"으로 지정한다.

05 [레이블]을 [레이블1] 오른쪽에 삽입한다. [글꼴 크기]는 "20", [텍스트]는 삭제한다. [텍스트 색상]을 "흰색"으로 지정한다.

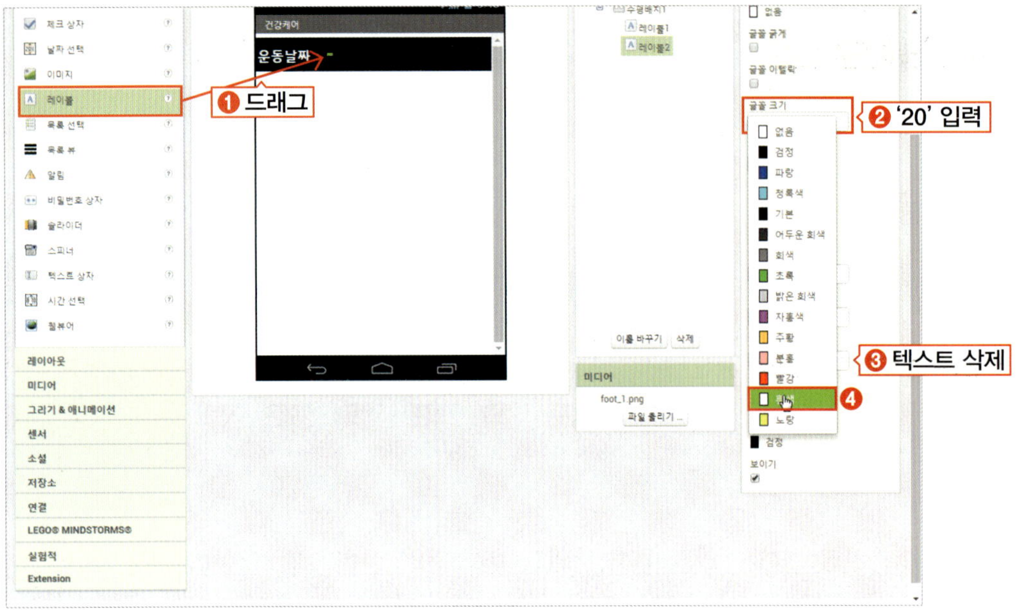

06 간격 조절을 위한 레이블을 삽입하기 위해 [레이블]을 [수평배치1] 아래에 삽입한다. [높이]는 "5 pixels"로 지정하고 [텍스트]를 삭제한다.

6. 걸음 수 표시 레이블 삽입하기

01 [수평배치]를 [레이블3] 아래에 삽입한다. [수평 정렬]은 "중앙 : 3", [수직 정렬]은 "가운데 : 2"를 지정한다. [배경색]은 "밝은 회색"으로 지정하고 [높이]는 "80 pixels", [너비]는 "100 percent"를 지정한다.

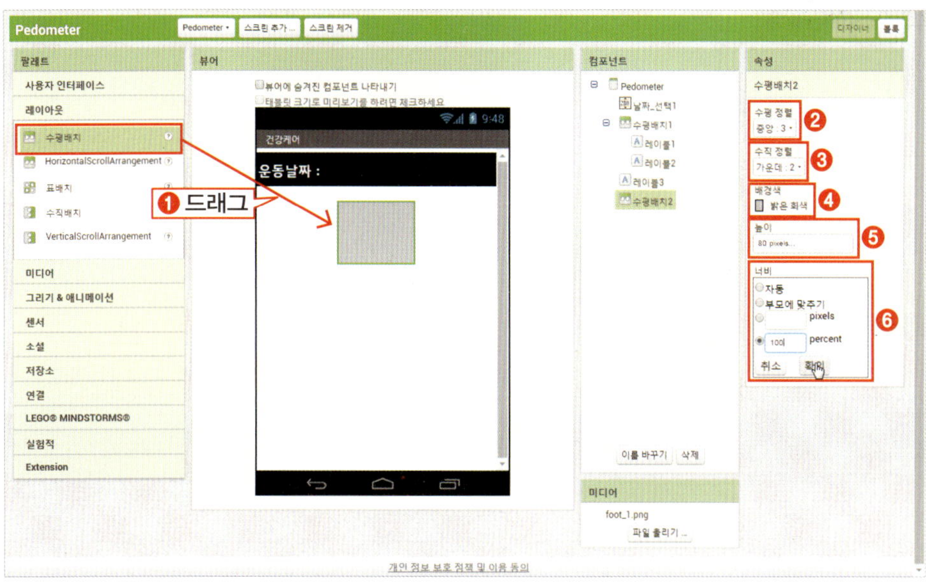

02 [레이블]을 [수평배치2] 내부에 삽입한다. [글꼴 굵게]를 체크한 후 [글꼴 크기]는 "60"을 지정한다. [너비]는 "100 pixels"을 지정하고 [텍스트]에 "0"을 입력한다. [텍스트 정렬]은 "가운데 : 1"을 지정한다.

03　[이름 바꾸기] 버튼을 클릭한 후 "걸음수"를 입력한다.

04　[레이블]을 [걸음수] 오른쪽에 삽입한다. [글꼴 굵게]를 체크한 후 [글꼴 크기]는 "30"을 지정한다.
[텍스트]에 "걸음"을 입력한다.

05 간격 조절을 위해 [레이블]을 [수평배치2] 아래에 삽입한다. [높이]는 "10 pixels"로 지정하고 [텍스트]를 삭제한다.

7. 운동시간과 운동거리 레이블 삽입하기

01 운동 시간과 운동 거리를 표 형태로 삽입하기 위해 [표배치]를 [레이블5] 아래에 삽입한다. [열]을 "3"으로 지정한다.

 [레이블]을 드래그하여 [표배치1]의 1행 1열에 삽입한다. [글꼴 굵게]를 체크하고 [글꼴 크기]를 "20"으로 지정한다. [너비]는 "100 pixels", [텍스트]에는 "운동시간 : "을 입력한다.

 [레이블]을 [표배치1]의 1행 2열에 삽입한다. [글꼴 굵게]를 체크하고 [글꼴 크기]를 "20"으로 지정한다. [너비]는 "80 pixels", [텍스트]는 "0"을 입력한다. [이름 바꾸기] 버튼을 클릭한 후 "운동시간_분"을 입력한다.

04　[레이블]을 [표배치1]의 1행 3열에 삽입한다. [글꼴 굵게]를 체크하고 [글꼴 크기]를 "20"으로 지정한다. [텍스트]는 "0"을 입력한다. [이름 바꾸기] 버튼을 클릭한 후 "운동시간_초"를 입력한다.

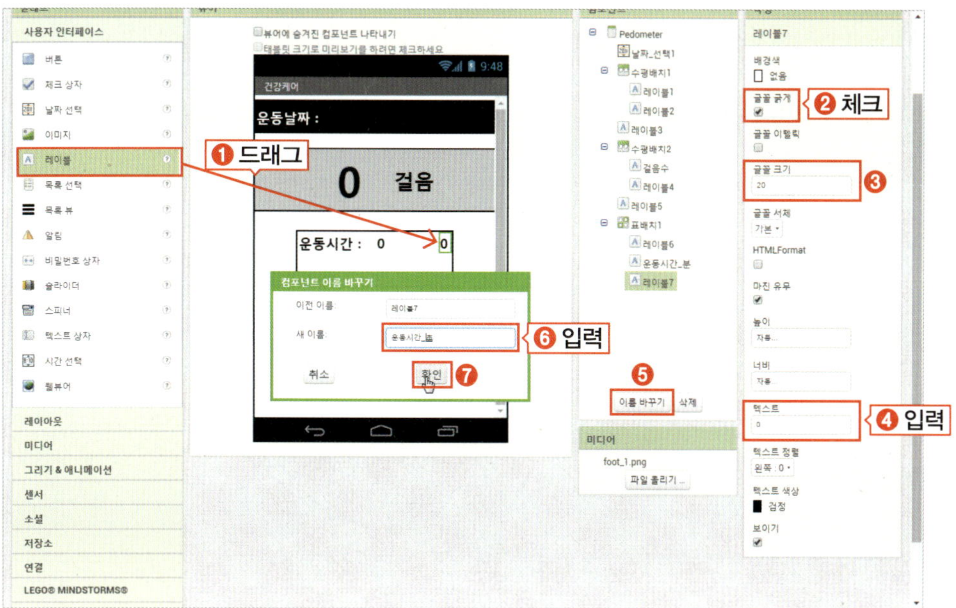

05　[레이블]을 [표배치1]의 2행 1열에 삽입한다. [글꼴 굵게]를 체크하고 [글꼴 크기]를 "20"으로 지정한다. [너비]는 "100 pixels", [텍스트]에는 "운동거리 : "를 입력한다.

06 [레이블]을 [표배치1]의 2행 2열에 삽입한다. [글꼴 굵게]를 체크하고 [글꼴 크기]를 "20"으로 지정한다. [너비]는 "80 pixels", [텍스트]는 "0"을 입력한다. [이름 바꾸기] 버튼을 클릭한 후 "운동거리"를 입력한다.

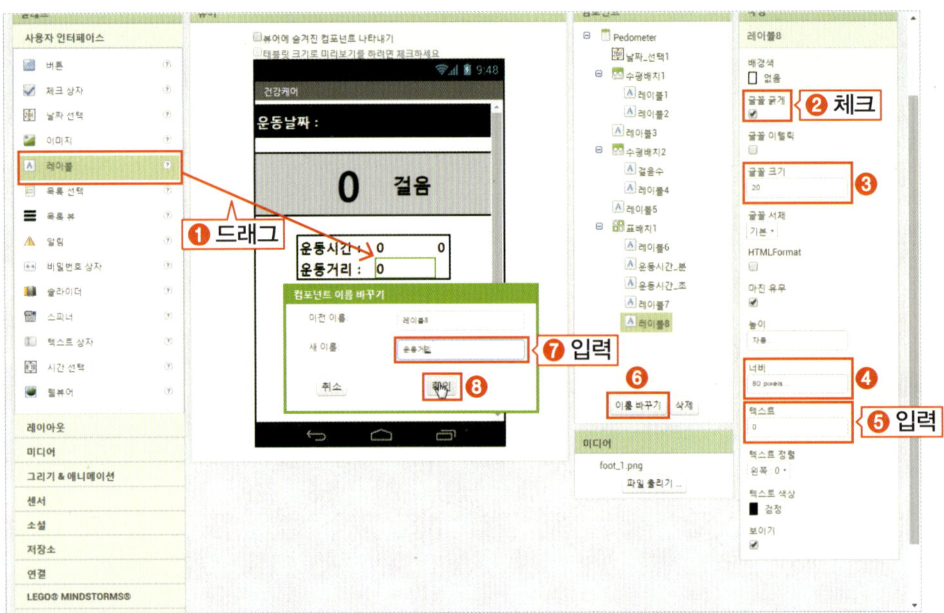

07 "m" 단위를 삽입하기 위해 [레이블]을 [표배치]의 2행 3열에 삽입한다. [글꼴 굵게]를 체크하고 [글꼴 크기]를 "20"으로 지정한다. [텍스트]에 "m"을 입력한다.

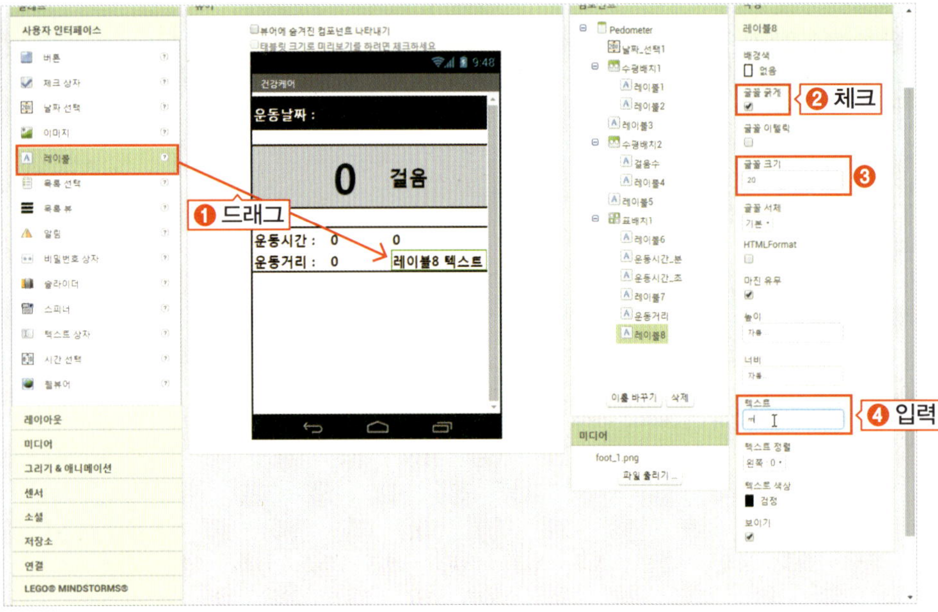

8. [START], [STOP], [RESET], [CLOSE] 버튼 삽입하기

01 네 개의 버튼을 나란히 삽입하기 위해 [수평배치]를 [표배치1] 아래에 삽입한다. [수평 정렬]은 "중앙 : 3", [수직 정렬]은 "가운데 : 2"를 지정한다. [높이]는 "80 pixels", [너비]는 "100 percent"를 지정한다.

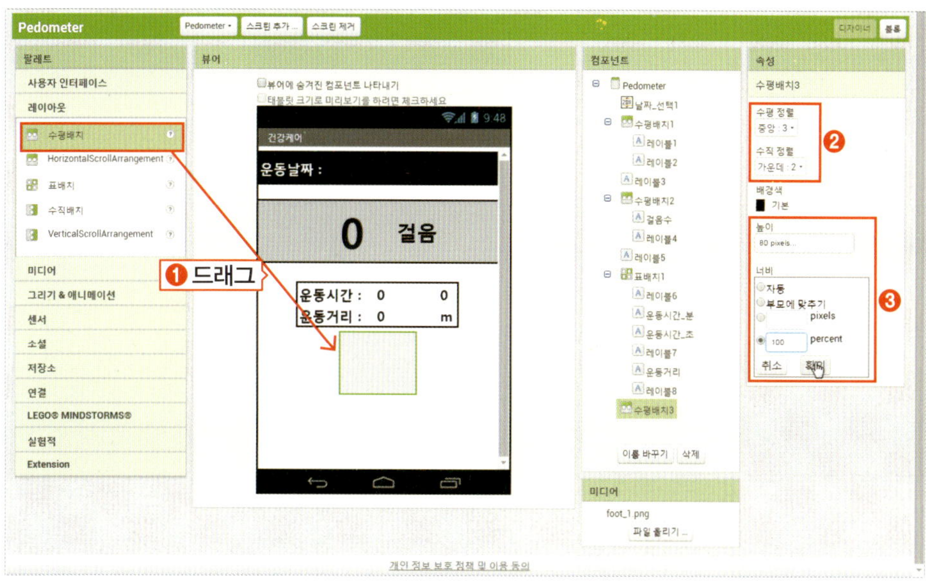

02 [버튼]을 [수평배치3] 내부에 삽입한다. [글꼴 굵게]를 체크한 후 [텍스트]에 "START"를 입력한다. [이름 바꾸기] 버튼을 클릭한 후 "START"를 입력한다.

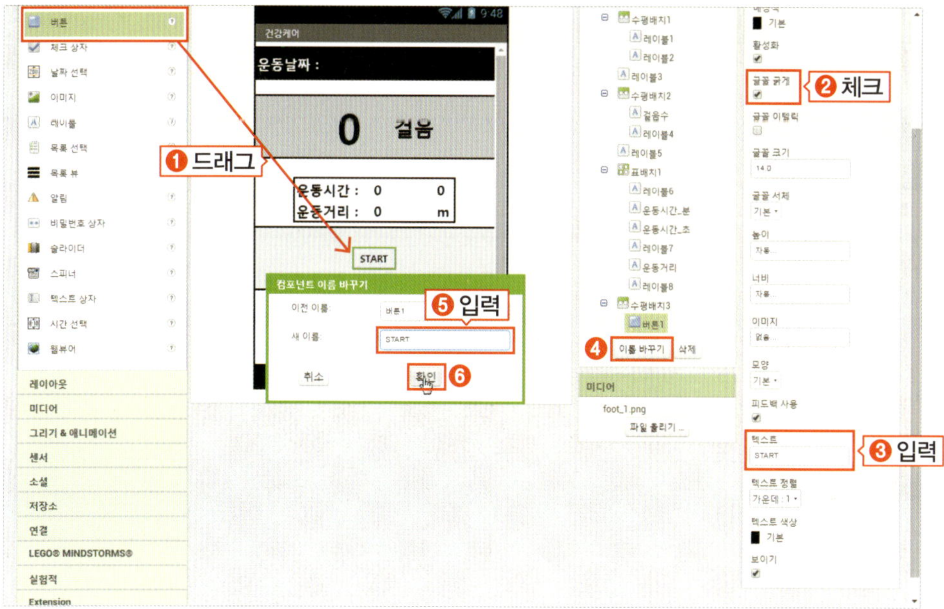

03 위와 같은 방법으로 [STOP], [RESET], [CLOSE] 버튼을 추가 삽입한다.

9. Pedometer 센서 삽입하기

01 [센서]에서 [Pedometer]를 선택한 후 [뷰어] 영역으로 드래그한다. [속성]에서 [걸음 길이]에 "0.25"를 입력한다.

01 [Pedometer]를 클릭한 후 [Screen1]을 누른다. [Screen1]으로 이동했다면 화면 우측 상단의 [블록] 버튼을 클릭한다. 앱이 처음 실행되었을 때 배경색이 지정되도록 [Screen1]을 클릭한 후 **[언제 {Screen1}.초기화]** 블록을 삽입한다. [Screen1]을 클릭한 후 **[지정하기 {Screen1}.{배경색} 값]** 블록을 삽입한다.

02 앱을 실행할 때마다 다른 색이 배경색으로 지정되도록 지정하기 위해 [색상]을 클릭한 후 **[색상 만들기]** 블록을 삽입한다.

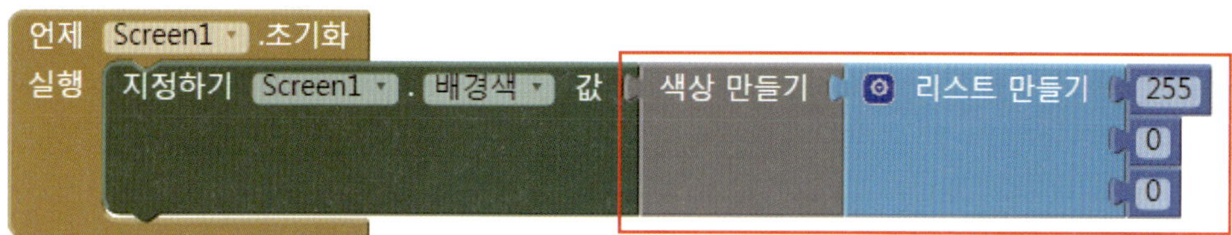

03 [수학]의 **[임의의 정수 시작 {1} 끝 {100}]** 블록을 첫 번째 블록과 두 번째 블록에 삽입한다. "180"과 "255"를 입력한다. 마지막 블록 값을 "110"을 입력한다.

11. 만보기 버튼 클릭하여 스크린 이동하기

01 [만보기] 버튼을 눌렀을 때 [Pedometer] 스크린으로 이동할 수 있도록 [만보기]를 클릭한 후 **[언제 {만보기}.클릭]** 블록을 삽입한다. [공통 블록]의 [제어]에서 **[다른 스크린 열기 스크린 이름]** 블록을 삽입한다.

02　이동하려는 스크린 이름을 지정하기 위해 [텍스트]의 **["{ }"]** 블록을 삽입한다. "Pedometer"를
입력한다.

12. [Pedometer] 스크린 이동 시 날짜 선택 창 표시하기

01　[Screen1]에서 [만보기] 버튼을 눌러 [Pedometer] 스크린으로 이동했을 때 날짜를 선택하는 날
짜 선택 창이 표시되도록 지정하기 위해 [Screen1]을 눌러 [Pedometer]를 누른다. [Pedometer] 스크린
의 [뷰어]가 표시되면 [Pedometer]를 클릭한 후 **[언제 {Pedometer}.초기화]** 블록을 삽입한다. [날짜_선
택1]을 클릭한 후 **[호출 {날짜_선택1}.선택창 열기]** 블록을 삽입한다.

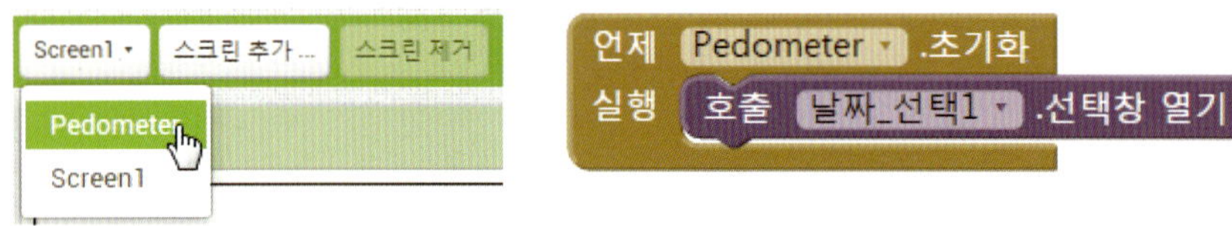

13. [START] 버튼을 눌러 만보기 실행하기

01　[START]를 클릭한 후 **[언제 {START}.클릭]** 블록을 삽입한다. [Pedometer1]을 클릭한 후 **[호출
{Pedometer1}.시작]** 블록을 삽입한다.

02　[START] 버튼을 한 번 누르면 다른 버튼을 누를 때까지 선택할 수 없도록 지정하기 위해
[START]를 클릭한 후 **[지정하기 {START}.{활성화} 값]** 블록을 삽입한다. [공통 블록]의 [논리]에서 **[{거
짓}]** 블록을 드래그하여 삽입한다.

　　[START] 버튼을 눌렀을 때 [STOP] 버튼과 [RESET] 버튼은 선택 가능한 상태가 되어야 하므로 [STOP] 버튼과 [RESET] 버튼을 클릭한 후 **[지정하기 {STOP}.{활성화} 값]** 블록과 **[지정하기 {RESET}. {활성화} 값]** 블록을 삽입한다. [공통 블록]의 [논리]에서 [{참}] 블록을 드래그하여 삽입한다.

14. [STOP] 버튼을 눌러 만보기 정지하기

01　　[STOP]을 클릭한 후 [언제 {STOP}.클릭] 블록을 삽입한다. [Pedometer1]을 클릭한 후 [호출 {Pedometer1}.정지] 블록을 삽입한다. [STOP] 버튼을 한 번 누르면 다른 버튼을 누를 때까지 선택할 수 없도록 지정하기 위해 **[지정하기 {STOP}.{활성화} 값]** 블록을 삽입한다. [공통 블록]의 [논리]에서 [{거짓}] 블록을 드래그하여 삽입한다.

02　　[STOP] 버튼을 눌렀을 때 [START] 버튼과 [RESET] 버튼은 선택 가능한 상태가 되어야 하므로 [START] 버튼과 [RESET] 버튼을 클릭한 후 **[지정하기 {START}.{활성화} 값]** 블록과 **[지정하기 {RESET}.{활성화} 값]** 블록을 삽입한다. [공통 블록]의 [논리]에서 [{참}] 블록을 드래그하여 삽입한다.

01 [RESET]을 클릭한 후 [언제 {RESET}.클릭] 블록을 삽입한다. [Pedometer1]을 클릭한 후 [호출 {Pedometer1}.초기화] 블록을 삽입한다. [RESET] 버튼을 한 번 누르면 다른 버튼을 누를 때까지 선택할 수 없도록 지정하기 위해 **[지정하기 {RESET}.{활성화} 값]** 블록을 삽입한다. [공통 블록]의 [논리]에서 [{거짓}] 블록을 드래그하여 삽입한다.

02 [RESET] 버튼을 눌렀을 때 [START] 버튼과 [STOP] 버튼은 선택 가능한 상태가 되어야 하므로 [START] 버튼과 [STOP] 버튼을 클릭한 후 **[지정하기 {START}.{활성화} 값]** 블록과 **[지정하기 {STOP}.{활성화} 값]** 블록을 삽입한다. [공통 블록]의 [논리]에서 [{참}] 블록을 드래그하여 삽입한다.

03 [RESET] 버튼을 누르면 [Pedometer] 스크린에 표시되는 걸음수, 운동시간, 운동거리가 모두 "0"으로 초기화되어야 한다. [걸음수]를 클릭한 후 **[지정하기 {걸음수}.{텍스트} 값]** 블록을 삽입한다. [텍스트]의 ["{ }"] 블록을 삽입한 후 "0"을 입력한다.

04 [운동시간_분], [운동시간_초], [운동거리]를 클릭한 후 **[지정하기 {운동시간_분}.{텍스트} 값]** 블록, **[지정하기 {운동시간_초}.{텍스트} 값]** 블록, **[지정하기 {운동거리}.{텍스트} 값]** 블록을 삽입한다. [텍스트]의 **["{ }"]** 블록을 삽입한 후 "0"을 입력한다.

16. 날짜 선택하면 선택한 날짜 표시하기

01 앱이 처음 실행되었을 때 표시되는 날짜 선택창에서 날짜를 선택한 후 [확인] 버튼을 누르면 해당 선택된 날짜가 스크린에 표시되어야 한다. [날짜_선택1]을 클릭한 후 **[언제 {날짜_선택1}.날짜 선택 후]** 블록을 삽입한다. [레이블2]를 선택한 후 **[지정하기 {레이블2}.{텍스트} 값]** 블록을 삽입한다. [텍스트]의 **[합치기]** 블록을 삽입한다. ⚙ 아이콘을 클릭하여 **[문자열]**이 5개가 되도록 지정한다.

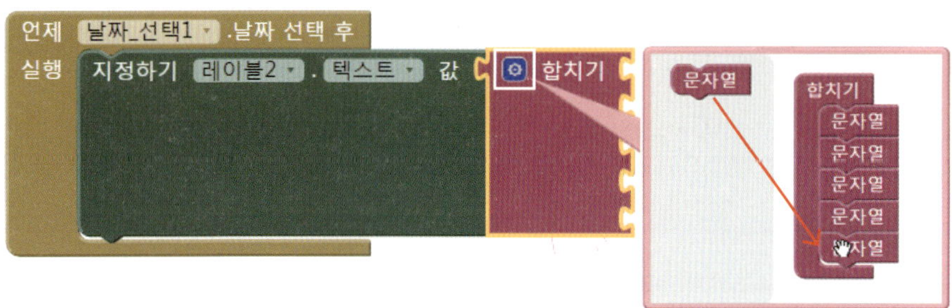

02 년도를 표시하기 위해 [날짜_선택1]을 클릭한 후 **[{날짜_선택1}.{년}]** 블록을 삽입한다. 구분자 "–"을 삽입하기 위해 [텍스트]의 **["{ }"]** 블록을 삽입한 후 "–"을 입력한다.

03 월과 일을 표시하기 위해 [날짜_선택1]을 클릭한 후 **[{날짜_선택1}.{월}]** 블록을 삽입한다. 구분자 "–"을 삽입하기 위해 [텍스트]의 **[" "]** 블록을 삽입한 후 "–"을 입력한다. [날짜_선택1]을 클릭한 후 **[{날짜_선택1}.{날짜}]** 블록을 삽입한다.

17. 경과 시간 계산하는 함수 선언하기

01 [START] 버튼을 눌러 만보기가 실행되는 시점을 기준으로 [STOP] 버튼을 누를 때까지의 경과 시간은 [Pedometer] 센서의 **[{Pedometer1}.{걸린 시간}]** 속성 블록에 저장된다. 단 **[{Pedometer1}.{걸린 시간}]** 속성 블록에는 밀리 세컨드 단위의 시간이 저장되기 때문에 분, 초로 표시하려면 계산 작업이 필요하다. 계산된 분, 초 데이터를 저장하기 위한 변수를 선언하기 위해 [변수]를 선택한 후 **[전역변수 초기화 {변수 이름} 값]** 블록을 삽입한다. {변수_이름}에 "분"을 입력한다. **[전역변수 초기화 {변수 이름} 값]** 블록을 삽입한 후 {변수_이름}에 "초"를 입력한다. [공통 블록]의 [수학]에서 **[{0}]** 블록을 삽입한다.

02 계산 작업을 위한 함수를 선언하기 위해 [함수]에서 **[함수 {함수 이름} 실행]** 블록을 뷰어 영역에 삽입한다. {함수_이름} 입력란을 클릭한 후 "시간계산하기"를 입력한다. [변수]에서 **[지정하기 { } 값]** 블록을 삽입한 후 "global 분"을 지정한다.

03 밀리세컨드 단위의 시간을 분으로 계산하려면 먼저 1000으로 값을 나눠 초 단위의 시간으로 변경한다. [수학]에서 **[{ } / { }]** 블록을 삽입한다. [Pedometer]를 클릭한 후 **[{Pedometer1}.{걸린 시간}]** 블록을 삽입하고 [수학]의 **[{0}]** 블록을 삽입한다. "1000"을 입력한다.

04 　초 단위의 시간을 분으로 표시하려면 60으로 나눈 몫을 이용해야 한다. [수학]에서 [{모듈로} { } ÷ { }] 블록과 [{0}] 블록을 삽입한다. 목록 버튼을 클릭하여 "몫"을 선택하고 "60"을 입력한다. [[{Pedometer1}.{걸린 시간}]] / {1000}] 블록을 [{몫} { } ÷ { }] 블록에 삽입한다.

05 　[변수]에서 [지정하기 { } 값] 블록을 삽입한 후 "global 초"를 지정한다. 초 단위의 시간에서 분을 뺀 나머지 시간을 초 시간으로 표시하려면 초 단위의 시간을 60으로 나눈 나머지를 이용하면 된다. 단 초로 변경된 시간을 정수 단위의 초 시간으로 표시하기 위해 [수학]에서 [{반올림}] 블록을 삽입한 후 다음과 명령 블록을 구성한다.

18. 걸음 수와 거리 그리고 시간 표시하기

01 　[START] 버튼을 눌러 [Pedometer] 센서가 실행되면 걸음 수를 표시하기 위해 [Pedometer1] 을 클릭한 후 [언제 {Pedometer1}.걸음 수] 블록을 삽입한다. [걸음수]를 클릭한 후 **지정하기 {걸음 수}.{텍스트} 값** 블록을 삽입한다. **[걸음 수]**에 마우스를 이동시킨 후 **[가져오기 {걸음 수}]** 블록을 드래그하여 삽입한다.

02 　[운동거리]를 클릭한 후 **지정하기 {운동거리}.{텍스트} 값** 블록을 삽입한다. **[거리]**에 마우스를 이동시킨 후 **[가져오기 {거리}]** 블록을 드래그하여 삽입한다.

03 걸린 시간을 분, 초로 계산한 후 표시하기 위해 [함수]를 클릭한 후 [호출 {시간계산하기}] 블록을 삽입한다. 계산된 분 시간을 표시하기 위해 [운동시간_분]을 클릭한 후 [지정하기 {운동시간_분}.{텍스트} 값] 블록을 삽입한다. [텍스트]의 [합치기] 블록과 ["{ }"] 블록을 삽입한다. [변수]에서 [가져오기 { }] 블록을 삽입한 후 "global 분"을 지정한다. "분"을 입력한다.

04 계산된 초 시간을 표시하기 위해 [운동시간_초]를 클릭한 후 [지정하기 {운동시간_초}.{텍스트} 값] 블록을 삽입한다. [텍스트]의 [합치기] 블록과 ["{ }"] 블록을 삽입한다. [변수]에서 [가져오기 { }] 블록을 삽입한 후 "global 초"를 지정한다. "초"를 입력한다.

19. [CLOSE] 버튼 눌러 앱 종료하기

01 [CLOSE] 버튼을 클릭한 후 [언제 {CLOSE}.클릭] 블록을 삽입한다. [공통 블록]의 [제어]를 클릭한 후 [앱 종료] 블록을 드래그하여 삽입한다.

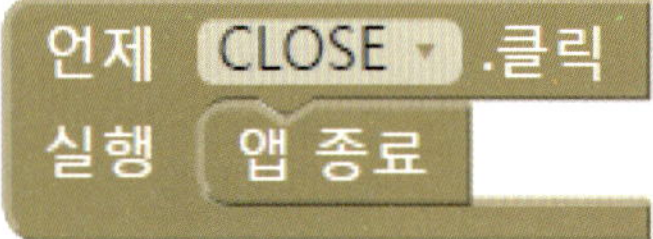

Note. [앱 종료] 블록은 반드시 해당 앱을 빌드하여 스마트폰에 설치할 때만 실행된다. [AI2 컴패니언] 또는 [aiStarter]로 실행된 상태에서는 "Closing forms is not currently supported during development."라는 메시지가 표시된다.

근접 센서로 음악 재생을 중지하고 화면 끄기

시작 파일 : Music_Player_Proximity.aia
완성 파일 : Music_Player_Proximity_ok.aia

음악 재생 중에 스마트 폰의 화면 윗부분에 위치하는 [근접] 센서에 손을 대거나 또는 스마트 폰을 뒤집으면 음악 재생이 중지되고 화면에 꺼진 효과가 지정되도록 음악 재생 앱의 코드를 수정, 변경한다.

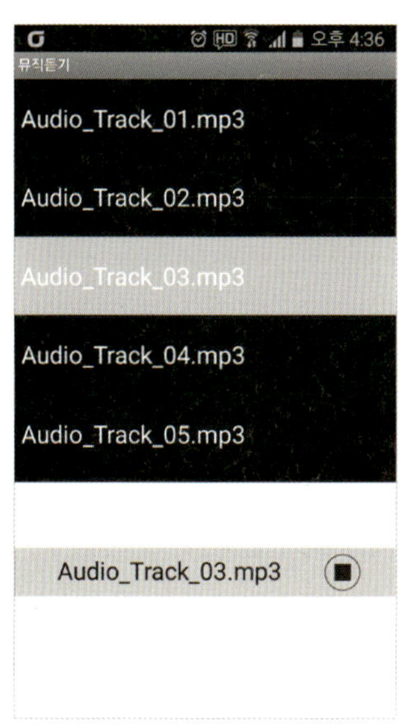
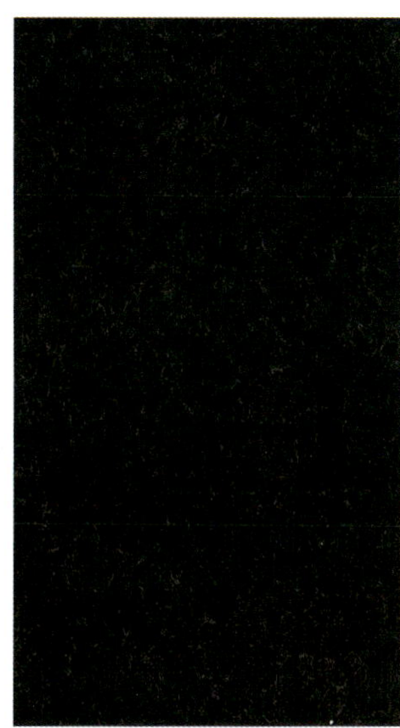

1. 근접 센서 컴포넌트 삽입하기

01 [센서]에서 [근접센서]를 선택한 후 스크린 영역으로 드래그한다. 화면 우측 상단의 [블록] 버튼을 클릭한다.

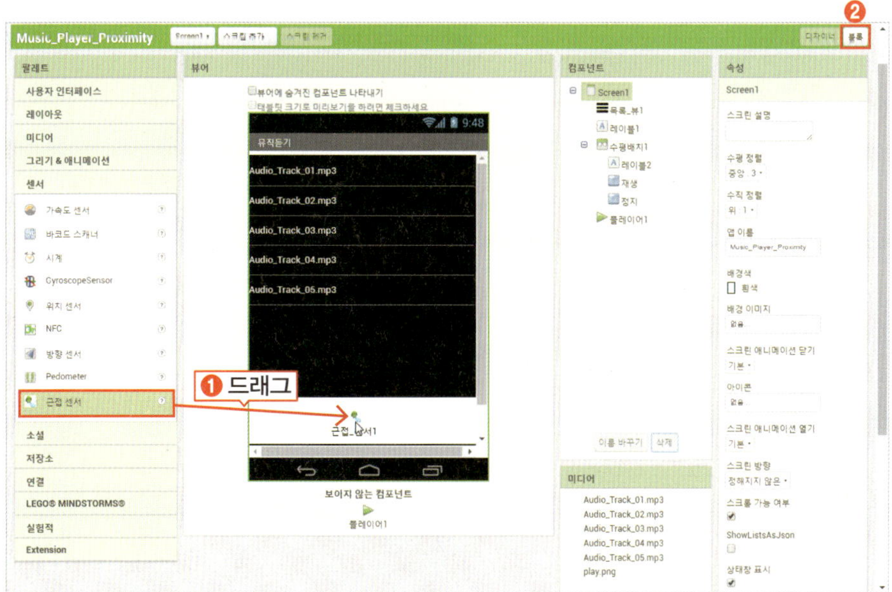

2. 손이 근접 센서에 가까워지면 음악 재생을 중지하고 꺼진 화면 효과내기

01 [근접_센서1]을 선택한 후 [언제 {근접_센서1}.ProximityChanged] 블록을 삽입한다. 거리를 측정하여 거리가 0이면 음악 재생을 중지하기 위해 [제어]의 [만약 ~ 그러면] 블록을 삽입한다.

02 [수학]의 [{ } = { }] 블록을 삽입한다. [거리]에 마우스를 이동시킨 후 [가져오기 {거리}] 블록을 삽입한다. [수학]의 [{0}] 블록을 삽입한다.

03 화면에 표시되는 버튼이 [정지] 버튼이면 음악 재생을 중지한 후 꺼진 화면 효과를 지정해야 하고 만약 [재생] 버튼이면 꺼진 화면 효과만 지정해야 한다. 음악 재생을 일시 중지시키기 위해 [제어]의 [만약 ~ 그러면] 블록을 삽입한다. [정지]를 클릭한 후 [{정지}.{보이기}] 블록을 삽입한다. [플레이어1]을 클릭한 후 [호출 {플레이어1}.일시정지] 블록을 삽입한다.

04 음악 재생이 중지된 후 화면에 표시되는 음악 목록을 표시하는 [목록_뷰1]이 표시되지 않도록 지정하기 위해 [목록_뷰1]을 클릭한 후 **[지정하기 {목록_뷰1}.{보이기} 값]** 블록을 삽입한다. [논리]의 [{거짓}] 블록을 삽입한다. 재생 음악의 제목과 재생/정지 버튼이 표시되지 않도록 지정하기 위해 [수평배치1]을 클릭한 후 **[지정하기 {수평배치1}.{보이기} 값]** 블록을 삽입한다. [논리]의 [{거짓}] 블록을 삽입한다. 스크린의 제목과 상태창도 표시되지 않도록 [Screen1]을 클릭한 후 **[지정하기 {Screen1}.{제목 보이기} 값]** 블록과 **[지정하기 {Screen1}.{상태창 표시} 값]** 블록을 삽입한다. [논리]의 [{거짓}] 블록을 삽입한다.

05 스크린의 배경색을 검정으로 지정하기 위해 [Screen1]을 클릭한 후 **[지정하기 {Screen1}.{배경색} 값]** 블록을 삽입한다. [색상]의 [{■}] 블록을 삽입한다.

3. 근접 센서에서 멀어지면 음악 재생하고 화면 표시하기

01 [아니고 ... 만약] 블록을 삽입한 후 [수학]의 [{ } = { }] 블록을 삽입한다. **[거리]**에 마우스를 이동시킨 후 **[가져오기 {거리}]** 블록을 삽입한다. [수학]의 **[{0}]** 블록을 삽입한다. "="을 클릭하여 "≠"를 선택한다. 화면에 표시되는 버튼이 [정지] 버튼이면 음악이 재생되면서 화면이 표시되고, [재생] 버튼이면 화면만 표시되어야 한다. [제어]의 **[만약 ~ 그러면]** 블록을 삽입한다. [정지]를 클릭한 후 **[{정지}.{보이기}]** 블록을 삽입한다. [플레이어1]을 클릭한 후 **[호출 {플레이어1}.시작]** 블록을 삽입한다.

 음악 목록을 표시하기 위해 [목록_뷰1]을 클릭한 후 **[지정하기 {목록_뷰1}.{보이기} 값]** 블록을 삽입한다. [논리]의 **[{참}]** 블록을 삽입한다. 재생음악의 제목과 재생/정지 버튼이 표시되도록 [수평배치1]을 클릭한 후 **[지정하기 {수평배치1}.{보이기} 값]** 블록을 삽입한다. [논리]의 **[{참}]** 블록을 삽입한다. 스크린의 제목과 상태창이 표시되도록 [Screen1]을 클릭한 후 **[지정하기 {Screen1}.{제목 보이기} 값]** 블록과 **[지정하기 {Screen1}.{상태창 표시} 값]** 블록을 삽입한다. [논리]의 **[{참}]** 블록을 삽입한다. 스크린의 배경색을 흰색으로 지정하기 위해 [Screen1]을 클릭한 후 **[지정하기 {Screen1}.{배경색} 값]** 블록을 삽입한다. [색상]의 **[{ }]** 블록을 삽입한다

4 데이터 공유에 사용되는 컴포넌트

[소셜] 그룹은 스마트폰의 전화를 이용하여 실제 전화를 걸거나 문자 메시지를 보내고, 데이터를 공유할 수 있도록 제공되는 컴포넌트들로 구성되어 있다.

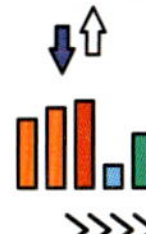

🧑 연락처 선택

[연락처 선택] 컴포넌트를 삽입하면 버튼이 삽입되어 표시된다. [연락처 선택] 버튼을 누르면 스마트폰에 저장되어 있는 연락처가 목록으로 표시된다. 기본적으로 연락처에는 이름, 이메일 주소, 전화번호, 사진을 표시할 수 있다.

대표 블록	설명
언제 연락처_선택1 .선택 후 실행	연락처 선택 버튼을 눌러 연락처를 선택하면 블록 내부의 명령 블록을 실행한다.
언제 연락처_선택1 .선택 전 실행	연락처 선택 버튼을 누르기 전에 블록 내부의 명령 블록을 실행한다.
언제 연락처_선택1 .터치 다운 실행	연락처 선택 버튼을 누르는 순간 블록 내부의 명령 블록을 실행한다.
언제 연락처_선택1 .터치 업 실행	연락처 선택 버튼에선 손을 때면 블록 내부의 명령 블록을 실행한다.
호출 연락처_선택1 .열기	연락처 선택 버튼이 눌려진 것처럼 연락처 목록을 표시한다.
호출 연락처_선택1 .연락처 보기 uri	[uri]에 지정된 연락처를 바로 보여준다. [uri]는 실제 연락처가 저장된 위치를 의미한다.
연락처_선택1 . 연락처 이름	선택한 연락처 이름을 저장하고 있는 속성 값 블록이다.
연락처_선택1 . 연락처 URI	선택한 연락처가 실제 저장된 위치를 저장하고 있는 속성 값 블록이다.
연락처_선택1 . 이메일 주소	선택한 연락처의 이메일 주소를 저장하고 있는 속성 값 블록이다.
연락처_선택1 . 이메일 주소 리스트	선택한 연락처의 이메일 주소를 리스트로 저장하고 있는 속성 값 블록이다.
연락처_선택1 . 전화번호	선택한 연락처의 전화번호를 저장하고 있는 속성 값 블록이다.
연락처_선택1 . 전화번호 리스트	선택한 연락처의 전화번호를 리스트로 저장하고 있는 속성 값 블록이다.
연락처_선택1 . 사진	선택한 연락처의 사진을 저장하고 있는 속성 값 블록이다. 선택한 사진을 스크린에 표시하려면 [이미지] 컴포넌트를 이용해야 한다.

📞 전화

[전화] 컴포넌트의 [속성] 패널에 지정된 전화번호로 전화를 거는 보이지 않는 컴포넌트이다. '010-123-1234'와 같이 '-' 구분자로 구성된 전화번호는 구분자를 제외하고 '0101231234'와 같은 형태로 지정해야 한다. 전화번호를 직접 입력하지 않고 스마트폰에 저장된 전화번호를 이용하려면 [전화번호 선택] 컴포넌트를 이용하면 된다.

대표 블록	설명
언제 전화1 .전화 받음 / phoneNumber / 실행	전화가 수신되면 블록 내부의 명령 블록을 실행한다. [phoneNumber]는 수신된 전화번호를 의미한다.
언제 전화1 .전화 종료 / 상태 phoneNumber / 실행	전화 통화가 완료되면 블록 내부의 명령 블록을 실행한다. [상태]는 전화가 종료된 상태를 나타내는 것으로 '1'이면 수신 거부, '2'이면 전화 통화, '3'이면 전화 종료를 의미한다. [phoneNumer]는 수신된 전화번호를 의미한다.
언제 전화1 .전화 시작 / 상태 phoneNumber / 실행	전화 통화가 시작되면 블록 내부의 명령 블록을 실행한다. [상태]의 값이 '1'이면 전화 수신, '2'이면 전화 발신을 의미한다. [phoneNumer]는 수신/발신 전화번호를 의미한다.
호출 전화1 .전화 걸기	지정된 전화번호로 전화를 직접 건다.
전화1 . 전화번호	[전화] 컴포넌트에 지정되어 있는 전화번호를 저장하고 있는 속성 값 블록이다.
지정하기 전화1 . 전화번호 값	[전화] 컴포넌트에 전화번호를 직접 지정한다.

📞 전화번호 선택

[연락처 선택] 컴포넌트와 같이 [전화번호 선택] 컴포넌트를 삽입하면 버튼이 삽입되어 표시된다. [전화번호 선택] 버튼을 누르면 스마트폰에 저장되어 있는 전화번호 목록으로 표시된다.

대표 블록	설명
언제 전화번호_선택1 .선택 후 / 실행	전화번호 선택 버튼을 눌러 전화번호를 선택하면 블록 내부의 명령 블록을 실행한다.
언제 전화번호_선택1 .선택 전 / 실행	전화번호 선택 버튼을 누르기 전 블록 내부의 명령 블록을 실행한다.

대표 블록	설명
언제 전화번호_선택1 .터치 다운 실행	전화번호 선택 버튼을 누를 때 블록 내부의 명령 블록을 실행한다.
언제 전화번호_선택1 .터치 업 실행	전화번호 선택 버튼에서 손을 떼면 블록 내부의 명령 블록을 실행한다.
호출 전화번호_선택1 .열기	전화번호 선택 버튼이 눌려진 것처럼 전화번호 목록을 표시한다.
호출 전화번호_선택1 .연락처 보기 uri	[uri]에 지정된 전화번호를 바로 보여준다. [uri]는 실제 전화번호 저장된 위치를 의미한다.
전화번호_선택1 . 연락처 이름	선택한 전화번호의 이름을 저장하고 있는 속성 값 블록이다.
전화번호_선택1 . 연락처 URI	선택한 전화번호가 실제 저장된 위치를 저장하고 있는 속성 값 블록이다.
전화번호_선택1 . 이메일 주소	선택한 전화번호의 이메일 주소를 저장하고 있는 속성 값 블록이다.
전화번호_선택1 . 이메일 주소 리스트	선택한 전화번호의 이메일 주소를 리스트로 저장하고 있는 속성 값 블록이다.
전화번호_선택1 . 전화번호	선택한 전화번호의 전화번호를 저장하고 있는 속성 값 블록이다.
전화번호_선택1 . 전화번호 리스트	선택한전화번호의 전화번호를 리스트로 저장하고 있는 속성 값 블록이다.
전화번호_선택1 . 사진	선택한 전화번호의 사진을 저장하고 있는 속성 값 블록이다. 선택한 사진을 스크린에 표시하려면 [이미지] 컴포넌트를 이용해야 한다.

공유

스마트폰에 설치된 다른 앱에 파일이나 메시지를 공유할 수 있도록 제공되는 보이지 않는 컴포넌트이다. [공유] 컴포넌트가 호출되면 스마트폰에 설치된 파일이나 메시지를 공유할 수 메일 앱, 문자 앱, 소셜 네트워크 앱이 목록으로 표시된다. 목록에서 앱을 선택하면 파일이나 메시지를 공유할 수 있다. 공유하고자 하는 파일이 이미지 파일이라면 [이미지 선택] 컴포넌트를 이용하여 [갤러리]에서 직접 이미지는 선택할 수도 있고, [카메라] 컴포넌트를 이용하여 바로 사진을 찍어 공유할 수도 있다.

대표 블록	설명
호출 공유1 .파일 공유하기 파일	사용가능한 공유 앱 목록을 표시한 후 특정 앱을 선택하면 [파일]에 지정된 파일을 첨부(삽입)한다.
호출 공유1 .메시지와 함께 파일 공유하기 파일 메시지	사용가능한 공유 앱 목록을 표시한 후 특정 앱을 선택하면 [파일]에 지정된 파일을 첨부(삽입)하고 [메시지]의 메시지를 삽입한다. 앱에 특성에 따라 메시지가 삽입되지 않는 경우도 있다.

호출 `공유1 .메세지 공유하기` `메시지`	사용가능한 공유 앱 목록을 표시한 후 특정 앱을 선택하면 [메시지]의 메시지를 삽입한다.

문자 메시지

지정된 전화번호에 메시지를 전송하거나 메시지를 전송받는 보이지 않는 컴포넌트이다. [속성] 패널에서 [수신 활성화]를 '꺼짐'으로 지정하면 메시지가 수신되지 않는다. '전경'으로 지정하면 앱이 실행 중일 때만 메시지가 수신되며, '항상'이면 앱이 실행되어 있지 않을 때는 메시지를 전송하지 않고 알림을 표시한다. 구글 보이스 계정이 있고, 보이스 앱이 설치되어있다면 [구글 보이스 활성화] 속성을 체크하여 구글 보이스를 이용하여 문자 메시지를 보낼 수 있다.

대표 블록	설명
언제 `문자_메시지1 .메시지 받음` `전화번호` `메시지 텍스트` 실행	문자 메시지가 전송되면 블록 내부의 명령 블록을 실행한다. [전화번호]는 메시지를 전송한 상대방의 전화번호, [메시지 텍스트]는 전송된 메시지를 의미한다.
호출 `문자_메시지1 .메시지 보내기`	[문자_메시지] 컴포넌트에 지정된 전화번호로 지정된 메시지를 전송한다.
`문자_메시지1 . 구글 보이스 활성화 여부`	구글 보이스 활성화 여부를 저장하고 있는 속성 값 블록이다.
지정하기 `문자_메시지1 . 구글 보이스 활성화 여부` 값	구글 보이스 활성화 여부를 직접 지정한다.
`문자_메시지1 . 메시지`	[문자_메시지] 컴포넌트에 지정된 메시지를 저장하고 있는 속성 값 블록이다.
지정하기 `문자_메시지1 . 메시지` 값	전송하려는 메시지를 직접 지정한다.
`문자_메시지1 . 전화번호`	[문자_메시지] 컴포넌트에 지정된 전화번호를 저장하고 있는 속성 값 블록이다.
지정하기 `문자_메시지1 . 전화번호` 값	메시지를 전송하려는 전화번호를 지접 지정한다.
`문자_메시지1 . 수신 활성화`	문자 메시지의 수신 활성화 상태를 저장하고 있는 속성 값 블록이다.
지정하기 `문자_메시지1 . 수신 활성화` 값	수신 활성화 상태를 직접 지정한다. '꺼짐'은 '1', '전경'은 '2', '항상'은 '3'을 지정한다.

[저장소] 그룹은 텍스트 문서 내용이나 특정 데이터 값을 저장하여 활용하고자 할 때 사용하는 컴포넌트들로 구성되어 있다. 텍스트 문서를 저장할 때는 [파일] 컴포넌트, 특정 값을 보관하려 활용할 때는 [TinyDB] 컴포넌트를 이용한다.

 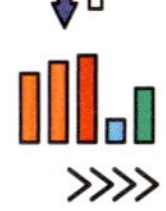

파일

스마트폰에 파일을 저장하고 검색하는 보이지 않는 컴포넌트이다. 파일 저장은 /sdcard/AppInventor/data 폴더에 저장된다. 파일 저장 시 '/data.txt'와 같이 /(슬래시)를 붙여 파일 이름을 지정하게 되면 /sdcard 폴더에 바로 저장된다.

대표 블록	설명
언제 파일1 .파일 저장 후 / 파일 이름 / 실행	지정된 파일 이름으로 파일을 저장한 후 블록 내부의 명령 블록을 실행한다. [파일 이름]은 저장 시 지정된 파일 이름을 의미한다.
언제 파일1 .텍스트 받음 / 텍스트 / 실행	지정된 파일을 열기(불러오기)한 후 블록 내부의 명령 블록을 실행한다. [텍스트]를 불러오기된 데이터를 의미한다.
호출 파일1 .파일에 덧붙이기 / 텍스트 / 파일 이름	[파일 이름]에 지정된 텍스트 파일 끝에 [텍스트]에 지정된 텍스트를 추가 삽입한다.
호출 파일1 .삭제 / 파일 이름	[파일 이름]에 지정된 텍스트 파일을 삭제한다.
호출 파일1 .읽어오기 / 파일 이름	[파일 이름]에 지정된 텍스트 파일을 열기(불러오기)한다.
호출 파일1 .파일 저장 / 텍스트 / 파일 이름	[파일 이름]에 지정된 파일 이름으로 [텍스트]에 지정된 텍스트를 저장한다.

🔶 💾 TinyDB

스마트폰에 직접 데이터(데이터베이스)를 저장할 수 있는 보이지 않는 컴포넌트이다. 일반적으로 데이터 값을 저장하는 변수의 경우 앱을 실행할 때마다 값이 초기화된다. 앱을 실행할 때마다 데이터 값을 초기화하는 것이 아니라 이전 데이터 값을 이용하거나 데이터 값을 누적하고자 한다면 [TinyDB] 컴포넌트를 이용해야 한다. 스마트폰에 저장되는 데이터는 [태그]로 구분하여 저장되며 저장된 데이터를 [태그]를 이용하여 검색한다.

대표 블록	설명
호출 TinyDB1 .모두 지우기	TinyDB에 저장된 모든 데이터를 삭제한다.
호출 TinyDB1 .태그 지우기 태그	TinyDB에서 [태그]에 지정된 태그를 삭제한다.
호출 TinyDB1 .태그 리스트 가져오기	TinyDB에 지정된 모든 태그를 리스트로 반환한다.
호출 TinyDB1 .값 가져오기 태그 찾는 값이 없을 경우	TinyDB에서 지정된 태그로 저장된 데이터를 추출하여 반환한다.
호출 TinyDB1 .값 저장 태그 저장할 값	TinyDB에 [태그]에 저장된 태그를 기준으로 [저장할 값]에 지정된 데이터를 저장한다.

🔶 ⬆ TinyWebDB

[TinyWebDB] 컴포넌트는 정보를 스마트폰이 아닌 웹에 저장하는 보이지 않는 컴포넌트이다. 별도로 데이터베이스가 구축되어 있지 않다면 앱 인벤터에서 제공하는 데이터베이스(http://appinvtiny webdb.appspot.com)를 이용하면 된다. 단 기본 데이터베이스는 앱 인벤터를 이용하여 앱을 개발하는 모든 사용자가 사용하기 때문에 저장하는 데이터의 양에 제한이 있고 기존에 다른 사용자가 지정한 태그와 동일한 태그를 사용하게 되면 기존의 데이터에 데이터가 덮어쓰기 되는 경우가 발생한다.

대표 블록	설명
언제 TinyWebDB1 .값 받음 WebDB 태그 WebDB 값 실행	지정된 TinyWbeDB에서 데이터를 검색하여 데이터가 반환되면 블록 내부의 명령 블록을 실행한다. [WebDB 태그]는 TinyWbeDB에서 데이터를 검색하는 태그, [WenbDB 값]은 태그를 기준으로 검색된 값을 저장하고 있다.
언제 TinyWebDB1 .저장된 값 실행	TinyWbeDB 서버에 데이터 저장이 완료되면 블록 내부의 명령 블록을 실행한다.

언제 TinyWebDB1 .웹 서비스 오류 메시지 실행	웹 서비스와의 통신에 문제가 생겼을 때 블록 내부의 명령 블록을 실행한다. [메시지]는 오류 메시지를 저장하고 있다.
호출 TinyWebDB1 .값 가져오기 태그	[태그]에 지정된 값을 기준으로 TinyWbeDB에서 데이터를 검색한다.
호출 TinyWebDB1 .값 저장 태그 저장할 값	[태그]에 지정된 값을 기준으로 [저장할 값]에 지정된 값을 TinyWbeDB에 저장한다.
TinyWebDB1 . 서비스 URL	서비스 URL인 데이터를 저장/검색할 데이터베이스의 URL을 저장하고 있는 속성 값 블록이다.
지정하기 TinyWebDB1 . 서비스 URL 값	서비스 URL을 직접 지정한다.

[파일] 컴포넌트를 이용한 텍스트 문서 저장 앱 만들기

완성 파일 : Memo.aia

[파일] 컴포넌트를 이용하면 간단히 작성한 텍스트 내용을 텍스트 파일로 저장할 수 있다. 뿐만 아니라 저장된 텍스트 파일을 불러오기 하여 내용 확인도 가능하며 이미 저장되어 있는 텍스트 파일 삭제도 가능하다.

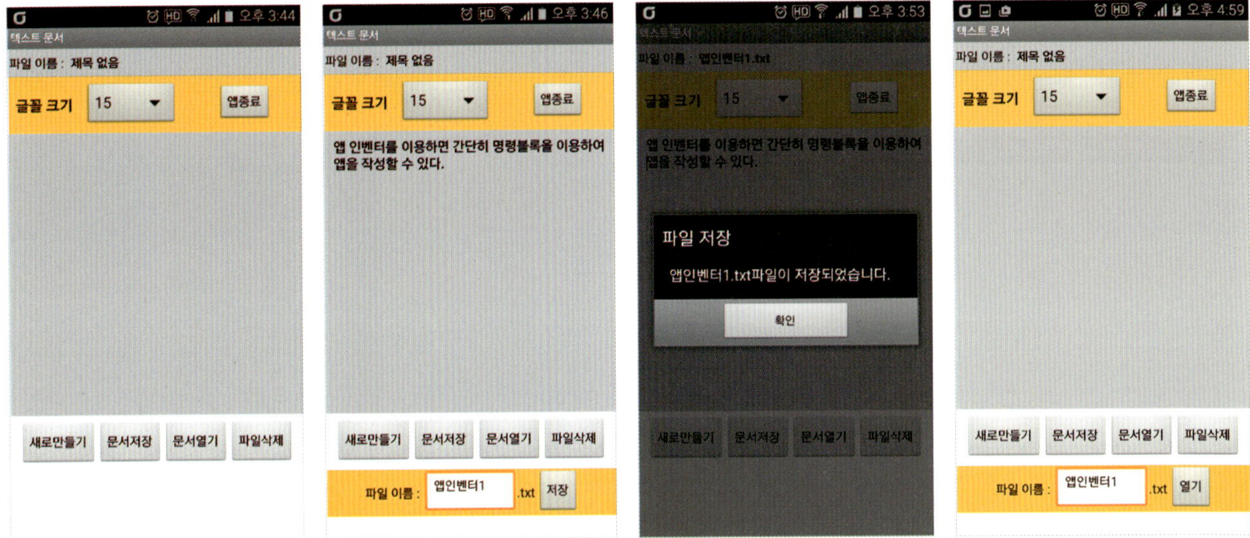

1. 스크린 정렬하고 앱 이름/제목 변경하기

01 스크린에 삽입되는 컴포넌트가 화면 중앙에 배치되도록 지정하기 위해 [Screen1]의 [속성] 패널에서 [수평 정렬]은 "중앙 : 3"을 지정한다. [앱 이름]에 "문서작성기"를 입력한 후 [스크롤 가능 여부]를 체크한다. [제목]에는 "텍스트 문서"를 입력한다.

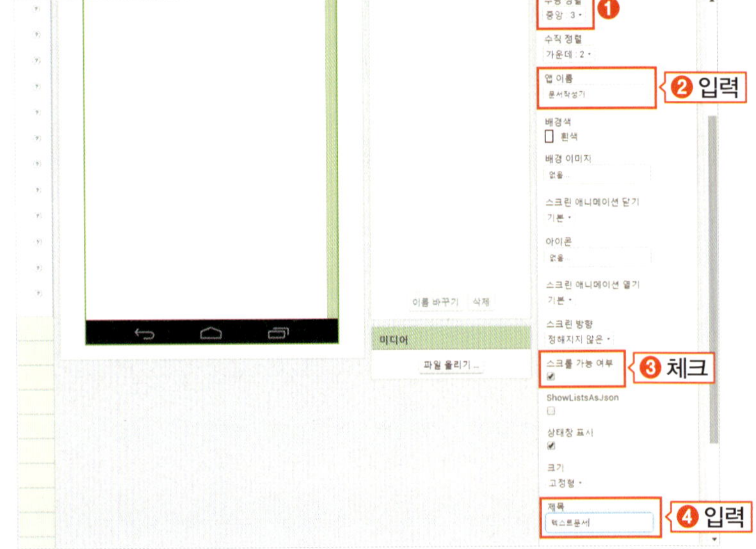

2. 파일 이름 표시란 삽입하기

01 [수평배치]를 스크린 영역으로 드래그한다. [수직 정렬]은 "가운데 : 2", [배경색]은 "밝은 회색"
으로 지정한다. [높이]는 "30 pixels", [너비]는 "100 percent"를 지정한다. [이름 바꾸기] 버튼을 클릭하여
"파일이름배치"를 입력한다.

02 [레이블]을 드래그하여 [파일이름배치] 내부에 삽입한다. [텍스트]에 "파일 이름 : "을 입력한다.

 [레이블]을 드래그하여 [레이블1] 오른쪽에 삽입한다. [글꼴 굵게]를 체크한 후 [텍스트]에 "제목 없음"을 입력한다. [이름 바꾸기] 버튼을 클릭한 후 "파일이름표시란"을 입력한다.

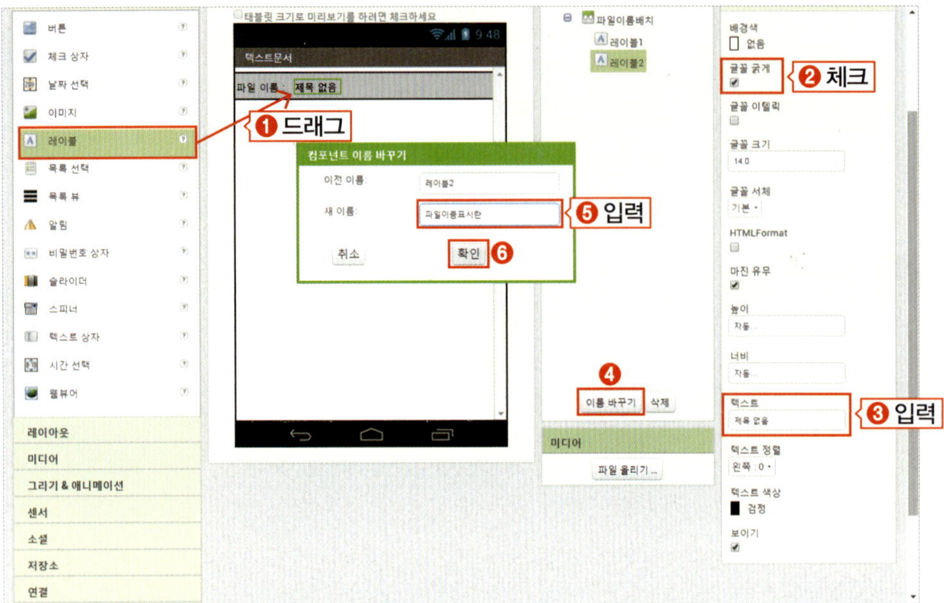

3. 글꼴 크기 선택란 삽입하기

 [수평배치]를 [파일이름배치] 아래에 삽입한다. [수직 정렬]은 "가운데 : 2", [배경색]은 "주황"으로 지정한다. [높이]는 "60 pixels", [너비]는 "100 percent"를 지정한다. [이름 바꾸기] 버튼을 클릭하여 "글꼴크기배치"를 입력한다.

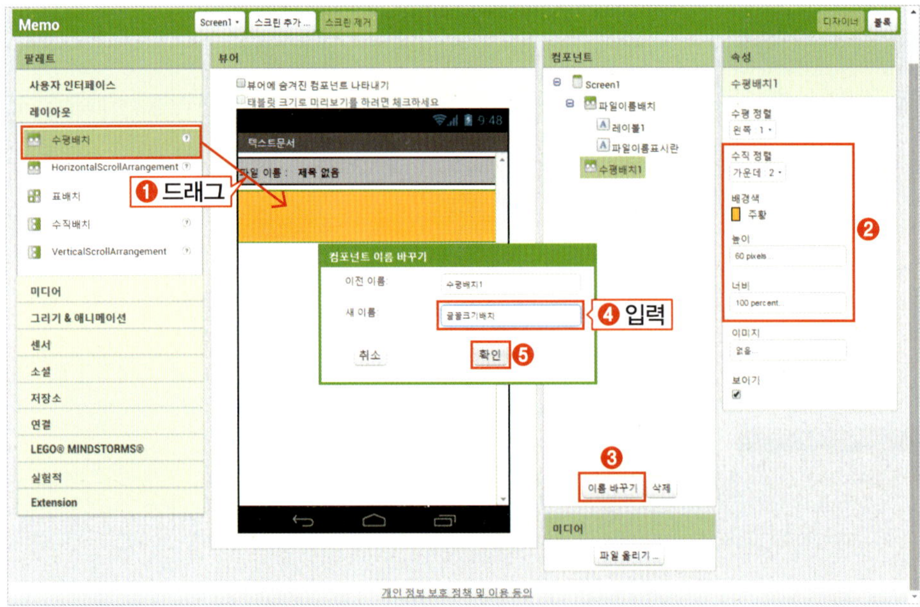

02 [레이블]을 [글꼴크기배치] 내부에 삽입한다. [글꼴 굵게]를 체크하고, [글꼴 크기]는 "16"으로 지정한다. [너비]는 "80 pixels"로 지정하고 [텍스트]에 "글꼴 크기"를 입력한다. [텍스트 정렬]은 "가운데 : 1"을 지정한다.

03 글꼴 크기를 선택할 수 있도록 지정하기 위해 [스피너]를 [레이블2] 오른쪽에 삽입한다. [목록 문자열]에 "10,15,20,21,22,23,24,25"를 입력한다. [너비]는 "100 pixels"을 지정하고 [창 제목]에는 "글꼴 크기 지정", [선택된 항목]에는 "15"를 입력한다.

04 간격 조절을 위해 [레이블]을 드래그하여 [스피너1] 오른쪽에 삽입한다. [너비]는 "40 pixels"로 지정하고 [텍스트]는 삭제한다.

05 [버튼]을 [레이블3] 오른쪽에 삽입한다. [높이]는 "40 pixels"을 지정하고 [텍스트]에 "앱종료"를 입력한다. [이름 바꾸기] 버튼을 클릭한 후 "닫기"를 입력한다.

4. 문서 내용 입력란 삽입하기

01 [텍스트 상자]를 [글꼴크기배치] 아래에 삽입한다. [배경색]은 "밝은 회색"으로 지정하고 [글꼴 굵게]를 체크한다. [글꼴 크기]는 "15", [높이]는 "300 pixels", [너비]는 "100 percent"를 지정한다. [힌트]는 삭제하고 [여러 줄]을 체크한다.

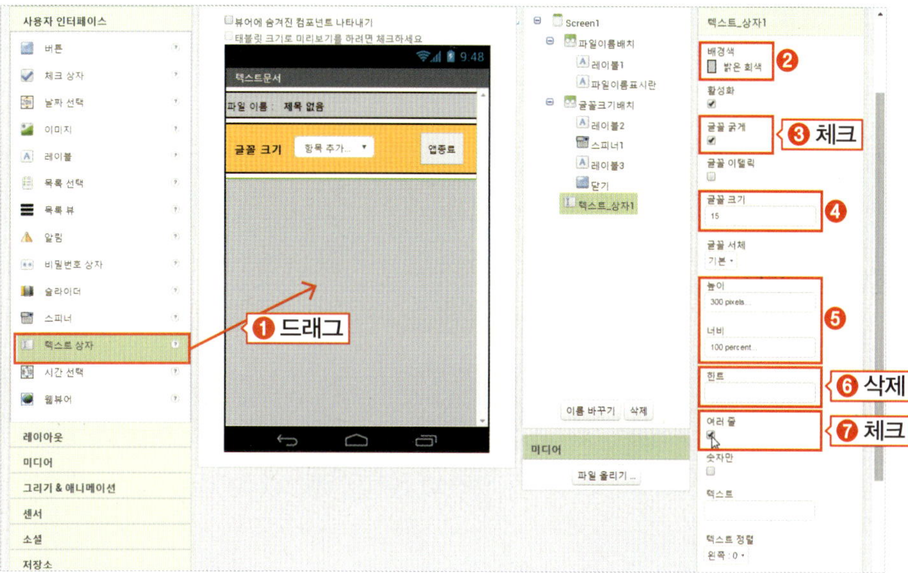

5. 메뉴 버튼 삽입하기

01 메뉴 버튼을 가로로 배치하기 위해 [수평배치]를 [텍스트_상자1] 아래에 삽입한다. [수평 정렬]은 "중앙 : 3", [수직 정렬]은 "가운데 : 2"로 지정한다. [높이]는 "60 pixels", [너비]는 "100 percent"를 지정한다. [이름 바꾸기] 버튼을 클릭하여 "메뉴버튼배치"를 입력한다.

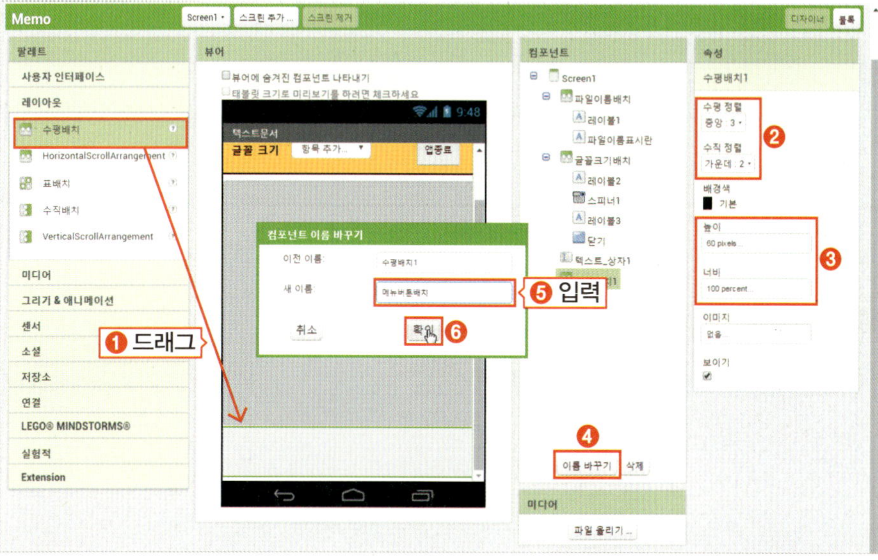

 [버튼]을 [메뉴버튼배치] 내부에 삽입한다. [텍스트]에 "새로만들기"를 입력한다. [이름 바꾸기] 버튼을 클릭한 후 "새로만들기"를 입력한다.

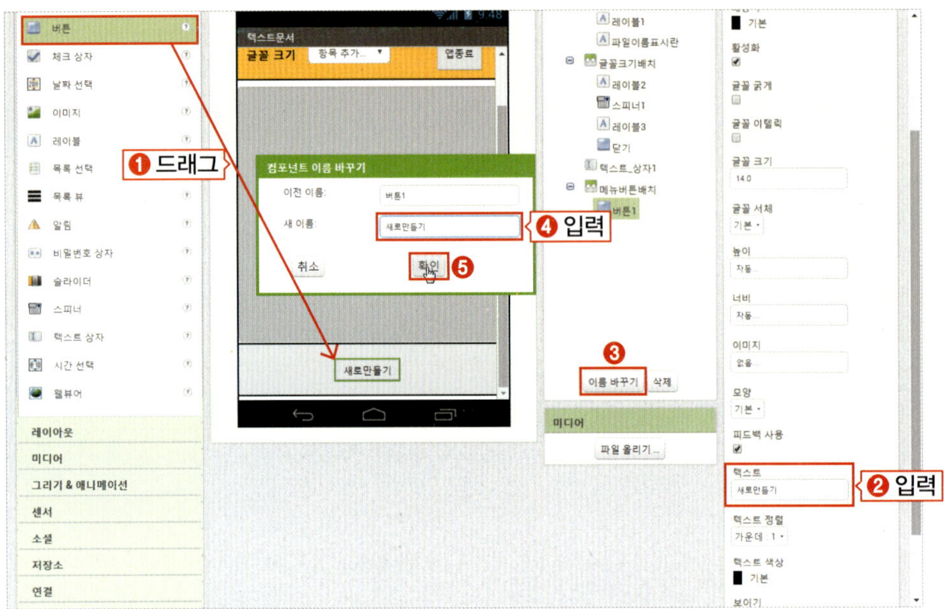

 [새로만들기] 버튼 오른쪽에 [버튼] 3개를 추가 삽입한다. [텍스트]에 각각 "문서저장", "문서열기", "파일삭제"를 입력한다. [이름 바꾸기] 버튼을 클릭한 후 각각 "문서저장", "문서열기", "파일삭제"를 입력한다.

6. 파일 이름 입력란 삽입하기

01   [수평배치]를 [메뉴버튼배치] 아래에 삽입한다. [수평 정렬]은 "중앙 : 3", [수직 정렬]은 "가운데 : 2", [배경색]은 "주황"으로 지정한다. [높이]는 "50 pixels", [너비]는 "100 percent"를 지정한다. [이름 바꾸기] 버튼을 클릭하여 "파일이름입력란배치"를 입력한다.

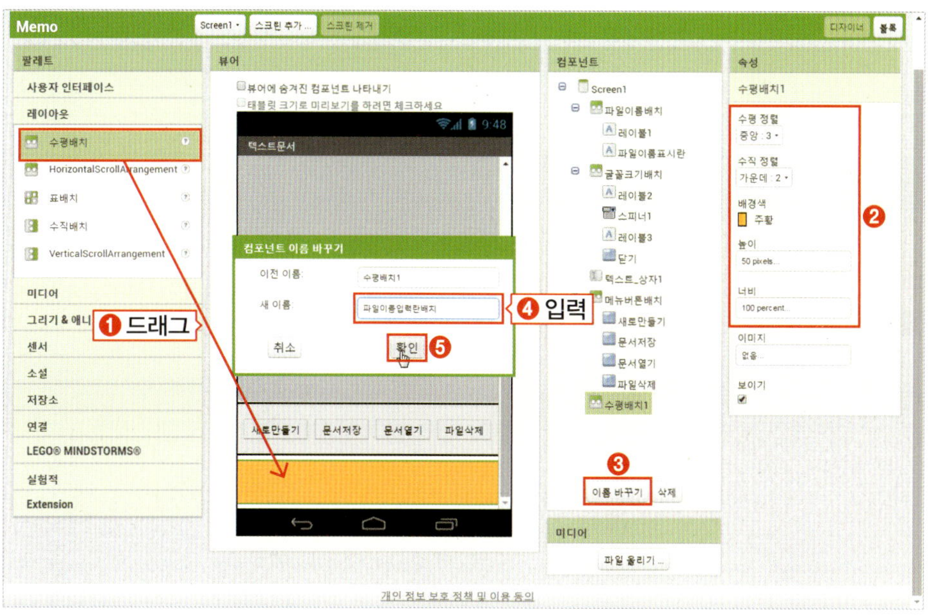

02   [레이블]을 [파일이름입력란배치] 내부에 삽입한다. [텍스트]에 "파일 이름 : "을 입력한다.

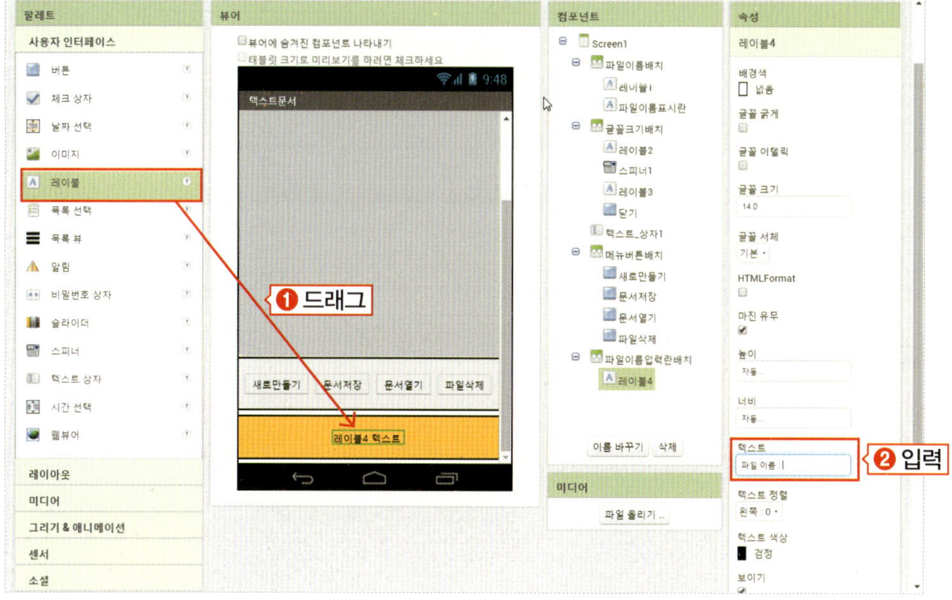

03 파일 이름 입력란을 삽입하기 위해 [텍스트 상자]를 [레이블4] 오른쪽에 삽입한다. [너비]는 "100 pixels"로 지정하고 [힌트]는 삭제한다.

04 확장자를 표시하기 위해 [레이블]을 [텍스트_상자2] 오른쪽에 삽입한다. [텍스트]에 ".txt"를 입력한다.

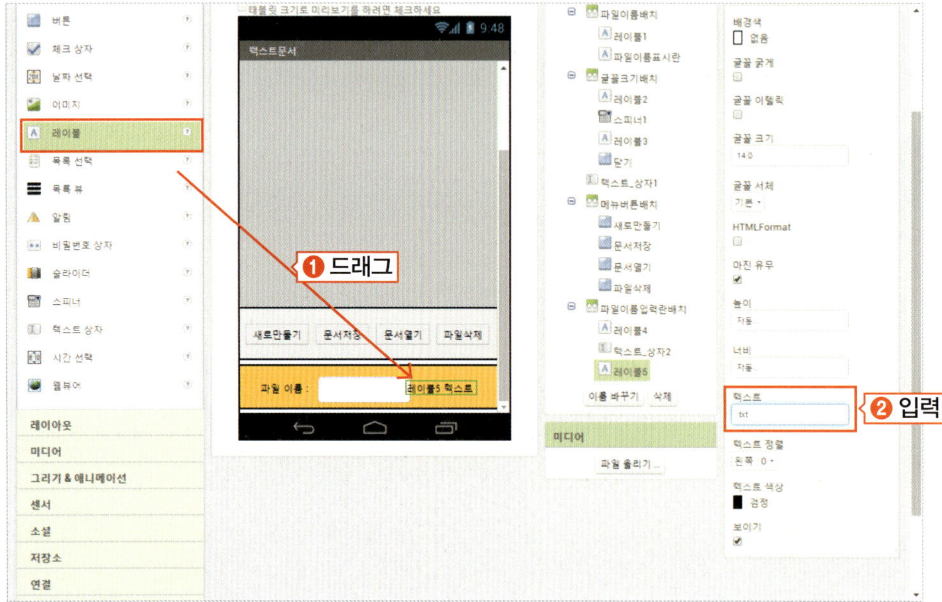

 [버튼]을 [레이블5] 오른쪽에 삽입한다. [텍스트]에 "저장"을 입력한다. [이름 바꾸기] 버튼을 클릭한 후 "저장"을 입력한다.

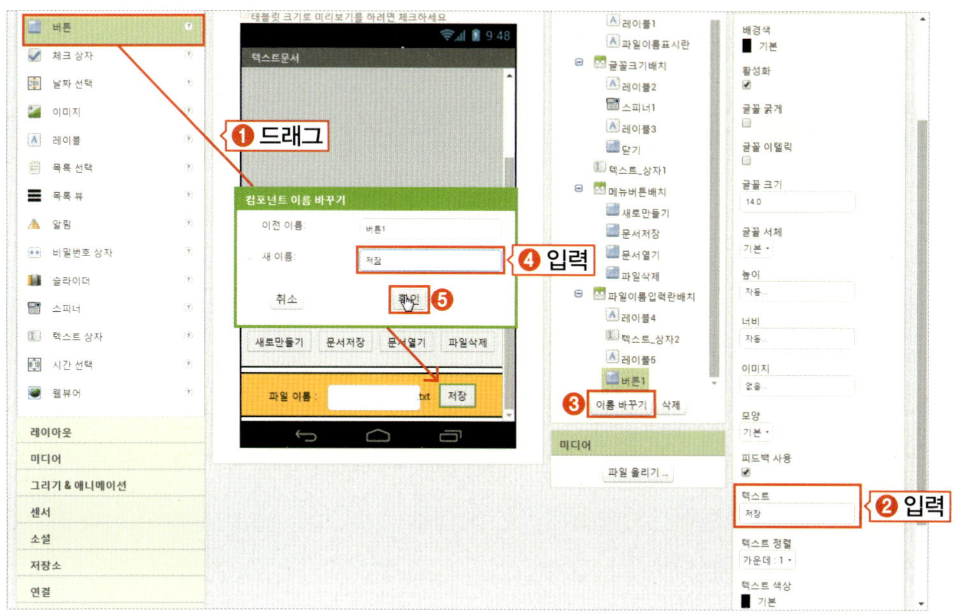

 [저장] 버튼 오른쪽에 [버튼] 2개를 추가 삽입한다. [텍스트]에 각각 "열기", "삭제"를 입력한다. [이름 바꾸기] 버튼을 클릭한 후 각각 "삭제", "열기"를 입력한다. [파일이름입력란배치]는 앱 처음 실행 시 표시되지 않으므로 [보이기]의 체크를 해제한다.

7. 파일 컴포넌트와 알림 삽입하기

01   [저장소]의 [파일]을 스크린 영역으로 드래그하여 삽입한다.

02   [사용자 인터페이스]의 [알림]을 스크린 영역으로 드래그하여 삽입한다.

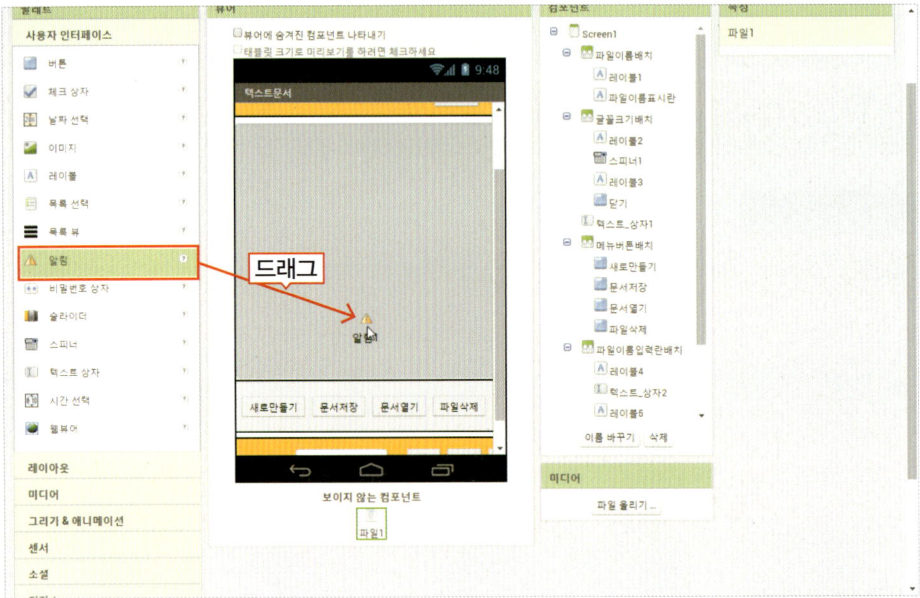

8. 글꼴 크기 지정하고 [닫기] 버튼 눌러 앱 종료하기

01 　[글꼴 크기]의 목록 버튼을 눌러 크기를 선택하면 [텍스트 상자1]에 입력되는 텍스트의 크기가 변경되어한다. [스피너1]을 클릭한 후 [언제 {스피너1}.선택 후] 블록을 삽입한다. [텍스트_상자1]을 클릭한 후 [지정하기 {텍스트_상자1}.{글꼴 크기} 값] 블록을 삽입한다. [스피너1]을 클릭한 후 [{스피너1}.{선택된 항목}] 블록을 삽입한다.

02 　[닫기]를 클릭한 후 [언제 {닫기}.클릭] 블록을 삽입한다. [제어]의 [앱 종료] 블록을 삽입한다.

9. [새로만들기] 버튼을 눌러 화면 지우기

01 　[텍스트 상자] 상자에 입력된 내용을 모두 삭제하기 위해 [새로만들기]를 클릭한 후 [언제 {새로만들기}.클릭] 블록을 삽입한다. [텍스트_상자1]에 입력된 내용이 삭제되어야 하므로 [텍스트_상자1]을 클릭한 후 [지정하기 {텍스트_상자1}.{텍스트} 값] 블록을 삽입한다. [텍스트]의 ["{ }"] 블록을 삽입한다.

02 　내용이 삭제되면 파일 이름이 표시되는 [파일이름표시란]에 "제목없음"이 표시되도록 지정하기 위해 [파일이름표시란]을 클릭한 후 [지정하기 {파일이름표시란}.{텍스트} 값] 블록을 삽입한다. [텍스트]의 ["{ }"] 블록을 삽입한 후 "제목없음"을 입력한다.

10. 파일 이름 입력란과 버튼 표시 함수 선언하기

01 파일 이름 입력란과 버튼이 표시되는 함수를 선언하기 위해 [함수]에서 **[함수 {함수 이름} 실행]** 블록을 뷰어 영역에 삽입한다. **{함수_이름}** 입력란을 클릭한 후 "이름입력란과버튼표시"를 입력한다. 인수를 지정하기 위해 아이콘을 클릭한 후 **[입력: X]**를 드래그하여 삽입한다.

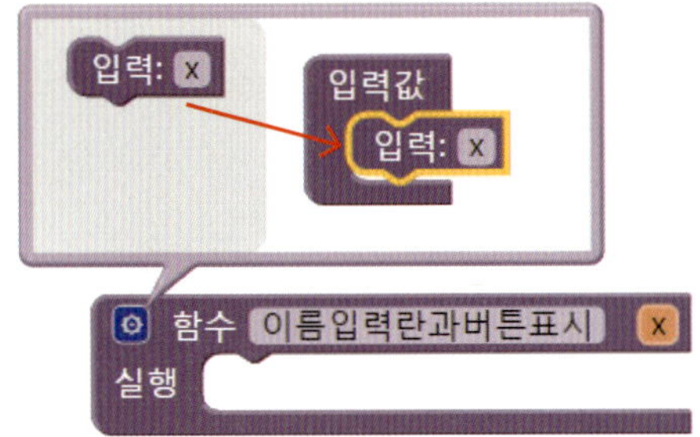

02 무조건 파일 이름을 입력하는 입력창을 표시하기 위해 [파일이름입력란배치]를 클릭한 후 **[지정하기 {파일이름입력란배치}.{보이기} 값]** 블록을 삽입한다. [논리]의 **[{참}]** 블록을 드래그하여 삽입한다.

03 [문서저장] 버튼을 누르면 [저장], [문서열기] 버튼을 누르면 [열기], [파일삭제] 버튼을 누르면 [삭제] 버튼이 표시되도록 지정하기 위해 [제어]의 **[만약 ~ 그러면]** 블록을 삽입한다. 인수에 저장된 값이 "문서저장"인지 비교하기 위해 [논리]의 **[{ } = { }]** 블록을 삽입한다. 인수 [X]에 마우스를 이동시킨 후 **[가져오기 {X}]** 블록을 드래그하여 삽입한 후 [텍스트]의 **["{ }"]** 블록을 삽입하고 "문서저장"을 입력한다.

04 [저장] 버튼이 표시되도록 지정하기 위해 [저장]을 클릭한 후 **[지정하기 {저장}.{보이기} 값]** 블록을 삽입한다. [논리]의 **[{참}]** 블록을 삽입한다. [저장] 버튼이 표시될 때 [열기] 버튼과 [삭제] 버튼은 숨겨져야 하므로 [열기]와 [삭제]를 클릭한 후 **[지정하기 {열기}.{보이기} 값]** 블록과 **[지정하기 {삭제}.{보이기} 값]** 블록을 삽입한다. [논리]의 **[{거짓}]** 블록을 삽입한다.

05 인수에 저장된 값이 "문서열기"인지 비교하기 위해 ⚙ 아이콘을 클릭하여 [아니고 ... 만약]을 삽입한다. [가져오기 {X}]을 드래그하여 삽입한 후 [텍스트]의 ["{ }"] 블록을 삽입하고 "문서열기"을 입력한다. [열기]를 클릭한 후 [지정하기 {열기}.{보이기} 값] 블록을 삽입한다. [논리]의 [{참}] 블록을 삽입한다. [저장]과 [삭제]를 클릭한 후 [지정하기 {저장}.{보이기} 값] 블록과 [지정하기 {삭제}.{보이기} 값] 블록을 삽입한다. [논리]의 [{거짓}] 블록을 삽입한다.

06 인수에 저장된 값이 "파일삭제"인지 비교하기 위해 [아니고 ... 만약]을 삽입한다. [가져오기 {X}]을 드래그하여 삽입한 후 [텍스트]의 ["{ }"] 블록을 삽입하고 "파일삭제"를 입력한다. [삭제]와 [저장], [열기]를 각각 클릭한 후 [지정하기 {삭제}.{보이기} 값] 블록, [지정하기 {저장}.{보이기} 값] 블록, [지정하기 {열기}.{보이기} 값] 블록을 삽입한다. [논리]의 [{참}] 블록과 [{거짓}] 블록을 삽입한다.

11. [문서저장], [문서열기], [파일삭제] 버튼 눌러 입력상자와 버튼 표시하기

01 [문서저장] 버튼을 누르면 파일 이름을 입력하는 입력창과 [저장] 단추가 표시되어야 한다. [문서저장]을 클릭한 후 **[언제 {문서저장}.클릭]** 블록을 삽입한다. [함수]를 클릭한 후 **[호출 {이름입력란과버튼표시}]** 블록을 삽입한다. [텍스트]의 **["{ }"]** 블록을 삽입하고 "문서저장"을 입력한다.

02 [문서열기] 버튼을 누르면 파일 이름을 입력하는 입력창과 [열기] 단추가 표시되어야 한다. [문서열기]을 클릭한 후 **[언제 {문서열기}.클릭]** 블록을 삽입한다. [함수]를 클릭한 후 **[호출 {이름입력란과버튼표시}]** 블록을 삽입한다. [텍스트]의 **["{ }"]** 블록을 삽입하고 "문서열기"를 입력한다.

03 [파일삭제] 버튼을 누르면 파일 이름을 입력하는 입력창과 [삭제] 단추가 표시되어야 한다. [파일삭제]를 클릭한 후 **[언제 {파일삭제}.클릭]** 블록을 삽입한다. [함수]를 클릭한 후 **[호출 {이름입력란과버튼표시}]** 블록을 삽입한다. [텍스트]의 **["{ }"]** 블록을 삽입하고 "파일삭제"를 입력한다.

12. 파일 이름 입력 오류 알림 함수 선언하기

01 파일 이름 입력란에 파일 이름을 입력하지 않고 [저장], [열기], [삭제] 버튼을 눌렀을 때 알림창이 표시되는 함수를 선언하기 위해 [함수]에서 **[함수 {함수 이름} 실행]** 블록을 뷰어 영역에 삽입한다. {함수_이름} 입력란을 클릭한 후 "파일이름입력오류메시지"를 입력한다.

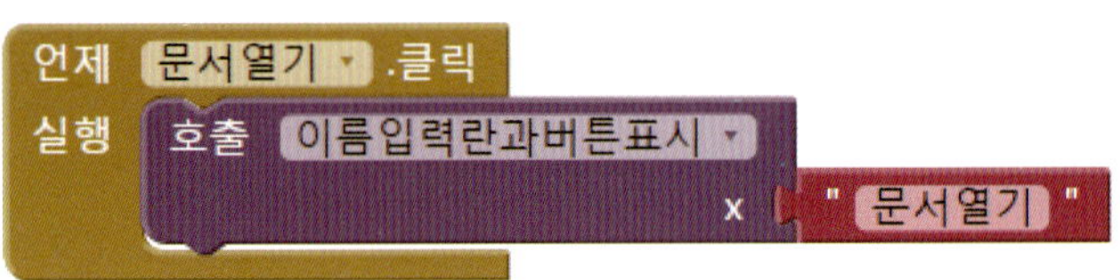

02 [알림1]을 클릭한 후 [호출 {알림1}.메 시지창 나타내기] 블록을 삽입한다. [텍스트]의 ["{ }"] 블록을 삽입한 후 "파일 이름을 입력해주 세요", "입력 오류", "확인"을 입력한다.

13. 파일 이름 입력란과 파일 이름 삭제 함수 선언하기

01 파일 저장, 파일 열기, 파일 삭제가 완 료되면 파일 이름 입력란이 화면에서 사라지고, 파일 이름도 삭제되어야 한다. [함수]에서 [함수 {함수 이름} 실행] 블록을 뷰어 영역에 삽입한다. {함수_이름} 입력란을 클릭한 후 "파일이름입력 란숨김_파일이름삭제"를 입력한다.

02 [파일이름입력란배치]를 클릭한 후 [지 정하기 {파일이름입력란배치}.{보이기} 값] 블록 을 삽입한다. [논리]의 [{거짓}] 블록을 삽입한다. [텍스트_상자2]를 클릭한 후 [지정하기 {텍스트_ 상자2}.{텍스트} 값] 블록을 삽입한다. [텍스트]의 ["{ }"] 블록을 삽입한다.

14. [저장] 버튼 눌러 문서 내용 텍스트 파일로 저장하기

01 [문서저장] 버튼을 누르면 파일 이름 입력란과 [저장] 버튼이 표시된다. 파일 이름 입력 후 [저장] 버튼을 누르면 입력한 파일 이름을 기준으로 텍스트 파일이 저장되어야 한다. [저장]을 클릭한 후 [언제 {저 장}.클릭] 블록을 삽입한다. 파일 이름이 입력되어 있지 않으면 "입력오류" 알림창을 표시하기 위해 [제어] 의 [만약 ~ 그러면] 블록을 삽입한다. [텍스트]의 [비어 있나요?] 블록과 파일 이름이 입력되는 [텍스트_상 자2]를 클릭한 후 [{텍스트_상자2}.{텍스트}] 블록을 삽입한다. [함수]를 클릭한 후 [호출 {파일이름입력오류 메시지}] 블록을 삽입한다.

02 파일 이름이 입력되어 있다면 스마트폰에 텍스트 문서를 저장해야 한다. **[아니면]** 블록을 삽입한 후 [파일1]을 클릭하여 **[호출 {파일1}.파일 저장]** 블록을 삽입한다. **[텍스트]**에 저장하려는 내용을 지정하기 위해 [텍스트_상자1]을 클릭한 후 **[{텍스트_상자1}.{텍스트}]** 블록을 삽입한다. 파일 이름을 지정하기 위해 [텍스트]의 **[합치기]** 블록을 삽입한다. [텍스트_상자2]를 클릭한 후 **[{텍스트_상자2}.{텍스트}]** 블록을 삽입하고, [텍스트]의 **["{ }"]** 블록을 삽입한다. ".txt"를 입력한다. 텍스트 상자에 표시되는 키보드를 숨기기 위해 [텍스트_상자2]를 클릭한 후 **[호출 {텍스트_상자2}.키보드 숨기기]** 블록을 삽입한다.

15. 파일 저장 후 알림창과 파일 이름 표시하기

01 파일이 저장되면 저장되었다는 알림창이 표시되도록 지정하기 위해 [파일1]을 클릭한 후 **[언제 {파일1}.파일 저장 후]** 블록을 삽입한다. [알림1]을 클릭한 후 **[호출 {알림1}.메시지창 나타내기]** 블록을 삽입한다. [메시지]에 [텍스트]의 **[합치기]** 블록을 삽입한 후 **[가져오기 {파일 이름}]** 블록을 삽입한다. [텍스트]의 **["{ }"]** 블록을 삽입한 후 "파일이 저장되었습니다."를 입력한다. **["{ }"]** 블록을 두 개 더 삽입한 후 "파일 저장"과 "확인"을 입력한다.

02 저장된 파일 이름을 표시하기 위해 [파일이름표시란]을 클릭한 후 **[지정하기 {파일이름표시란}.{텍스트} 값]** 블록을 삽입한다. [텍스트]의 **[합치기]** 블록을 삽입한 후 **[{텍스트_상자2}.{텍스트}]** 블록과 [텍스트]의 **["{ }"]** 블록을 삽입한다. ".txt"를 입력한다. 파일 이름 입력란을 숨기고 파일 이름을 삭제하기 위해 [함수]를 클릭한 후 **[호출 {파일이름입력란숨김_파일이름삭제}]** 블록을 삽입한다.

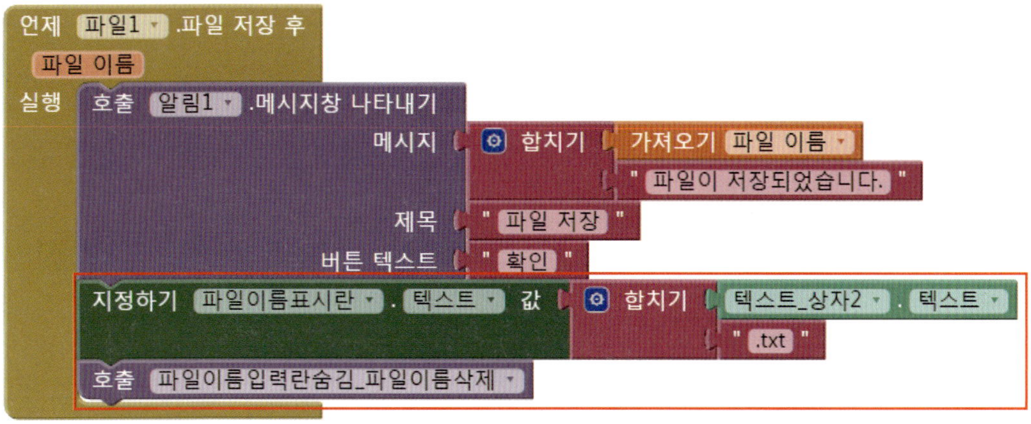

16. [열기] 버튼 눌러 문서 내용 텍스트 가져오기

01 [문서열기] 버튼을 누르면 파일 이름 입력란과 [열기] 버튼이 표시된다. 파일 이름 입력 후 [열기] 버튼을 누르면 해당 파일 내용이 [텍스트 상자]에 표시되어야 한다. [열기]를 클릭한 후 **[언제 {열기}.클릭]** 블록을 삽입한다. 파일 이름이 입력되어 있지 않으면 "입력오류" 알림창을 표시하기 위해 [제어]의 **[만약 ~ 그러면]** 블록을 삽입한다. [텍스트]의 **[비어 있나요?]** 블록과 **[{텍스트_상자2}.{텍스트}]** 블록을 삽입한다. [함수]를 클릭한 후 **[호출 {파일이름입력오류메시지}]** 블록을 삽입한다.

02 파일 이름이 입력되어 있다면 저장된 텍스트 문서를 읽어오기 위해 **[아니면]** 블록을 삽입한 후 [파일1]]을 클릭하여 **[호출 {파일1}.읽어오기]** 블록을 삽입한다. [텍스트]의 **[합치기]** 블록을 삽입한 후 **[{텍스트_상자2}.{텍스트}]** 블록과 [텍스트]의 **["{ }"]** 블록을 삽입한다. ".txt"를 입력한다. 텍스트 상자에 표시되는 키보드를 숨기기 위해 [텍스트_상자2]를 클릭한 후 **[호출 {텍스트_상자2}.키보드 숨기기]** 블록을 삽입한다.

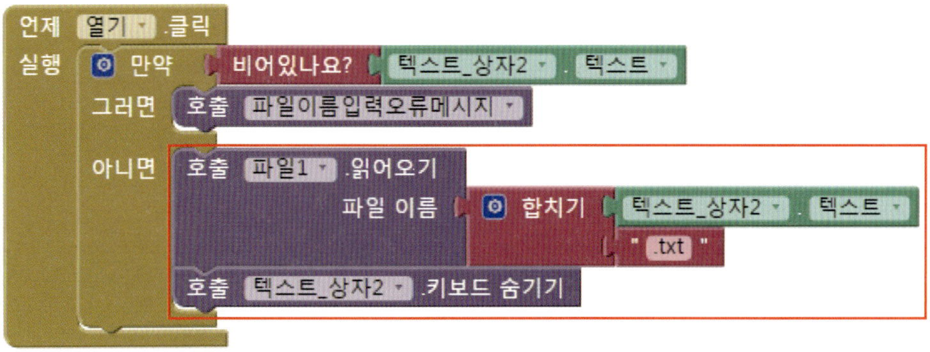

03 가져온 문서 내용을 텍스트 상자에 표시하기 위해 [파일1]을 클릭한 후 [**언제 {파일1}.텍스트 받음**] 블록을 삽입한다. [**{텍스트_상자1}.{텍스트}**] 블록을 삽입한 후 [**가져오기 {텍스트}**] 블록을 삽입한다.

04 읽어 온 파일 이름을 표시하기 위해 [**지정하기 {파일이름표시란}.{텍스트} 값**] 블록을 삽입한다. [텍스트]의 [**합치기**] 블록을 삽입한 후 [**{텍스트_상자2}.{텍스트}**] 블록과 [텍스트]의 [**"{ }"**] 블록을 삽입한다. ".txt"를 입력한다. 파일 이름 입력란을 숨기고 파일 이름을 삭제하기 위해 [함수]를 클릭한 후 [**호출 {파일이름입력란숨김_파일이름삭제}**] 블록을 삽입한다.

17. [삭제] 버튼 눌러 저장된 문서 파일 삭제하기

01 [삭제]를 클릭한 후 [**언제 {삭제}.클릭**] 블록을 삽입한다. 현재 저장되어 화면에 표시되는 텍스트 파일은 삭제가 불가능하도록 지정하기 위해 [제어]의 [**만약 ~ 그러면**] 블록을 삽입한다. 현재 파일 이름과 삭제하려고 입력한 파일 이름이 동일한지 비교해야 하므로 [논리]의 [**{ } = { }**] 블록을 삽입한 후 [**{파일이름표시란}.{텍스트}**] 블록을 삽입한다. [텍스트]의 [**합치기**] 블록과 [**{텍스트_상자2}.{텍스트}**] 블록, [**"{ }"**] 블록을 삽입한 후 ".txt"를 입력한다.

02 알림창을 표시하기 위해 [알림1]을 클릭한 후 [**호출 {알림1}.메시지창 나타내기**] 블록을 삽입한다. [텍스트]의 [**"{ }"**] 블록을 삽입한 후 "현재 사용중인 파일은 삭제할 수 없습니다.", "삭제 오류", "확인"을 입력한다.

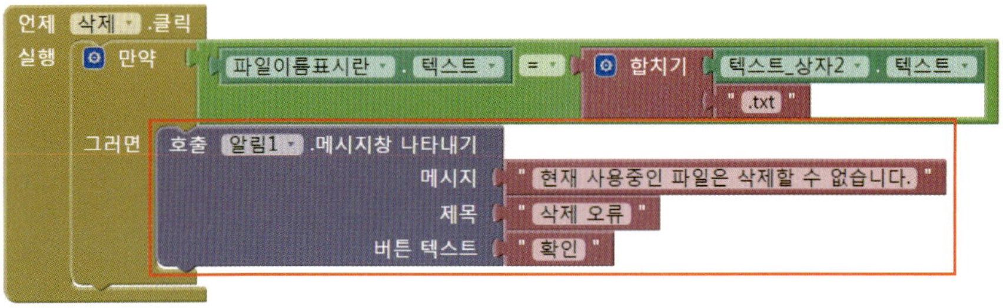

03　현재 파일 이름과 삭제하려는 파일 이름이 같지 않다면 해당 파일을 삭제하기 위해 [아니면] 블록을 삽입한다. [파일1]을 클릭한 후 [호출 {파일1}.파일 삭제] 블록을 삽입한다. [텍스트]의 [합치기] 블록을 삽입한 후 [{텍스트_상자2}.{텍스트}] 블록과 [텍스트]의 ["{ }"] 블록을 삽입한다. ".txt"를 입력한다. 텍스트 상자에 표시되는 키보드를 숨기기 위해 [텍스트_상자2]를 클릭한 후 [호출 {텍스트_상자2}.키보드 숨기기] 블록을 삽입한다.

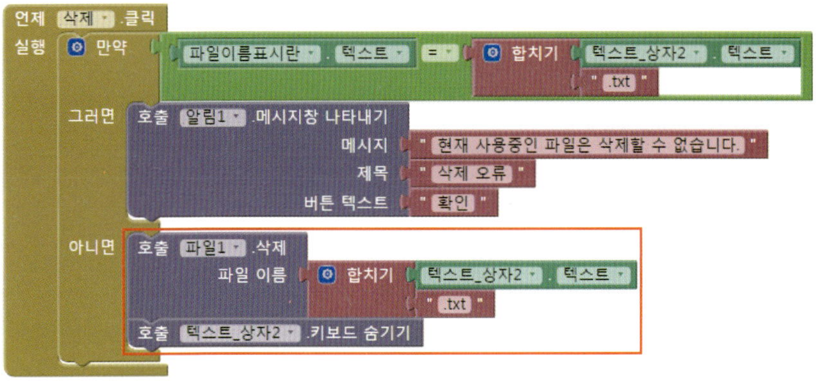

04　파일 삭제 후 알림창을 표시하기 위해 [알림1]을 클릭한 후 [호출 {알림1}.메시지창 나타내기] 블록을 삽입한다. [메시지]에 [텍스트]의 [합치기] 블록을 삽입한 후 [{텍스트_상자2}.{텍스트}] 블록과 [텍스트]의 ["{ }"] 블록을 삽입한다. ".txt"와 "파일이 삭제되었습니다.", "파일 삭제", "확인"을 입력한다. 파일 이름 입력란을 숨기고 파일 이름을 삭제하기 위해 [함수]를 클릭한 후 [호출 {파일이름입력란숨김_파일이름삭제}] 블록을 삽입한다.

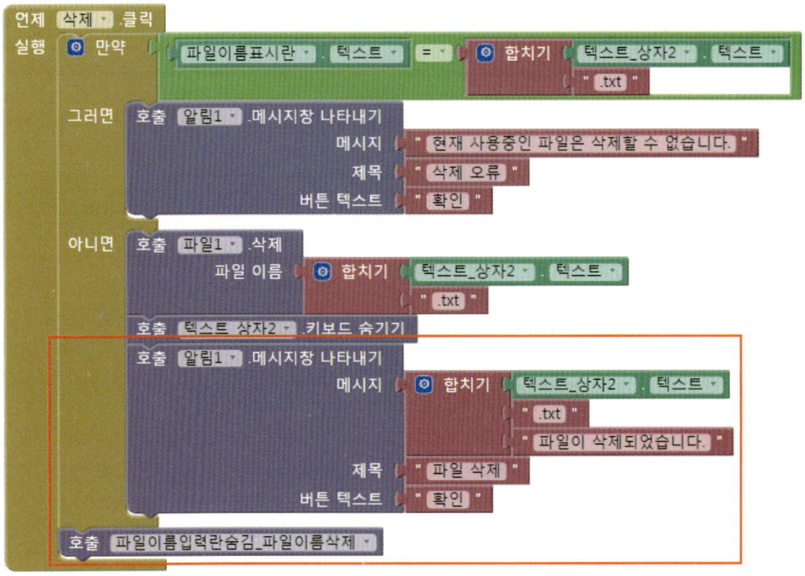

6 연결에 활용되는 컴포넌트

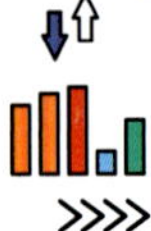

[연결] 그룹은 스마트폰의 다른 앱을 연결하거나 또는 블루투스 연결이나 HTTP 프로토콜로 웹 서버와 통신 연결에 활용되는 컴포넌트들로 구성되어 있다.

⚡ 액티비티 스타터

카메라 앱, 웹 검색 앱, 브라우저의 웹 페이지, 지도 앱과 같은 스마트폰에 설치되어 되어 있는 앱을 실행하는 보이지 않는 컴포넌트이다. [액티비티 스타터] 컴포넌트를 이용하여 앱을 구동하려면 구동하려는 앱의 패키지 이름과 클래스 이름 등을 알고 있어야 한다. [동작], [액티비티 클래스], [액티비티 클래스], [데이터 타입], [데이터URI]와 같은 기본적인 속성은 [속성] 패널에서 지정한다.

대표 블록	설명
언제 액티비티_스타터1 .액티비티 취소 실행	액티비티 스타터의 실행이 취소되었을 때 블록 내부의 명령 블록을 실행한다.
언제 액티비티_스타터1 .ActivityError 메시지 실행	액티비티 스타터에 오류가 발생했을 때 블록 내부의 명령 블록을 실행한다. [메시지]는 오류가 발생했을 때 반환되는 메시지를 저장하고 있다.
언제 액티비티_스타터1 .액티비티 후 결과 실행	액티비티 스타터가 실행된 후 블록 내부의 명령 블록을 실행한다.
호출 액티비티_스타터1 .액티비티 가져오기	액티비티 스타터의 이름을 반환한다.
호출 액티비티_스타터1 .액티비티 시작	액티비티 스타터를 실행한다.
액티비티_스타터1 . 동작	액티비티 스타터의 동작을 저장하고 있는 속성 값 블록이다.
지정하기 액티비티_스타터1 . 동작 값	액티비티 스타터의 동작을 직접 지정한다.
액티비티_스타터1 . 액티비티 클래스	액티비티 스타터의 액티비티 클래스를 저장하고 있는 속성 값 블록이다.
지정하기 액티비티_스타터1 . 액티비티 클래스 값	액티비티 스타터의 액티비티 클래스를 직접 지정한다.
액티비티_스타터1 . 액티비티 패키지	액티비티 스타터의 액티비티 패키지를 저장하고 있는 속성 값 블록이다.
지정하기 액티비티_스타터1 . 액티비티 패키지 값	액티비티 스타터의 액티비티 패키지를 직접 지정한다.

필요한 자료(이미지, 동영상, 음악) 문자(메일)로 첨부하기

완성 파일 : Activity_Share.aia

액티비티 스타터를 이용하면 스마트폰에 설치되어 있는 파일 관리자 앱을 실행하여 스마트폰에 저장되어 있는 자료를 직접 선택할 수 있다. 또한 공유를 이용하여 선택한 자료를 바로 문자 메시지나 메일로 첨부하여 전송할 수 있다. [문자 메시지] 컴포넌트의 경우 텍스트만 전송이 가능하기 때문에 자료를 첨부하고자 한다면 액티비티 스타터를 이용해야 한다.

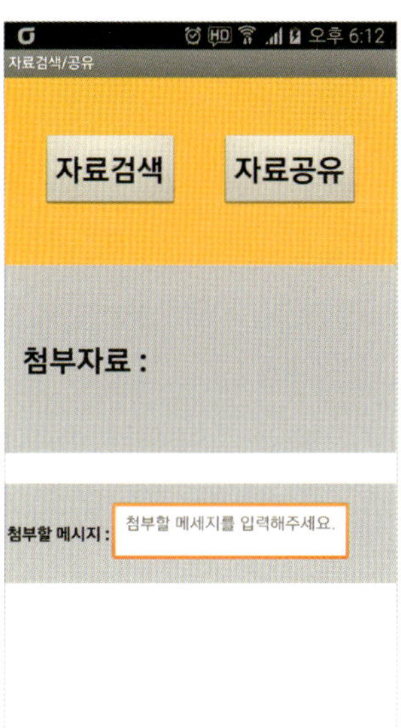

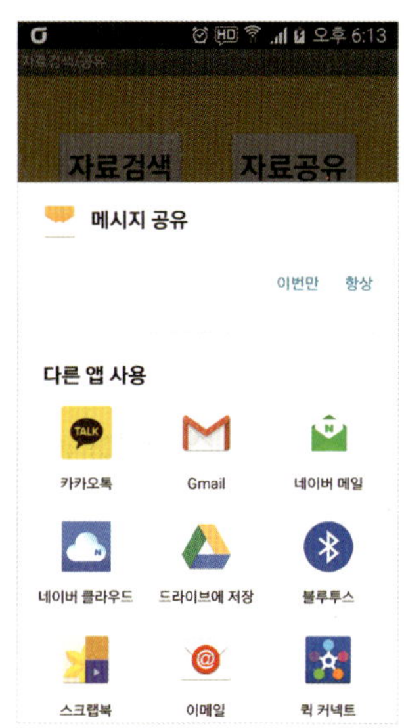

1. 스크린 정렬하고 앱 이름/제목 변경하기

01 스크린에 삽입되는 컴포넌트가 화면 중앙에 배치되도록 지정하기 위해 [Screen1]의 [속성] 패널에서 [수평 정렬]은 "중앙 : 3"을 지정한다. [앱 이름]에 "자료검색_공유"를 입력한 후 [스크롤 가능 여부]를 체크한다. [제목]에는 "자료검색/공유"를 입력한다.

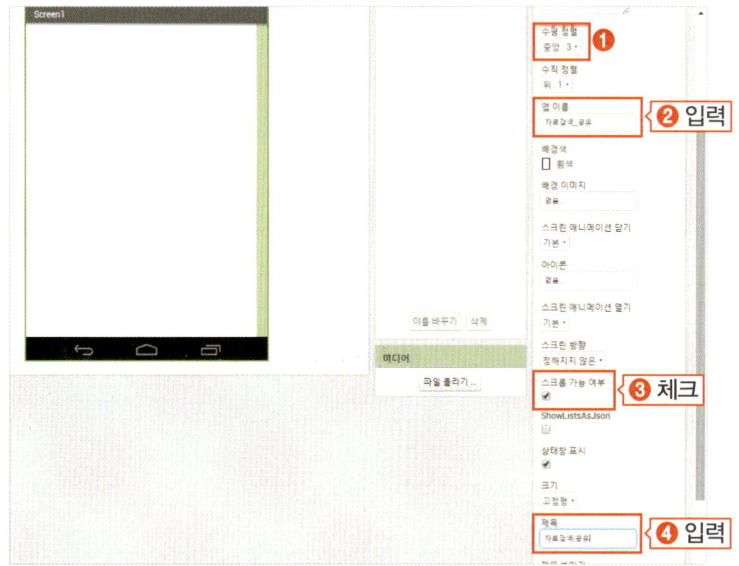

2. 자료검색_공유 버튼 배치하기

01   [수평배치]를 스크린 영역으로 드래그한다. [수평 정렬]은 "중앙 : 3", [수직 정렬]은 "가운데 : 2", [배경색]은 "주황"으로 지정한다. [높이]는 "150 pixels", [너비]는 "100 percent"를 지정한다. [이름 바꾸기] 버튼을 클릭하여 "자료검색_공유배치"를 입력한다.

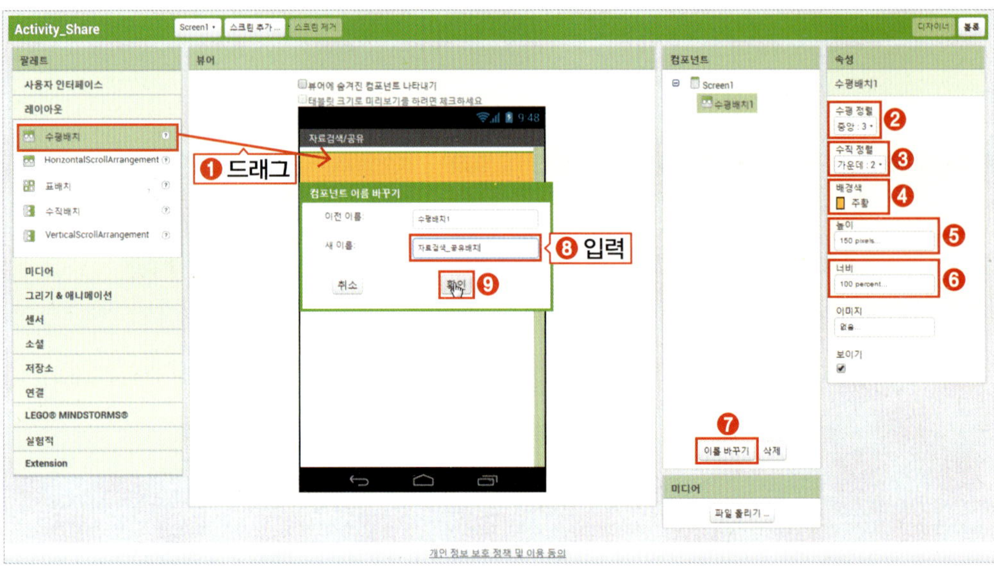

02   [버튼]을 [자료검색_공유배치] 내부에 삽입한다. [글꼴 굵게]를 체크하고 [글꼴 크기]는 "25"로 지정한다. [높이]는 "60 pixels"로 지정하고 [텍스트]에 "자료검색"을 입력한다. [이름 바꾸기] 버튼을 클릭하여 "자료검색"을 입력한다.

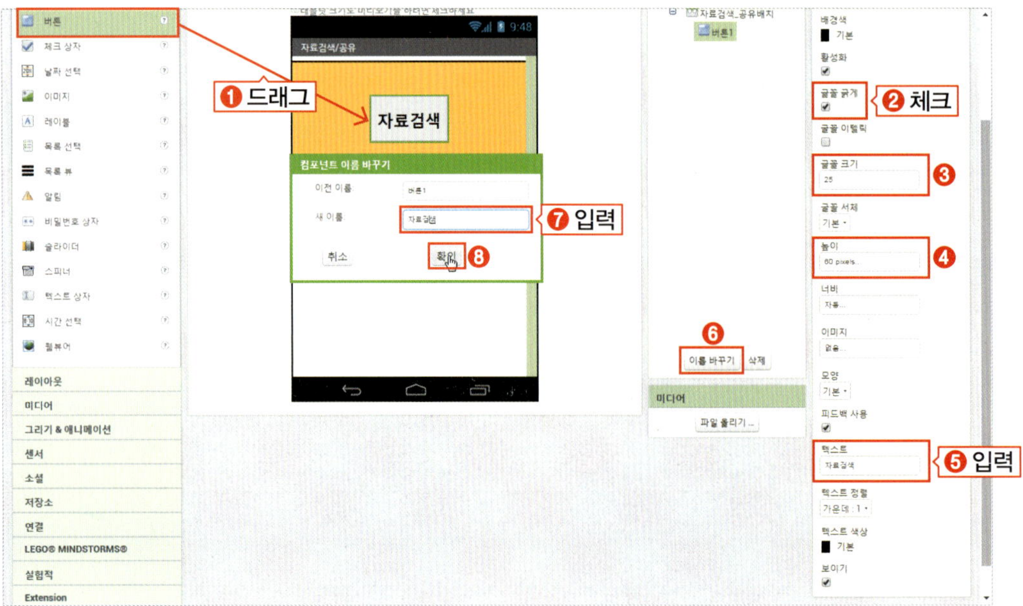

03　　간격 조절을 위해 [레이블]을 [자료검색] 오른쪽에 삽입한다. [너비]는 "30 pixels"을 지정하고
[텍스트]는 삭제한다.

04　　[버튼]을 [레이블1] 오른쪽에 삽입한다. [글꼴 굵게]를 체크하고 [글꼴 크기]는 "25"로 지정한다.
[높이]는 "60 pixels"로 지정하고 [테스트]에 "자료공유"를 입력한다. [이름 바꾸기] 버튼을 클릭하여 "자료
공유"를 입력한다.

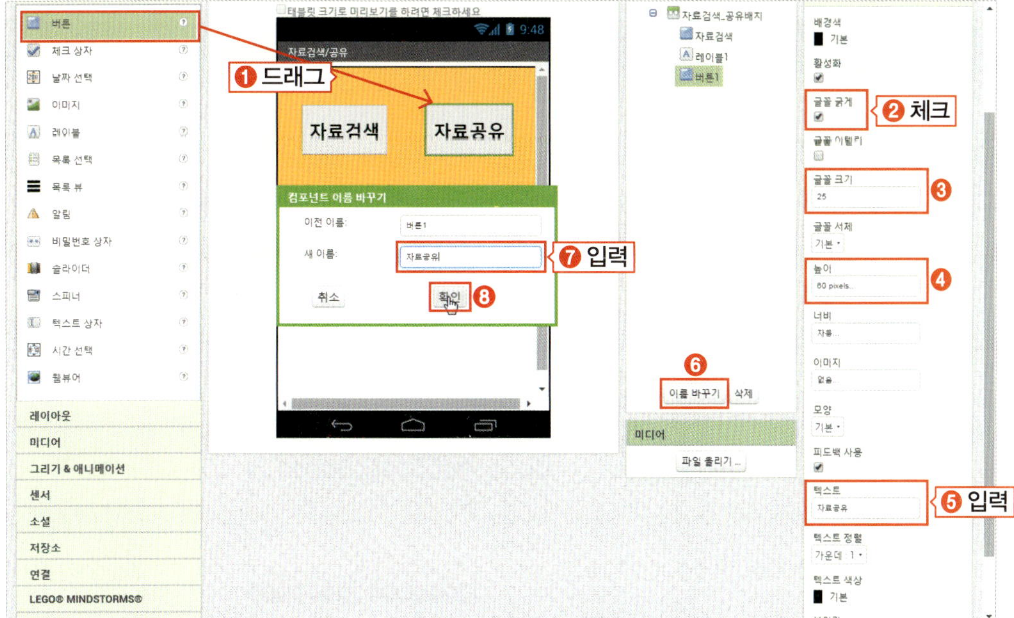

3. 첨부자료 배치하기

01   [수평배치]를 [뷰어] 영역으로 드래그한다. [수직 정렬]은 "가운데 : 2", [배경색]은 "밝은 회색"으로 지정한다. [높이]는 "150 pixels", [너비]는 "100 percent"를 지정한다. [이름 바꾸기] 버튼을 클릭하여 "첨부자료배치"를 입력한다.

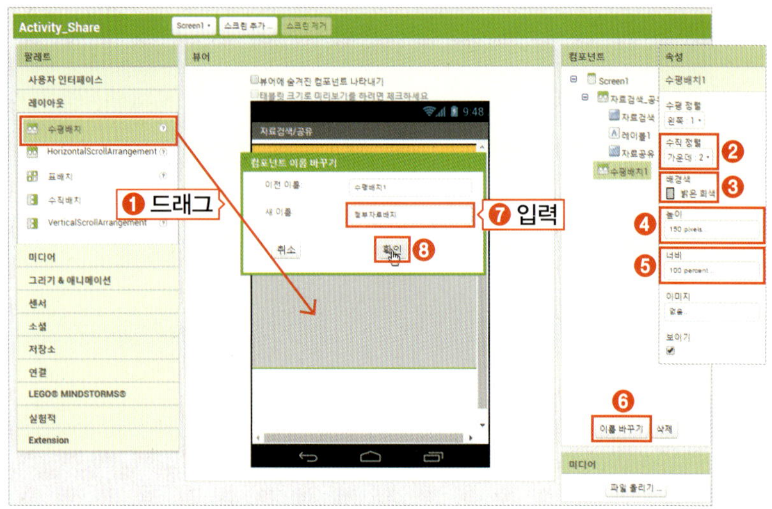

02   [레이블]을 [첨부자료배치] 내부에 삽입한다. [글꼴 굵게]를 체크하고, [글꼴 크기]는 "25"를 지정한다. [텍스트]에 "첨부자료 : "를 입력한다.

03   [버튼]을 [레이블2] 오른쪽에 삽입한다. [높이]는 "120 pixels", [너비]는 "120 pixels"를 지정한다. [이미지] "없음"을 클릭한다. "Music.png" 파일을 선택한 후 [확인] 버튼을 클릭한다. [텍스트]는 삭제하고 [보이기]의 체크를 해제한다. [이름 바꾸기] 버튼을 클릭하여 "음표표시"를 입력한다.

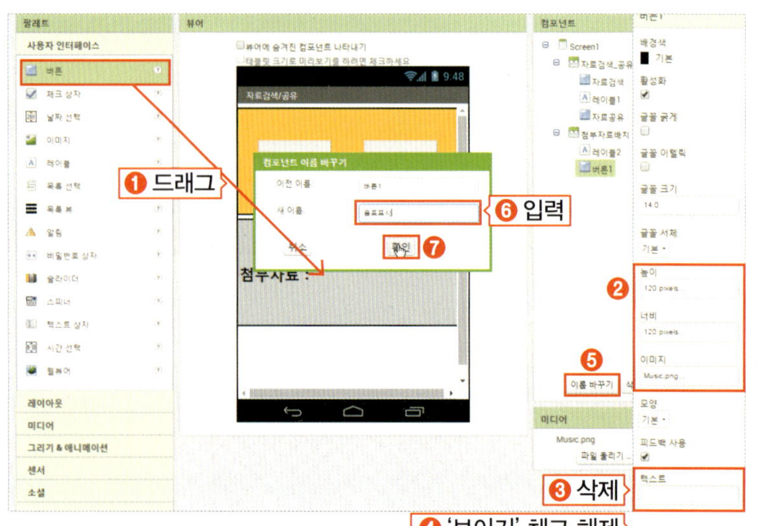

04 [이미지]를 [레이블2] 오른쪽에 삽입한다. [높이]는 "150 pixels", [너비]는 "150 pixels"을 지정한다. [보이기]의 체크를 해제한다.

05 [비디오 플레이어]를 [레이블2] 오른쪽에 삽입한다. [높이]는 "150 pixels", [너비]는 "150 pixels"을 지정한다. [보이기]의 체크를 해제한다.

06 간격 조절과 첨부한 자료에 대한 보충 설명을 표시하기 위해 [레이블]을 [첨부자료배치] 아래에 삽입한다. [높이]는 "20 pixels"을 지정하고 [텍스트]는 삭제한다.

4. 첨부메시지 입력란 삽입하기

01 [수평배치]를 [레이블3] 아래에 삽입한다. [수직 정렬]은 "가운데 : 2", [배경색]은 "밝은 회색"으로 지정한다. [높이]는 "80 pixels", [너비]는 "100 percent"를 지정한다. [이름 바꾸기] 버튼을 클릭하여 "첨부메시지배치"를 입력한다.

02 [레이블]을 [첨부메시지배치] 내부에 삽입한다. [글꼴 굵게]를 체크하고, [텍스트]에 "첨부할 메시지"를 입력한다.

03 [텍스트 상자]를 [레이블4] 오른쪽에 삽입한다. [높이]는 "50 pixels", [너비]는 "60 percent"를 지정한다. [힌트]에 "첨부할 메세지를 입력해주세요"를 입력한다.

5. 공유, 액티비티 스타터, 플레이어 컴포넌트 삽입하기

01 [소셜]의 [공유]를 스크린 영역으로 드래그하여 삽입한다.

02 [연결]의 [액티비티 스타터]를 스크린 영역으로 드래그하여 삽입한다. [동작]에 "android.intent.action.GET_CONTENT"를 입력한다. [데이터 타입]에 "file/"을 입력한다.

03 [미디어]의 [플레이어]를 스크린 영역으로 드래그하여 삽입한다.

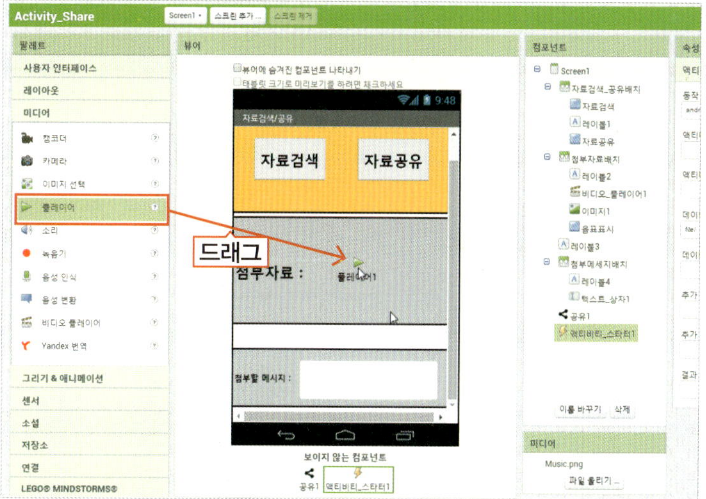

6. [자료검색] 버튼 눌러 자료 검색하고 [자료공유] 버튼 눌러 자료 공유하기

01 [자료검색] 버튼을 누르면 첨부할 자료를 선택할 수 있도록 액티비티 스타터에 의해 파일 관리자가 실행되어야 한다. [자료검색]을 클릭한 후 **[언제 {자료검색}.클릭]** 블록을 삽입한다. [액티비티 스타터]를 클릭한 후 **[호출 {액티비티_스타터1}.액티비티 시작]** 블록을 삽입한다.

02 파일 관리자가 실행될 때 이전에 첨부한 자료가 표시되고 있다면 모두 보이지 않도록 지정해야 한다. [음표표시]를 클릭한 후 **[지정하기 {음표표시}.{보이기} 값]** 블록을 삽입한다. [이미지1]의 **[지정하기 {이미지1}.{보이기} 값]** 블록, [비디오_플레이어1]의 **[지정하기 {비디오_플레이어1}.{보이기} 값]** 블록을 삽입한 후 [논리]의 **{거짓}** 블록을 삽입한다. 첨부한 자료에 대한 보충 설명도 삭제하기 위해 [레이블3]의 **[지정하기 {레이블3}.{텍스트} 값]** 블록을 삽입한 후 [텍스트]의 **["{ }"]** 블록을 삽입한다.

03 자료를 공유하기 위해 [자료공유]를 클릭한 후 **[언제 {자료공유}.클릭]** 블록을 삽입한다. [공유1]을 클릭한 후 **[호출 {공유1}.메시지와 함께 파일 공유하기]** 블록을 삽입한다. [액티비티_스타터1]의 **[{액티비티_스타터1}.{결과 URI}]** 블록과 **[{텍스트_상자1}.{텍스트}]** 블록을 삽입한다.

7. 검색하여 선택한 자료 화면에 미리보기

01 검색하여 선택한 자료를 화면에 표시하기 위해 [언제 {액티비티_스타터1}.액티비티 후] 블록을 삽입한다. 선택한 자료의 확장자가 .jpg 또는 .png이면 선택한 이미지를 표시하기 위해 [제어]의 [만약 ~ 그러면] 블록을 삽입한다. [논리]의 [{ } 또는 { }] 블록을 삽입한다.

02 선택한 자료의 확장자를 확인하기 위해 [텍스트]의 [포함 텍스트] 블록을 삽입한다. [액티비티_스타터1]의 [{액티비티_스타터1}.{결과 URI}] 블록과 [텍스트]의 ["{ }"] 블록을 삽입한다. ".jpg"를 입력한다. [텍스트]의 [포함 텍스트] 블록, [액티비티_스타터1]의 [{액티비티_스타터1}.{결과 URI}] 블록과 [텍스트]의 ["{ }"] 블록을 삽입한다. ".png"를 입력한다.

Note. 확장자를 하나 더 추가하여 조건을 지정하고자 한다면 [논리]의 [{ } 또는 { }] 블록과 같은 서식 적용 블록을 추가 삽입하여 조건을 지정한다.

03 선택한 자료에 .jpg나 .png가 포함되어 있으면 선택한 자료가 이미지를 의미하므로 해당 이미지를 표시하기 위해 [이미지1]을 클릭한 후 [지정하기 {이미지1}.{보이기} 값] 블록과 [논리]의 [{참}] 블록을 삽입한다. 실제 선택한 사진을 표시하기 위해 [이미지1]의 [지정하기 {이미지1}.{사진} 값] 블록과 [액티비티_스타터1]의 [{액티비티_스타터1}.{결과 URI}] 블록을 삽입한다. [레이블3]의 [지정하기 {레이블3}.{텍스트} 값] 블록과 [텍스트]의 ["{ }"] 블록을 삽입한다.

04 선택한 자료의 확장자가 .mp4라면 동영상이므로 해당 동영상을 표시하기 위해 [아니고 ... 만약] 블록을 삽입한다. 선택한 자료의 확장자를 확인하기 위해 [텍스트]의 [포함 텍스트] 블록과 [액티비티_스타터1]의 [{액티비티_스타터1}.{결과 URI}] 블록, [텍스트]의 ["{ }"] 블록을 삽입한다. ".mp4"를 입력한다.

05 선택한 자료에 .mp4가 포함되어 있다면 선택한 자료가 동영상임을 의미하므로 해당 동영상을 표시하기 위해 [비디오플레이어1]을 클릭한 후 [지정하기 {비디오_플레이어1}.{보이기} 값] 블록과 [논리] 의 [{참}] 블록을 삽입한다. 실제 선택한 비디오를 표시하기 위해 [이미지1]의 [지정하기 {비디오_플레이어1}.{소스} 값] 블록과 [액티비티_스타터1]의 [{액티비티_스타터1}.{결과 URI}] 블록을 삽입한다. [레이블3] 의 [지정하기 {레이블3}.{텍스트} 값] 블록과 [텍스트]의 ["{ }"] 블록을 삽입한다. "화면 내부를 누르면 동영 상 재생이 가능합니다."를 입력한다.

06 선택한 자료에 .mp3나 .wma가 포함되어 있다면 선택한 자료가 음악이므로 해당 음악을 표시하 기 위해 [아니고 ... 만약] 블록을 삽입한다. [논리]의 [{ } 또는 { }] 블록을 삽입한 후 [텍스트]의 [포함 텍스트] 블록과 [액티비티_스타터1]의 [{액티비티_스타터1}.{결과 URI}] 블록, [텍스트]의 ["{ }"] 블록을 삽입한다. ".mp3"를 입력한다. [텍스트]의 [포함 텍스트] 블록, [액티비티_스타터1]의 [{액티비티_스타터1}.{결과 URI}] 블록과 [텍스트]의 ["{ }"] 블록을 삽입한다. ".wma"를 입력한다.

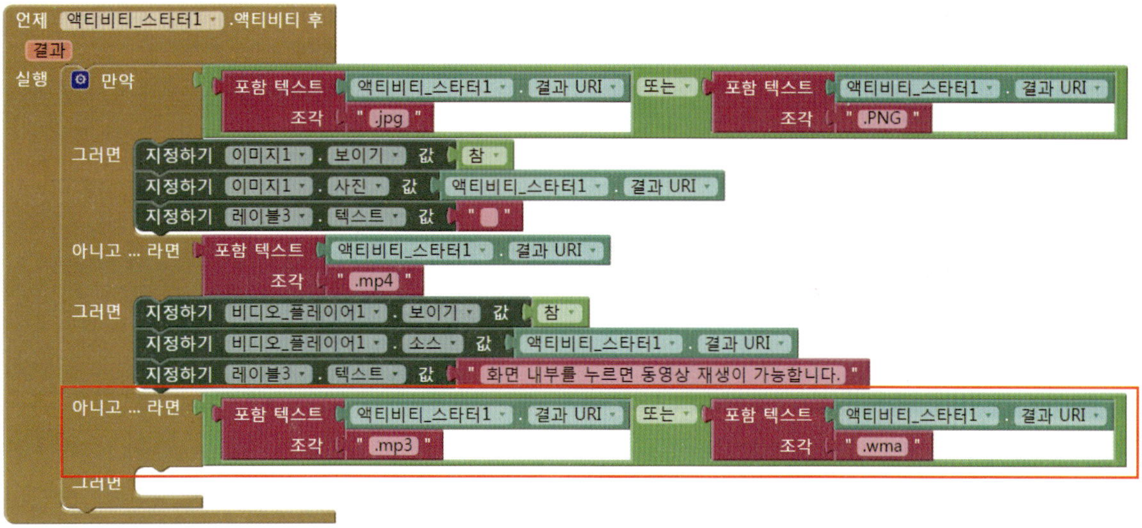

07 선택한 자료에 .mp3나 .wma가 포함되어 있다면 선택한 자료가 음악임을 의미하므로 음표를 표시하기 위해 [음표표시]를 클릭한 후 **[지정하기 {음표표시}.{보이기} 값]** 블록과 [논리]의 [{참}] 블록을 삽입한다. 음표를 눌렀을 때 음악이 재생되도록 소스를 지정하기 위해 [플레이어1]을 클릭한 후 **[지정하기 {플레이어1}.{소스} 값]** 블록과 [액티비티_스타터1]의 [{액티비티_스타터1}.{결과 URI}] 블록을 삽입한다. [레이블3]의 **[지정하기 {레이블3}.{텍스트} 값]** 블록과 [텍스트]의 [" { }"] 블록을 삽입한다. "음표를 누르면 음악 재생/중지가 가능합니다."를 입력한다.

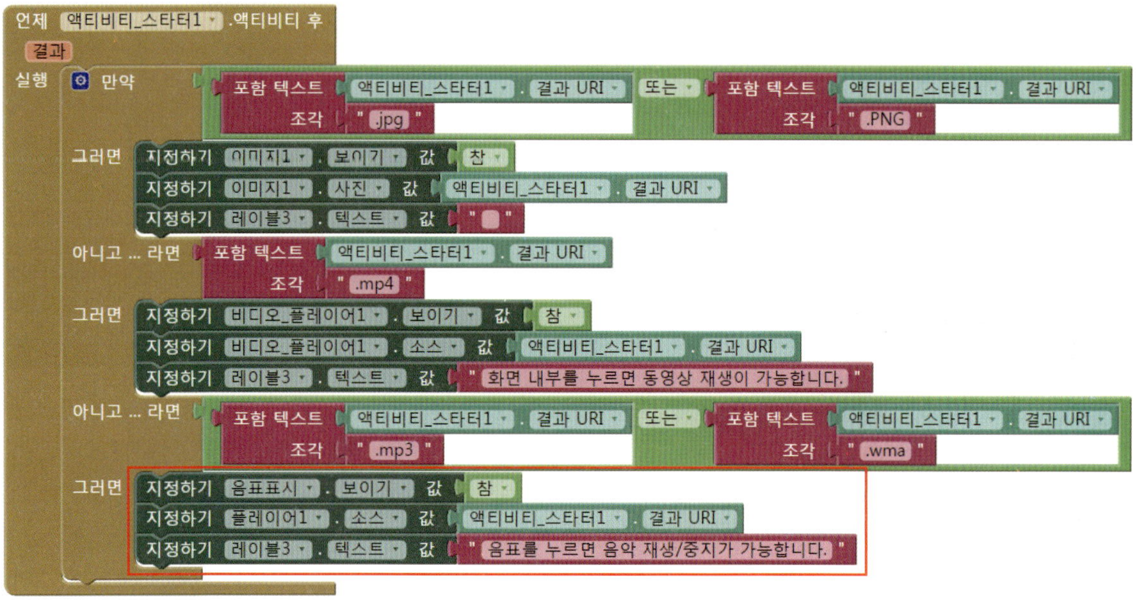

8. [음표표시] 버튼 눌러 음악 재생/중지하기

01 [음표표시] 버튼을 상태를 저장하기 위한 변수를 선언하기 위해 [변수]를 선택한 후 **[전역변수 초기화 {변수 이름} 값]** 블록을 삽입한다. **{변수_이름}**에 "음악재생상태"를 입력한다. [공통 블록]의 [수학]에서 **[{0}]** 블록을 삽입한다.

02 [음표표시] 버튼인 ♫를 처음 눌렀을 때 음악이 재생되고 다시 [음표표시] 버튼인 ♫를 눌렀을 때 음악 재생이 정지되도록 지정하기 위해 [음표표시]를 클릭한 후 **[언제 {음표표시}.클릭]** 블록을 삽입한다. 음악 재생 상태를 비교하기 위해 [제어]의 **[만약 ~ 그러면]** 블록을 삽입한다. [논리]의 **[{ } = { }]** 블록을 삽입한다. [변수]에서 **[가져오기 { }]** 블록을 삽입한 후 "global 음악재생상태"를 지정한다. [수학]의 **[{0}]** 블록을 삽입한다. 실제 음악을 재생하기 위해 [플레이어1]]의 **[호출 {플레이어1}.시작]** 블록을 삽입한 후 [변수]의 **[지정하기 { } 값]** 블록을 삽입한다. "global 음악재생상태"를 지정하고 [수학]의 **[{0}]** 블록을 삽입한 후 "1"을 입력한다.

03 **[아니면]** 블록을 삽입한다. 음악 재생을 정지하기 위해 [플레이어1]]의 **[호출 {플레이어1}.정지]** 블록을 삽입한 후 [변수]의 **[지정하기 { } 값]** 블록을 삽입한다. "global 음악재생상태"를 지정하고 [수학]의 **[{0}]** 블록을 삽입한다.

Note. 액티비티 스타터를 이용하여 스마트폰의 파일 관리자에 접근하려면 ASTRO, File Manager와 같은 파일 관리자 앱이 설치되어 있어야 한다.

실전 예제로 나만의 앱 디자인하고 개발하기

앞서 살펴본 앱 인벤터에서 제공하는 다양한 컴포넌트와 센서 그리고 저장소 등을 이용하여 실생활에서 사용가능한 실전 예제를 작성한다.

Chapter 01

나만의 드로잉 앱(그림판) 개발하기

[그리기 & 애니메이션] 팔레트의 컴포넌트를 이용하면 간단히 그림을 직접 그릴 수 있는 그림판 앱을 작성할 수 있다. 직접 그림을 그릴 뿐만 아니라 스마트폰에 저장되어 있는 이미지나 직접 카메라로 촬영한 이미지를 배경 이미지로 지정하여 꾸미고, 해당 이미지를 저장하여 스마트폰에 저장하도록 구현한다.

완성 파일 : Picture_Drawing_App.aia

앱 설계하기

❶ [새로 만들기], [저장하기], [열기], [붓], [지우개] 이미지를 이용하여 메뉴를 표시한다.

❷ [새로 만들기]를 누르면 캔버스 내부에 그린 그림(배경 이미지 포함)이 모두 삭제된다.

❸ [저장하기]를 누르면 파일명을 입력하는 대화상자가 표시되며 파일명을 입력하여 [저장] 버튼을 누르면 스마트폰에 해당 그림이 저장된다.

❹ [열기]를 누르면 파일명 입력 상자가 표시되고, 파일명을 입력한 후 [열기] 버튼을 누르면 스마트폰에 저장된 그림을 캔버스에 표시한다.

❺ [붓]을 누른 후 캔버스 내부를 드래그하면 선이 그려져 그림을 그릴 수 있다.

❻ [지우개]를 누른 후 스크린을 드래그하면 캔버스에 그린 그림이 지워진다.

❼ [배경 이미지 지정] 버튼을 클릭하면 [갤러리] 버튼과 [카메라] 버튼이 표시된다. [갤러리]를 선택하면 갤러리에서 선택한 이미지를, [카메라]를 선택하면 카메라로 직접 촬영한 이미지를 캔버스의 배경 이미지로 지정한다.

❽ [굵기]의 슬라이더를 드래그하여 붓의 굵기를 지정할 수 있다. ▼ 버튼을 이용하여 미리 지정되어 있는 붓 크기를 선택할 수 있다.

❾ 색상판의 색을 선택하여 붓 색을 지정한다. [색편집] 버튼을 클릭하면 색편집 화면이 표시되어 직접 색을 지정할 수 있다.

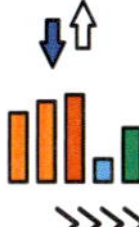

1 그림판 앱 화면 디자인하기

개발하려고 하는 그림판 앱은 다음과 같이 화면이 디자인되어 있다. 지금부터 [팔레트]의 컴포넌트를 이용하여 화면을 아래 그림과 같이 구성한다.

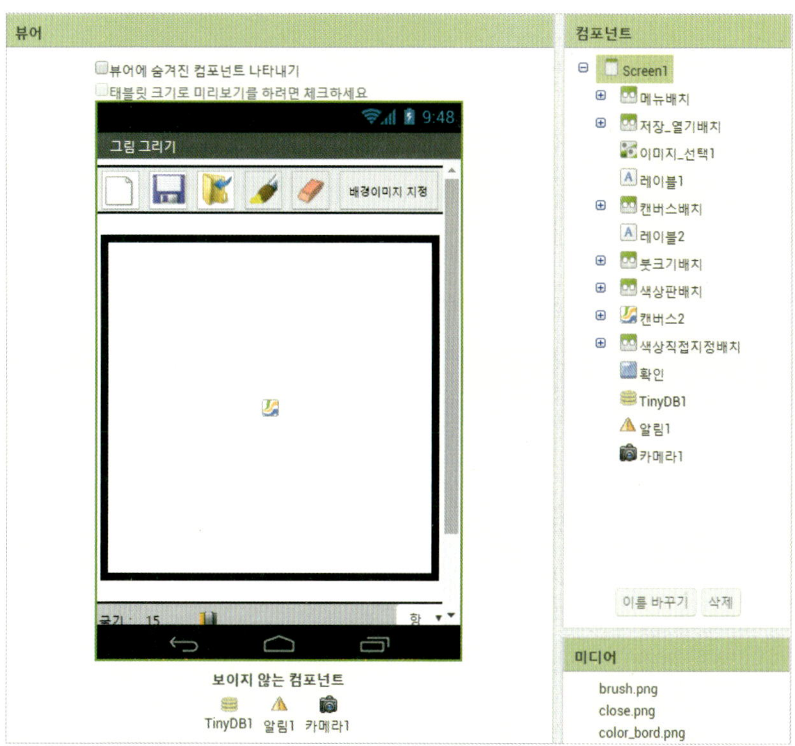

✦ 미디어 등록 및 [Screen1] 속성 지정하기

앱 개발에 필요한 이미지 파일을 앱 인벤터 서버에 업로드하고 [Screen1]의 기본 속성을 지정한다.

☒ 앱 개발에 필요한 미디어 등록하기

❶ [미디어] 패널에서 [파일 올리기] 버튼을 클릭한다.

❷ [파일 선택] 버튼을 클릭한 후 "new.png" 파일을 선택하고 [열기] 버튼을 클릭한다.

❸ [파일 올리기] 화면에 파일명이 표시되면 [확인] 버튼을 눌러 "new.png" 파일을 서버에 등록한다.

❹ 같은 방법으로 "save.png", "open.png", "brush. png", "eraser.png", "colse.png", "color_bord. png", "select.png", "color_1.png" 파일을 서버에 등록한다.

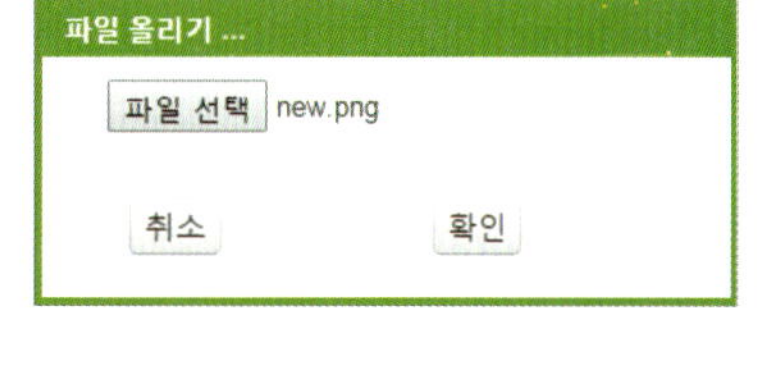

⊠ [Screen1] 속성 지정하기

01 [Screen1]의 [속성] 패널에서 [Screen1]에 삽입되는 모든 컴포넌트들이 중앙에 배치되도록 지정하기 위해 [수평 정렬]을 "중앙 : 3"으로 지정한다.

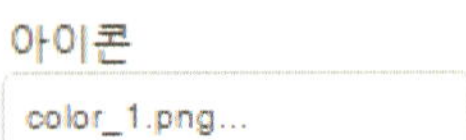

수평 정렬
중앙 : 3 ▾

02 [앱 이름] 입력란에 "나만의 그림판"을 입력한다.

앱 이름
나만의 그림판

03 아이콘을 지정하기 위해 [아이콘]의 "없음"을 클릭한다. "color_1.png" 파일을 선택한 후 [확인] 버튼을 클릭한다.

아이콘
color_1.png...

04 스크린을 위/아래로 이동가능 하도록 [스크롤 가능 여부] 항목을 체크한다.

스크롤 가능 여부
☑

05 [제목] 입력란에 "그림 그리기"를 입력한다.

제목
그림 그리기

◈ 그림판 메뉴 디자인하기

그림판의 기본이 되는 [새로 만들기], [저장하기], [열기], [붓], [지우개], [배경 이미지 지정] 메뉴를 디자인하고 속성을 설정한다.

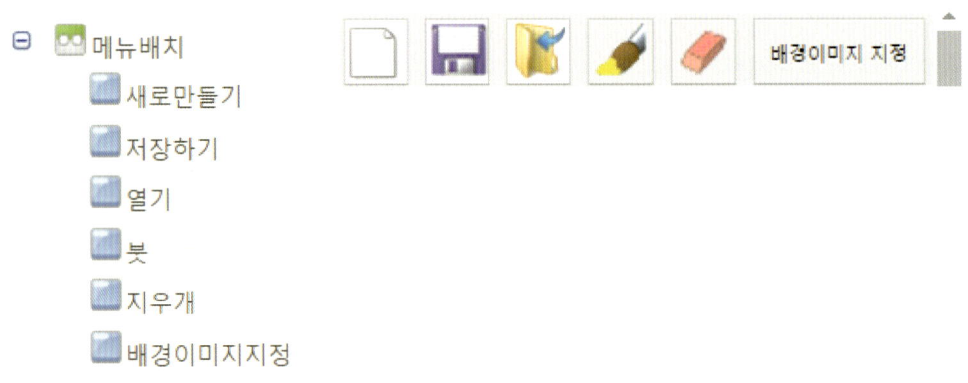

⊠ 메뉴 배치를 위한 레이아웃 삽입하고 속성 지정하기

01 메뉴를 가로로 삽입하기 위해 [레이아웃]의 [수평배치]를 삽입한다. [이름 바꾸기] 버튼 클릭 후 이름을 "메뉴배치"로 변경한다.

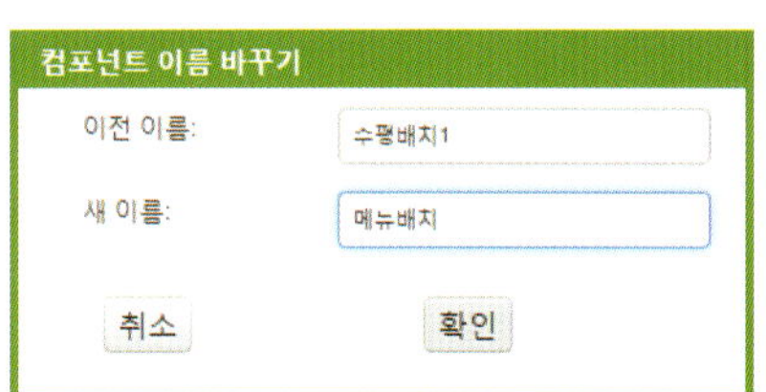

02 [수평 정렬]은 "중앙 : 3", [수직 정렬]은 "아래 : 3"으로 지정한다.

<table>
<tr><td>수평 정렬</td><td>수직 정렬</td></tr>
<tr><td>중앙 : 3 ▾</td><td>아래 : 3 ▾</td></tr>
</table>

03 [높이]는 "40 pixels", [너비]는 "100 percent"로 지정한다.

<table>
<tr><td>높이</td><td>너비</td></tr>
<tr><td>40 pixels...</td><td>100 percent...</td></tr>
</table>

⊠ 메뉴 버튼 삽입하기

01 [버튼]을 삽입한 후 [이름 바꾸기] 버튼을 클릭하여 이름을 "새로만들기"로 변경한다.

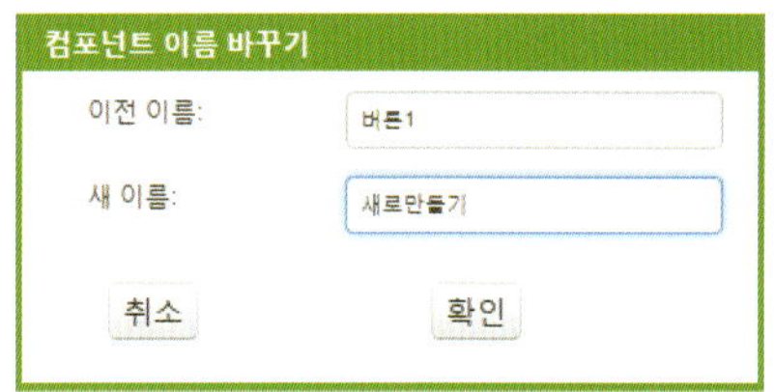

02 [높이]는 "35 pixels", [너비]는 "35 pixels", [텍스트]를 삭제한다.

<table>
<tr><td>높이</td><td>너비</td></tr>
<tr><td>35 pixels...</td><td>35 pixels...</td></tr>
</table>

텍스트

03 [이미지]의 "없음"을 클릭한다. "new.png" 파일을 선택한 후 [확인] 버튼을 클릭한다.

이미지

new.png...

04 [새로만들기] 버튼 오른쪽에 4개의 버튼을 추가 삽입한 후 같은 방법으로 이름을 각각 "저장하기", "열기", "붓", "지우개"로 지정하고 높이와 너비를 "35 pixels"로 지정한다. 텍스트를 삭제한 후 이미지를 각각 "save.png", "open.png", "brush.png", "eraser.png"로 지정한다.

<table>
<tr><td>이미지</td><td>이미지</td></tr>
<tr><td>save.png...</td><td>open.png...</td></tr>
<tr><td>이미지</td><td>이미지</td></tr>
<tr><td>brush.png...</td><td>eraser.png...</td></tr>
</table>

 [지우개] 버튼 오른쪽에 새로운 버튼을 삽입한다. [이름 바꾸기] 버튼을 클릭하여 이름을 "배경이미지지정"으로 변경한다. [글꼴 크기]는 "10", [높이]는 "35 pixels"로 지정한다. [텍스트]에 "배경이미지 지정"을 입력한다.

저장하기/열기 대화상자 디자인하기

[저장하기] 또는 [열기] 버튼을 눌러쓸 때 파일명을 입력하는 대화상자를 디자인하고 속성을 설정한다.

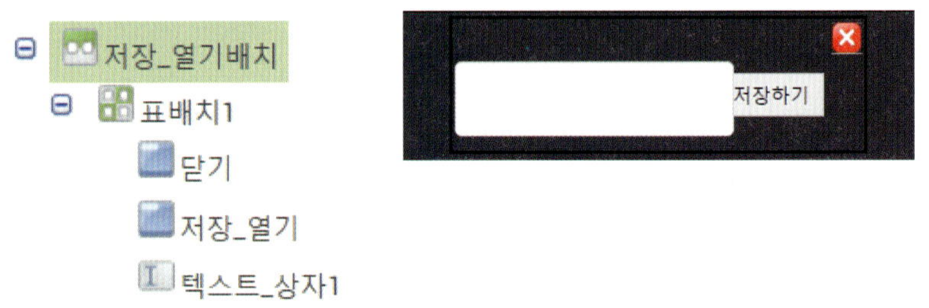

메뉴 배치를 위한 레이아웃 삽입하고 속성 지정하기

 [레이아웃]의 [수평배치]를 [메뉴배치] 컴포넌트 아래에 삽입한다. [이름 바꾸기] 버튼 클릭 후 이름을 "저장_열기배치"로 변경한다.

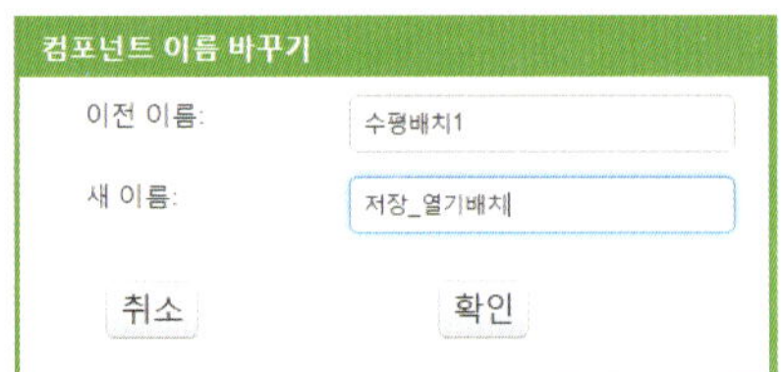

 [수평 정렬]은 "중앙 : 3", [수직 정렬]은 "가운데 : 2"로 지정한다. [배경색]은 "어두운 회색", [높이]는 "90 pixels", [너비]는 "100 percent"를 지정한다.

수평 정렬	수직 정렬	배경색	높이	너비
중앙 : 3 ▾	가운데 : 2 ▾	■ 어두운 회색	90 pixels...	100 percent...

⊠ 표 배치 레이아웃 삽입하고 속성 지정하기

01 [표 배치]를 [저장_열기배치] 내부에 삽입한다. [열]에 "3", [행]에 "2"를 지정한다.

02 [높이]는 "80 pixels", [너비]는 "80 percent"를 지정한다.

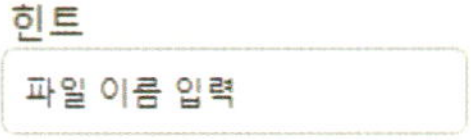

⊠ [텍스트 상자], [닫기] 버튼, [저장하기] 버튼 삽입하기

01 [텍스트 상자]를 선택한 후 [표배치1]의 2행 1열 위치에 삽입한다. [높이]는 "40 pixels"로 지정하고 [힌트]에 "파일 이름 입력"을 입력한다.

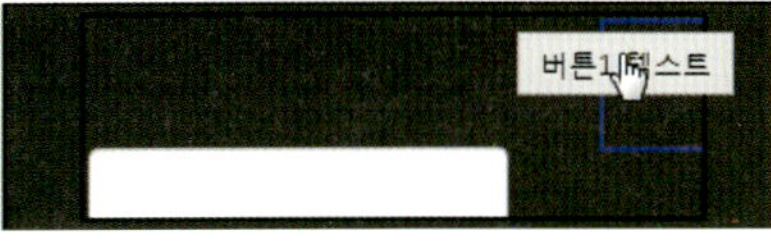

02 [버튼]을 선택한 후 [표배치1]의 1행 3열 위치에 삽입한다. [이름 바꾸기] 버튼 클릭 후 이름을 "닫기"로 변경한다.

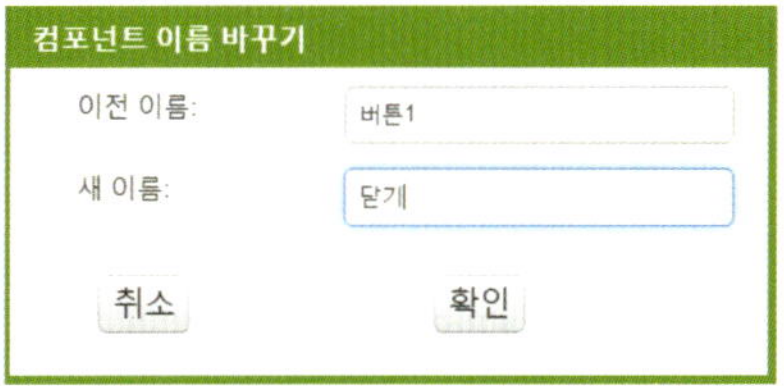

03 [높이]는 "20 pixels", [너비]는 "20 pixels"을 지정한다. [이미지]에 "close.png"를 지정하고 [텍스트]를 삭제한다.

04 [버튼]을 선택한 후 [표배치1]의 2행 2열 위치에 삽입한다. [이름 바꾸기] 버튼을 클릭한 후 이름을 "저장_열기"로 변경한다.

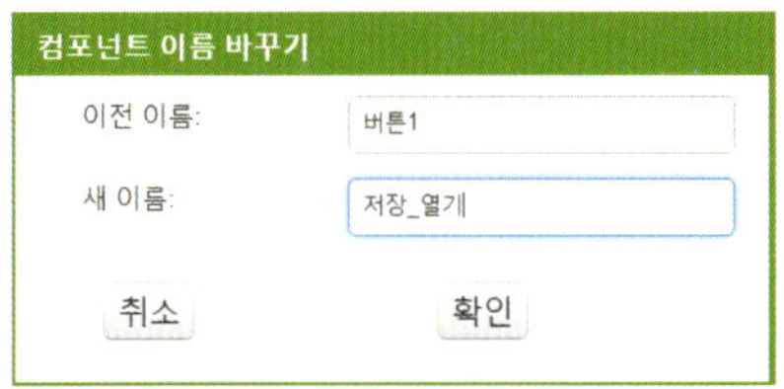

05 [텍스트]에 "저장하기"를 입력한다. [텍스트 정렬]을 "가운데 : 1"로 지정한다.

06 저장하기/열기 대화상자는 [저장하기] 버튼 또는 [열기] 버튼을 눌렀을 때만 스크린에 표시되어야 한다. 앱 실행 시 표시되지 않도록 [저장_열기배치]를 선택한 후 [보이기]의 체크를 해제한다.

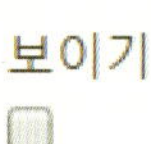

갤러리를 열기 위한 버튼 삽입하기

[배경이미지 지정] 버튼을 눌러 [갤러리] 버튼을 누르면 스마트폰의 갤러리가 표시되도록 [이미지 선택] 컴포넌트와 간격 조절을 위한 레이블을 삽입한다.

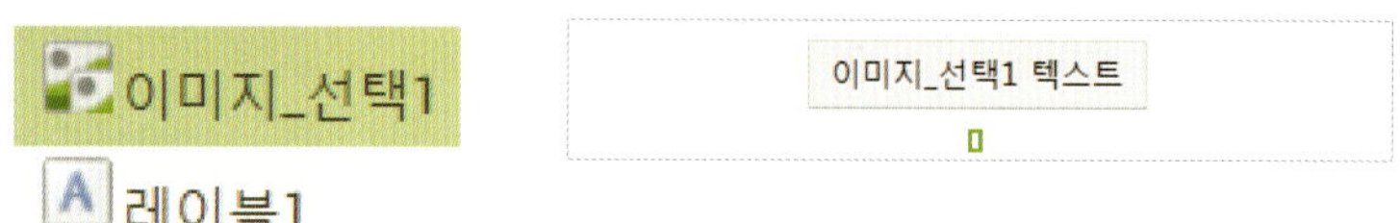

[이미지 선택] 컴포넌트 삽입하기

01 [미디어]의 [이미지 선택]을 [저장_열기배치] 아래에 삽입한다. [이름 바꾸기] 버튼을 클릭한 후 이름을 "갤러리 열기"로 변경한다.

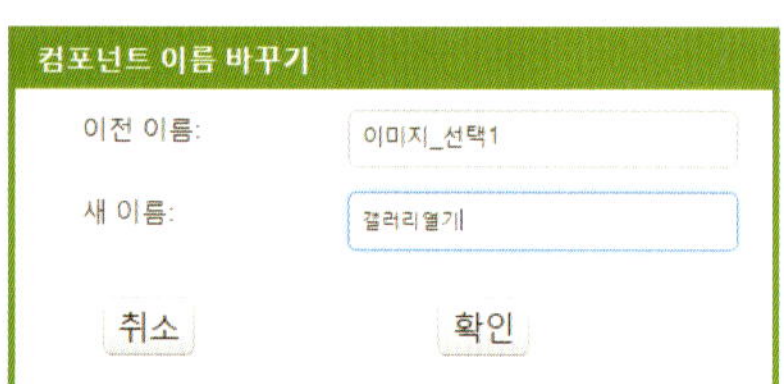

02 화면에 표시되지 않도록 [보이기]의 체크를 해제한다.

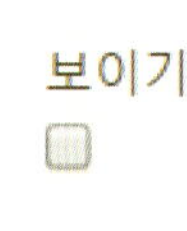

간격 조절 레이블 삽입하기

01 [사용자 인터페이스]의 [레이블]을 [갤러리 열기] 아래에 삽입한다. [높이]를 "5 pixels", [텍스트]는 삭제한다.

높이   텍스트

`5 pixels...`

그림을 직접 그리는 캔버스 삽입하기

그림을 직접 그리는 캔버스를 삽입한다. 캔버스에 테두리 효과를 지정하기 위해 [수평배치]를 삽입한다.

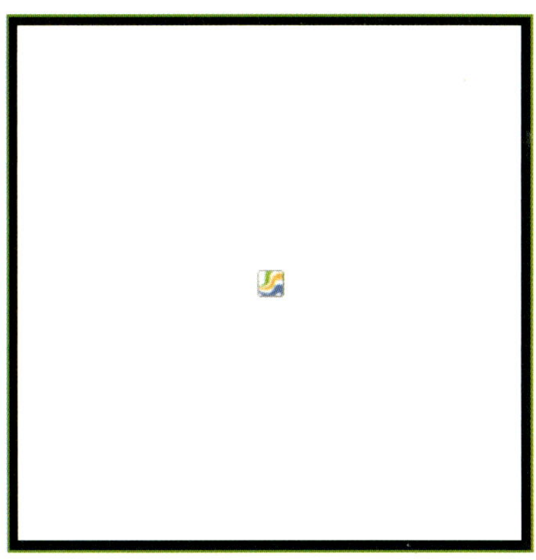

캔버스 배치를 위한 레이아웃 삽입하고 속성 지정하기

01 [레이아웃]의 [수평배치]를 [레이블1] 컴포넌트 아래에 삽입한다. [이름 바꾸기] 버튼 클릭 후 이름을 "캔버스배치"로 변경한다.

02 [수평 정렬]은 "중앙 : 3", [수직 정렬]은 "가운데 : 2"로 지정한다. [배경색]은 "검정", [높이]는 "310 pixels", [너비]는 "310 pixels"을 지정한다.

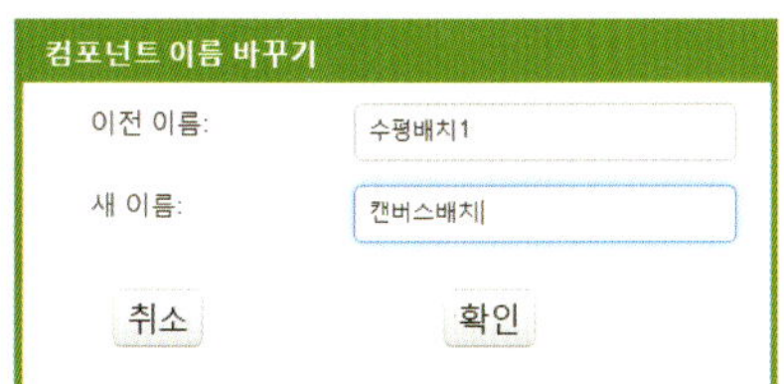

캔버스 삽입하고 속성 지정하기

01 [그리기 & 애니메이션]의 [캔버스]를 [캔버스배치] 내부에 삽입한다.

02 아래에 삽입할 컴포넌트와의 간격 조절을 위해 [사용자 인터페이스]의 [레이블]을 [캔버스배치] 아래에 삽입한다. [높이]를 "5 pixels"로 지정하고 [텍스트]를 삭제한다.

◈ 붓 크기를 표시하고 크기를 변경하는 슬라이더 삽입하기

현재의 붓 크기를 표시한다. 붓 크기 조정을 위한 슬라이더와 스피너를 삽입하고 속성을 지정한다.

⊠ 붓 크기와 슬라이더, 스피너 배치를 위한 레이아웃 삽입하기

01 [레이아웃]의 [수평배치]를 [레이블2] 컴포넌트 아래에 삽입한다. [이름 바꾸기] 버튼 클릭 후 이름을 "붓 크기배치"로 변경한다.

02 [수평 정렬]은 "중앙 : 3", [수직 정렬]은 "가운데 : 2"로 지정한다. [배경색]은 "밝은 회색", [높이]는 "30 pixels", [너비]는 "100 percent"를 지정한다.

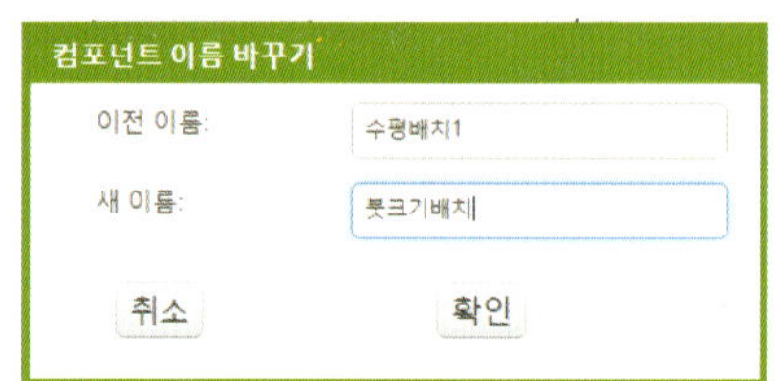

⊠ "굵기" 텍스트와 실제 지정된 굵기를 표시하는 레이블 삽입하기

01 [사용자 인터페이스]의 [레이블]을 [붓크기배치] 내부에 삽입한다. [텍스트]에 "굵기 : "를 입력한다.

02 [레이블]을 [레이블3] 오른쪽에 삽입한다. [이름 바꾸기] 버튼 클릭 후 이름을 "크기"로 변경한다.

03 [너비]는 "40 pixels", [텍스트]에 "15"를 입력한다.

⊠ 붓 크기 조절을 위한 슬라이더/스피너 삽입하기

01 [사용자 인터페이스]의 [슬라이더]를 [크기] 오른쪽에 삽입한다. [이름 바꾸기] 버튼 클릭 후 이름을 "붓크기지정_슬라이더"로 변경한다.

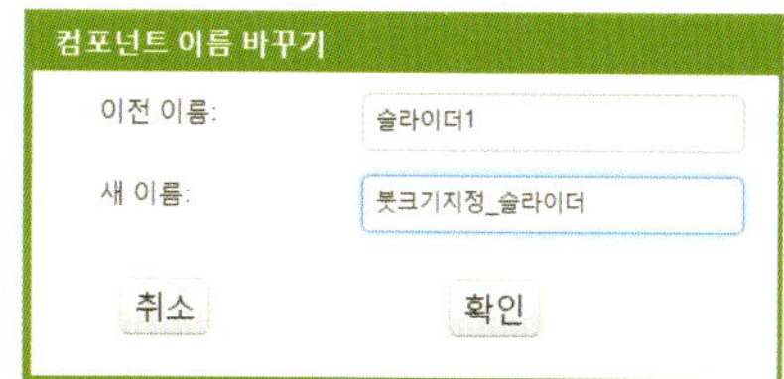

02 [너비]는 "55 percent", [최댓값]은 "30", [최솟값]은 "5", [섬네일 위치]는 "15"로 지정한다.

너비	최댓값	최솟값	섬네일 위치
55 percent...	30	5	15

03 [스피너]를 [붓크기지정_슬라이더] 오른쪽에 삽입한다. [목록 문자열]에 "10,12,13,15,16,20,25,30"을 입력한다. [너비]는 "50 piexels"을 지정하고 [창 제목]에 "붓크기 지정"을 입력한다.

목록 문자열	너비	창 제목
10,12,13,15,16,20,25,30	50 pixels...	붓 크기 지정

✕ 색상판 삽입하기

색을 지정하는 색상판과 색 편집을 위한 버튼을 삽입하고 속성을 지정한다.

⊠ 색상판을 나란히 배치하기 위한 레이아웃 삽입하기

01 [레이아웃]의 [수평배치]를 [붓크기배치] 아래에 삽입한다. [이름 바꾸기] 버튼 클릭 후 이름을 "색상판배치"로 변경한다.

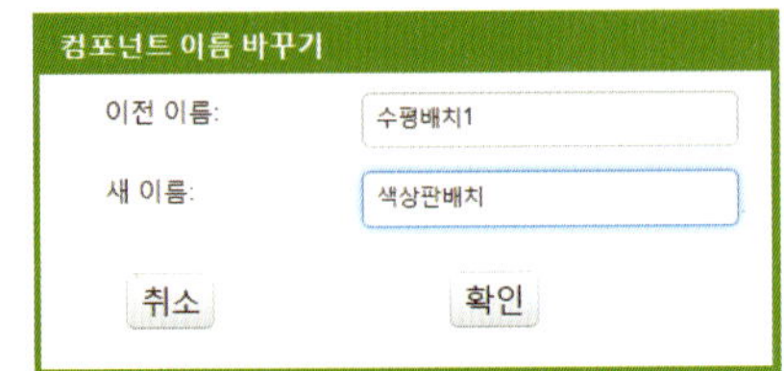

02 [수평 정렬]은 "중앙 : 3", [수직 정렬]은 "가운데 : 2", [높이]는 "60 pixels"로 지정한다.

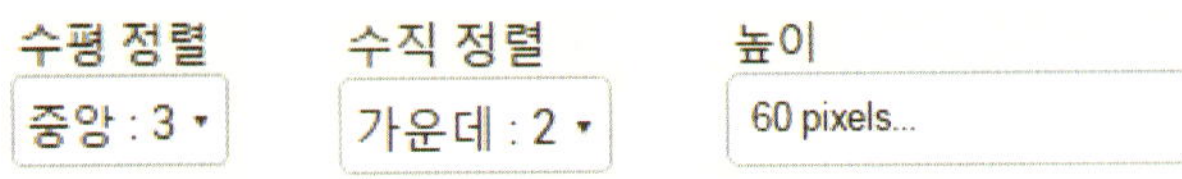

⊠ "색" 텍스트와 실제 선택된 색을 표시하는 버튼 삽입하기

01 [레이블]을 [색상판 배치] 내부에 삽입한다. [텍스트]에 "색"을 입력한다.

02 [버튼]을 [레이블4] 오른쪽에 삽입한다. [이름 바꾸기] 버튼 클릭 후 이름을 "선택색"으로 변경한다.

03 [배경색]은 "검정", [높이]는 "40 pixels", [너비]는 "40 pixels"을 지정한다. [텍스트]를 삭제한다.

04 간격 조절을 위해 [레이블]을 [선택색] 오른쪽에 삽입한다. [너비]는 "5 pixels", [텍스트]는 삭제한다.

⊠ "색선택" 버튼 삽입하기

01 [버튼]을 [레이블5] 오른쪽에 삽입한다. [이름 바꾸기] 버튼 클릭 후 이름을 "빨강"으로 변경한다.

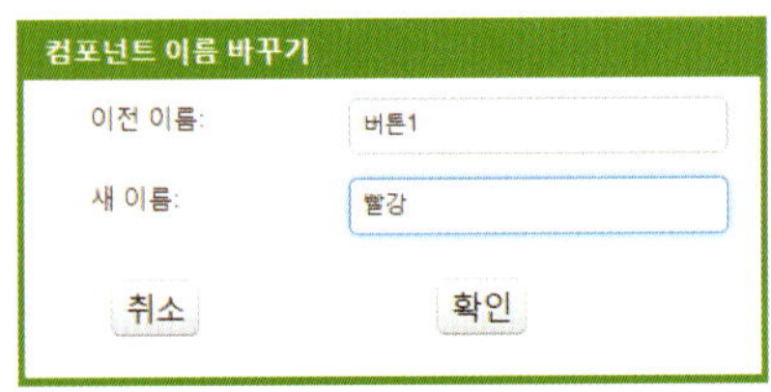

02 [배경색]은 "빨강", [높이]는 "25 pixels", [너비]는 "25 pixels", [텍스트]는 삭제한다.

03 [빨강] 버튼 오른쪽에 [버튼]을 추가로 7개 삽입한다. 위와 동일한 방법으로 "주황", "노랑", "초록", "파랑", "자홍", "분홍". "검정" 버튼을 삽입한다. 배경색과 높이, 너비를 지정하고, 텍스트는 삭제한다.

04 [버튼]을 [검정] 버튼 오른쪽에 삽입한다. [이름 바꾸기] 버튼 클릭 후 이름을 "색편집"으로 변경한다.

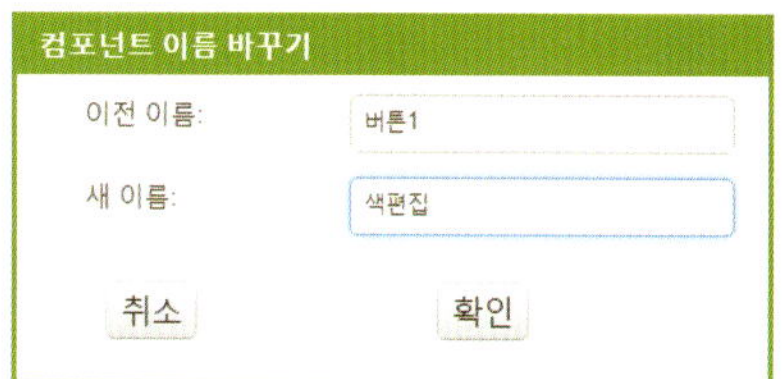

05 [글꼴 크기]는 "10", [텍스트]에는 "색편집"을 입력한다. [텍스트 정렬]은 "가운데 : 1"을 지정한다.

글꼴 크기
10

텍스트
색편집

텍스트 정렬
가운데 : 1 ▾

◈ 색 편집을 위한 RGB 색상판 삽입하기

RGB 색상판을 삽입하기 위해 캔버스와 선택 위치 표시를 위한 이미지 스프라이트를 삽입한다.

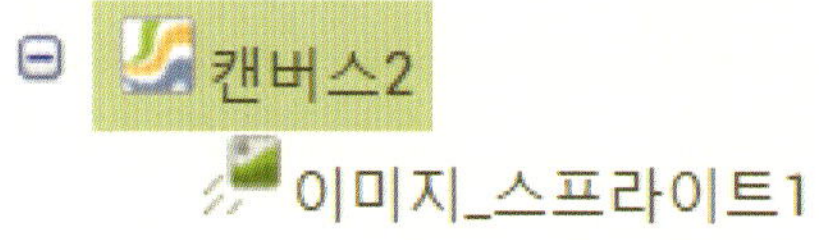

☒ 색상판 삽입을 위한 캔버스 삽입하기

01   [그리기 & 애니메이션]의 [캔버스]를 [색상판배치] 아래에 삽입한다. [배경 이미지] "없음"을 클릭한다. "color_bord.png" 파일을 선택한 후 [확인] 버튼을 클릭한다.

배경 이미지

| color_bord.png... |

02   [높이]는 "250 pixels", [너비]는 "250 pixels"을 지정한다.

높이   너비

| 250 pixels... | 250 pixels... |

☒ 선택 위치 표시를 위한 이미지 스프라이트 삽입하기

01   [그리기 & 애니메이션]의 [이미지 스프라이트]를 [캔버스2] 내부에 삽입한다. [높이]는 "10 pixels", [너비]는 "10 pixels"을 지정한다. [이미지] "없음"을 클릭한다. "select.png" 파일을 선택한 후 [확인] 버튼을 클릭한다. [보이기]의 체크를 해제한다.

높이   너비   사진

| 10 pixels... | 10 pixels... | select.png... |

02   RGB 색상판은 [색편집] 버튼을 눌렀을 경우에만 표시해야 한다. 앱을 처음 실행했을 때는 표시되지 않도록 지정하기 위해 [캔버스 2]를 선택한 후 [보이기]의 체크를 해제한다.

보이기
☐

✦ RGB 코드 값을 직접 지정하기 위한 슬라이드 삽입하기

0~255까지의 RGB 코드 값을 직접 지정하여 색상을 지정하도록 슬라이드를 삽입한다.

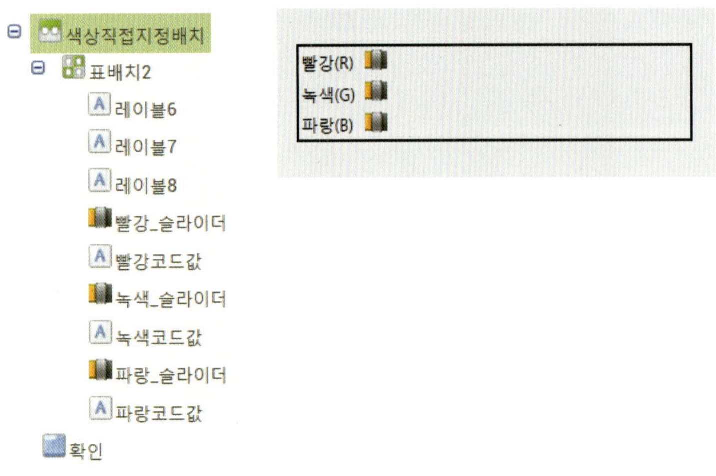

⊠ 레이아웃 삽입하기

01 [레이아웃]에서 [수평배치]를 [캔버스2] 아래에 삽입한다. [이름 바꾸기] 버튼 클릭 후 이름을 "색상직접지 정배치"으로 변경한다.

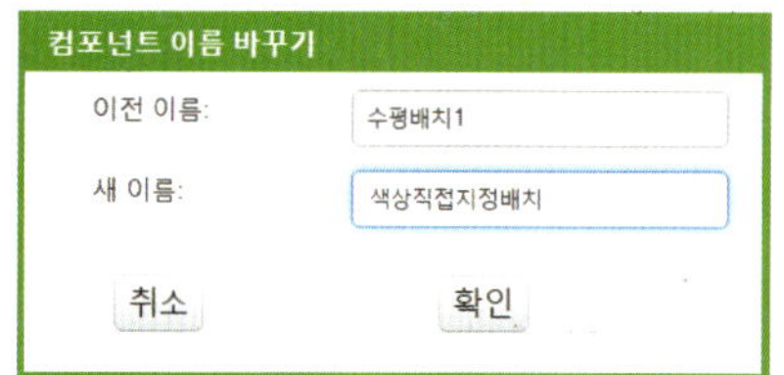

02 [수평 정렬]은 "중앙 : 3", [수직 정렬]은 "가운데 : 2", [높이]는 "120 pixels", [너비]는 "100 percent"로 지정한다.

수평 정렬	수직 정렬	높이	너비
중앙 : 3 ▾	가운데 : 2 ▾	120 pixels...	100 percent...

03 [표배치]를 [색상직접지정배치] 내부에 삽입한다. [열]은 "3", [행]은 "3"으로 지정한다.

열	행
3	3

⊠ 색상 텍스트 표시를 위한 레이블 삽입하기

01 [레이블]을 [표배치2] 내부의 1행 1열에 삽입한다. [텍스트]에 "빨강(R)"을 입력한다.

02 [레이블]을 [표배치2] 내부의 2행 1열에 삽입한다. [텍스트]에 "녹색(G)"을 입력한다.

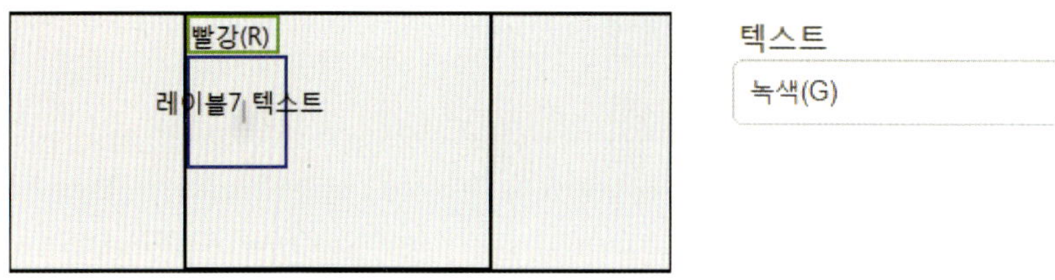

 [레이블]을 [표배치2] 내부의 3행 1열에 삽입한다. [텍스트]에 "파랑(B)"을 입력한다.

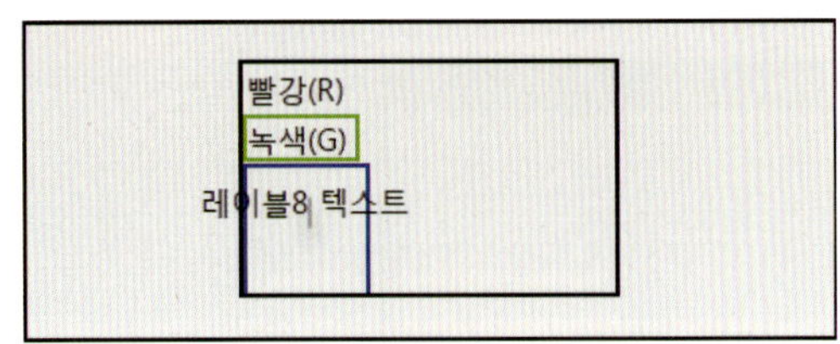

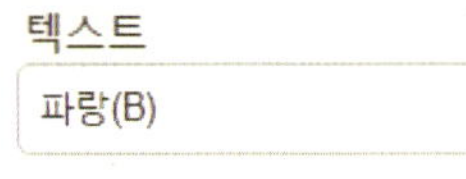

⊠ 코드 값 표시를 위한 레이블과 슬라이더 삽입하기

01 [레이블]을 [표배치2] 내부의 1행 3열에 삽입한다. [이름 바꾸기] 버튼 클릭 후 이름을 "빨강코드 값"으로 변경한다.

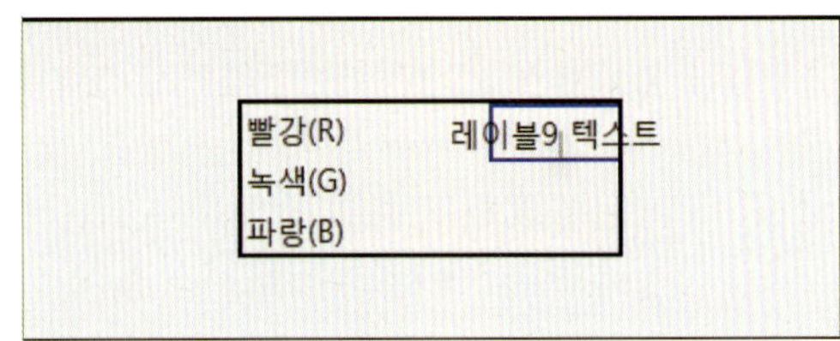

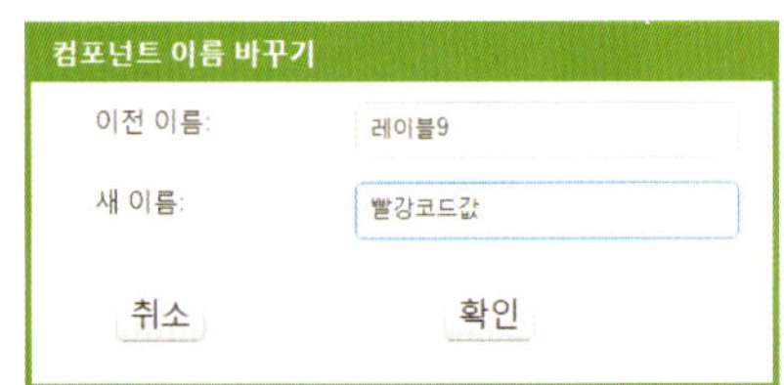

02 [너비]는 "30 pixels", [텍스트]는 삭제한다.

너비

30 pixels...

텍스트

03 [슬라이더]를 [표배치2] 내부의 1행 2열에 삽입한다. [이름 바꾸기] 버튼 클릭 후 이름을 "빨강_ 슬라이더"로 변경한다.

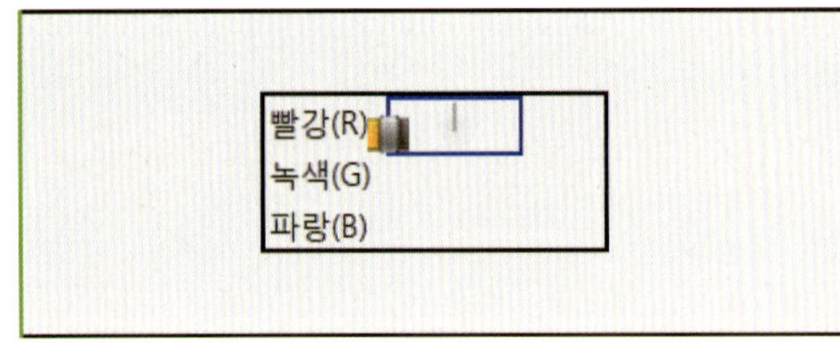

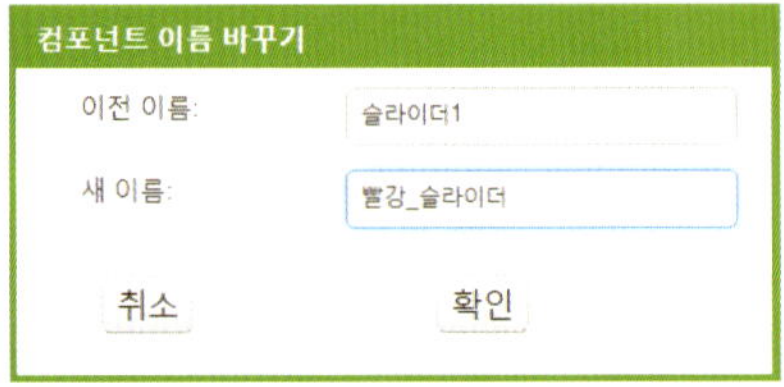

04 [왼쪽 색]은 "빨강", [오른쪽 색]은 "밝은 회색", [너비]는 "200 pixels", [최댓값]은 "255", [최솟 값]은 "0"을 지정한다.

왼쪽 색   오른쪽 색   너비   최댓값   최솟값

■ 빨강   ■ 밝은 회색   200 pixels...   255   0

05 같은 방법으로 "녹색코드값" 레이블과 "파랑코드값" 레이블 그리고 "녹색_슬라이드"와 "파랑_슬라이드"를 삽입한다.

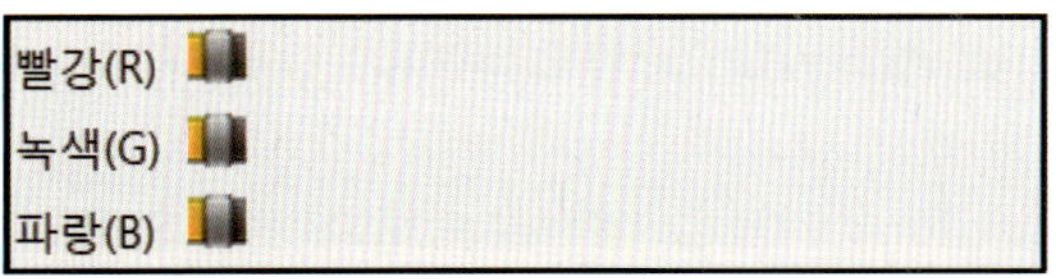

06 RGB 코드 값은 [색 편집] 버튼을 눌렀을 때만 표시된다. 앱을 처음 실행했을 경우 화면에 표시되지 않도록 지정하기 위해 [색상직접지정배치]를 선택한 후 [보이기]의 체크를 해제한다.

07 [버튼]을 [색상직접지정배치] 아래에 삽입한다. [이름 바꾸기] 버튼 클릭 후 이름을 "확인"으로 변경한다. [텍스트]에 "확인"을 입력한다. [보이기]의 체크를 해제한다.

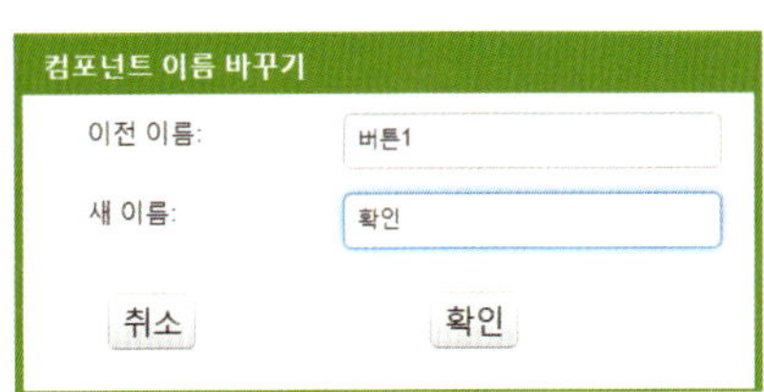

데이터 저장/알림/카메라 컴포넌트 삽입하기

직접 그린 그림을 스마트폰에 저장하기 위해 [TinyDB] 컴포넌트와 [갤러리]와 [카메라] 선택을 표시하기 위해 필요한 [알림] 컴포넌트 그리고 사진을 직접 촬영하는 [카메라] 컴포넌트를 삽입한다.

데이터 저장/알림 컴포넌트 삽입하기

01 [저장소]의 [TinyDB]를 스크린 영역으로 드래그하여 삽입한다.

보이지 않는 컴포넌트

02 [사용자 인터페이스]의 [알림]을 스크린 영역으로 드래그하여 삽입한다.

보이지 않는 컴포넌트

⊠ 사진을 촬영하는 카메라 컴포넌트 삽입하기

01 [미디어]의 [카메라]를 스크린 영역으로 드래그
하여 삽입한다.

---

2 [새로만들기], [저장하기], [열기], [붓], [지우개] 메뉴 기능 구현하기

그림판 메뉴인 [새로만들기], [저장하기], [열기], [붓], [지우개], 버튼을 눌렀을 때 해당 기능을 구현하도록 명령 블록을 구성한다. 명령 블록을 구성하기 위해 [블록] 버튼을 클릭한다.

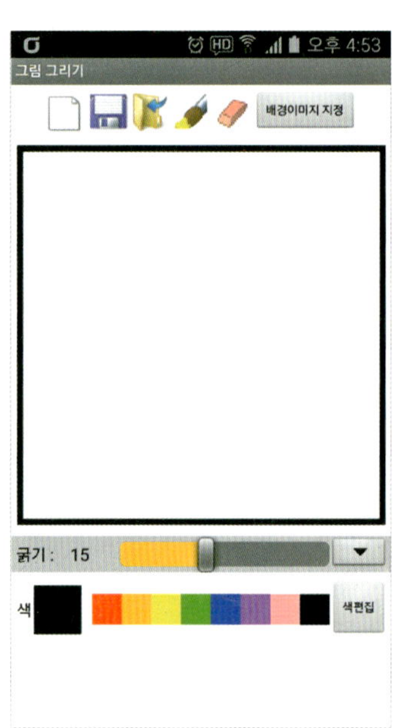

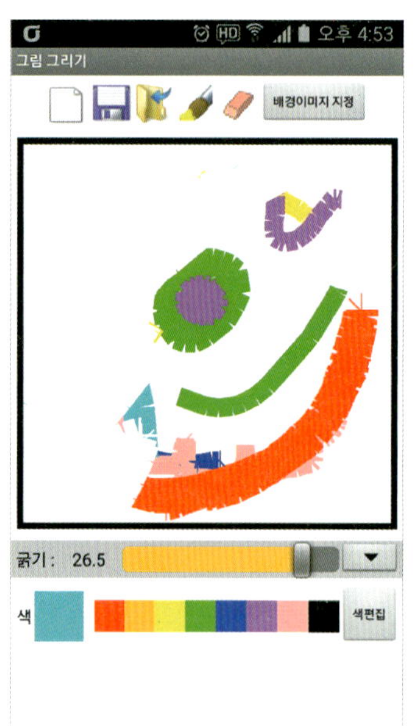

✕ [새로만들기] 버튼을 눌러 새로운 캔버스 표시하기

01 [새로만들기] 버튼을 클릭한 후 [언제
{새로만들기}.클릭] 블록을 [뷰어] 영역으로 드래
그한다. 현재 캔버스 영역에 그려진 그림을 삭
제하기 위해 [캔버스]를 선택한 후 **[호출 {캔버스
1}.지우기]** 블록을 삽입한다.

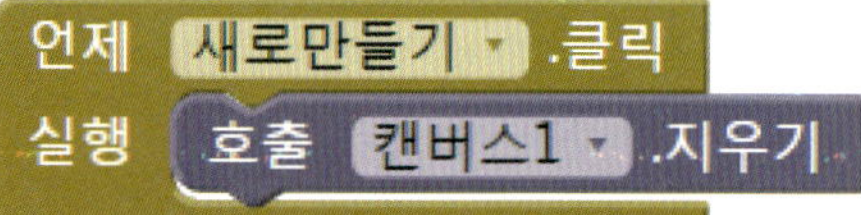

02   만약 배경으로 지정된 그림이 있다면 배경 이미지가 삭제되어야하므로 [캔버스1]을 선택한 후 **[지정하기 {캔버스1}.{배경 이미지} 값]** 블록을 삽입한다. [텍스트]의 **["{ }"]** 블록을 삽입한다.

◈ [저장하기] 버튼을 눌러 대화상자 표시하기

01   [저장하기] 버튼을 누르면 파일명을 입력하는 대화상자가 표시되어야 한다. 앱 처음 실행 시 보이지 않던 [저장_열기배치]를 보이도록 지정하기 위해 [저장하기]를 클릭한 후 **[언제 {저장하기}.클릭]** 블록을 [뷰어] 영역으로 드래그한다. [저장_열기배치]를 선택한 후 **[지정하기 {저장_열기배치}.{보이기} 값]** 블록을 삽입한다. [논리]의 **[{참}]** 블록을 삽입한다.

02   대화상자에 삽입되어 있는 [저장_열기] 버튼에 "저장"이라는 텍스트가 표시되어야 한다. [저장_열기]를 클릭한 후 **[지정하기 {저장_열기}.{텍스트} 값]** 블록을 삽입한다. [텍스트]의 **["{ }"]** 블록을 삽입한 후 "저장"을 입력한다.

◈ [열기] 버튼을 눌러 [열기] 대화상자 표시하기

01   [열기] 버튼을 누르면 파일명을 입력하는 대화상자가 표시되어야 한다. 앱 처음 실행 시 보이지 않던 [저장_열기배치]를 보이도록 지정하기 위해 [열기]를 클릭한 후 **[언제 {열기}.클릭]** 블록을 [뷰어] 영역으로 드래그한다. [저장_열기배치]를 선택한 후 **[지정하기 {저장_열기배치}.{보이기} 값]** 블록을 삽입한다. [논리]의 **[{참}]** 블록을 삽입한다.

 대화상자에 삽입되어 있는 [저장_열기] 버튼에 "열기"라는 텍스트가 표시되어야 한다. [저장_열기]를 클릭한 후 **[지정하기 {저장_열기}.{텍스트} 값]** 블록을 삽입한다. [텍스트]의 **["{ }"]** 블록을 삽입한 후 "열기"를 입력한다.

❖ [붓] 버튼을 눌러 붓 상태로 변경하기

01 [붓] 버튼을 누른 후 캔버스 내부를 드래그하면 선택된 색으로 선이 그려져야한다. [붓]을 클릭한 후 **[언제 {붓}.클릭]** 블록을 [뷰어] 영역으로 드래그한다. [캔버스1]을 선택한 후 **[지정하기 {캔버스1}.{페인트 색상} 값]** 블록을 삽입한다.

02 색상판 또는 RGB 색상판에서 선택한 색을 표시하고 있는 [선택색]의 배경색으로 캔버스의 페인트 색상을 지정해야 하므로 [선택색]을 클릭한다. **[{선택색}.{배경색}]** 블록을 삽입한다.

❖ [지우개] 버튼을 눌러 지우개 상태로 변경하기

01 [지우개] 버튼을 누른 후 캔버스 내부를 드래그하면 캔버스를 드래그하여 그린 선만 삭제되어야 한다. 즉 투명색으로 선을 지우는 것과 같은 효과를 지정해야 한다. 캔버스의 페인트 색상을 투명색으로 지정하기 위해 [지우개]를 클릭한 후 **[언제 {지우개}.클릭]** 블록을 [뷰어] 영역으로 드래그한다. [캔버스1]을 선택한 후 **[지정하기 {캔버스1}.{페인트 색상} 값]** 블록을 삽입한다.

02 [공통 블록]의 [색상 만들기] 블록을 삽입한다. 색상 만들기 리스트에 투명도를 지정하는 항목을 삽입하기 위해  아이콘을 클릭하여 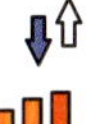 을 추가 삽입한다. 첫 번째 항목부터 순서대로 "255", "255", "255", "0"을 입력한다. 즉 캔버스의 페인트 색상이 흰색이면서 투명도가 0이 되어 지우개 효과를 지정할 수 있다.

TIP RGB 코드 값

앱 인벤터는 RGB 값을 이용하여 색상을 지정한다. 그래서 색상 리스트는 첫 번째 항목은 빨강, 두 번째 항목은 초록, 세 번째 항목은 파란색을 의미한다. 기본적으로 색상의 투명도는 100으로 지정되어 있다. 만약 반투명 색을 지정하거나 투명한 색상을 직접 지정하고자 한다면 리스트에 항목을 추가한 후 투명도 값을 직접 지정하면 된다.

3 [배경이미지지정] 버튼을 눌러 갤러리와 카메라 선택하기

[배경이미지지정] 버튼을 눌렀을 때 [갤러리] 또는 [카메라]를 선택할 수 있는 알림창을 표시하고, 표시된 단추를 선택하면 갤러리 또는 카메라가 실행되도록 명령 블록을 구성한다.

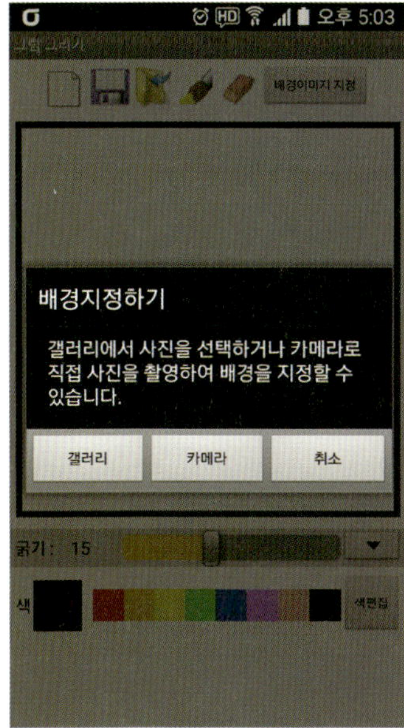
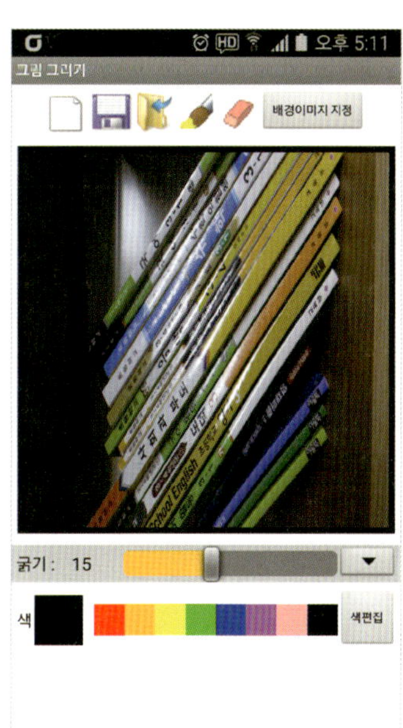

🔆 [배경이미지지정] 버튼을 눌러 대화창 표시하기

01 [배경이미지지정]을 클릭한 후 **[언제 {배경이미지지정}.클릭]** 블록을 [뷰어] 영역으로 드래그한다. [알림1]을 선택한 후 **[호출 {알림1}.선택 대화창 나타내기]** 블록을 삽입한다.

02 메시지와 버튼 이름을 표시하기 위해 [텍스트]의 **["{ }"]** 블록을 삽입한다. 각각의 블록에 순서대로 "갤러리에서 사진을 선택하거나 카메라로 직접 사진을 촬영하여 배경을 지정할 수 있습니다.", "배경지정하기", "갤러리", "카메라"를 입력한다.

🔆 [갤러리] 또는 [카메라]가 실행되도록 지정하기

01 [배경이미지지정] 버튼을 눌러 표시되는 알림창에서 누른 버튼의 텍스트가 "갤러리"라면 스마트폰의 갤러리가 실행되어야 하고, "카메라"라면 카메라가 실행되어야 한다. [알림1]을 선택한 후 **[언제 {알림1}.선택 후]** 블록을 [뷰어] 영역으로 드래그한다. [제어]의 **[만약 ~ 그러면]** 블록을 삽입한다. ⚙ 아이콘을 클릭하여 **[아니고 ... 만약]**을 삽입한다.

02 비교하기 위해 [논리]의 [{ } = { }] 블록을 삽입한다. [텍스트]의 ["{ }"] 블록을 삽입한 후 "갤러리"를 입력한다. [선택]에 마우스를 이동시킨 후 [가져오기 {선택}]을 드래그하여 삽입한다. [갤러리열기]를 선택한 후 [호출 {갤러리열기}.열기] 블록을 삽입한다.

03 위와 같은 방법으로 카메라가 실행되도록 다음과 같이 명령 블록을 완성한다.

◈ [갤러리] 또는 [카메라]로 촬영한 사진 배경그림으로 지정하기

01 스마트폰의 갤러리에서 선택한 사진을 배경 이미지로 지정하기 위해 [갤러리열기]를 선택한 후 [언제 {갤러리열기}.선택 후] 블록을 [뷰어] 영역으로 드래그한다. [캔버스1]을 선택한 후 [지정하기 {캔버스1}.{배경 이미지} 값] 블록을 삽입한다. [갤러리열기]를 선택한 후 [{갤러리열기}.{선택된 항목}] 블록을 삽입한다.

02 카메라로 촬영한 사진을 배경이미지로 지정하기 위해 [카메라1]을 선택한 후 [언제 {카메라1}.사진 찍은 후] 블록을 [뷰어] 영역으로 드래그한다. [캔버스1]을 선택한 후 [지정하기 {캔버스1}.{배경 이미지} 값] 블록을 삽입한다. [이미지]에 마우스를 이동시킨 후 [가져오기 {이미지}] 블록을 드래그하여 삽입한다.

4

캔버스에 그림 그리고 붓 크기 변경하기

직접 선택한 색으로 캔버스에 직접 그림을 그리고 슬라이더 또는 스피너의 목록 버튼을 눌러 붓 크기를 조정하도록 명령 블록을 구성한다.

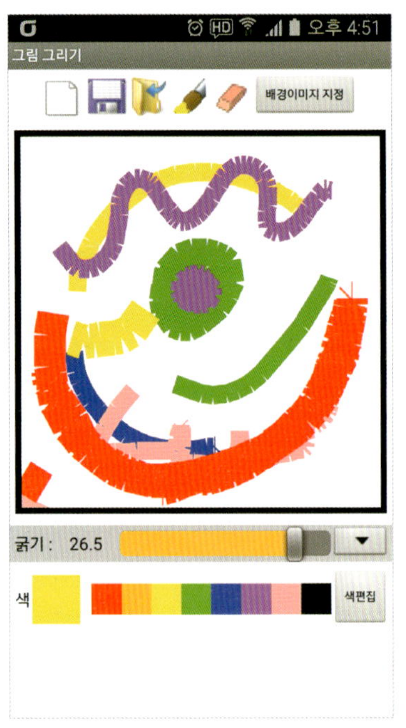

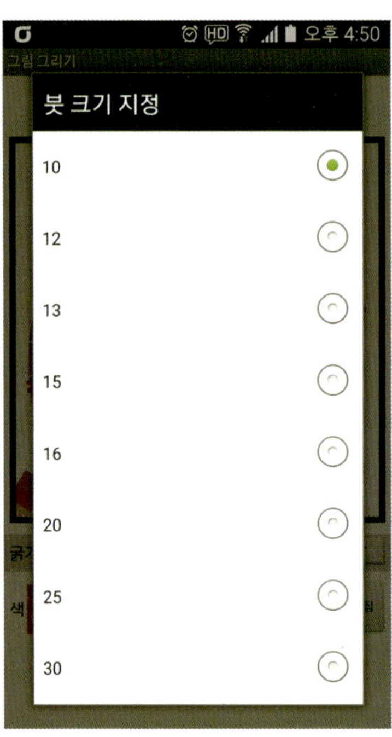

캔버스에 그림 그리기

01 캔버스 내부를 드래그하여 그림을 그리기 위해 [캔버스1]을 클릭한 후 [언제 {캔버스1}.드래그] 블록을 [뷰어] 패널 영역으로 드래그한다. [캔버스1]을 선택한 후 [호출 {캔버스1}.선 그리기] 블록을 삽입한다. [호출 {캔버스1}.선 그리기] 블록은 스크린을 손가락으로 눌렀을 때의 x좌표와 y좌표를 이용하여 선을 그리는 함수이다.

02 [이전X]에 마우스를 이동시킨 후 [가져오기 {이전X}]를 드래그하여 [x1]에 삽입한다. [이전Y]에 마우스를 이동시킨 후 [가져오기 {이전Y}]를 드래그하여 [y1]에 삽입한다. [현재X]에 마우스를 이동시킨 후 [가져오기 {현재X}]를 드래그하여 [x2]에 삽입한다. [현재Y]에 마우스를 이동시킨 후 [가져오기 {현재Y}]를 드래그하여 [y2]에 삽입한다.

슬라이더를 드래그하여 붓 크기 지정하기

01 슬라이더의 섬네일을 드래그하여 붓 크기인 캔버스의 선 두께를 지정하기 위해 [슬라이더1]을 선택한 후 [언제 {붓크기지정_슬라이더}.위치 변경] 블록을 [뷰어] 패널 영역으로 드래그한다. [캔버스1]을 클릭한 후 [지정하기 {캔버스1}.{선 두께} 값] 블록을 삽입한다. [섬네일 위치]에 마우스를 이동시킨 후 [가져오기 {섬네일 위치}]를 드래그하여 삽입한다.

02 섬네일을 드래그하여 변경된 붓 크기를 표시하기 위해 [크기]를 선택한 후 [지정하기 {크기}.{텍스트} 값] 블록을 삽입한다. [섬네일 위치]에 마우스를 이동시킨 후 [가져오기 {섬네일 위치}]를 드래그하여 삽입한다.

스피너의 목록 버튼을 눌러 붓 크기 지정하기

01 　스피너의 목록 버튼을 클릭하여 선택된 크기로 선 두께인 붓 크기를 지정하기 위해 [스피너1]을 선택한 후 [언제 {스피너1}.선택 후] 블록을 [뷰어] 패널 영역으로 드래그한다. [캔버스1]을 클릭한 후 [지정하기 {캔버스1}.{선 두께} 값] 블록을 삽입한다. [선택]에 마우스를 이동시킨 후 [가져오기 {선택}]을 드래그하여 삽입한다.

02 　목록 버튼을 눌러 선택된 값으로 선 두께인 붓 크기를 표시하기 위해 [크기]를 선택한 후 [지정하기 {크기}.{텍스트} 값] 블록을 삽입한다. [선택]에 마우스를 이동시킨 후 [가져오기 {선택}]을 드래그하여 삽입한다.

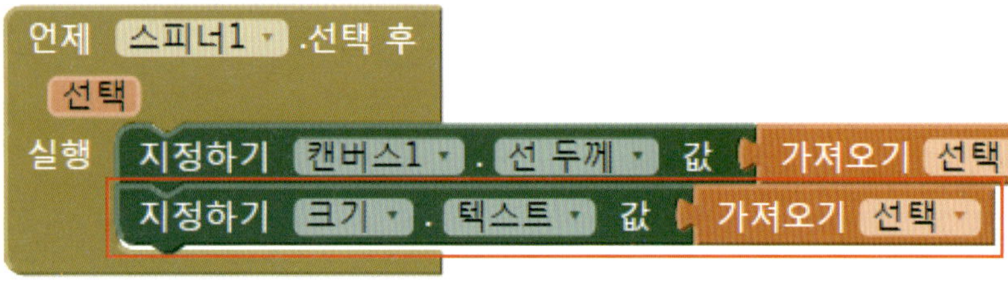

03 　선택된 값에 의해 슬라이더의 섬네일 위치도 변경되어야 하므로 [붓크기지정_슬라이더]를 선택한 후 [지정하기 {붓크기지정_슬라이더}.{섬네일 위치} 값] 블록을 삽입한다. [선택]에 마우스를 이동시킨 후 [가져오기 {선택}]을 드래그하여 삽입한다.

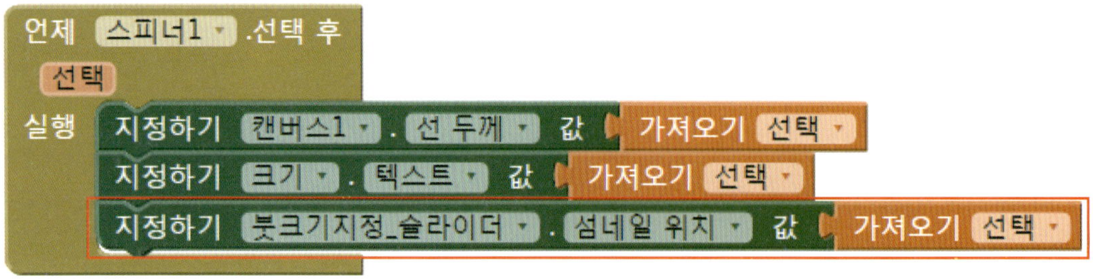

5 [색편집] 버튼을 누른 후 RGB 색상판으로 붓 색 변경하기

스크린에 표시되는 주홍, 노랑, 초록, 파랑, 자홍, 분홍, 검정이 아닌 RGB 색상판을 표시한 후 색상판에서 색을 선택하면 선택한 해당 색으로 붓 색 및 선택 색이 변경되도록 명령 블록을 구성한다.

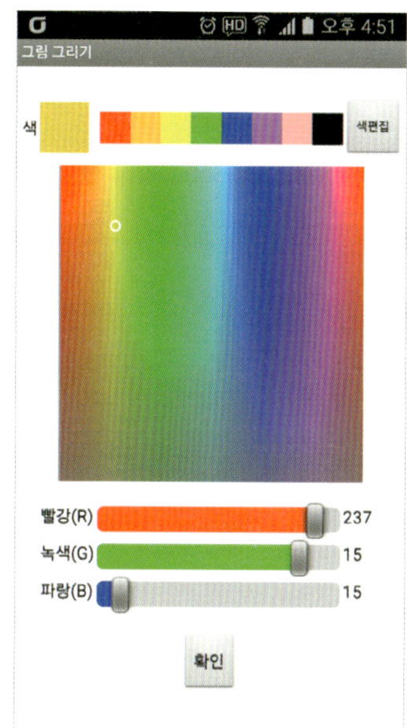

RGB 색상판 표시 여부 지정 함수 선언하기

01 [색편집] 버튼을 누르면 그림판 메뉴와 그림을 그리던 캔버스 대신 주홍, 노랑, 초록, 파랑, 자홍, 분홍, 검정 색상 아래에 RGB 색상판과 RGB 코드 값을 직접 지정할 수 있도록 구성된 슬라이더가 표시되어야 한다. 함수로 선언하기 위해 [함수]에서 **[함수 {함수 이름} 실행]** 블록을 뷰어 영역에 삽입한다. **{함수_이름}** 입력란을 클릭한 후 "RGB색상판_슬라이더보이기"를 입력한다.

02 그림판 메뉴와 캔버스 그리고 붓 크기가 표시되는 레이아웃이 숨겨져야 하므로 [메뉴배치]를 선택한 후 **[지정하기 {메뉴배치}.{보이기} 값]** 블록을 삽입한다. [논리]의 **[{거짓}]** 블록을 삽입한다. 같은 방법으로 [캔버스배치]와 [붓크기배치]도 보이지 않도록 다음과 같이 명령 블록을 구성한다.

03 RGB 색상판을 표시하기 위해 [캔버스2]를 선택한 후 **[지정하기 {캔버스2}.{보이기} 값]** 블록을 삽입한다. [논리]의 **[{참}]** 블록을 삽입한다. 같은 방법으로 [색상직접지정배치]와 [확인] 버튼이 표시되도록 다음과 같이 명령 블록을 구성한다.

04 [확인] 버튼을 누르면 RGB 색상판과 RGB 코드 값 슬라이더, [확인] 버튼 대신 그림판 메뉴와 캔버스가 표시되어야 한다. 함수로 선언하기 위해 [함수]에서 **[함수 {함수 이름} 실행]** 블록을 뷰어 영역에 삽입한다. **{함수_이름}** 입력란을 클릭한 후 "RGB색상판_슬라이더숨기기"를 입력한다.

05 그림판 메뉴와 캔버스 그리고 붓 크기가 표시되는 레이아웃이 표시되어야 하므로 [메뉴배치]를 선택한 후 **[지정하기 {메뉴배치}.{보이기} 값]** 블록을 삽입한다. [논리]의 **[{참}]** 블록을 삽입한다. 같은 방법으로 [캔버스배치]와 [붓크기배치]도 보이지 않도록 다음과 같이 명령 블록을 구성한다.

06 RGB 색상판을 숨기기 위해 [캔버스2]를 선택한 후 **[지정하기 {캔버스2}.{보이기} 값]** 블록을 삽입한다. [논리]의 **[{거짓}]** 블록을 삽입한다. 같은 방법으로 [색상직접지정배치]와 [확인] 버튼이 숨겨지도록 다음과 같이 명령 블록을 구성한다.

⬥ 선택된 색의 RGB값을 추출하는 함수 선언하기

01 RGB 색상판에서 직접 선택한 위치의 색을 선택 색으로 지정하고, 해당 색의 RGB 코드 값을 표시하려면 선택한 위치의 색을 분리해야 한다. 선택된 지점의 색을 분리하기 위해 먼저 분리한 색을 저장할 리스트를 먼저 선언해야 한다. [변수]에서 **[전역변수 초기화 {변수 이름} 값]** 블록을 뷰어 영역에 삽입한다. {변수_이름} 입력란에 "색상값"을 입력한다. [리스트]의 [빈 리스트 만들기] 블록을 삽입한다.

02 [함수]에서 **[함수 {함수 이름} 실행]** 블록을 뷰어 영역에 삽입한다. {함수_이름} 입력란을 클릭한 후 "색상추출하기"를 입력한다. 현재 선택 색의 RGB 값을 분리하여 리스트에 저장하기 위해 [변수]의 **[지정하기 { } 값]** 블록을 삽입한 후 "global 색상값"을 지정한다. [색상]의 **[색상 분리하기]** 블록과 [선택색]의 **[{선택색}.{배경색}]** 블록을 삽입한다. '색상값' 리스트에는 순서대로 빨간색, 녹색, 파란색의 RGB 코드 값이 저장된다.

03 [색상값] 리스트의 첫 번째 항목에 저장되어 있는 빨간색 코드 값을 슬라이더에 표시하기 위해 [빨강_슬라이더]를 클릭한 후 **[지정하기 {빨강_슬라이더}.{섬네일위치} 값]** 블록을 삽입한다. [리스트]의 [리스트에서 항목 선택하기 리스트] 블록을 삽입한다. **[가져오기 {global 색상값}]** 블록과 [수학]의 **[{0}]** 블록을 삽입한 후 "1"을 입력한다.

04 [색상값] 리스트의 두 번째 항목에 저장되어 있는 녹색 코드 값을 슬라이더에 표시하기 위해 [녹색_슬라이더]의 **[지정하기 {녹색_슬라이더}.{섬네일위치} 값]** 블록과 [리스트]의 [리스트에서 항목 선택하기 리스트] 블록을 삽입한다. [변수]의 **[가져오기 { }]** 블록을 삽입한 후 "global 색상값"을 지정한다. [수학]의 **[{0}]** 블록을 삽입한 후 "2"를 입력한다.

05 [색상값] 리스트의 세 번째 항목에 저장되어 있는 파란색 코드 값을 슬라이더에 표시하기 위해 [파랑_슬라이더]의 **[지정하기 {파랑_슬라이더}.{섬네일위치} 값]** 블록과 [리스트]의 [리스트에서 항목 선택하기 리스트] 블록을 삽입한다. [가져오기 {global 색상값}] 블록과 [수학]의 [{0}] 블록을 삽입한 후 "3"을 입력한다.

◈ [색편집] 버튼을 눌러 색상판 표시하고 현재 색 표시하기

01 [색편집] 버튼을 누르면 색상판이 표시되어야 하므로 [색편집]을 클릭한 후 [언제 {색편집}.클릭] 블록을 [뷰어] 패널 영역으로 드래그한다. [함수]의 [호출 {RGB색상판_슬라이더보이기}] 블록을 삽입한다.

02 현재 색상을 슬라이더에 표시하기 위해 [함수]의 [호출 {색상추출하기}] 블록을 삽입한다.

◈ [확인] 버튼을 눌러 색상판 숨기기

01 [확인] 버튼을 누르면 RGB 색상판과 슬라이더를 숨기기 위해 [언제 {확인}.클릭] 블록을 [뷰어] 패널 영역으로 드래그한다. [함수]의 [호출 {RGB색상판_슬라이더숨기기}] 블록을 삽입한다.

02   RGB 색상판과 슬라이더가 숨겨질 때 RGB 색상판에 표시되는 타원 이미지_스프라이트를 숨기기 위해 [이미지_스프라이트1]을 선택한 후 **[지정하기 {이미지_스프라이트1}.{보이기} 값]** 블록을 삽입한다. [논리]의 **[{거짓}]** 블록을 삽입한다.

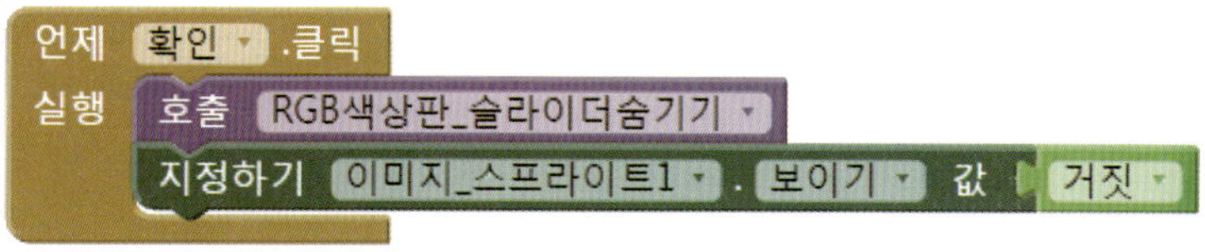

RGB 색상판의 누른 지점 색을 추출하여 현재 색으로 표시하기

01   RGB 색상판을 손으로 눌렀을 때 누른 지점 색을 선택 색으로 지정하기 위해 [캔버스2]를 클릭한 후 **[언제 {캔버스2}.터치]** 블록을 [뷰어] 패널 영역으로 드래그한다. [선택색]을 클릭한 후 **[지정하기 {선택색}.{배경색} 값]** 블록을 삽입한다. 선택된 위치 색상을 추출하기 위해 [캔버스2]를 선택한 후 **[호출 {캔버스2}.픽셀 색상]** 블록을 삽입한다. **[x]**, **[y]**에 마우스를 이동시킨 후 **[가져오기 {x}]**, **[가져오기 {y}]** 블록을 삽입한다.

02   선택된 위치에 타원이 표시되도록 지정하기 위해 [이미지_스프라이트]를 선택한 후 **[지정하기 {이미지_스프라이트1}.{보이기} 값]** 블록을 삽입한다. [논리]의 **[{참}]** 블록을 삽입한다. 타원이 표시될 위치의 X좌표와 Y좌표를 지정하기 위해 [이미지_스프라이트]를 선택한 후 **[지정하기 {이미지_스프라이트1}.{X} 값]** 블록과 **[지정하기 {이미지_스프라이트1}.{Y} 값]** 블록을 삽입한다. **[x]**, **[y]**에 마우스를 이동시킨 후 **[가져오기 {x}]**, **[가져오기 {y}]** 블록을 삽입한다. 선택된 현재 색상을 슬라이더에 표시하기 위해 [함수]의 **[호출 {색상추출하기}]** 블록을 삽입한다.

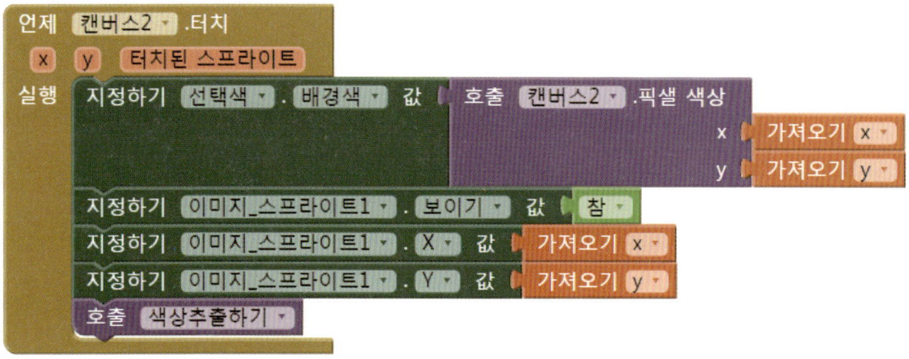

슬라이더를 직접 드래그하여 색 변경하기

RGB 슬라이더를 직접 드래그하여 붓의 색을 지정하도록 명령 블록을 구성한다.

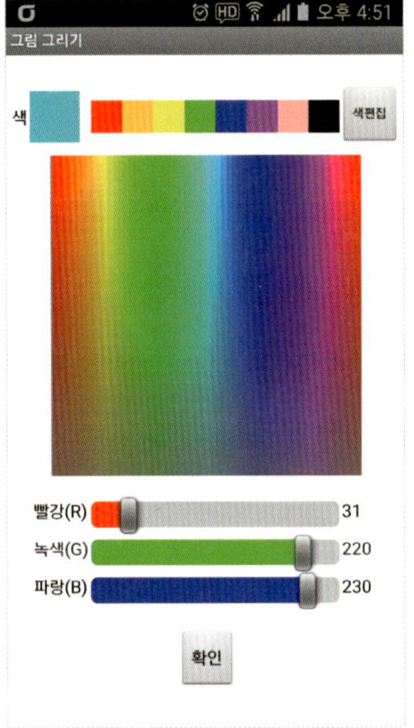

🔶 빨강 슬라이더를 드래그하여 색 변경하기

01 [빨강] 슬라이더의 섬네일을 직접 드래그하여 색을 변경하고 변경된 색으로 선택 색을 지정하기 위해 [빨강_슬라이더]를 클릭한 후 [언제 {빨강_슬라이더}.위치변경] 블록을 [뷰어] 패널 영역으로 드래그한다. [선택색]을 클릭한 후 **[지정하기 {선택색}.{배경색} 값]** 블록을 삽입한다. [색상]의 [색상 만들기] 블록을 삽입한다. [섬네일 위치]에 마우스를 이동시킨 후 **[가져오기 {섬네일 위치}]** 블록을 삽입한다. 변경되지 않은 녹색 슬라이더와 파랑 슬라이더 값을 이용하여 색을 지정하기 위해 **[{녹색_슬라이더}.{섬네일 위치}]**, **[{파랑_슬라이더}.{섬네일 위치}]** 블록을 삽입한다.

02 선택 색을 캔버스의 페인트 색으로 지정하기 위해 [캔버스1]을 클릭한 후 **[지정하기 {캔버스1}.{페인트 색상} 값]** 블록을 삽입한다. **[{선택색}.{배경색}]** 블록을 삽입한다. 변경된 빨간색을 값으로 표시하기 위해 [빨강코드값]을 선택한 후 **[지정하기 {빨강코드값}.{텍스트} 값]** 블록을 삽입한다. 빨강의 코드 값을 정수 값으로 표시하기 위해 [수학]의 **[반올림]** 블록을 삽입한 후 **[가져오기 {섬네일 위치}]** 블록을 삽입한다.

01   [녹색] 슬라이더의 섬네일을 직접 드래그하여 색을 변경하고 변경된 색으로 선택 색을 지정하기 위해 [녹색_슬라이더]를 클릭한 후 [언제 {녹색_슬라이더}.위치변경] 블록을 [뷰어] 패널 영역으로 드래그한다. [선택색]의 **[지정하기 {선택색}.{배경색} 값]** 블록과 [색상]의 **[색상 만들기]** 블록을 삽입한다. **[가져오기 {섬네일 위치}]** 블록을 삽입한 후. 변경되지 않은 빨강 슬라이더와 파랑 슬라이더 값을 이용하여 색을 지정하기 위해 [{빨강_슬라이더}.{섬네일 위치}], [{파랑_슬라이더}.{섬네일 위치}] 블록을 삽입한다.

02   선택 색을 캔버스의 페인트 색으로 지정하기 위해 [캔버스1]의 **[지정하기 {캔버스1}.{페인트 색상} 값]** 블록과 **[{선택색}.{배경색}]** 블록을 삽입한다. **[지정하기 {녹색코드값}.{텍스트} 값]** 블록을 삽입한다. [수학]의 **[반올림]** 블록과 **[가져오기 {섬네일 위치}]** 블록을 삽입한다.

03   [파랑] 슬라이더의 섬네일을 직접 드래그하여 색을 조정하고 조정된 색으로 선택 색을 지정하기 위해 같은 방법으로 다음과 같이 명령 블록을 구성한다.

7 붓 색상 선택하기

색상으로 표시되는 붓 색을 선택하면 붓 색 즉 캔버스의 페인트 색상이 변경되도록 명령 블록을 구성한다.

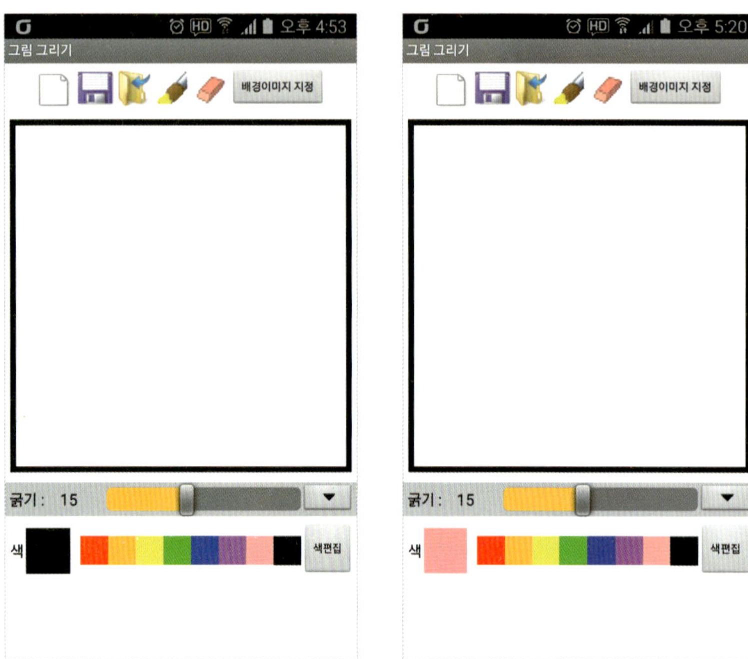

✦ 빨강 선택하여 붓 색과 선택 색 변경하기

01 [빨강]을 클릭한 후 [언제 {빨강}.클릭] 블록을 [뷰어] 패널 영역으로 드래그한다. [캔버스1]을 클릭한 후 **[지정하기 {캔버스1}.{페인트 색상} 값]** 블록을 삽입한다. [색상]의 [{■}] 블록을 삽입한다. 선택된 빨간색이 현재 선택된 색으로 표시되어야 하므로 [선택색]을 클릭한 후 **[지정하기 {선택색}.{배경색} 값]** 블록을 삽입한다. [색상]의 [{■}] 블록을 삽입한다.

02 타원 이미지_스프라이트를 숨기기 위해 [이미지_스프라이트1]을 선택한 후 **[지정하기 {이미지_스프라이트1}.{보이기} 값]** 블록을 삽입한다. [논리]의 [{거짓}] 블록을 삽입한다. RGB 색상판이 표시되는 상태에서 [빨강] 버튼을 눌렀을 때 현재 색상을 슬라이더에 표시하기 위해 [함수]의 **[호출 {색상추출하기}]** 블록을 삽입한다.

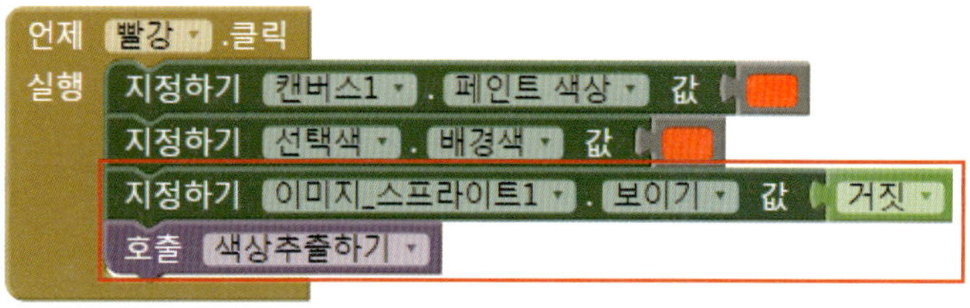

✕ 나머지 색이 선택되었을 때 붓 색과 선택 색 변경하기

01 [주황] 버튼을 눌렀을 때 붓 색과 선택 색이 변경되도록 다음과 같이 명령 블록을 구성한다.

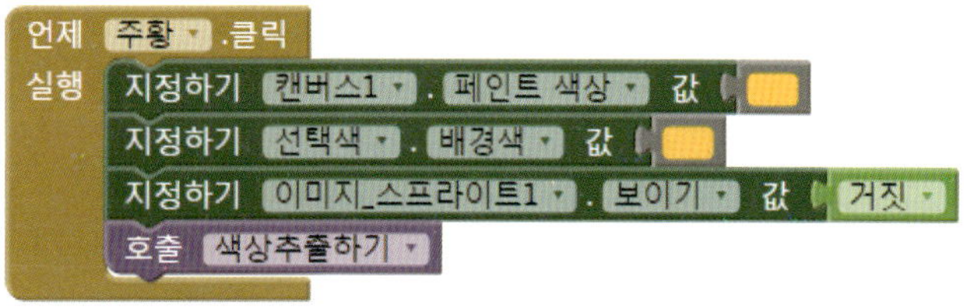

02 노란색부터 검정색까지 순서대로 색을 눌렀을 때 붓 색과 선택 색이 변경되도록 다음과 명령 블록을 구성한다.

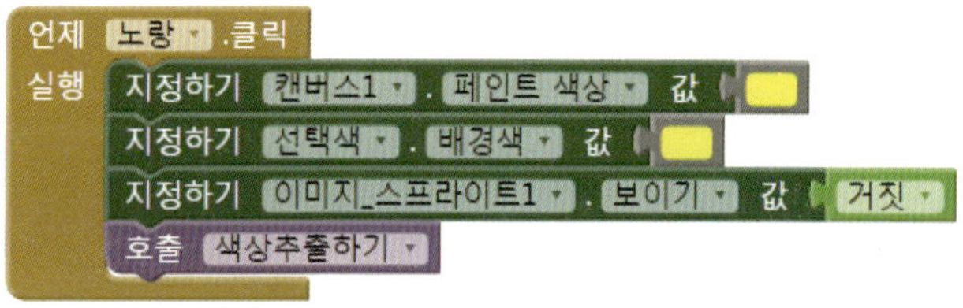

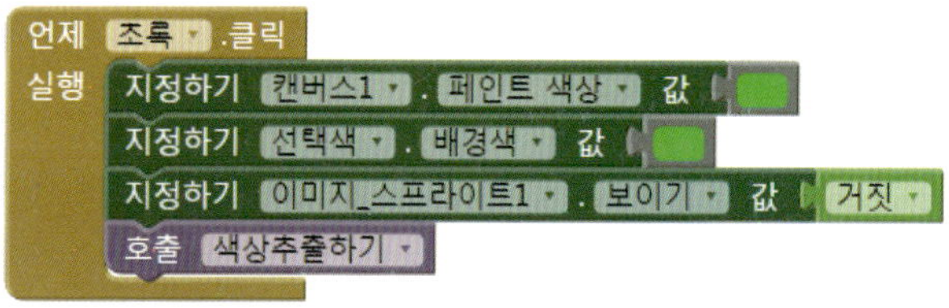

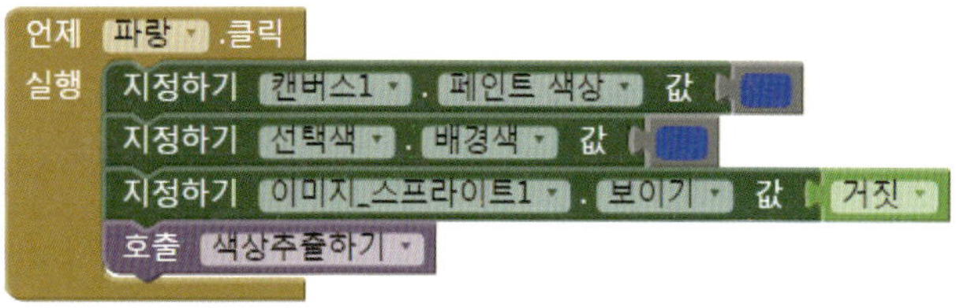

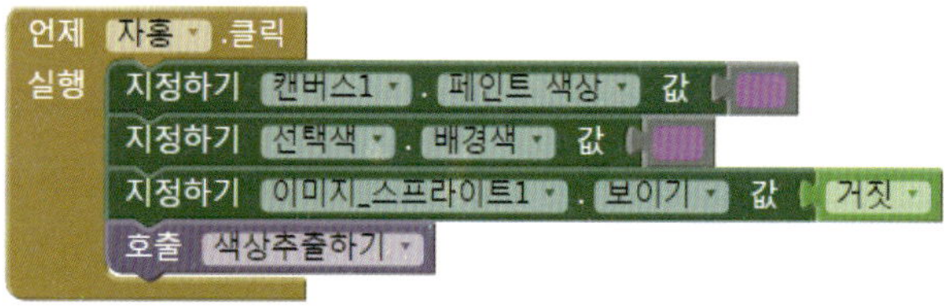

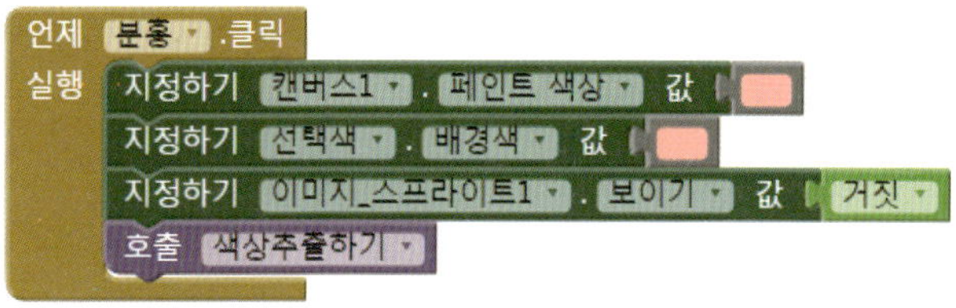

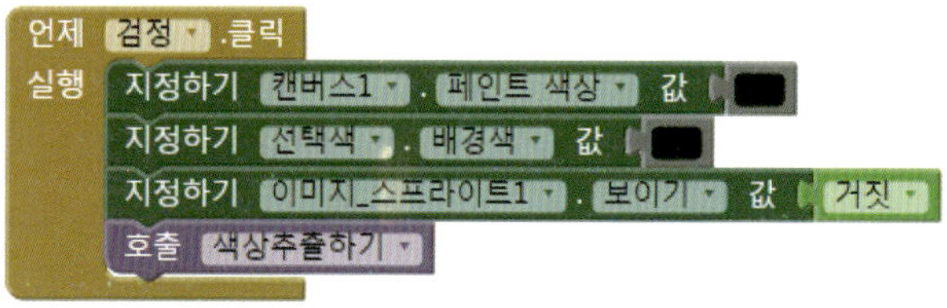

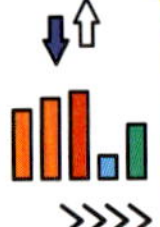

[저장]/[열기] 버튼을 눌러 이미지 파일 저장/열기

[저장하기] 버튼을 누르면 파일 이름 입력 상자와 [저장] 버튼이 표시된다. 이때 파일 이름을 입력하고 [저장] 버튼을 누르면 현재 캔버스의 이미지를 저장한다. [열기] 버튼을 누르면 파일 이름 입력 상자와 [열기] 버튼이 표시된다. 파일 이름을 입력하고 [열기] 버튼을 누르면 해당 이미지 파일이 캔버스에 표시된다.

파일 저장/열기 함수 선언하기

01 [저장] 또는 [열기] 버튼을 눌렀을 때 입력된 파일 이름 기준으로 파일을 저장하거나 열기하는 함수를 선언하기 위해 [함수]의 **[함수 {함수 이름} 실행]** 블록을 뷰어 영역에 삽입한다. {함수_이름} 입력란을 클릭한 후 "파일저장_열기"를 입력한다. 현재 표시되는 단추가 [저장]인지 [열기]인지 확인하기 위해 [제어]의 **[만약 ~ 그러면]** 블록과 [논리]의 **[{ } = { }]** 블록을 삽입한다. [저장_열기]의 **[{저장_열기}.{텍스트}]** 블록과 [텍스트]의 **["{ }"]** 블록을 삽입한 후 "저장"을 입력한다.

02 이미지 파일 저장을 위해 [TinyDB1]의 **[호출 {TinyDB1}.값 저장]** 블록을 삽입한다. [텍스트_상자1]의 **[{텍스트_상자1}.{텍스트}]** 블록, [캔버스1]의 **[호출 {캔버스1}.저장]** 블록을 삽입한다. [알림1]을 선택한 후 **[호출 {알림1}.메시지창 나타내기]** 블록을 삽입한다. [텍스트]의 **["{ }"]** 블록을 삽입한 후 "파일이 저장되었습니다.", "파일 저장", "완료"를 입력한다.

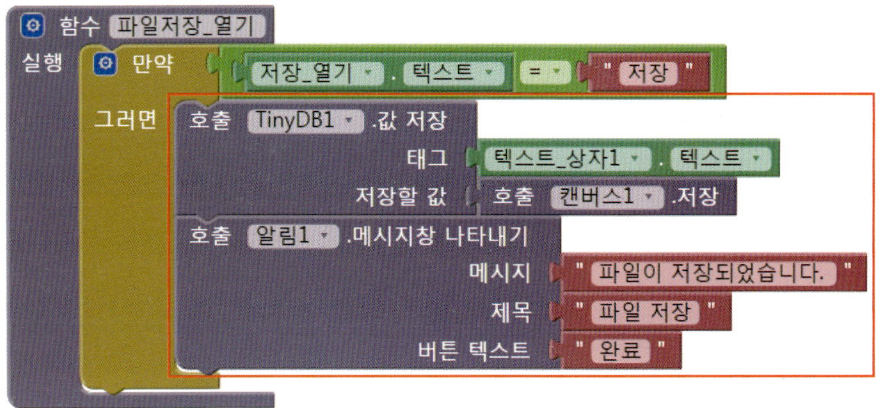

03 현재 표시되는 단추가 [열기]라면 파일 이름을 기준으로 이미지를 검색하기 위해 **[아니면]** 블록을 삽입한다. TinyDB에서 가져온 이미지 파일을 캔버스의 배경 이미지로 표시하기 위해 **[지정하기 {캔버스1}.{배경 이미지} 값]** 블록을 삽입한다. [TinyDB1]의 **[호출 {TinyDB1}.값 가져오기]** 블록을 삽입한 후 [태그]에 [텍스트_상자1]의 **[{텍스트_상자1}.{텍스트}]** 블록을 삽입하고 [텍스트]의 **["{ }"]** 블록을 삽입한다.

04 검색된 이미지가 없다면 캔버스의 배경 이미지가 공백으로 지정된다. 검색된 이미지가 없다면 알림창을 표시하기 위해 [제어]의 **[만약 ~ 그러면]** 블록과 [논리]의 **[{ } = { }]** 블록을 삽입한다. [캔버스1]의 **[{캔버스1}.{배경 이미지}]** 블록과 [텍스트]의 **["{ }"]** 블록을 삽입한다. [알림1]을 선택한 후 **[호출 {알림1}.메시지창 나타내기]** 블록을 삽입한다. [텍스트]의 **["{ }"]** 블록을 삽입한 후 "파일이 존재하지 않습니다.", "파일 열기", "확인"을 입력한다.

✦ [닫기] 버튼 눌러 [저장/열기] 창 숨기기

01 [저장/열기] 창에 표시되는 ❌ 버튼을 눌렀을 때 [저장/열기] 창을 숨기기 위해 [닫기]를 클릭한 후 **[언제 {닫기}.클릭]** 블록을 [뷰어] 영역으로 드래그한다. [저장_열기배치]를 선택한 후 **[지정하기 {저장_열기배치}.{보이기} 값]** 블록을 삽입한다. [논리]의 **[거짓]** 블록을 삽입한다.

✦ [저장]/[열기] 버튼을 눌러 파일 저장/열기하기

01 파일 이름을 입력하지 않고 [저장]/[열기] 버튼을 눌렀을 때 알림창을 표시하기 위해 [저장_열기]를 클릭한 후 [언제 {저장_열기}.클릭] 블록을 [뷰어] 영역으로 드래그한다. [제어]의 [만약 ~ 그러면] 블록을 삽입한 후 [텍스트]의 [비어있나요?] 블록과 [텍스트_상자1]의 [{텍스트_상자1}.{텍스트}] 블록을 삽입한다. [알림1]을 선택한 후 [호출 {알림1}.메시지창 나타내기] 블록을 삽입한다. [텍스트]의 ["{ }"] 블록을 삽입한 후 "파일 이름을 입력해주세요.", "파일 이름 입력", "확인"을 입력한다.

02 [아니면] 블록을 삽입한 후 [함수]의 [호출 {파일저장_열기}] 블록을 삽입한다. [텍스트_상자1]의 [호출 {텍스트_상자1}.키보드 숨기기] 블록을 삽입한다. [저장_열기배치]의 [지정하기 {저장_열기배치}.{보이기} 값] 블록과 [논리]의 [{거짓}] 블록을 삽입한다. [텍스트_상자1]의 [지정하기 {텍스트_상자1}.{텍스트} 값] 블록을 삽입한 후 [텍스트]의 ["{ }"] 블록을 삽입한다.

Chapter 02

문자 보내기/받기 앱 만들기

운전 중이거나 회의 중일 때 문자 메시지가 도착하면 확인하는 것도 불가능하고 메시지를 확인하지 못하는 상황이라는 것을 상대방에게 전달하는 것도 여간 번거로운 것이 아니다. 운전 중에 문자 메시지가 도착하면 도착한 문자 메시지를 읽어주고 "운전중"이라는 메시지를 자동으로 상대방에게 전달하며, 회의 중일 때는 "회의중"이라는 문자 메시자가 자동으로 상대방에게 전달되도록 문자 보내기/받기 앱을 구현한다. [전화번호 선택] 컴포넌트를 이용하면 직접 전화번호를 입력하지 않고 스마트폰의 연락처에서 직접 선택하여 전송번호를 지정할 수 있다.

완성 파일 : Message_Send_Re.aia

앱 설계하기

❶ [운전중], [회의중] 체크 상자를 이용하여 현재 상태를 표시한다.

❷ [문자보내기] 버튼이 표시된다.

❸ [문자보내기] 버튼을 누르면 전화번호를 입력하거나 선택할 수 있는 🔍 버튼 그리고 문자 내용을 입력하는 텍스트 상자가 표시된다. [문자보내기], [닫기] 버튼도 표시된다.

❹ 전화번호를 직접 입력하고 [문자내용텍스트상자]를 누르면 전화번호 사이에 구분자 –가 삽입되어 표시된다.

❺ 🔍 버튼을 눌러 전화번호를 선택하면 상대방의 이름이 표시된다.

❻ 문자 내용 입력 후 [문자보내기] 버튼을 누르면 [문자내용텍스트상자]의 내용이 지정된 전화번호로 전송된다.

❼ [닫기] 버튼을 누르면 [문자보내기/받기] 앱의 처음 화면이 표시된다.

❽ [운전중]을 체크한 상태에서 문자 메시지가 도착하면 도착한 문자의 전화번호와 내용을 읽어주고 상대방에서 "지금은 운전중입니다. 잠시 후 연락드리겠습니다."라는 메시지를 자동으로 발송한다.

❾ [회의중]을 체크한 상태에서 문자 메시지가 도착하면 문자 내용을 [문자내용텍스트상자]에 표시하고 "지금은 회의중입니다. 잠시 후 연락드리겠습니다."라는 메시지를 자동으로 발송한다.

❿ [운전중] 또는 [회의중]이 체크되어 있지 않으면 도착한 메시지를 문자내용 텍스트상자에 표시한다.

 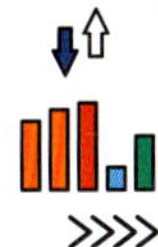

문자보내기/받기 화면 디자인하기

개발하려고 하는 문자보내기/받기 앱은 다음과 같이 화면이 디자인되어 있다. 지금부터 [팔레트]의 컴포넌트를 이용하여 화면을 아래 그림과 같이 구성한다.

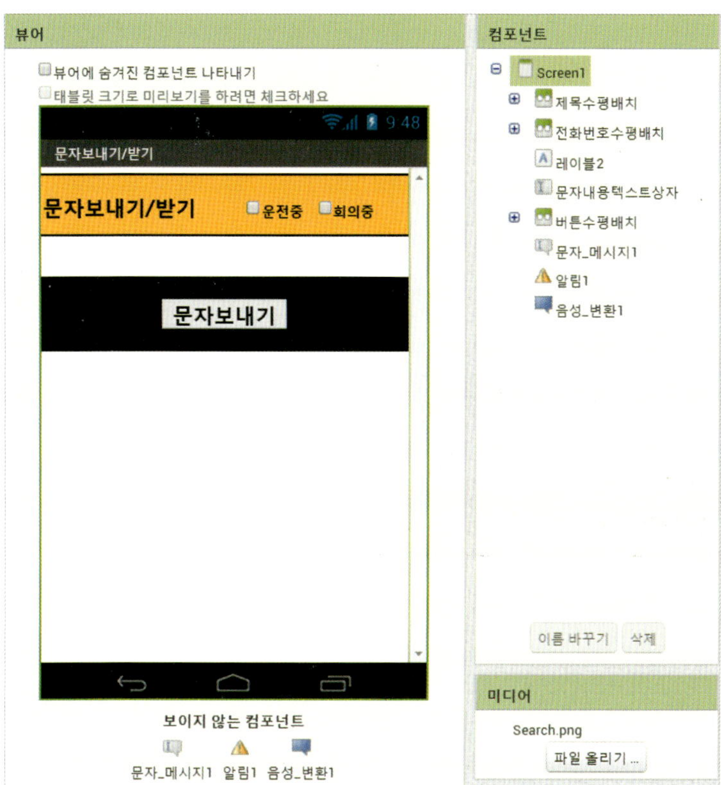

미디어 등록 및 [Screen1] 속성 지정하기

앱 개발에 필요한 이미지 파일을 앱 인벤터 서버에 업로드 하고 [Screen1]의 기본 속성을 지정한다.

☒ 앱 개발에 필요한 미디어 등록하기

01 [미디어] 패널에서 [파일 올리기] 버튼을 클릭한다.

02 [파일 선택] 버튼을 클릭한 후 "Search.png" 파일을 선택하고 [열기] 버튼을 클릭한다.

☒ [Screen1] 속성 지정하기

01 [Screen1]의 [속성] 패널에서 [Screen1]에 삽입되는 모든 컴포넌트들이 중앙에 배치되도록 지정하기 위해 [수평 정렬]을 "중앙 : 3"으로 지정한다. [앱 이름] 입력란에 "문자보내기_받기"를 입력한다.

수평 정렬
중앙 : 3 ▾

앱 이름
문자보내기_받기

02 스크린을 위/아래로 이동가능 하도록 [스크롤 가능 여부] 항목을 체크한다. [제목] 입력란에 "문자보내기/받기"를 입력한다.

스크롤 가능 여부
☑

제목
문자보내기/받기

◈ 제목과 체크 상자 디자인하기

앱의 제목을 크게 표시하고 "운전중"과 "회의중"을 선택할 수 있는 체크 상자를 디자인하고 속성을 설정한다.

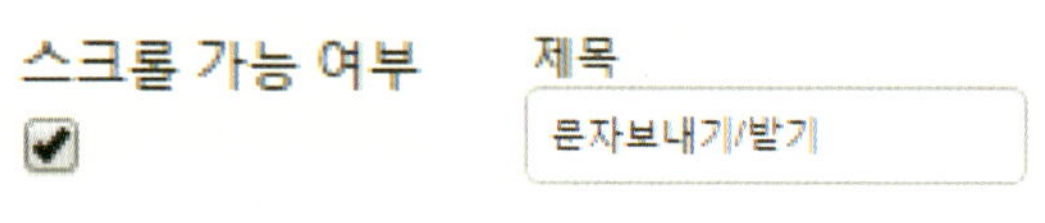

⊟ 📺 제목수평배치
　 Ⓐ 제목
　 Ⓐ 레이블1
　 ☑ 운전중_체크상자
　 ☑ 회의중_체크상자

☒ 제목과 체크 상자 배치를 위한 레이아웃 삽입하고 속성 지정하기

01 제목과 체크 상자를 가로로 삽입하기 위해 [레이아웃]의 [수평배치]를 삽입한다. [이름 바꾸기] 버튼 클릭 후 이름을 "제목수평배치"로 변경한다. [수직 정렬]은 "가운데 : 2"로 지정하고 [배경색]은 "주황"을 지정한다.

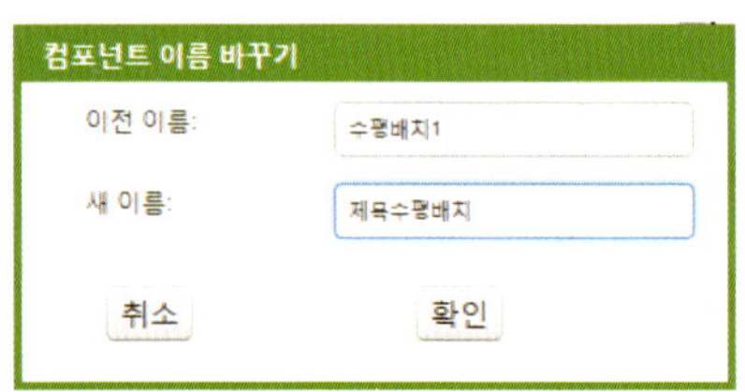

수직 정렬
가운데 : 2 ▾

배경색
🟧 주황

02 [높이]는 "50 pixels", [너비]는 "100 percent"를 지정한다.

높이
50 pixels...

너비
100 percent...

☒ 제목 레이블 삽입하기

01 [레이블]을 [제목수평배치] 내부에 삽입한다. [이름 바꾸기] 버튼 클릭 후 이름을 "제목"으로 변경한다.

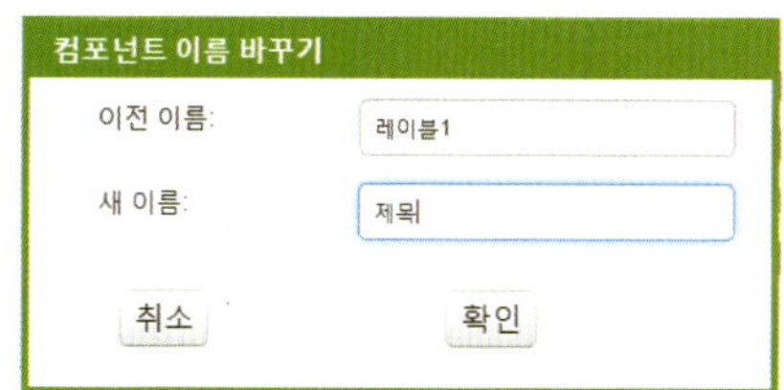

02 [글꼴 굵게]를 체크하고 [글꼴 크기]를 "20"으로 지정한다. [너비]는 "150 pixels"로 지정하고 [텍스트]에 "문자보내기/받기"를 입력한다.

03 간격 조절을 위해 [레이블]을 [제목] 오른쪽에 삽입한다. [너비]는 "10 pixels"로 지정하고 [텍스트]는 삭제한다.

너비	텍스트
10 pixels...	

☒ 체크 상자 삽입하기

01 [체크 상자]를 [레이블1] 오른쪽에 삽입한다. [이름 바꾸기] 버튼 클릭 후 이름을 "운전중_체크상자"로 변경한다.

02 [글꼴 굵게]를 체크하고, [텍스트]에 "운전중"을 입력한다.

03  [체크 상자]를 [운전중_체크상자] 오른쪽에 삽입한다. [이름 바꾸기] 버튼 클릭 후 이름을 "회의중_체크상자"로 변경한다. [글꼴 굵게]를 체크하고, [텍스트]에 "회의중"을 입력한다.

전화번호를 직접 입력하는 입력란과 스마트폰의 전화번호를 검색하여 전화번호를 선택할 수 있도록 디자인하고 속성을 설정한다.

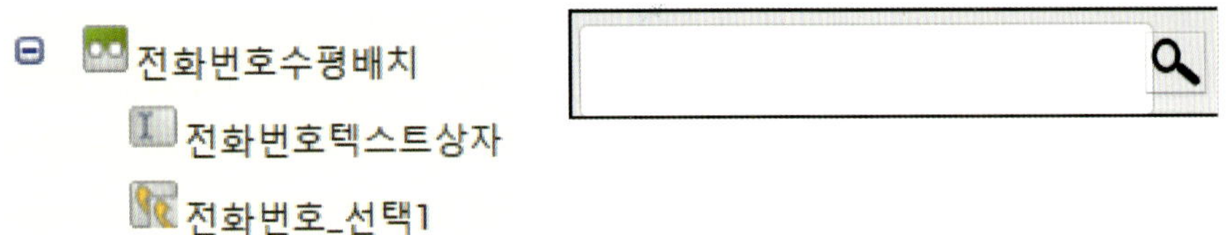

⊠ 전화번호 배치를 위한 레이아웃 삽입하고 속성 지정하기

01 [레이아웃]의 [수평배치]를 [제목수평배치] 아래에 삽입한다. [이름 바꾸기] 버튼 클릭 후 이름을 "전화번호수평배치"로 변경한다.

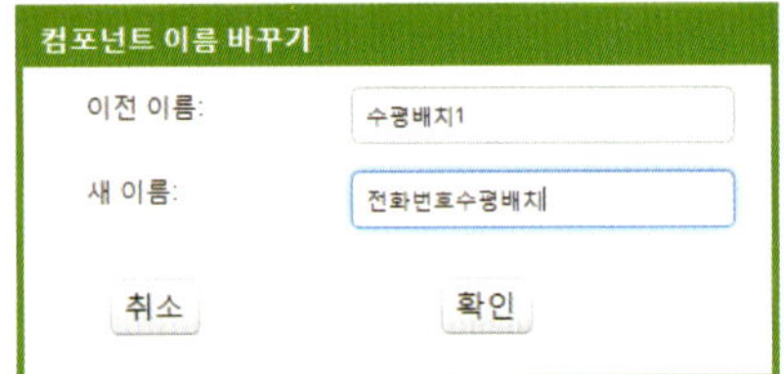

02 [수평 정렬]은 "중앙 : 3", [수직 정렬]은 "가운데 : 2"로 지정한다. [높이]는 "50 pixels", [너비]는 "100 percent"를 지정한다.

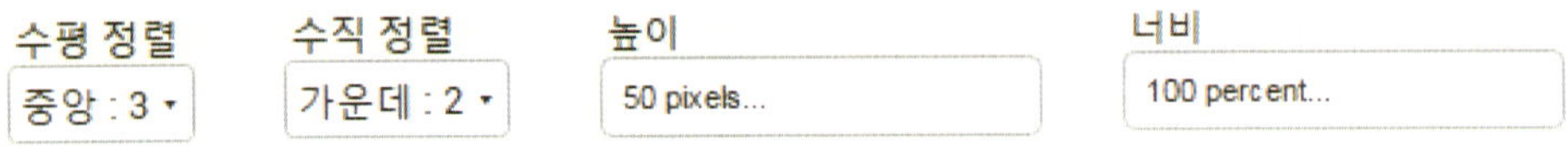

⊠ 전화번호 입력상자 삽입하기

01 [텍스트 상자]를 [전화번호수평배치] 내부에 삽입한다. [이름 바꾸기] 버튼 클릭 후 이름을 "전화번호텍스트상자"로 변경한다.

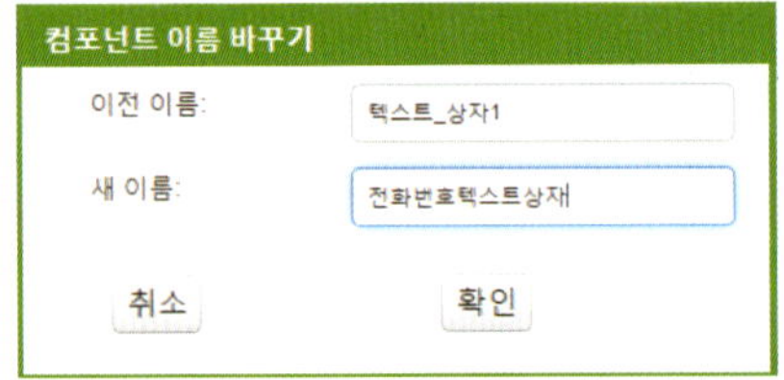

02 [높이]는 "40 pixels", [너비]는 "85 percent"를 지정한다. [힌트]에 "전화번호를 입력해주세요."를 입력한다. 전화번호 입력란이므로 숫자 키패드만 표시되도록 [숫자만]을 체크한다.

⊠ 🔍 버튼 삽입하기

01 🔍을 눌렀을 때 전화번호가 표시되도록 지정하기 위해 [소셜]의 [전화번호 선택]을 [전화번호텍스트상자] 오른쪽에 삽입한다. [높이]는 "30 pixels", [너비]도 "30 pixels"을 지정한다.

02 [이미지]의 "없음"을 클릭한다. "Search.png" 파일을 선택한 후 [확인] 버튼을 클릭한다. [텍스트]는 삭제한다.

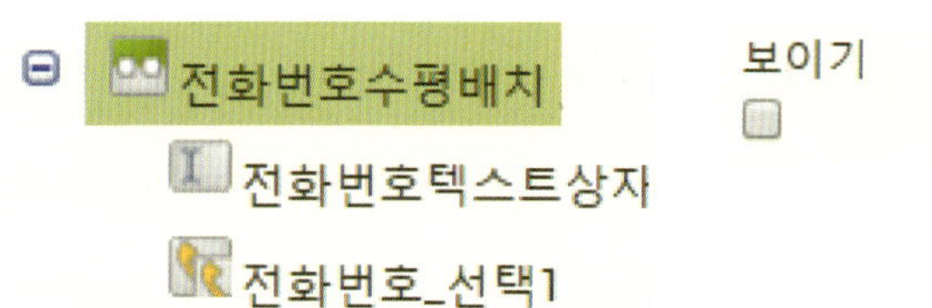

03 [전화전호텍스트상자]와 🔍 버튼은 [문자보내기] 버튼이 눌렸을 때 표시되고 앱이 처음 실행되었을 때는 표시되지 않으므로 [전화번호수평배치]를 선택한 후 [보이기]의 체크를 해제한다.

✦ 문자내용 입력란 디자인하기

실제 전송하려고 하는 문자 내용을 직접 입력하는 입력란을 디자인하고 속성을 설정한다. 문자가 수신되었을 때 수신된 문자 내용도 표시한다.

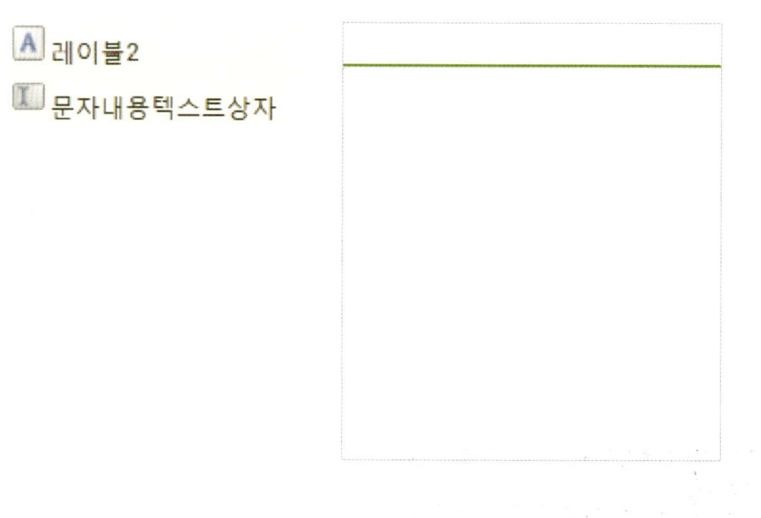

⊠ 간격 조절을 위한 레이블 삽입하기

01 [레이블]을 [전화번호수평배치] 아래에 삽입한다. [높이]는 "20 pixels"을 지정하고 [텍스트]는 삭제한다.

높이

> 20 pixels...

텍스트

>

⊠ 문자내용을 입력/표시할 입력란 삽입하기

01 [텍스트 상자]를 [레이블2] 아래에 삽입한다. [이름 바꾸기] 버튼 클릭 후 이름을 "문자내용텍스트상자"로 변경한다.

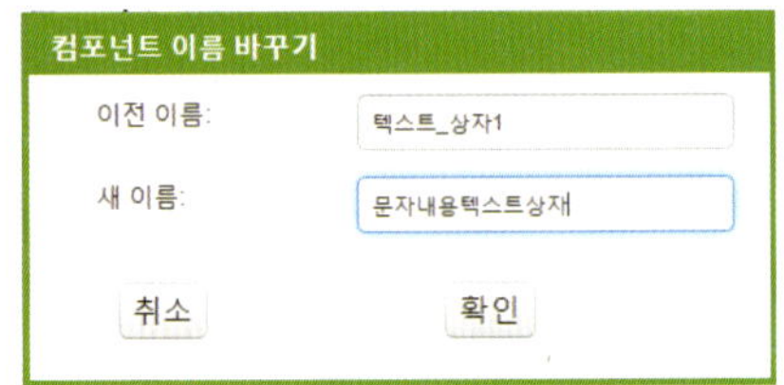

02 [글꼴 굵게]를 체크하고 [글꼴 크기]를 "20"으로 지정한다. [높이]는 "300 pixels", [너비]도 "300 pixels"로 지정한다.

글꼴 굵게   글꼴 크기   높이   너비

> 20

> 300 pixels...

> 300 pixels...

03 [힌트]에 "내용을 입력해주세요."를 입력한다. 문자 메시지는 일반적으로 여러 줄의 내용을 입력하므로 [여러 줄]을 체크한다. [문자내용텍스트상자]는 [문자보내기] 버튼이 눌렸을 때 표시되고 앱이 처음 실행되었을 때는 표시되지 않으므로 [보이기]의 체크를 해제한다.

힌트   여러 줄   보이기

> 내용을 입력해주세요.

◈ 버튼 디자인하기

앱이 처음 실행되었을 때 [문자보내기] 버튼이 표시되며, [문자보내기] 버튼을 누르면 [닫기] 버튼이 표시된다.

⊠ 버튼 배치를 위한 레이아웃 삽입하고 속성 지정하기

01 [레이아웃]의 [수평배치]를 [문자내용 텍스트상자] 아래에 삽입한다. [이름 바꾸기] 버튼 클릭 후 이름을 "버튼수평배치"로 변경한다.

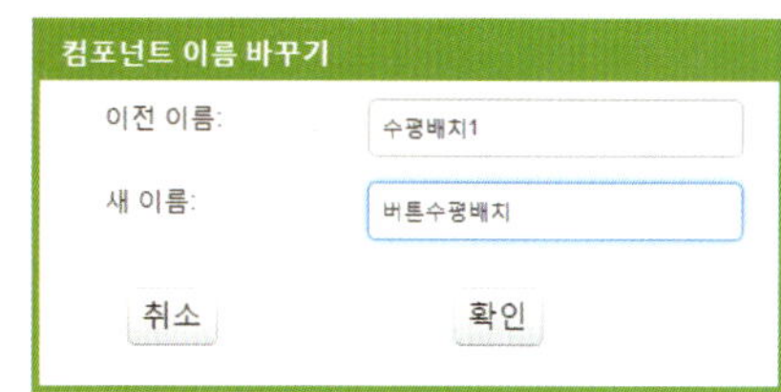

02 [수평 정렬]은 "중앙 : 3", [수직 정렬]은 "가운데 : 2"로 지정한다. [배경색]은 "검정", [높이]는 "60 pixels", [너비]는 "100 percent"를 지정한다.

수평 정렬	수직 정렬	배경색	높이	너비
중앙 : 3 ▾	가운데 : 2 ▾	■ 검정	60 pixels...	100 percent...

⊠ [문자보내기] 버튼과 [닫기] 버튼 삽입하기

01 [버튼]을 [버튼수평배치] 내부에 삽입한다. [이름 바꾸기] 버튼 클릭 후 이름을 "문자보내기"로 변경한다.

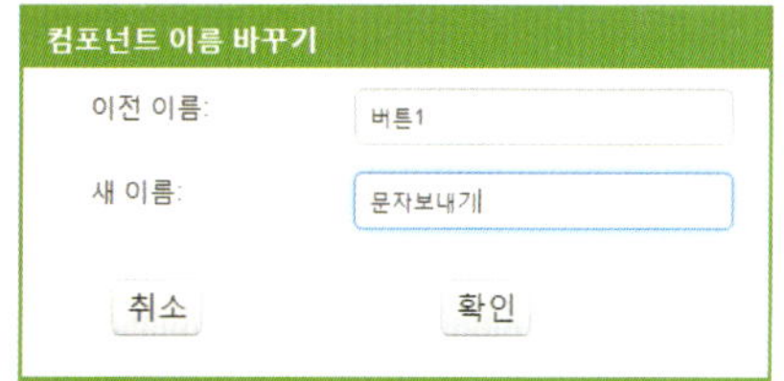

02 [글꼴 굵게]를 체크하고 [글꼴 크기]를 "20"으로 지정한다. [텍스트]에 "문자보내기"를 입력한다.

글꼴 굵게	글꼴 크기	텍스트
✔	20	문자보내기

03 [버튼]을 [문자보내기] 오른쪽에 삽입한다. [이름 바꾸기] 버튼 클릭 후 이름을 "닫기"로 변경한다. [글꼴 굵게]를 체크하고 [글꼴 크기]를 "20"으로 지정한다.

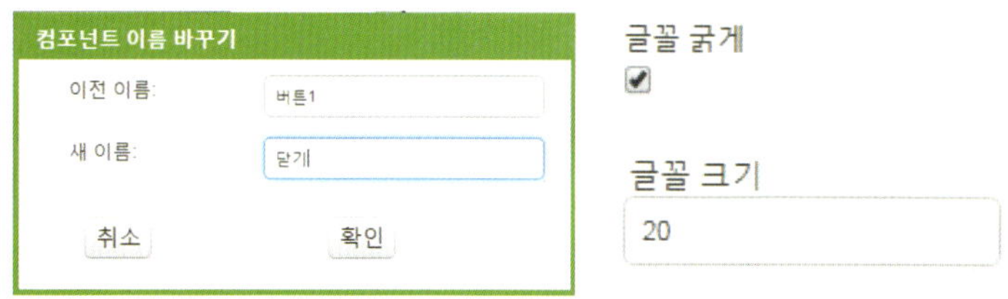

04 [텍스트]에 "닫기"를 입력한다. [닫기] 버튼은 앱이 맨 처음 실행될 때는 표시되지 않는다. [보이기]의 체크를 해제한다.

텍스트	보이기
닫기	☐

🔶 문자 메시지/알림/음성변환 컴포넌트 삽입하기

입력한 전화번호와 문자 내용을 실제 전송하기 위해 [문자메시지] 컴포넌트와 전화번호를 입력하지 않았을 때 알림창을 표시하기 위한 [알림] 컴포넌트 그리고 "운전중"일 때 도착한 문자 메시지를 읽어주기 위한 [음성변환] 컴포넌트를 삽입한다.

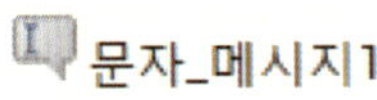

문자_메시지1
알림1
음성_변환1

⊠ 문자 메시지 컴포넌트 삽입하기

01 [소셜]의 [문자 메시지]를 스크린 영역으로 드래그하여 삽입다.

보이지 않는 컴포넌트

문자_메시지1

02 [사용자 인터페이스]의 [알림]을 스크린 영역으로 드래그하여 삽입한다.

보이지 않는 컴포넌트

문자_메시지1 알림1

⊠ 전송된 문자 메시지를 읽어주는 [음성 변환] 컴포넌트 삽입하기

01 [미디어]의 [음성 변환]을 스크린 영역으로 드래그하여 삽입한다.

보이지 않는 컴포넌트

문자_메시지1 알림1 음성_변환1

[운전중], [회의중] 체크 기능 구현하기

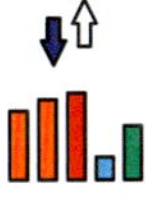

[운전중]이 체크되어 있는 상태에서 [회의중]을 체크하면 [운전중]의 체크가 해제되도록 즉 "운전중"과 "회의중"이 동시에 선택되지 않도록 명령 블록을 구성한다.

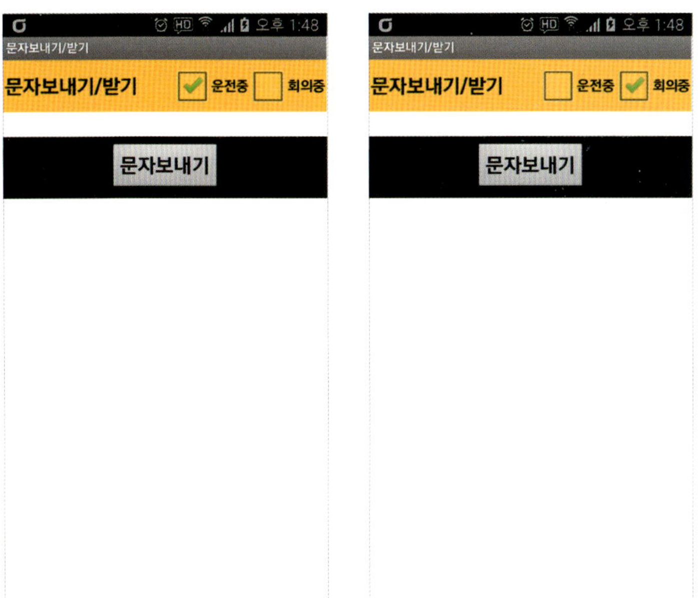

◈ [운전중]을 체크하면 [회의중] 체크 해제하기/[회의중]을 체크하면 [운전중] 체크 해제하기

01 [운전중_체크상자]를 클릭한 후 [언제 {운전중_체크상자}.변경] 블록을 [뷰어] 영역으로 드래그한다. [운전중_체크상자]의 상태가 변경되었을 때 [운전중_체크상자]가 체크되어 있는지 체크가 해제되었는지 비교하기 위해 [제어]의 [만약 ~ 그러면] 블록을 삽입한다. [운전중_체크상자]를 선택한 후 [{운전중_체크상자}.{선택 여부}] 블록을 삽입한다.

02 [운전중_체크상자]가 체크되어 있다면 [회의중_체크상자]의 체크가 해제되어야 한다. [회의중_체크상자]를 클릭한 후 **지정하기 {회의중_체크상자}.{선택 여부} 값** 블록을 삽입과 [논리]의 [{거짓}] 블록을 삽입한다.

 [회의중_체크상자]를 클릭한 후 **[언제 {회의중_체크상자}.변경]** 블록을 [뷰어] 영역으로 드래그한다. [회의중_체크상자]의 상태가 변경되었을 때 [회의중_체크상자]가 체크되어 있는지 체크가 해제되었는지 비교하기 위해 [제어]의 **[만약 ~ 그러면]** 블록과 [회의중_체크상자]의 **[{회의중_체크상자}.{선택 여부}]** 블록을 삽입한다. [회의중_체크상자]가 체크되어 있다면 [운전중_체크상자]의 체크가 해제되어야 한다. [운전중_체크상자]의 **[지정하기 {운전중_체크상자}.{선택 여부} 값]** 블록을 삽입과 [논리]의 **[{거짓}]** 블록을 삽입한다.

3 전화번호 입력/검색하기

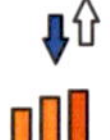
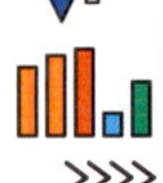

전화번호를 표시할 때 전화번호의 가독성을 높이기 위해 – 와 같은 구분자를 이용하여 지역, 국, 번호 등을 구분하지만 스마트폰의 전화번호부에 등록된 전화번호를 선택하는 경우 이름이나 별명이 지정되어 있다면 [전화번호텍스트상자]에 전화번호가 아닌 등록된 이름 또는 별명이 표시되어야 한다. 또한 전화번호를 직접 입력할 때 –는 입력하지 않고 숫자만 입력하므로 숫자 번호 입력 후 [문자내용텍스트상자]를 누르면 전화번호 사이에 –인 구분자가 삽입되어 표시되어야 한다. 요즘은 무선전화뿐만 아니라 유선전화로도 문자 메시지를 전송/수신할 수 있다.

⬥ [무선전화번호분리] 함수 선언하기

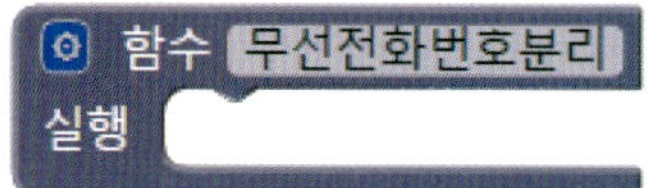

01　무선전화번호는 통신사 3자리, 번호 8자리로 구성되며 그 중 번호 8자리는 4자리씩 구분되어 표시한다. 01012545454와 같이 직접 입력한 전화번호를 010−1254−5454와 같이 구분자를 넣어 표시되도록 함수를 선언하기 위해 [함수]에서 [함수 {함수 이름} 실행] 블록을 뷰어 영역에 삽입한다. {함수_이름} 입력란을 클릭한 후 "무선전화번호분리"를 입력한다.

02　분리된 전화번호를 저장할 변수를 선언하기 위해 [변수]에서 [전역변수 초기화 {변수 이름} 값] 블록을 뷰어 영역에 삽입한다. {변수_이름} 입력란에 "분리된전화번호"를 입력한다. [텍스트]의 ["{ }"] 블록을 삽입한다.

03　[변수]의 [지정하기 { } 값] 블록을 삽입한다. "global 분리된전화번호"를 지정한다. [텍스트]의 [합치기] 블록을 삽입한다. ⚙ 아이콘을 클릭하여 [문자열] 블록을 3개 더 추가 삽입한다.

04　[전화번호텍스트]에 입력된 실제 전화번호에서 통신사를 의미하는 앞 3자리를 추출한 후 구분자 −를 붙이기 위해 [텍스트]의 [부분 텍스트] 블록을 [합치기]의 첫 번째 [문자열]에 삽입한다. [전화번호텍스트]의 [{전화번호텍스트상자}.{텍스트}] 블록과 [숫자]의 [{0}] 블록을 삽입한 "1"과 "3"으로 입력한다. [텍스트]의 ["{ }"] 블록을 두 번째 [문자열]에 삽입한 후 "−"를 입력한다.

05 [전화번호텍스트상자]에 입력된 전화번호에서 통신사를 제외한 가운데 4자리를 추출한 후 그 사이에 −를 삽입하고 나머지 4자리도 추출하여 연결하기 위해 [텍스트]의 **[부분 텍스트]** 블록을 **[합치기]**의 세 번째 **[문자열]**과 다섯 번째 **[문자열]**에 삽입한다. [전화번호텍스트]의 **[{전화번호텍스트상자}.{텍스트}]** 블록과 [숫자]의 **[{0}]** 블록을 삽입한 후 값을 "4", "4", "8", "4"로 변경한다. [텍스트]의 **["{ }"]** 블록을 네 번째 **[문자열]** 블록에 삽입한 후 "−"를 입력한다.

✥ [유선전화번호분리] 함수 선언하기

01 유선전화번호는 지역번호를 포함하여 전체 전화 자리수가 10자리이다. 이 중 서울 지역만 02인 2자리 숫자이고 나머지 지역은 3자리 지역번호를 가진다. 또한 서울 지역의 경우에는 가운데 자리가 3자리 또는 4자리인 번호도 존재한다. 전체전화번호의 지역번호와 길이에 따라 삽입되는 구분자의 위치가 달라진다. 구분자가 입력되는 위치를 인수로 전달받는 함수를 선언하기 위해 [함수]에서 **[함수 {함수 이름} 실행]** 블록을 뷰어 영역에 삽입한다. **{함수_이름}** 입력란을 클릭한 후 "유선전화번호분리"를 입력한다. ◎ 아이콘을 클릭하여 인수를 4개 추가한다.

02 [변수]의 [지정하기 { } 값] 블록을 삽입한다. "global 분리된전화번호"를 지정한다. [텍스트]의 [합치기] 블록을 삽입한다. ⚙ 아이콘을 클릭하여 [문자열] 블록을 3개 더 추가 삽입한다. [텍스트]의 [부분 텍스트] 블록을 [합치기]의 첫 번째 [문자열]에 삽입한다. [전화번호텍스트]의 [{전화번호텍스트상자}.{텍스트}] 블록과 [숫자]의 [{0}] 블록을 삽입한 후 "1"을 입력한다. [텍스트]의 ["{ }"] 블록을 두 번째 [문자열]에 삽입하고 "−"를 입력한다.

03 [텍스트]의 [부분 텍스트] 블록을 [합치기]의 세 번째 [문자열]과 다섯 번째 [문자열]에 삽입한다. [전화번호텍스트]의 [{전화번호텍스트상자}.{텍스트}] 블록을 삽입한 후 [텍스트]의 ["{ }"] 블록을 네 번째 [문자열]에 삽입한 후 "−"를 입력한다.

04 전화번호에서 추출될 문자열의 길이와 시작 위치가 인수로 전달되므로 [가져오기 {x}] 블록을 첫 번째 [길이]에 삽입한다. [가져오기 {x2}] 블록과 [가져오기 {x3}] 블록을 두 번째 [시작]과 [길이]에 삽입한다. [가져오기 {x4}] 블록은 세 번째 [시작]에 삽입한다. 유선전화번호의 마지막 자리는 무조건 4자리이므로 [숫자]의 [{0}] 블록을 삽입한 후 "4"를 입력한다.

◈ 10자리 유선전화번호 자릿수 구분하는 함수 선언하기

01 [전화번호텍스트]에 입력된 유선전화번호의 자리수가 10인 경우, 전화번호 앞 두 자리가 02인 경우와 02가 아닌 경우에 따라 지역번호와 국번 그리고 번호를 구분하는 자리의 위치가 달라진다. [함수]에서 [함수 {함수 이름} 실행] 블록을 뷰어 영역에 삽입한다. {함수_이름} 입력란을 클릭한 후 "전화번호_10자리"를 입력한다.

02 전화번호 앞 두 자리가 02인지 비교하기 위해 [제어]의 [만약 ~ 그러면] 블록과 [논리]의 [{ } = { }] 블록을 삽입한다. [텍스트]의 [부분 텍스트] 블록을 삽입한 후 [{전화번호텍스트상자}.{텍스트}] 블록을 삽입한다. [시작]과 [길이]에 [수학]의 [{0}] 블록을 삽입한 후 "1"과 "2"를 입력한다. [텍스트]의 ["{ }"] 블록을 삽입한 후 02를 입력한다.

  전화번호가 10자리이면서 앞 두 자리가 02로 시작되면 서울 지역번호에 해당하므로 [함수]를 클릭한 후 [호출 {유선전화번호분리}] 블록을 삽입한다. [x], [x2], [x3], [x4]에 [수학]의 [{0}] 블록을 삽입한 후 "2", "3", "4", "7"을 입력한다. [x]는 지역번호 길이, [x2]는 국번의 시작 자릿수, [x3]는 국번의 길이, [x4]는 번호의 시작 자릿수를 의미한다.

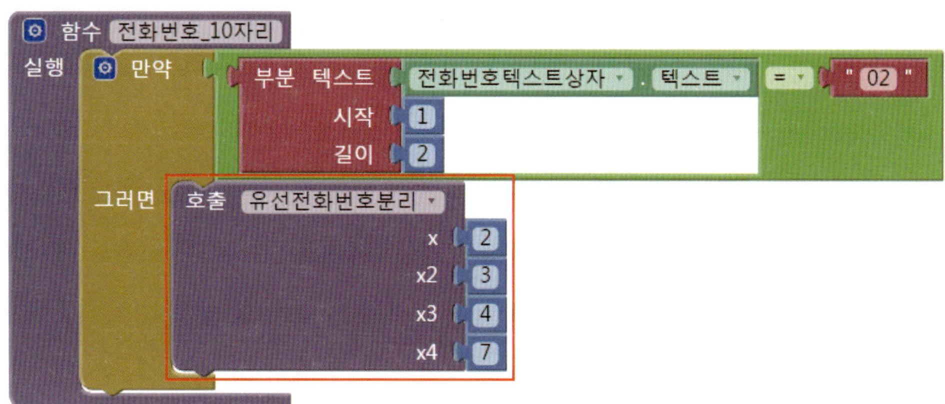

04 전화번호 앞 두 자리에 02가 포함되어 있지 않은 경우는 앞 세자리가 지역번호에 해당한다. 전화번호를 분리하기 위해 [아니면] 블록을 삽입한다. [함수]를 클릭한 후 [호출 {유선전화번호분리}] 블록을 삽입한다. [x], [x2], [x3], [x4]에 [수학]의 [{0}] 블록을 삽입한 후 "3", "4", "3", "7"을 입력한다.

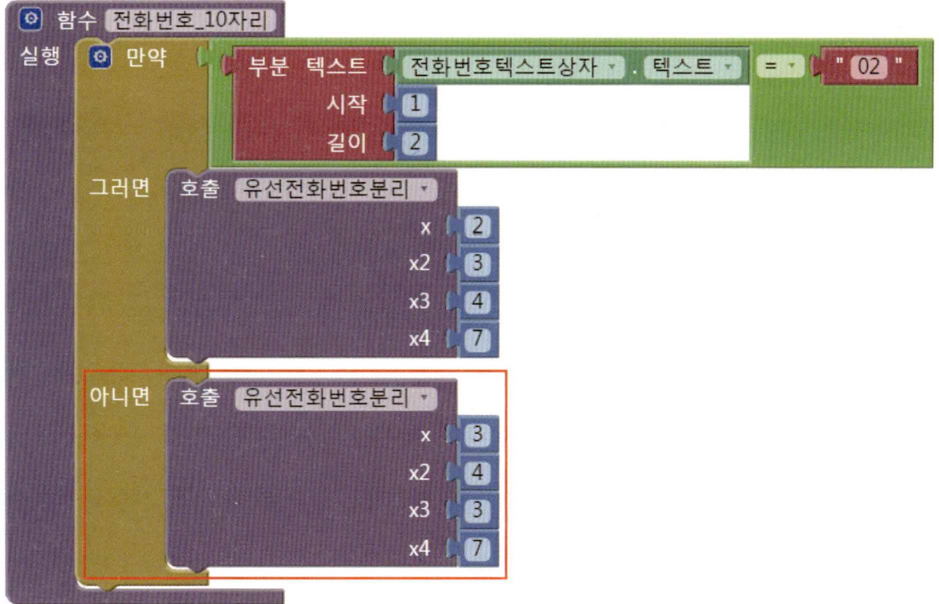

◈ 9자리 유선전화번호 자릿수 구분하는 함수 선언하기

01 [전화번호텍스트]에 입력된 유선전화번호의 자리수가 9인 경우는 전화번호 앞 두 자리가 02인 경우이다. 단 9자리 번호이면서 앞 두 자리가 02가 아니라면 잘못된 전화번호를 의미한다. [함수]에서 [함수 {함수 이름} 실행] 블록을 뷰어 영역에 삽입한다. {함수_이름} 입력란을 클릭한 후 "전화번호_9자리"를 입력한다.

02 전화번호 앞 두 자리가 02인지 비교하기 위해 [제어]의 [**만약 ~ 그러면**] 블록과 [**{ } = { }**] 블록을 삽입한다. [텍스트]의 [**부분 텍스트**] 블록을 삽입한 후 [**{전화번호텍스트상자}.{텍스트}**] 블록을 삽입한다. [**시작**] 블록과 [**길이**] 블록에 [수학]의 [**{0}**] 블록을 삽입한 후 1과 2를 입력한다. [텍스트]의 [**"{ }"**] 블록을 삽입한 후 "02"를 입력한다. [함수]를 클릭한 후 [**호출 {유선전화번호분리}**] 블록을 삽입한다. [**x**], [**x2**], [**x3**], [**x4**]에 [수학]의 [**{0}**] 블록을 삽입한 후 "2", "3", "3", "6"을 입력한다.

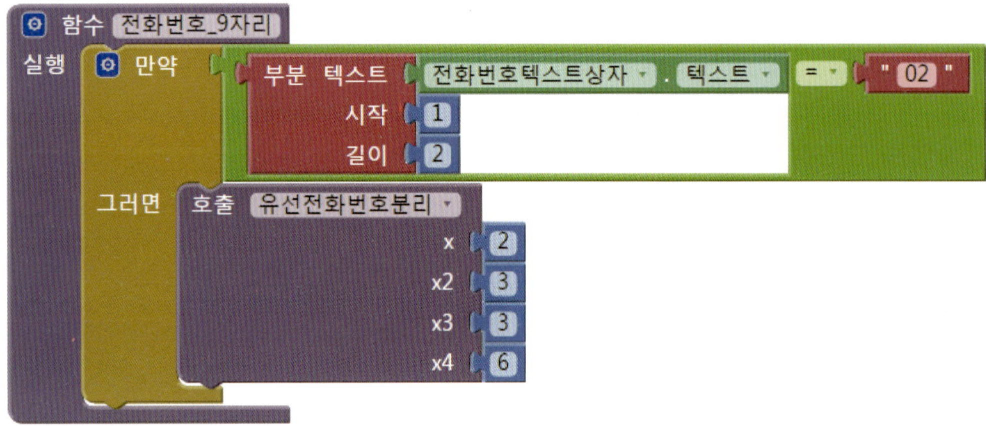

03 앞 두 자리가 02가 아니면 잘못 입력된 전화번호이므로 알림창을 표시하기 위해 [**아니면**] 블록을 삽입한다. [알림]의 [**호출 {알림1.메시지창 나타내기}**] 블록과 [텍스트]의 [**"{ }"**] 블록을 삽입한다. "유효한 전화번호가 아닙니다.", "오류", "확인"을 입력한다. 알림창이 표시된 후 화면에 표시되는 전화번호를 삭제하기 위해 [변수]의 [**지정하기 { } 값**] 블록을 삽입한 후 "global 분리된전화번호"를 지정한다. [텍스트]의 [**"{ }"**] 블록을 삽입한다.

유선전화번호 자리수로 구분하는 함수 선언하기

01 [전화번호텍스트]에 입력된 유선전화번호의 자리수가 10자리인지 9 자리인지에 따라 구분하는 함수를 선언하기 위해 [함수]에서 **[함수 {함수 이름} 실행]** 블록을 뷰어 영역에 삽입한다. {함수_이름} 입력란을 클릭한 후 "유선전화번호"를 입력한다.

02 전화번호 자리수를 비교하기 위해 [제어]의 **[만약 ~ 그러면]** 블록을 삽입한다. [수학]의 **[{ } = { }]** 블록을 삽입한다. [텍스트]의 **[길이]** 블록을 삽입한 후 **[{전화번호텍스트상자}.{텍스트}]** 블록을 삽입한다. [수학]의 **[{0}]** 블록을 삽입한 후 "10"을 입력한다. [함수]를 클릭한 후 **[호출 {전화번호_10자리}]** 블록을 삽입한다.

03 　9자리인 경우를 비교하기 위해 [아니고 … 만약] 블록을 삽입한다. [수학]의 [{ } = { }] 블록을 삽입한다. [텍스트]의 [길이] 블록을 삽입한 후 [{전화번호텍스트상자}.{텍스트}] 블록을 삽입한다. [수학]의 [{0}] 블록을 삽입한 후 "9"를 입력한다. [함수]를 클릭한 후 [호출 {전화번호_9자리}] 블록을 삽입한다.

04 　자리수가 9자리 미만이거나 10자리 이상인 경우 오류 알림창을 표시하기 위해 [아니면] 블록을 삽입한다. [알림]의 [호출 {알림1}.메시지창 나타내기] 블록과 [텍스트]의 ["{ }"] 블록을 삽입한다. "유효한 전화번호가 아닙니다.", "오류", "확인"을 입력한다. 알림창이 표시된 후 화면에 표시되는 전화번호를 삭제하기 위해 [변수]의 [지정하기 { } 값] 블록을 삽입한 후 "global 분리된전화번호"를 지정한다. [텍스트]의 ["{ }"] 블록을 삽입한다.

❖ [전화번호분리] 함수 선언하기

01 　[함수]에서 [함수 {함수 이름} 실행] 블록을 뷰어 영역에 삽입한다. {함수_이름} 입력란을 클릭한 후 "전화번호분리하기"를 입력한다.

02 　전화번호 앞 두 자리가 01로 시작하면 무선전화번호이므로 비교하기 위해 [제어]의 **[만약 ～ 그러면]** 블록과 [논리]의 **[{ } = { }]** 블록을 삽입한다. [텍스트]의 **[부분 텍스트]** 블록과 **[{전화번호텍스트상자}.{텍스트}]** 블록을 삽입한다. **[시작]**과 **[길이]**에 [수학]의 **[{0}]** 블록을 삽입한 후 "1"과 "2"를 입력한다. [텍스트]의 **["{ }"]** 블록을 삽입한 후 "01"을 입력한다. [함수]를 클릭한 후 **[호출 {무선전화번호분리}]** 블록을 삽입한다.

03 　전화번호 앞 두 자리가 01이 아니라면 유선전화이므로 **[아니면]** 블록을 삽입한 후 [함수]의 **[호출 {유선전화번호}]** 블록을 삽입한다.

✖ 🔍 버튼 눌러 전화번호부에서 번호 선택하기

01 　🔍 버튼을 눌러 선택한 전화번호를 저장할 변수를 선언하기 위해 [변수]에서 **[전역변수 초기화 {변수 이름} 값]** 블록을 뷰어 영역에 삽입한다. {변수_이름} 입력란에 "선택전화번호"를 입력한다. [텍스트]의 **["{ }"]** 블록을 삽입한다.

02   [전화번호_선택1]을 클릭한 후 [언제 {전화번호_선택1}.선택 후] 블록을 삽입한다. [전화번호텍스트상자]를 클릭한 후 **[지정하기 {전화번호텍스트상자}.{텍스트} 값]** 블록을 삽입한다. 선택된 전화번호의 이름을 표시하기 위해 [전화번호_선택1]을 클릭한 후 **[{전화번호_선택1}.{연락처이름}]** 블록을 삽입한다. 실제로 문자 메시지를 전송할 때는 별명이나 이름이 아닌 실제 전화번호가 사용되어야 한다. [변수]의 **[지정하기 { } 값]** 블록을 삽입한 후 "global 선택전화번호"를 지정한다. [전화번호_선택1]을 클릭한 후 **[{전화번호_선택1}.{전화번호}]** 블록을 삽입한다.

☀ [문자내용텍스트상자]를 누르면 직접 입력한 전화번호에 - 삽입하기

01   [문자내용텍스트상자]를 클릭한 후 [언제 {문자내용텍스트상자}.포커스 받음]] 블록을 삽입한다. [전화번호텍스트상자]에 입력된 내용이 숫자라면 직접 입력한 전화번호에 해당한다. 비교를 위해 [제어]의 [만약 ~ 그러면] 블록과 [수학]의 **[{숫자인가요}?]** 블록, [전화번호텍스트상자1]의 **{전화번호텍스트상자}.{텍스트}]** 블록을 삽입한다.

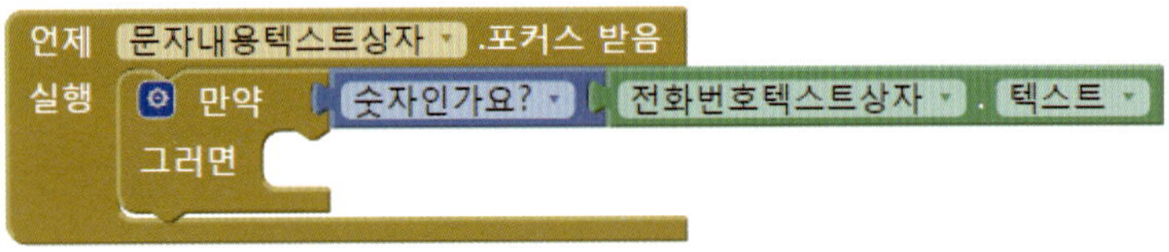

02   입력된 전화번호가 숫자라면 입력된 실제 문자 메시지를 전송할 때 사용할 전화번호를 저장하기 위해 해 [변수]의 **[지정하기 { } 값]** 블록을 삽입한 후 "global 선택전화번호"를 지정한다. [전화번호텍스트상자]의 **[{전화번호텍스트상자}.{텍스트}]** 블록을 삽입한다. [함수]의 **[호출 {전화번호분리하기}]** 블록을 삽입한다. 분리되어 -가 삽입된 전화번호를 스크린에 표시하기 위해 [전화번호텍스트상자]의 **[지정하기 {전화번호텍스트상자}.{텍스트} 값]** 블록과 [변수]의 **[가져오기 { }]** 블록을 삽입한 후 "global 분리된전화번호"를 지정한다.

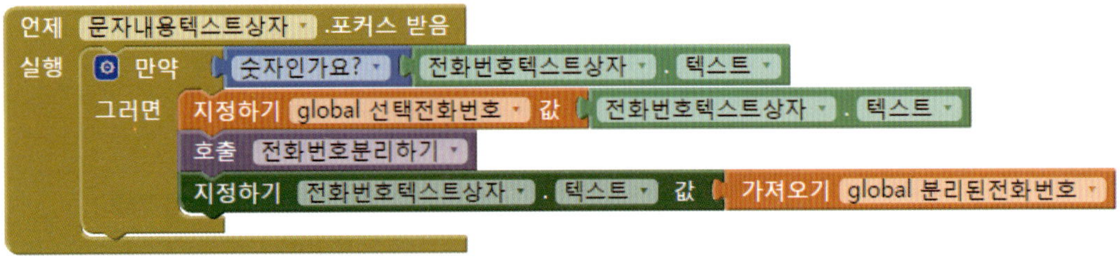

4 [문자보내기] 버튼을 눌러 메시지 전송하기

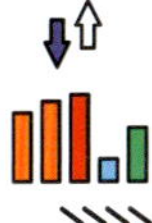

[문자보내기] 버튼을 누르면 전화번호를 입력하거나 선택하는 🔍 버튼 그리고 문자 메시지 내용을 입력하는 입력란이 표시된다. 문자 메시지를 입력한 후 [문자보내기] 버튼을 누르면 실제 문자 메시지가 전송된다.

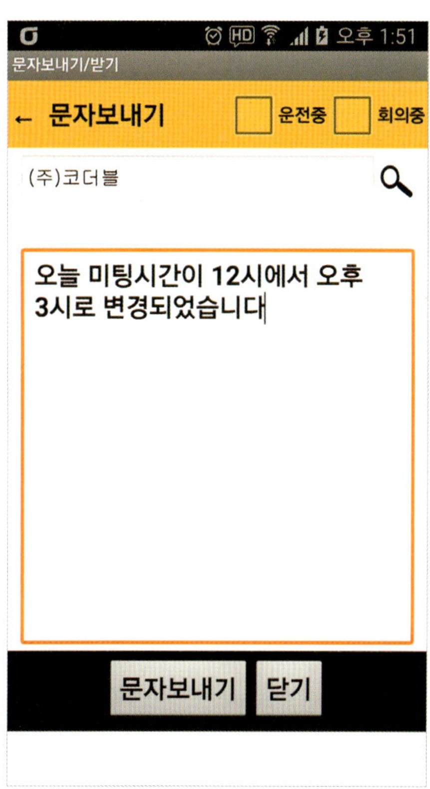

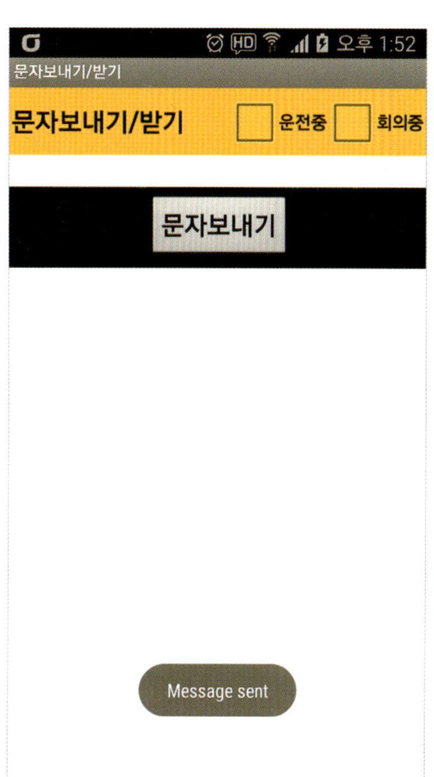

📁 문자 보내는 화면 표시하는 함수 선언하기

01 "← 문자보내기"라는 제목과 실제 전화번호를 입력, 검색하고 메시지 내용을 입력하는 화면을 표시하는 함수를 선언하기 위해 [함수]에서 **[함수 {함수 이름} 실행]** 블록을 뷰어 영역에 삽입한다. **{함수_이름}** 입력란을 클릭한 후 "문자보내기_수신화면표시하기"를 입력한다. 🔷 아이콘을 눌러 인수를 한 개 추가한다.

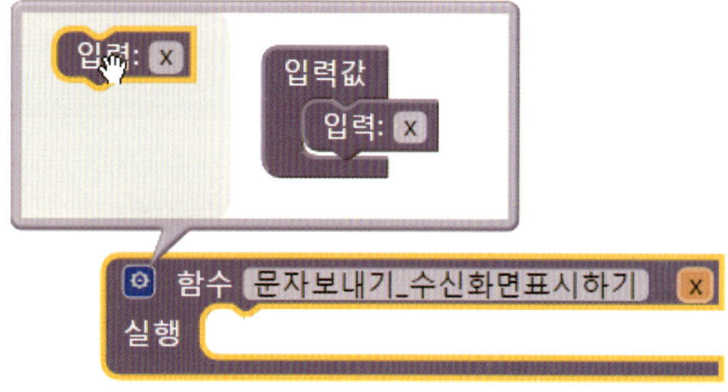

02　　[전화번호수평배치]의 **[지정하기 {전화번호수평배치}.{보이기} 값]** 블록과 [문자내용텍스트상자]의 **[지정하기 {문자내용텍스트상자}.{보이기} 값]** 블록과 [닫기]의 **[지정하기 {닫기}.{보이기} 값]** 블록을 삽입한 후 [논리]의 **[{참}]** 블록을 삽입한다. [제목]의 **[지정하기 {제목}.{텍스트} 값]** 블록을 삽입한 후 **[가져오기 {x}]**를 드래그하여 삽입한다.

◈ 문자보내기화면 숨기는 함수 선언하기

01　　"문자보내기/받기"라는 제목과 화면에 보이는 전화번호 입력 상자와 문자 내용 텍스트 상자를 숨기는 함수를 선언하기 위해 [함수]에서 **[함수 {함수 이름} 실행]** 블록을 뷰어 영역에 삽입한다. {함수_이름} 입력란을 클릭한 후 "문자보내기화면숨기기"를 입력한다.

02　　[전화번호수평배치]의 **[지정하기 {전화번호수평배치}.{보이기} 값]** 블록과 [문자내용텍스트상자]의 **[지정하기 {문자내용텍스트상자}.{보이기} 값]** 블록과 [닫기]의 **[지정하기 {닫기}.{보이기} 값]** 블록을 삽입한 후 [논리]의 **[{거짓}]** 블록을 삽입한다. [제목]의 **[지정하기 {제목}.{텍스트} 값]** 블록과 [텍스트]의 **["{ }"]** 블록을 삽입한 후 "문자보내기/받기"를 입력한다.

[문자보내기] 버튼을 눌러 전화번호 입력란과 내용 입력란 표시하기

01 [문자보내기] 버튼을 처음 누르면 문자 메시지를 보내는 화면이 표시되고, 다시 누르면 실제 문자 메시지를 전송하도록 지정하려면 현재 상태를 저장하는 변수가 필요하다. 변수 선언을 위해 [변수]에서 **[전역변수 초기화 {변수 이름} 값]** 블록을 뷰어 영역에 삽입한다. **{변수_이름}** 입력란에 "문자보내기상태"를 입력한다. [수학]의 **[{0}]** 블록을 삽입한다.

02 [문자보내기]를 클릭한 후 [언제 {문자보내기}.클릭] 블록을 삽입한다. 현재 상태를 비교하기 위해 [제어]의 **[만약 ~ 그러면]** 블록과 [수학]의 **[{ } = { }]** 블록 그리고 **[{0}]** 블록을 삽입한다. [변수]의 **[가져오기 { }]** 블록을 삽입한 후 "global 문자보내기상태"를 지정한다. [함수]의 **[호출 {문자보내기_수신화면표시하기}]** 블록을 삽입한 후 [텍스트]의 **["{ }"]** 블록을 삽입한다. "← 문자보내기"를 입력한다. [변수]의 **[지정하기 { } 값]** 블록을 삽입한 후 "global 문자보내기상태"를 지정한다. [수학]의 **[{0}]** 블록을 삽입한 후 1을 입력한다.

Note. ← 문자는 '□'을 입력한 후 [한자]를 눌러 삽입한다.

03 **[아니면]** 블록을 삽입한다. 전화번호가 입력되지 않은 상태에서 [문자보내기] 버튼을 눌렀을 때 오류 알림창을 표시하기 위해 [제어]의 **[만약 ~ 그러면]** 블록을 삽입한다. [텍스트]의 **[비어있나요?]** 블록을 삽입한 후 [변수]의 **[가져오기 { }]** 블록을 삽입한 후 "global 선택전화번호"를 지정한다.

04 [알림]의 **[호출 {알림1}.메시지창 나타내기]** 블록과 [텍스트]의 **["{ }"]** 블록을 삽입한다. "전화번호를 입력해주세요.", "전화번호 입력오류", "확인"을 입력한다.

```
언제  문자보내기 ▼ .클릭
실행  ⚙ 만약       가져오기 global 문자보내기상태 ▼  = ▼  0
      그러면  호출  문자보내기_수신화면표시하기 ▼
                                        x  " ← 문자보내기 "
              지정하기 global 문자보내기상태 ▼ 값  1

      아니면  ⚙ 만약    비어있나요?  가져오기 global 선택전화번호 ▼
              그러면  호출  알림1 ▼ .메시지창 나타내기
                              메시지  " 전화번호를 입력해주세요. "
                              제목    " 전화번호 입력오류 "
                          버튼 텍스트  " 확인 "
```

05 전화번호가 입력되어 있다면 문자메시지는 전송하기 위해 [아니면] 블록을 삽입한다. 실제 전화번호와 메시지 내용을 지정하기 위해 [문자_메시지1]을 클릭한 후 **[지정하기 {문자_메시지1}.{전화번호} 값]** 블록을 삽입한다. [변수]의 **[가져오기 { }]** 블록을 삽입한 후 "global 선택전화번호"를 지정한다. [문자_메시지1]의 **[지정하기 {문자_메시지1}.{메시지} 값]** 블록을 삽입한다. [문자내용텍스트상자]를 클릭한 후 **[{문자내용텍스트상자}.{텍스트}]** 블록을 삽입한다. 실제로 문자 메시지를 전송하고 문자 보내기 화면을 숨기기 위해 [문자_메시지1]을 클릭한 후 **[호출 {문자_메시지1}.메시지 보내기]** 블록을 삽입한다.

```
언제  문자보내기 ▼ .클릭
실행  ⚙ 만약       가져오기 global 문자보내기상태 ▼  = ▼  0
      그러면  호출  문자보내기_수신화면표시하기 ▼
                                        x  " ← 문자보내기 "
              지정하기 global 문자보내기상태 ▼ 값  1

      아니면  ⚙ 만약    비어있나요?  가져오기 global 선택전화번호 ▼
              그러면  호출  알림1 ▼ .메시지창 나타내기
                              메시지  " 전화번호를 입력해주세요. "
                              제목    " 전화번호 입력오류 "
                          버튼 텍스트  " 확인 "

              아니면  지정하기  문자_메시지1 ▼ . 전화번호 ▼ 값   가져오기 global 선택전화번호 ▼
                      지정하기  문자_메시지1 ▼ . 메시지 ▼ 값   문자내용텍스트상자 ▼ . 텍스트 ▼
                      호출  문자_메시지1 ▼ .메시지 보내기
```

06 문자 전송 후 화면에 입력되어 있는 전화번호와 문자 내용이 삭제되도록 지정하기 위해 [전화번호텍스트상자]의 **[지정하기 {전화번호텍스트상자}.{텍스트} 값]** 블록과 [문자내용텍스트상자]의 **[지정하기 {문자내용텍스트상자}.{텍스트} 값]** 블록을 삽입한 후 [텍스트]의 **["{ }"]** 블록을 삽입한다. 실제 전송하는 전화번호를 저장하고 있는 변수 값도 초기화하기 위해 [변수]의 **[지정하기 { } 값]** 블록을 삽입한 후 "global 선택전화번호"를 지정하고 [텍스트]의 **["{ }"]** 블록을 삽입한다.

[닫기] 버튼 눌러 문자보내기 화면 숨기기

01 문자 전송이 완료된 후 다시 문자를 보내지 않는다면 화면이 숨겨져야 한다. [닫기]를 클릭한 후 **[언제 {닫기}.클릭]** 블록을 삽입한다. [함수]의 **[호출 {문자보내기화면숨기기}]** 블록을 삽입한다. [변수]의 **[지정하기 { } 값]** 블록을 삽입한 후 "global 문자보내기상태"를 지정하고 [수학]의 **[{0}]** 블록을 삽입한다.

 화면에 입력되어 있는 전화번호와 문자 내용이 삭제되도록 지정하기 위해 [전화번호텍스트상자]의 **[지정하기 {전화번호텍스트상자}.{텍스트} 값]** 블록과 [문자내용텍스트상자]의 **[지정하기 {문자내용텍스트상자}.{텍스트} 값]** 블록을 삽입한 후 [텍스트]의 **["{ }"]** 블록을 삽입한다. [문자보내기]의 **[지정하기 {문자보내기}.{보이기} 값]** 블록과 [논리]의 **[{참}]** 블록을 삽입한다.

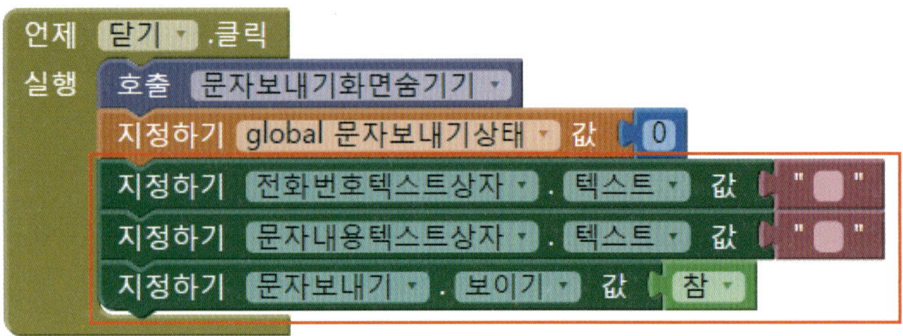

5 수신된 메시지 표시하기

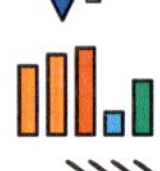

메시지가 수신되었을 때 문자를 전송한 전화번호와 문자 메시지 내용이 표시된다. 단 "운전중"이 체크되어 있으면 수신된 문자 메시지를 읽어주고 "운전중"이라는 문자 메시지를 상대방에게 자동으로 전송한다. "회의중"이 체크되어 있으면 수신된 메시지를 화면에 표시하고 "회의중"이라는 문자 메시지를 상대방에게 자동으로 전송한다.

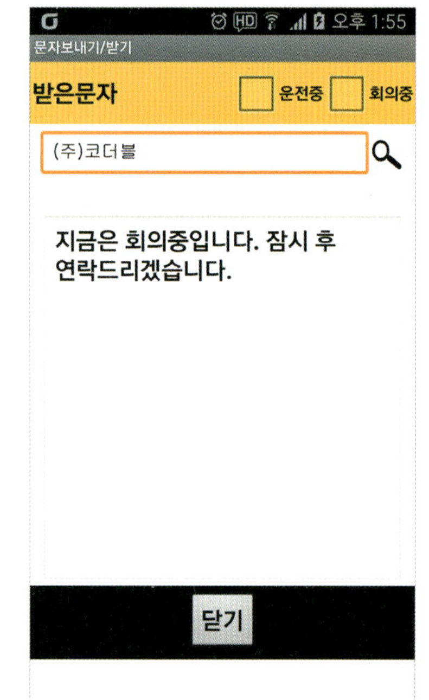

◈ "운전중"이 체크되어 있는 경우 메시지 읽고 자동 문자보내기

01   자동 전송되는 문자 메시지의 전화번호를 지정하기 위해 [문자_메시지1]을 클릭하고 [언제 {문자_메시지1}.메시지 받음] 블록을 삽입한다. [문자_메시지1]의 **[지정하기 {문자_메시지1}.{전화번호} 값]** 블록을 삽입하고 **[가져오기 {전화번호}]** 블록을 삽입한다.

02   "운전중"이 체크되어 있는지 비교하기 위해 [제어]의 **[만약 ~ 그러면]** 블록을 삽입한다. [운전중_체크상자]의 **[{운전중_체크상자}.{선택 여부}]** 블록을 삽입한다. 체크가 되어 있다면 메시지를 읽기 위해 [음성_변환1]을 클릭한 후 **[호출 {음성_변환1}.말하기]** 블록과 [텍스트]의 **[합치기]** 블록을 삽입한다. ◎ 아이콘을 클릭하여 **[문자열]** 블록이 4개가 되도록 지정한다.

03   **[가져오기 {전화번호}]** 블록과 **[가져오기 {메시지 텍스트}]** 블록을 1번째 **[문자열]** 블록과 3번째 **[문자열]** 블록에 삽입한다. [텍스트]의 **["{ }"]** 블록을 2번째 **[문자열]** 블록과 4번째 **[문자열]** 블록에 삽입한 후 "에서 문자가 도착하였습니다. 문자 내용은", "입니다"를 입력한다. [문자_메시지1]의 **[지정하기 {문자_메시지1}.{메시지} 값]** 블록과 [텍스트]의 **["{ }"]** 블록을 삽입한 후 "지금은 운전중입니다. 잠시 후 연락드리겠습니다."를 입력한다. [문자_메시지1]의 **[호출 {문자_메시지1}.메시지 보내기]** 블록을 삽입한다.

◈ "회의중"이 체크되어 있는 경우 메시지 읽고 자동 문자보내기

01 "회의중"이 체크되어 있는지 비교하기 위해 [아니고 ... 만약] 블록을 삽입한 후 [회의중_체크상자]의 [{회의중_체크상자}.{선택여부}] 블록을 삽입한다. [문자_메시지1]의 **[지정하기 {문자_메시지1}.{메시지} 값]** 블록과 [텍스트]의 **["{ }"]** 블록을 삽입한 후 "지금은 회의중입니다. 잠시 후 연락드리겠습니다."를 입력한다. [문자_메시지1]의 **[호출 {문자_메시지1}.메시지 보내기]** 블록을 삽입한다.

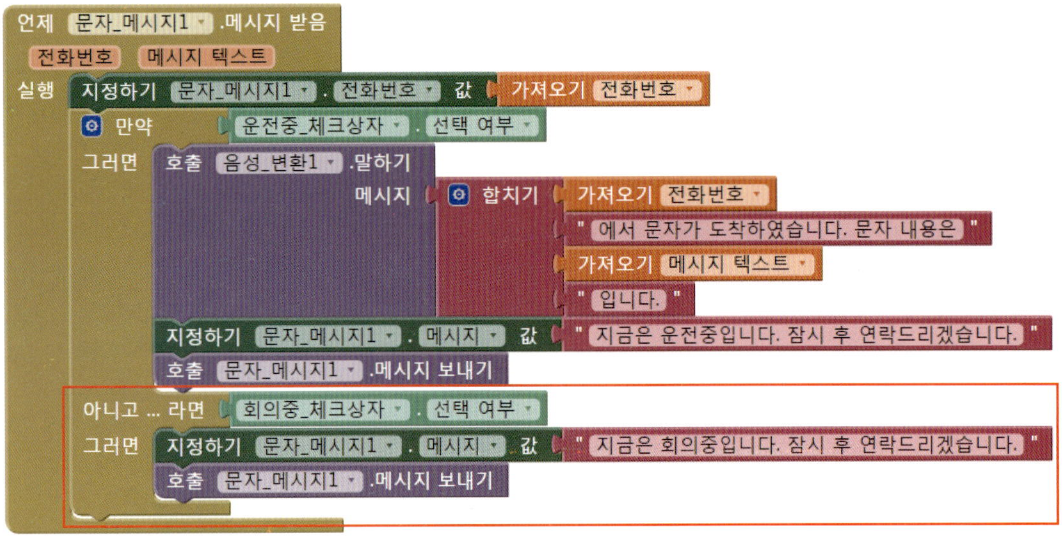

◈ 수신된 메시지를 표시하기

01 메시지를 수신 받았을 때 제목 및 수신된 전화번호, 메시지 등을 표시하기 위해 [함수]의 **[호출 {문자보내기_수신화면표시하기}]** 블록을 삽입한 후 [텍스트]의 **["{ }"]** 블록을 삽입한다. "받은문자"를 입력한다.

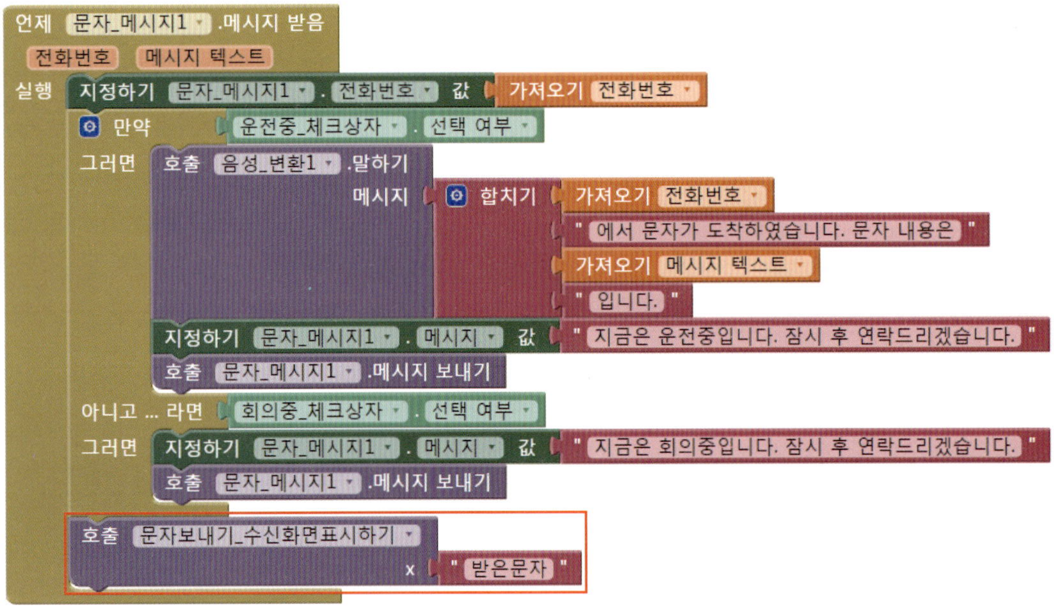

02 전화번호와 내용을 표시하기 위해 [전화번호텍스트상자]의 **[지정하기 {전화번호텍스트상자}.{텍스트} 값]** 블록과 [문자내용텍스트상자]의 **[지정하기 {문자내용텍스트상자}.{텍스트} 값]** 블록을 삽입한다. **[가져오기 {전화번호}]** 블록과 **[가져오기 {메시지 텍스트}]** 블록을 드래그하여 삽입한다. [문자보내기] 버튼을 숨기기 위해 [문자보내기]의 **[지정하기 {문자보내기}.{보이기} 값]** 블록과 [논리]의 **[{거짓}]** 블록을 삽입한다.

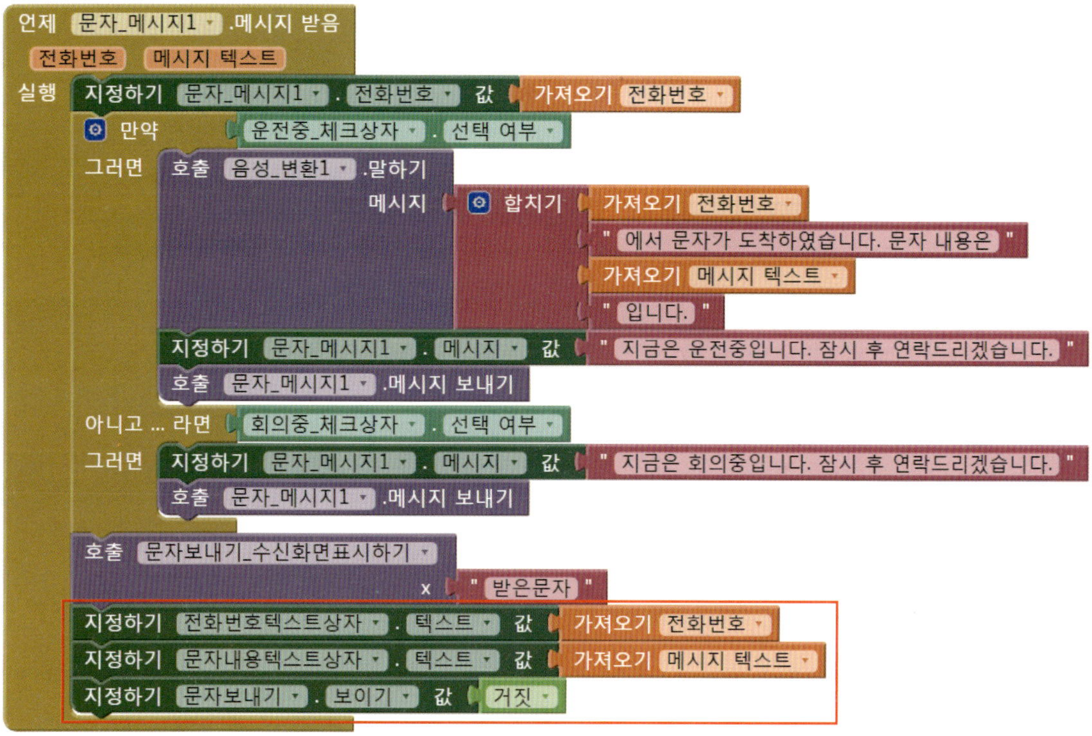

TIP 지역과 전화번호 길이에 따른 자릿수 살펴보기

1. 지역이 서울이면서 전화번호가 9자리 경우

024784747로 입력된 전화번호에 1번 위치를 기준으로 2글자를 추출한 후 − 를 삽입한다. 3번째를 기준으로 3글자를 추출한 후 − 삽입, 그리고 6번째 글자를 기준으로 4글자를 추출하여 구분자를 삽입한다.

자리위치	1	2	3	4	5	6	7	8	9
		지역번호		국번			번호		
번호	0	2	4	7	8	4	7	4	7

2. 지역이 서울이면서 전화번호가 10자리 경우

0247847478로 입력된 전화번호에 1번 위치를 기준으로 2글자를 추출한 후 −를 삽입한다. 3번째를 기준으로 4글자를 추출한 후 − 삽입, 그리고 7번째 글자를 기준으로 4글자를 추출하여 구분자를 삽입한다.

자리위치	1	2	3	4	5	6	7	8	9	10
		지역번호		국번			번호			
번호	0	2	4	7	8	4	7	4	7	8

3. 지역이 서울이 아닌 경우

0314554789로 입력된 전화번호에 1번 위치를 기준으로 3글자를 추출한 후 −를 삽입한다. 4번째를 기준으로 3글자를 추출한 후 − 삽입, 그리고 7번째 글자를 기준으로 4글자를 추출하여 구분자를 삽입한다.

자리위치	1	2	3	4	5	6	7	8	9	10
		지역번호			국번			번호		
번호	0	2	4	7	8	4	7	4	7	8

Chapter 03

미로 게임 개발하기

방향 센서를 이용하면 스마트폰을 기울여 공의 방향을 조정해서 미로를 통과하는 앱을 작성할 수 있다. 맨 처음 앱을 실행하면 사용자 등록 알림창이 표시되며, 이미 사용자를 등록했다면 [START] 버튼을 눌러 게임을 실행하면 된다. 총 게임 시간은 25초로 지정되어 있으며 이동 중 미로에 닿으면 처음 출발지로 축구공이 이동된다.

완성 파일 : Miro_Ball.aia

앱 설계하기

❶ 앱을 맨 처음 실행하면 "사용자 등록" 알림창이 표시된다. 한 명 이상의 사용자가 등록되어 있다면 "이름 선택" 알림창이 표시된다.

❷ 사용자 선택을 완료하면 사용자 이름 옆에 선택한 사용자의 최근 기록 시간이 표시된다. 만약 사용자 등록만 했다면 최근 기록 시간이 표시되지 않는다.

❸ [START] 버튼을 눌러 게임을 실행한다.

❹ 스마트폰을 기울여 축구공을 이동시키되 검정색의 미로 벽에 축구공이 닿으면 처음 출발지 위치로 축구공이 이동된다.

❺ 제한 시간 안에 축구공이 빨간색의 도착지점에 도착하지 못하면 "기간 초과" 알림창이 표시된다.

❻ 제한 시간 안에 축구공이 빨간색의 도착지점에 도착하면 "미션 성공" 알림창이 표시되고 시간이 최종 시간으로 표시된다. 최종시간이 [TinyDB]에 저장된다.

❼ [STOP] 버튼을 누르면 게임 실행이 중지된다. 재 시작하려면 [START] 버튼을 누른다.

❽ [모든 사용자지우기] 버튼을 누르면 등록된 모든 사용자가 삭제된다.

미로 화면 디자인하기

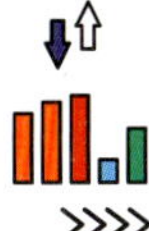

개발하려고 하는 미로 앱은 다음과 같이 화면이 디자인되어 있다. 지금부터 [팔레트]의 컴포넌트를 이용하여 화면을 아래 그림과 같이 구성한다.

◈ 미디어 등록 및 [Screen1] 속성 지정하기

앱 개발에 필요한 이미지 파일을 앱 인벤터 서버에 업로드하고 [Screen1]의 기본 속성을 지정한다.

⊠ 앱 개발에 필요한 미디어 등록하기

01 [미디어] 패널에서 [파일 올리기] 버튼을 클릭한다.

02 [파일 선택] 버튼을 클릭한 후 "miro_back_1-1.png" 파일을 선택하고 [열기] 버튼을 클릭한다.

03 같은 방법으로 "so-ball.png" 파일을 서버에 등록한다.

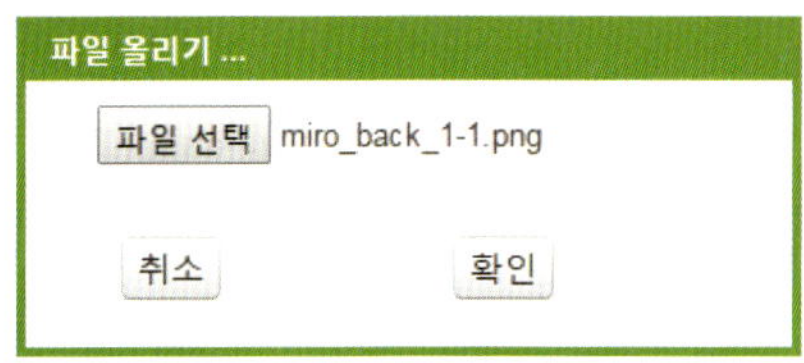

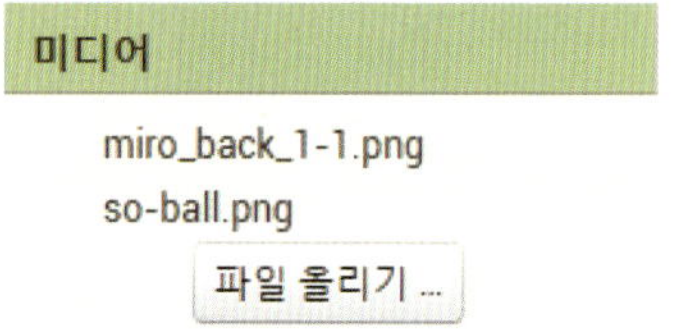

☒ [Screen1] 속성 지정하기

01 [Screen1]의 [속성] 패널에서 [Screen1]에 삽입되는 모든 컴포넌트들이 중앙에 배치되도록 지정하기 위해 [수평 정렬]을 "중앙 : 3"으로 지정한다. [앱 이름] 입력란에 "미로(Miro)"를 입력한다.

02 스크린을 위/아래로 이동 가능하도록 [스크롤 가능 여부] 항목을 체크한다. [제목] 입력란에 "미로"를 입력한다.

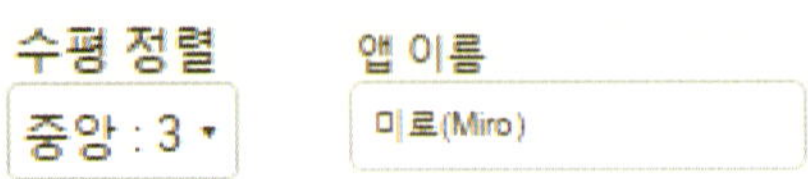

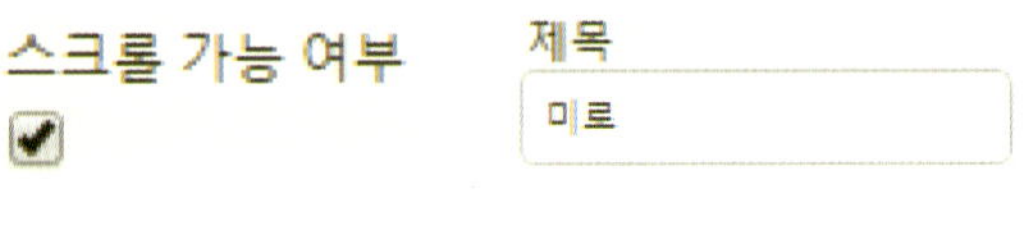

✖ 사용자 이름과 시간 표시 디자인하기

사용자 등록 버튼과 등록된 사용자를 목록으로 표시해주는 스피너 그리고 시간을 표시하는 레이블을 디자인하고 속성을 지정한다.

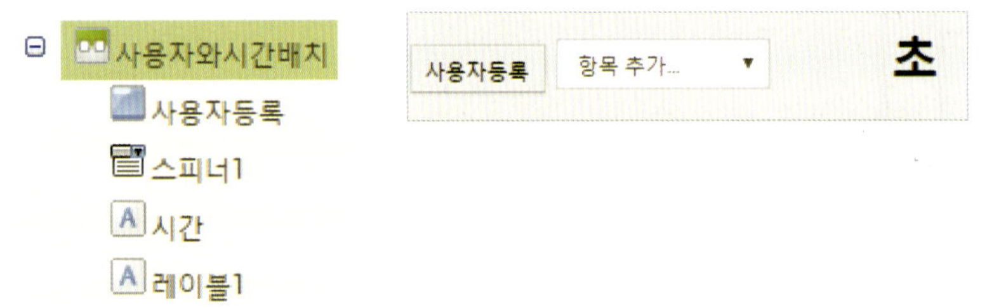

☒ 사용자 등록 버튼과 스피너, 시간 배치를 위한 레이아웃 삽입하고 속성 지정하기

01 사용자 등록버튼과 스피너, 레이블을 가로로 삽입하기 위해 [레이아웃]의 [수평배치]를 삽입한다. [이름 바꾸기] 버튼 클릭 후 이름을 "사용자와시간배치"로 변경한다. [수직 정렬]은 "가운데 : 2"로 지정한다.

02 [높이]는 "60 pixels", [너비]는 "100 percent"를 지정한다.

⊠ 사용자 등록 버튼과 스피너 삽입하기

01　　　[버튼]을 [사용자와시간배치] 내부에 삽입한다. [이름 바꾸기] 버튼 클릭 후 이름을 "사용자등록"
으로 변경한다. [텍스트]에 "사용자등록"을 입력한다.

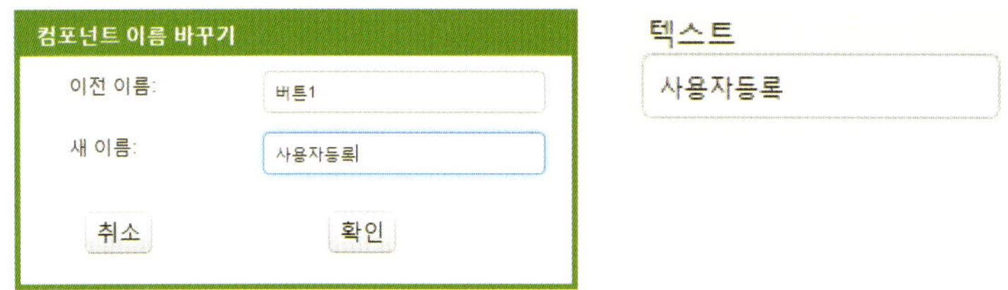

02　　　[스피너]를 [사용자등록] 오른쪽에 삽입한다. [너비]는 "120 pixles"을 지정하고 [창 제목]에 "사용
자 선택"을 입력한다.

⊠ 시간표시 레이블 삽입하기

01　　　[레이블]을 [스피너1] 오른쪽에 삽입한다. [이름 바꾸기] 버튼 클릭 후 이름을 "시간"으로 변경한
다. [글꼴 크기]는 "30", [높이]는 "50 pixels", [너비]도 "50 pixels"을 지정한다. [텍스트]는 삭제한다.

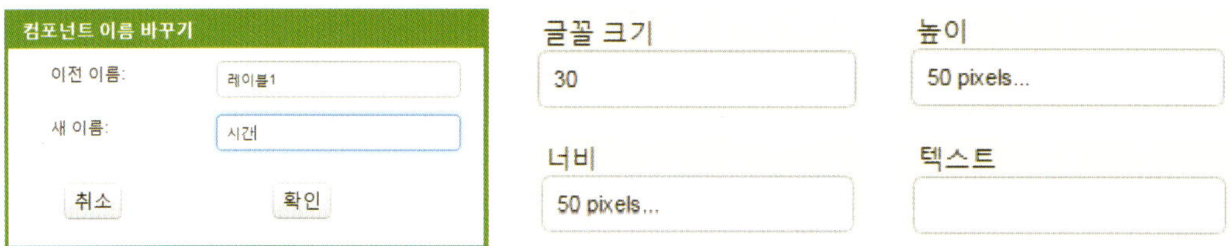

02　　　[레이블]을 [시간] 오른쪽에 삽입한다. [글꼴 크기]는 "30", [높이]는 "50 pixels"로 지정한다. [텍
스트]에 "초"를 입력한다.

✦ 사용자 등록 디자인하기

사용자를 직접 입력받는 텍스트 상자와 등록 버튼을 디자인하고 속성을 지정한다.

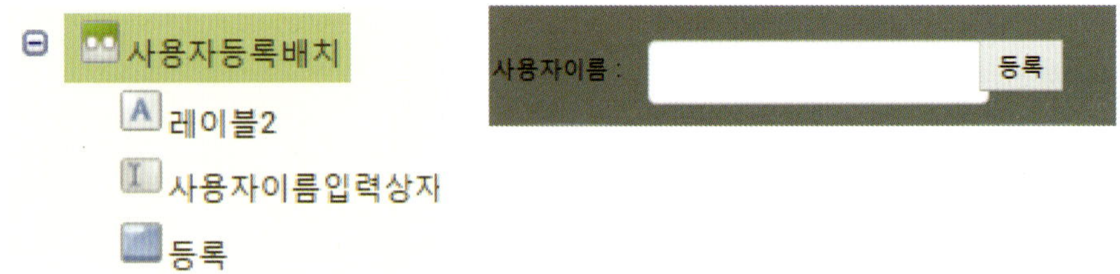

⊠ 사용자 등록을 위한 레이아웃 삽입하고 속성 지정하기

01 [레이아웃]의 [수평배치]를 [사용자와 시간배치] 아래에 삽입한다. [이름 바꾸기] 버튼 클릭 후 이름을 "사용자등록배치"로 변경한다.

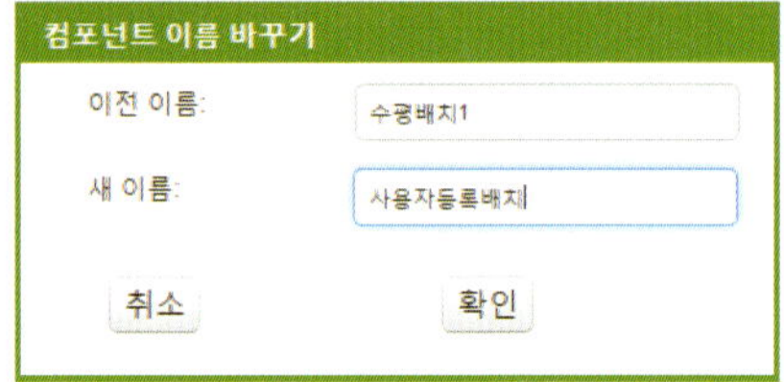

02 [수직 정렬]은 "가운데 : 2", [배경색]은 "회색"으로 지정한다. [높이]는 "60 pixels", [너비]는 "100 percent"를 지정한다.

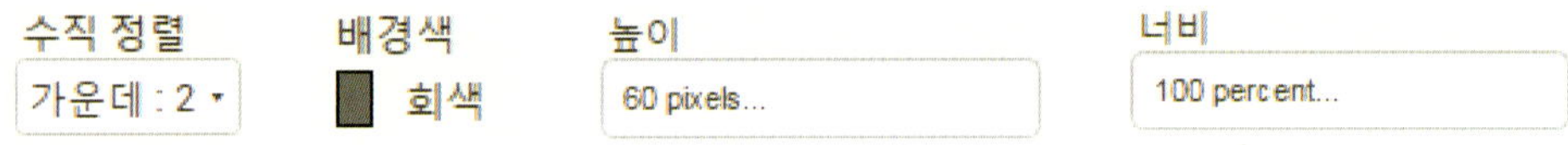

⊠ 레이블 삽입하고 사용자 입력상자 삽입하기

01 [레이블]을 [사용자등록배치] 내부에 삽입한다. [텍스트]에 "사용자 이름 : "을 입력한다.

02 [텍스트 상자]를 [레이블2] 오른쪽에 삽입한다. [이름 바꾸기] 버튼 클릭 후 이름을 "사용자이름입력상자"로 변경한다. [힌트]에 "이름입력"을 입력한다.

⊠ [등록] 버튼 삽입하고 숨기기

01   [버튼]을 [사용자이름입력상자] 오른쪽에 삽입한다. [이름 바꾸기] 버튼 클릭 후 이름을 "등록"으로 변경한다. [텍스트]에 "등록"을 입력한다.

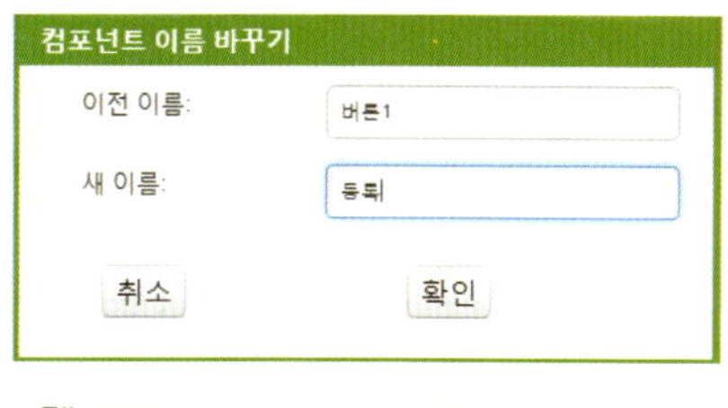

텍스트

등록

02   [사용자이름입력상자]와 [등록] 버튼은 [사용자등록] 버튼을 눌렀을 때 표시되어야 하므로 [사용자등록배치]를 클릭한 후 [보이기]의 체크를 해제한다.

보이기

◈ 시간표시 디자인하기

사용자를 직접 입력받는 텍스트 상자와 등록 버튼을 디자인하고 속성을 지정한다.

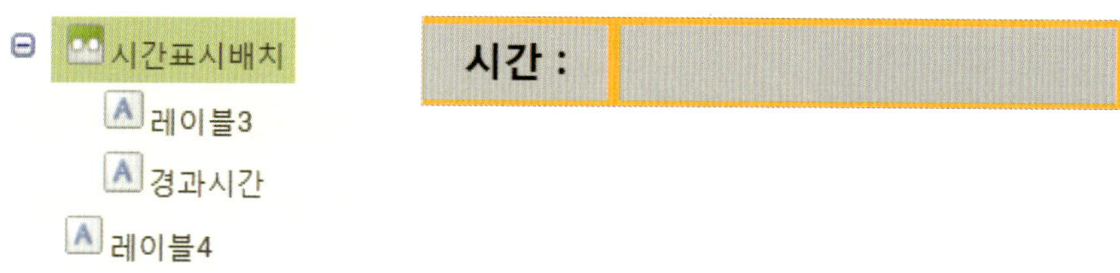

⊠ 경과시간을 표시하는 레이아웃 지정하기

01   [레이아웃]의 [수평배치]를 [사용자등록배치] 아래에 삽입한다. [이름 바꾸기] 버튼 클릭 후 이름을 "시간표시배치"로 변경한다.

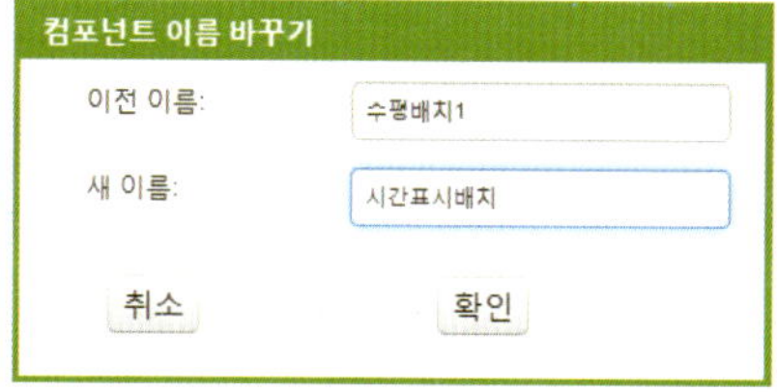

02   [수평 정렬]은 "중앙 : 3", [수직 정렬]은 "가운데 : 2", [배경색]은 "주황"을 지정한다. [높이]는 "40 pixels", [너비]는 "100 percent"를 지정한다.

수평 정렬	수직 정렬	배경색	높이	너비
중앙 : 3 ▾	가운데 : 2 ▾	■ 주황	40 pixels...	100 percent...

01   [레이블]을 [시간표시배치] 내부에 삽입한다. [배경색]은 "밝은 회색", [글꼴 굵게]를 체크하고, [글꼴 크기]는 "20"으로 지정한다. [높이]는 "30 pixels", [너비]는 "25 percent"를 지정하고 [텍스트]에 "시간 : "을 입력한다.

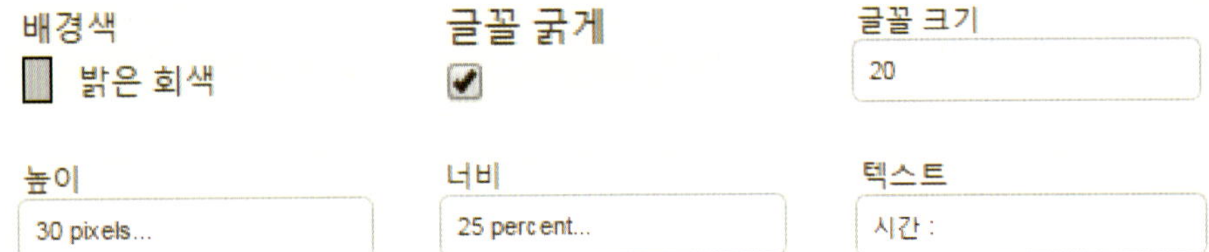

02   [레이블]을 [레이블3] 오른쪽에 삽입한다. [이름 바꾸기] 버튼 클릭 후 이름을 "경과시간"으로 변경한다. [배경색]은 "밝은 회색", [글꼴 굵게]를 체크하고, [글꼴 크기]는 "20"으로 지정한다. [높이]는 "30 pixels", [너비]는 "70 percent"를 지정하고 [텍스트]를 삭제한다.

03   간격 조절을 위해 [레이블]을 [시간표시배치] 아래에 삽입한다. [높이]는 "15 pixels"로 지정하고 [텍스트]는 삭제한다.

◈ 미로와 축구공 디자인하기

캔버스에 미로 이미지를 등록한 후 축구공을 디자인하고 속성을 지정한다.

⊠ 미로 삽입하기

01 미로를 배경으로 삽입하기 위해 [캔버스]를 [레이블4] 아래에 삽입한다. [배경 이미지]의 "없음"을 클릭한다. "miro_back_1-1.png" 파일을 선택한 후 [확인] 버튼을 클릭한다. [높이]와 [너비]를 모두 "300 pixels"로 지정한다.

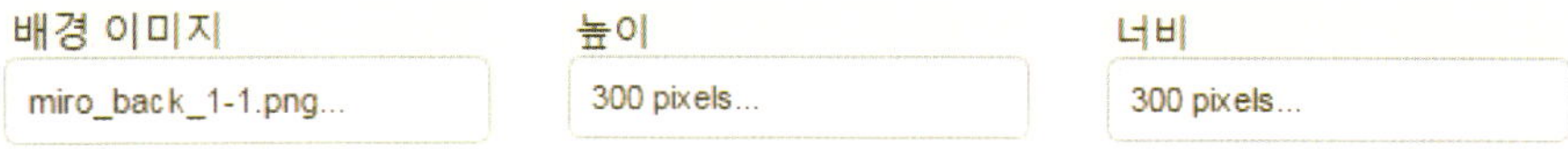

⊠ 공 삽입하기

01 [이미지 스프라이트]를 [캔버스1] 내부에 삽입한다. [높이]와 [너비]를 모두 "15 pixels"로 지정한 후 [간격]에 "10"을 입력한다. [사진]의 "없음"을 클릭한다. "so-ball.png" 파일을 선택한 후 [확인] 버튼을 클릭한다.

02 간격 조절을 위해 [레이블]을 [캔버스1] 아래에 삽입한다. [높이]는 "30 pixels"로 지정하고 [텍스트]는 삭제한다.

✦ [START], [STOP], [사용자지우기] 버튼 디자인하기

[START], [STOP], [사용자지우기] 버튼을 디자인하고 속성을 디자인한다.

⊠ 버튼 삽입을 위한 레이아웃 지정하기

01   [레이아웃]의 [수평배치]를 [사용자등록배치] 아래에 삽입한다. [이름 바꾸기] 버튼 클릭 후 이름을 "버튼배치"로 변경한다.

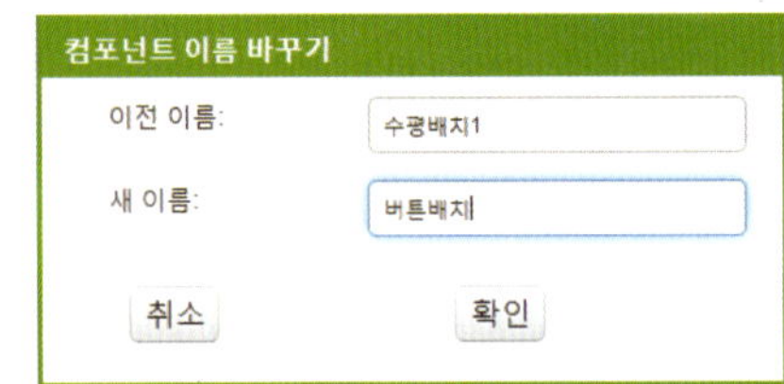

02   [수평 정렬]은 "중앙 : 3", [수직 정렬]은 "가운데 : 2", [배경색]은 "밝은 회색"으로 지정한다. [높이]는 "60 pixels", [너비]는 "100 percent"를 지정한다.

수평 정렬	수직 정렬	배경색	높이	너비
중앙 : 3 ▾	가운데 : 2 ▾	밝은 회색	60 pixels...	100 percent...

⊠ 버튼 삽입하기

01   [버튼]을 [버튼배치] 내부에 삽입한다. [이름 바꾸기] 버튼 클릭 후 이름을 "START"로 변경한다. [글꼴 굵게]를 체크하고 [텍스트]에 "START"를 입력한다.

02   [버튼]을 [START] 오른쪽에 삽입한다. [이름 바꾸기] 버튼 클릭 후 이름을 "STOP"으로 변경한다. [글꼴 굵게]를 체크하고 [텍스트]에 "STOP"을 입력한다.

03   [버튼]을 [STOP] 오른쪽에 삽입한다. [이름 바꾸기] 버튼 클릭 후 이름을 "사용자지우기"로 변경한다. [글꼴 굵게]를 체크하고 [텍스트]에 "모든 사용자지우기"를 입력한다.

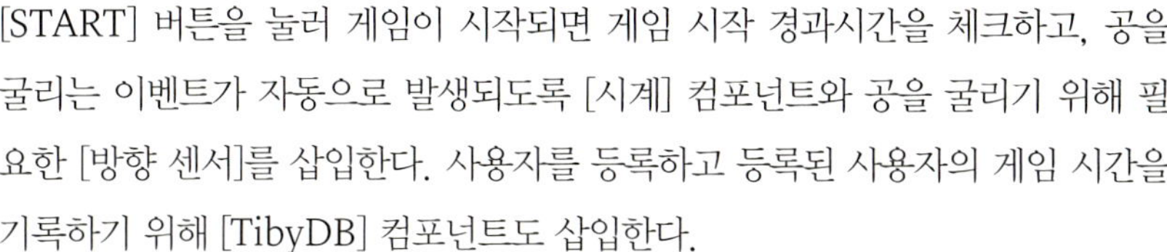 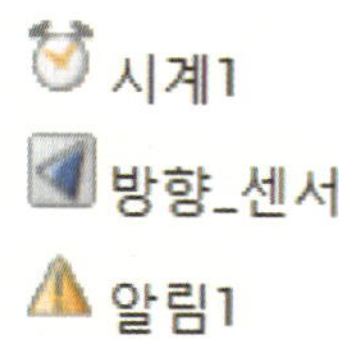

🔅 시계, 방향 센서, 알림, TinyDB 컴포넌트 삽입하기

[START] 버튼을 눌러 게임이 시작되면 게임 시작 경과시간을 체크하고, 공을 굴리는 이벤트가 자동으로 발생되도록 [시계] 컴포넌트와 공을 굴리기 위해 필요한 [방향 센서]를 삽입한다. 사용자를 등록하고 등록된 사용자의 게임 시간을 기록하기 위해 [TibyDB] 컴포넌트도 삽입한다.

◻ 시계와 방향 센서 삽입하기

01 [센서]의 [시계]를 스크린 영역으로 드래그하여 삽입한다. [타이머 활성 여부]의 체크를 해제한다.

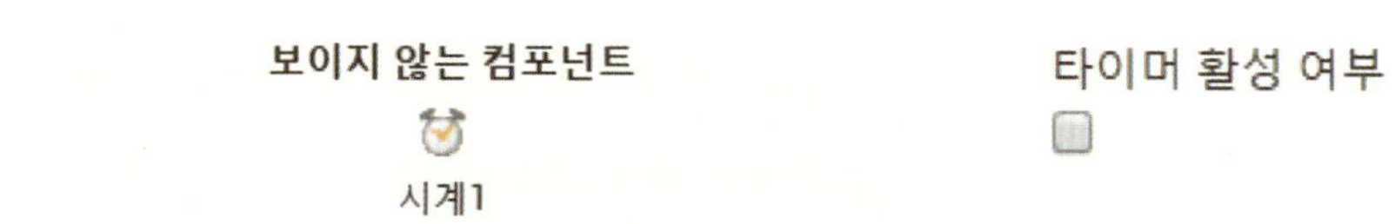

02 [센서]의 [방향 센서]를 스크린 영역으로 드래그하여 삽입한다. [활성화]의 체크를 해제한다.

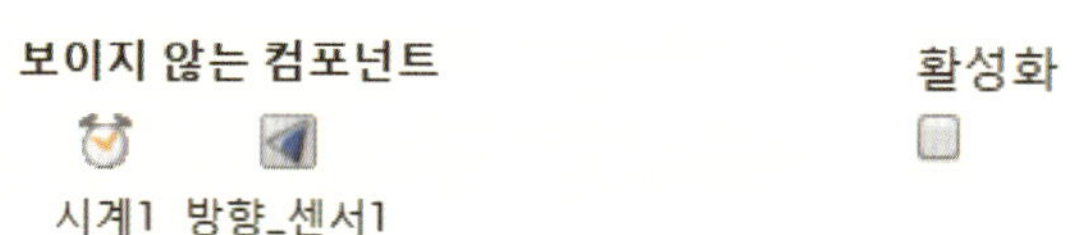

◻ 알림과 시계 그리고 TinyDB 삽입하기

01 [사용자 인터페이스]의 [알림]을 스크린 영역으로 드래그하여 삽입한다.

02 [센서]의 [시계]를 스크린 영역으로 드래그하여 삽입한다. [타이머 간격]을 "10"으로 지정한다.

03 [저장소]의 [TinyDB]를 [Screen1]로 드래그하여 삽입한다.

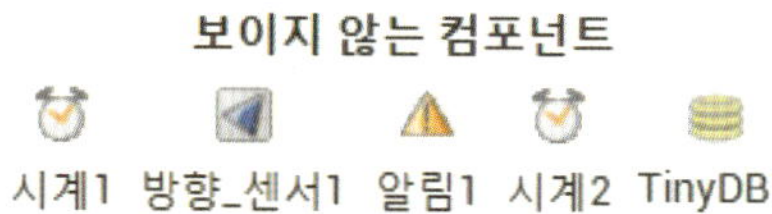

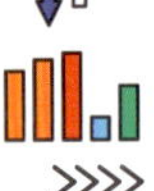

2 앱 실행 시 등록된 사용자 목록과 축구공 표시하기

앱을 처음 실행하면 등록된 사용자 이름을 목록에 표시한다. 만약 등록된 사용자가 없다면 새로운 사용자를 등록하라는 알림창을 표시하고 등록된 사용자가 존재한다면 사용자를 선택하라는 알림창을 표시한다. 축구공은 미로 출발점에 표시된다.

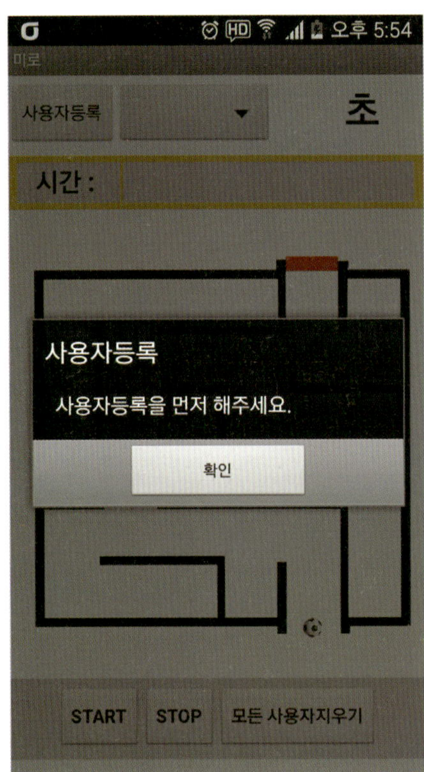

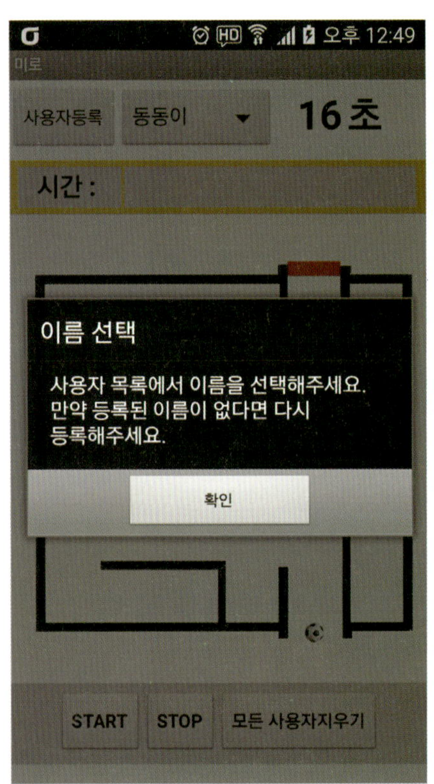

❖ [사용자 목록] 검색 함수 선언하기

01 [TinyDB]에 등록된 태그 리스트가 바로 사용자 이름에 해당한다. 태그 리스트를 분리하기 위해 리스트를 저장할 변수가 필요하다. 변수를 선언하기 위해 [변수]의 **[전역변수 초기화 {변수 이름} 값]** 블록을 뷰어 영역에 삽입한다. {변수_이름} 입력란에 "사용자목록"을 입력한다. [텍스트]의 **["{ }"]** 블록을 삽입한다.

전역변수 초기화 **사용자목록** 값 ┃ " "

02   함수를 선언하기 위해 [함수]의 [함수 {함수 이름} 실행] 블록을 뷰어 영역에 삽입한다. {함수_이름} 입력란을 클릭한 후 "사용자목록검색"을 입력한다. [변수]의 [지정하기 { } 값] 블록을 삽입한다. "global 사용자목록"을 지정한다. [TinyDB1]을 클릭한 후 [호출 {TinyDB1}.태그 리스트 가져오기] 블록을 삽입한다.

Note. [사용자 목록] 변수에 추출되어 저장되어 있는 [TinyDB]의 태그 리스트는 (경동이 가치 동돌이 방방이 뽕뽕이) 와 같이 태그 리스트의 시작과 끝을 ( )로 구분한다. 또한 각각의 항목이 공백으로 구분되어 있다.

03   [사용자목록] 변수에 추출된 태그 리스트에 삽입되어 있는 (를 삭제하기 위해 [변수]의 [지정하기 { } 값] 블록을 삽입한다. "global 사용자목록"을 지정한다. [텍스트]의 [모두 교체하기] 블록을 삽입한 후 [가져오기 {global 사용자목록}] 블록을 삽입한다. [부분]과 [교체]에 [텍스트]의 ["{ }"] 블록을 삽입한다. [부분]에 "("를 삽입한다.

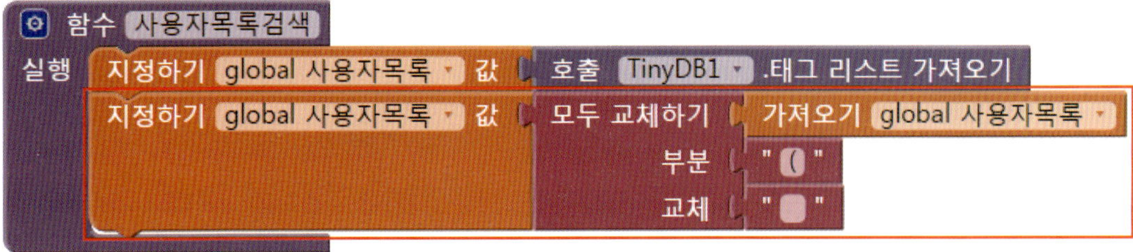

04   태그 리스트 마지막에 삽입되어 있는)를 삭제하기 위해 [지정하기 { } 값] 블록을 삽입한다. "global 사용자목록"을 지정한다. [텍스트]의 [모두 교체하기] 블록과 [가져오기 {global 사용자목록}] 블록을 삽입한다. [부분]과 [교체]에 [텍스트]의 ["{ }"] 블록을 삽입한다. [무분]에 ")"를 삽입한나.

05 ( )가 삭제되어 [사용자목록] 변수에 저장되어 있는 데이터를 ,를 기준으로 [스피너] 목록에 추가하기 위해 [스피너1]의 **[지정하기 {스피너1}.{목록 문자열} 값]** 블록을 삽입한다. [텍스트]의 **[모두 교체하기]** 블록과 **[가져오기 {global 사용자목록}]** 블록을 삽입한다. **[부분]**에 [텍스트]의 **["{ }"]** 블록을 삽입한 후 Space Bar 를 눌러 공백을 삽입한다. **[교체]**에 [텍스트]의 **["{ }"]** 블록을 삽입한 후 ","를 삽입한다.

06 앱 처음 실행시 [스피너1]에 추가된 첫 번째 목록의 시간 데이터 값을 추출하여 표시하기 위해 [스피너1]의 **[지정하기 {스피너1}.{선택된 항목 번호} 값]** 블록을 삽입한다. [수학]의 **[{0}]** 블록을 삽입한 후 "1"을 입력한다. [시간]의 **[지정하기 {시간}.{텍스트} 값]** 블록을 삽입한다. [TinyDB]를 클릭한 후 **[호출 {TinyDB1}.값 가져오기]** 블록을 삽입한다. **[태그]**에는 [스피너1]의 **[{스피너1}.{선택된 항목}]** 블록을, **[찾는 값이 없을 경우]**에는 [텍스트]의 **["{ }"]** 블록을 삽입한다.

✕ [축구공위치] 함수 선언하기

01   축구공 위치를 지정하는 함수를 선언하기 위해 [함수]의 **[함수 {함수 이름} 실행]** 블록을 뷰어 영역에 삽입한다. **{함수_이름}** 입력란을 클릭한 후 "축구공위치"를 입력한다. [이미지_스프라이트1]의 **[호출 {이미지_스프라이트1}.좌표로 이동하기]** 블록을 삽입한다.

02   [x]와 [y]에 [수학]의 **[{0}]** 블록을 삽입한다. "216"과 "300"을 입력한다.

✕ 앱 처음 실행 시 사용자 목록 표시하기

01   [Screen1]의 [언제 {Screen1}.초기화] 블록을 삽입한다. [함수]의 **[호출 {사용자목록검색}]** 블록을 삽입한다. 목록을 검색한 결과 등록된 사용자 없다면 "사용자등록" 알림창을, 등록된 사용자가 존재한다면 "이름 선택" 알림창을 표시하기 위해 [제어]의 **[만약 ~ 그러면]** 블록을 삽입한다. [텍스트]의 **[비어있나요?]** 블록과 **[가져오기 {global 사용자목록}]** 블록을 삽입한다.

02   [알림]의 **[호출 {알림1}.메시지창 나타내기]** 블록과 [텍스트]의 **["{ }"]** 블록을 삽입한다. "사용자 등록을 먼저 해주세요.", "사용자등록", "확인"을 입력한다. **[아니면]** 블록을 삽입한 후 [알림]의 **[호출 {알림1}.메시지창 나타내기]** 블록을 삽입한다. [텍스트]의 **["{ }"]** 블록을 삽입한 후 "사용자 목록에서 이름을 선택해주세요. 만약 등록된 이름이 없다면 다시 등록해주세요." "이름 선택", "확인"을 입력한다.

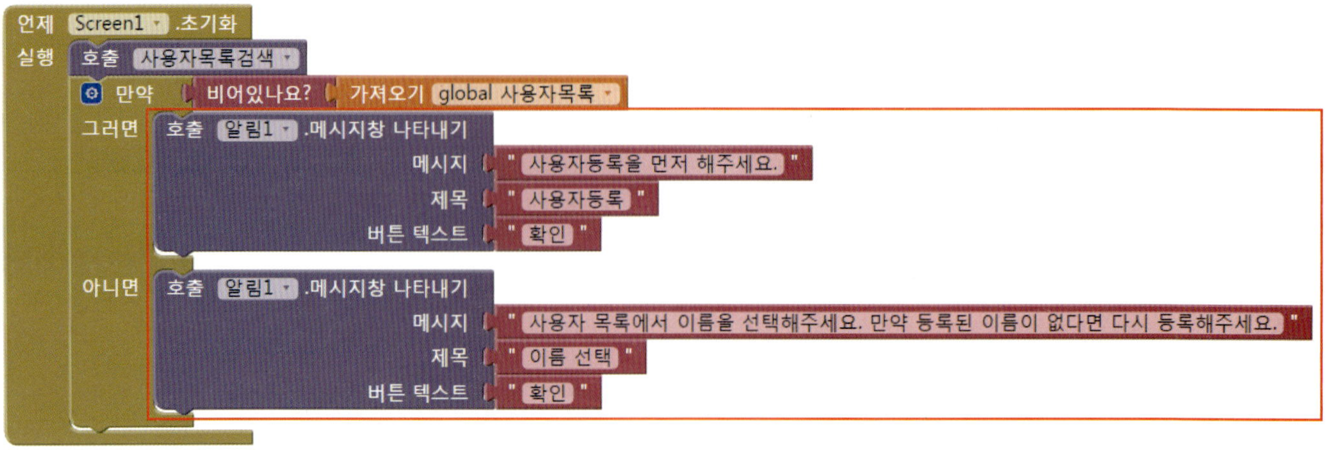

03 　　알림창 표시 후 [확인] 버튼을 누르면 축구공이 지정된 위치에 표시되도록 [함수]의 [호출 {축구공 위치}] 블록을 삽입한다.

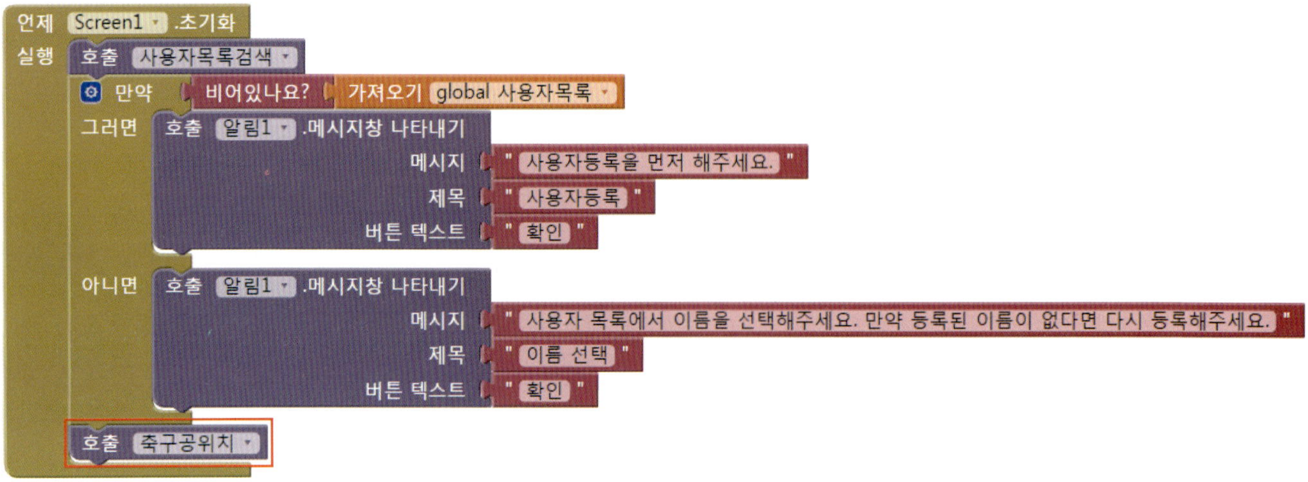

3 사용자 등록하고 사용자 선택하기

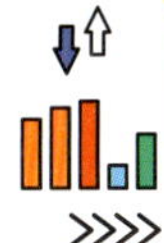

새로운 사용자를 등록하기 위해 [사용자등록] 버튼을 누르면 사용자 이름을 입력할 수 있는 텍스트 상자가 표시되고, [등록] 버튼을 누르면 새로운 사용자가 [TinyDB]에 저장되어야 한다.

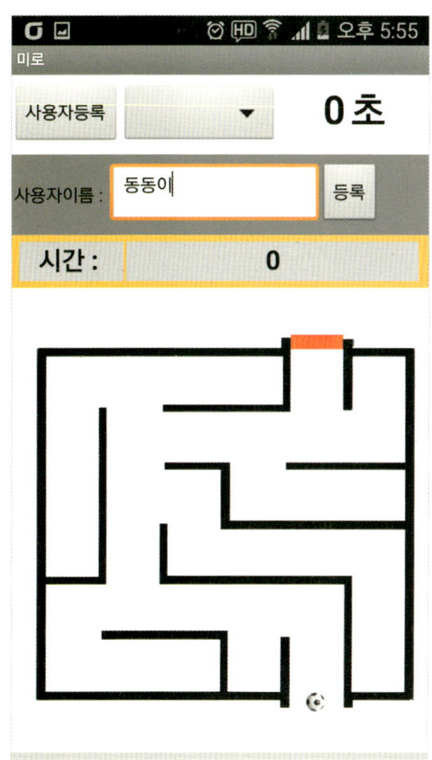

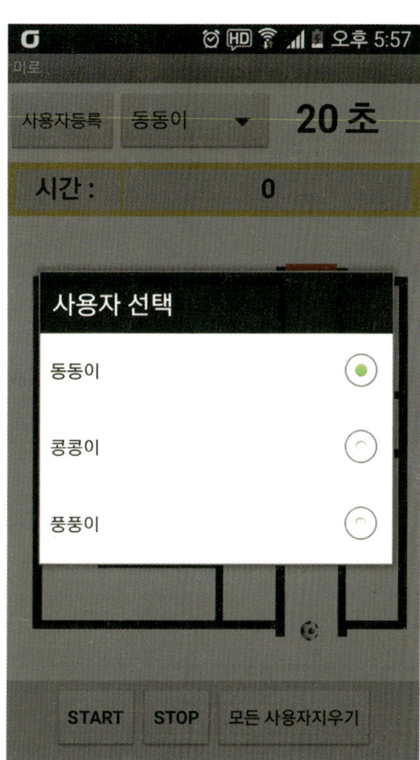

✦ [사용자등록] 버튼 눌러 사용자 등록화면 표시하기

01 화면에 표시되지 않는 사용자 등록 화면을 표시하기 위해 [사용자등록]의 [언제 {사용자등록}.클릭] 블록을 삽입한다. [사용자등록배치]의 **[지정하기 {사용자등록배치}.{보이기} 값]** 블록과 [논리]의 **[{참}]** 블록을 삽입한다. [시간]의 **[지정하기 {시간}.{텍스트} 값]** 블록과 [경과시간]의 **[지정하기 {경과시간}.{텍스트} 값]** 블록을 삽입한 후 [수학]의 **[{0}]** 블록을 삽입한다.

◈ [등록] 버튼 눌러 사용자 TinyDB에 저장하기

01 사용자 이름 입력 완료 후 [등록] 버튼을 누르면 입력된 이름이 [TinyDB]에 저장되어야 한다. [등록]의 [언제 {등록}.클릭] 블록을 삽입한다. [TinyDB]의 [호출 {TinyDB1}.값 저장] 블록을 삽입한 후 [사용자이름입력상자]의 [{사용자이름입력상자}.{텍스트}] 블록을 삽입한다. [텍스트]의 [" { } "] 블록을 삽입한다.

02 등록이 완료되면 사용자 입력란이 숨겨져야 하므로 [사용자등록배치]의 **[지정하기 {사용자등록배치}.{보이기} 값]** 블록과 [논리]의 **[{거짓}]** 블록을 삽입한다. 입력상자에 입력된 이름도 삭제하기 위해 [사용자이름입력상자]의 **[지정하기 {사용자이름입력상자}.{텍스트} 값]** 블록과 [텍스트]의 **[" { } "]** 블록을 삽입한다. [TinyDB]에 새로운 사용자가 등록되면 등록한 사용자도 목록에 표시되어야 하므로 다시 사용자 목록을 검색해야 한다. [함수]의 **[호출 {사용자목록검색}]** 블록을 삽입한다.

◈ 사용자 선택하고 시간 등록된 시간 표시하기

01 [스피너1]의 [언제 {스피너1}.선택 후] 블록을 삽입한다. [시간]의 **[지정하기 {시간}.{텍스트} 값]** 블록을 삽입한다. [TinyDB]를 클릭한 후 **[호출 {TinyDB1}.값 가져오기]** 블록을 삽입한다. [태그]에는 [스피너1]의 **[{스피너1}.{선택된 항목}]** 블록을 삽입한다.

 새로운 사용자가 선택되면 경과시간이 초기화되어야 하므로 [경과시간]의 **[지정하기 {경과시간}.{텍스트} 값]** 블록과 [수학]의 **[{0}]** 블록을 삽입한다.

4 경과시간 표시하고 알림창 표시하기

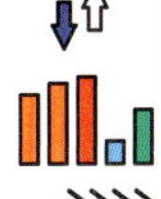

[START] 버튼을 누르면 1초마다 시간이 표시되도록 지정하되, 경과된 시간이 25초가 넘어가면 "시간초과" 알림창을 표시한다.

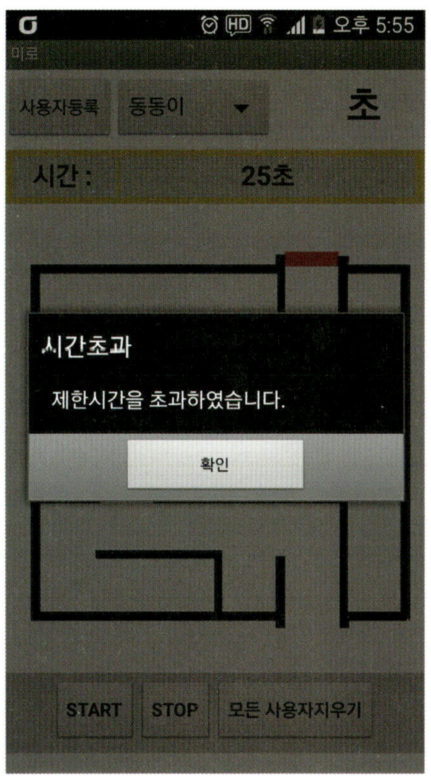

변수 선언하고 경과시간 표시하기

 경과시간을 저장할 변수를 선언하기 위해 [변수]의 **[전역변수 초기화 {변수 이름} 값]** 블록을 뷰어 영역에 삽입한다. {변수_이름} 입력란에 "시간"을 입력한다. [수학]의 **[{0}]** 블록을 삽입한다.

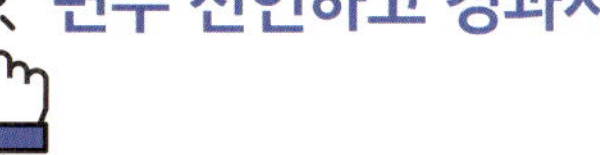

02 [시계1]의 [언제 {시계1}.타이머] 블록을 삽입한다. 1초마다 자동으로 [언제 {시계1}.타이머] 블록이 실행되므로 경과시간을 1씩 증가시키기 위해 계산하기 위해 [변수]의 [지정하기 { } 값] 블록을 삽입한다. "global 시간"을 지정한다. [수학]의 [{ } + { }] 블록을 삽입한다. [가져오기 {global 시간}] 블록을 삽입한 후 [수학]의 [{0}] 블록을 삽입한다. "1"을 입력한다.

03 1이 증가된 시간을 표시하기 위해 [경과시간]의 [지정하기 {경과시간}.{텍스트} 값] 블록과 [텍스트]의 [합치기] 블록을 삽입한다. [가져오기 {global 시간}] 블록과 [텍스트]의 ["{ }"] 블록을 삽입한 후 "초"를 입력한다.

✕ 25초가 되면 "시간초과" 알림창 표시하기

01 만약 경과시간이 25가 되면 공의 움직임을 멈추고 "시간초과" 알림창을 표시하기 위해 [제어]의 [만약 ~ 그러면] 블록과 [수학]의 [{ } = { }] 블록, [{0}] 블록을 삽입한다. [변수]의 [가져오기 {global 시간}] 블록을 입력하고 "25"를 입력한다. [함수]의 [호출 {멈추기}] 블록을 삽입한다. [알림]의 [호출 {알림1}.메시지창 나타내기] 블록과 [텍스트]의 ["{ }"] 블록을 삽입한다. "제한시간을 초과하였습니다.", "시간 초과", "확인"을 입력한다. [변수]의 [지정하기 { } 값] 블록을 삽입한다. "global 시간"을 지정한다. [수학]의 [{0}] 블록을 삽입한다.

Note. 344 페이지를 참조하여 [멈추기] 함수 블록을 먼저 작성합니다.

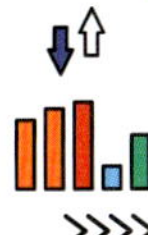

5 방향센서 값을 이용하여 축구공 움직이기

스마트폰을 기울이면 기울인 방향을 기준으로 공이 움직여야 한다. 축구공의 기본 속도는 "2"에서 "4"사이의 값이 되도록 지정하고 스마트폰 윗부분을 45도보다 크면 아랫방향으로 기울이면 속도가 "4"에서 "10"사이의 값이 되도록 지정한다. 또한 축구공이 검정색 바닥과 닿으면 처음 위치로, 빨간색에 닿으면 "결과" 알림창이 표시되도록 한다.

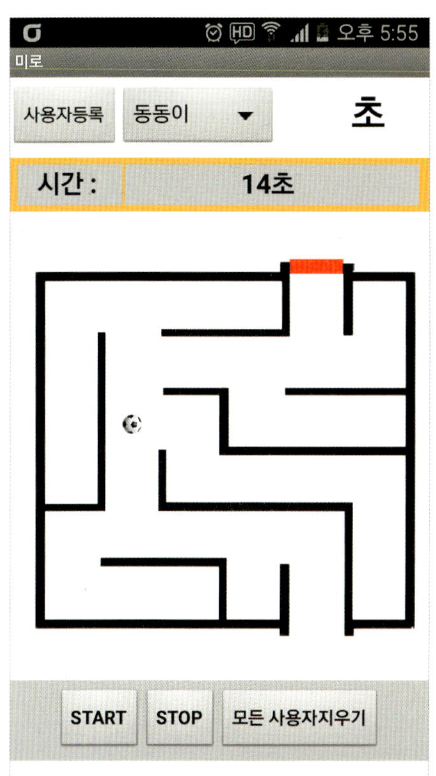

✖ 축구공이 닿은 부분의 색을 추출하는 함수 선언하기

01 축구공이 닿은 바닥의 색을 저장할 변수를 선언하기 위해 [변수]의 **[전역변수 초기화 {변수 이름} 값]** 블록을 뷰어 영역에 삽입한다. {변수_이름} 입력란에 "배경색1"을 입력한다. [수학]의 **[{0}]** 블록을 삽입한다. 같은 방법으로 "배경색2" 변수와 "배경색3" 변수를 선언한다.

02 배경색을 추출하는 함수를 선언하기 위해 [함수]의 **[함수 {함수 이름} 실행]** 블록을 뷰어 영역에 삽입한다. {함수_이름} 입력란을 클릭한 후 "배경색추출하기"를 입력한다. [변수]의 **[지정하기 { } 값]** 블록을 삽입한 후 "global 배경색1"을 지정한다. 축구공 현재 위치의 배경색을 추출하기 위해 [캔버스1]의 **[호출 {캔버스1} 픽셀 색상]** 블록을 삽입한 후 [이미지_스프라이트1]의 **[{이미지_스프라이트1}.{X}]** 블록과 **[{이미지_스프라이트1}.{Y}]** 블록을 삽입한다.

 축구공이 닿는 부분이 윗 부분이 아닌 아랫 부분인 경우의 색을 추출하기 위해 [변수]의 [지정하기 { } 값] 블록을 삽입한 후 "global 배경색2"를 지정한다. 축구공 현재 위치의 배경색을 추출하기 위해 [캔버스1]의 [호출 {캔버스1}.픽셀 색상] 블록을 삽입한 후 [이미지_스프라이트1]의 [{이미지_스프라이트1}.{X}] 블록을 삽입한다. [수학]의 [{ } + { }] 블록과 [{0}] 블록을 삽입한다. [{이미지_스프라이트1}.{Y}] 블록과 "15"를 입력한다.

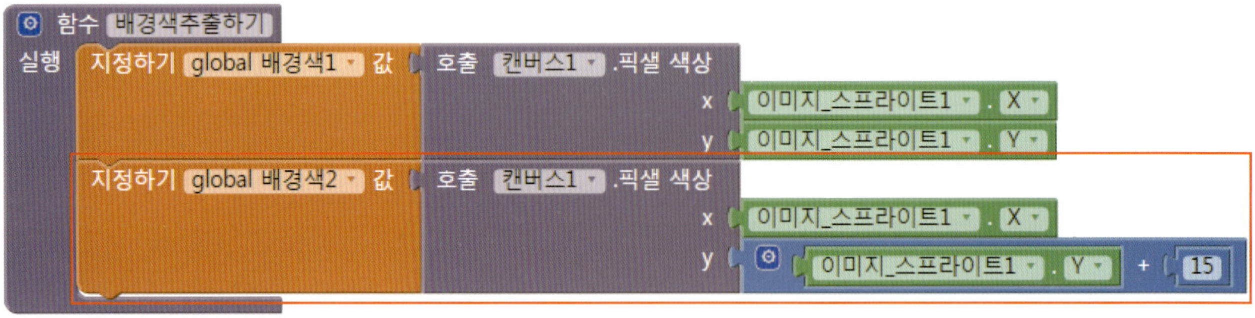

 축구공이 닿는 부분이 오른쪽 부분인 경우의 색을 추출하기 위해 [변수]의 [지정하기 { } 값] 블록을 삽입한 후 "global 배경색3"을 지정한다. 축구공 현재 위치의 배경색을 추출하기 위해 [캔버스1]의 [호출 {캔버스1}.픽셀 색상] 블록을 삽입한 후 [수학]의 [{ } + { }] 블록과 [{0}] 블록을 삽입한 후 [이미지_스프라이트1]의 [{이미지_스프라이트1}.{X}] 블록을 삽입한다. "15"를 입력한 후 [{이미지_스프라이트1}.{Y}] 블록을 삽입한다.

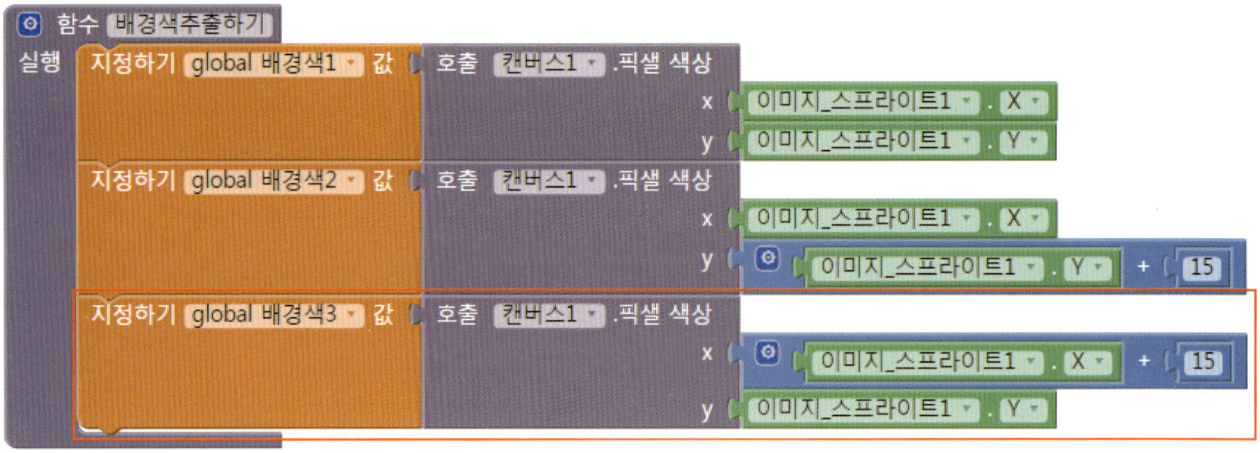

◈ 방향센서에 따라 축구공의 방향과 속도 지정하는 함수 선언하기

01 방향센서에 따라 축구공의 방향과 속도를 정하는 함수를 선언하기 위해 [함수]의 **[함수 {함수 이름} 실행]** 블록을 뷰어 영역에 삽입한다. {함수_이름} 입력란을 클릭한 후 "공이동하기"를 입력한다. [이미지_스프라이트1]의 **[지정하기 {이미지_스프라이트1}.{방향} 값]** 블록과 [방향센서1]의 **[{방향센서1}.{각도}]** 블록을 삽입한다.

02 스마트폰의 위쪽으로 아래로 기울여 피치 값이 45보다 크면 축구공의 속도가 4~10 사이의 임의 값이 지정되도록 하기 위해 [제어]의 **[만약 ~ 그러면]** 블록과 [수학]의 **[{ } = { }]** 블록과 **[{0}]** 블록을 삽입한다. "="을 눌러 "〉"로 변경하고 "45"를 입력한다. [방향센서1]의 **[{방향센서1}.{피치}]** 블록을 삽입한다. [이미지_스프라이트1]의 **[지정하기 {이미지_스프라이트1}.{속도} 값]** 블록과 [수학]의 **[임의의 정수 시작 {1} 끝 {100}]** 블록을 삽입한다. "4"와 "10"을 입력한다.

03 피치 값이 45 미만이면 축구공의 속도가 2~4 사이의 임의 값이 지정되도록 하기 위해 **[아니면]** 블록을 삽입한 후 [이미지_스프라이트1]의 **[지정하기 {이미지_스프라이트1}.{속도} 값]** 블록과 [수학]의 **[임의의 정수 시작 {1} 끝 {100}]** 블록을 삽입한다. "2"와 "4"를 입력한다. 축구공이 이동할 때마다 배경색을 추출하기 위해 [함수]의 **[호출 {배경색추출하기}]** 블록을 삽입한다.

미로를 이동하는 함수 선언하기

01 　　축구공이 미로를 이동할 때 축구공의 위치 좌표 값의 배경색이 검정색이면 축구공이 처음 위치로 이동되어야 한다. [함수]의 **[함수 {함수 이름} 실행]** 블록을 뷰어 영역에 삽입한다. {함수_이름} 입력란을 클릭한 후 "미로"를 입력한다. 먼저 축구공을 이동시켜야 배경색이 추출되므로 [함수]의 **[호출 {공이동하기}]** 블록을 삽입한다.

02 　　추출된 배경색 값이 검정색인지 비교하기 위해 [제어]의 **[만약 ~ 그러면]** 블록과 [논리]의 **[{ } 또는 { }]** 블록을 삽입한다. 비교해야 하는 값이 세 개이기 때문에 **[{ } 또는 { }]** 블록을 왼쪽 { } 블록에 삽입한다.

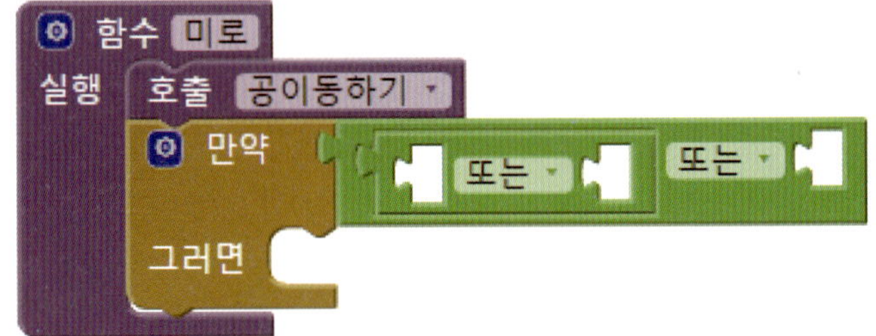

03 　　[논리]의 **[{ } = { }]** 블록을 삽입한 후 **[가져오기 {global 배경색1}]** 블록과 [수학]의 **[{0}]** 블록을 삽입한다. "–16777216"을 입력한다. 비교해야 하는 값이 3개 이므로 **[{ } = { }]** 블록을 두 개 더 삽입한다. **[가져오기 {global 배경색2}]** 블록과 **[가져오기 {global 배경색3}]** 블록을 삽입한다. [수학]의 **[{0}]** 블록을 삽입한다. "–16777216"을 입력한다.

> **Note.** 이미지에서 추출되는 픽셀 값은 –1부터 –16777216까지의 범위 값으로 추출된다. –16677216의 값이 검정색이며, 빨간색이 –131072 값을 의미한다.

04 　　현재 축구공 위치의 배경색이 검정색이면 축구공이 처음 출발지 위치로 이동해야 한다. [함수]의 **[호출 {축구공위치}]** 블록을 삽입한다. 만약 현재 축구공 위치의 배경색이 빨간색이면 "결과" 알림창이 표시되어야 하므로 **[아니고 ... 만약]** 블록을 삽입한다. [논리]의 **[{ } = { }]** 블록을 삽입한 후 **[가져오기 {global 배경색1}]** 블록과 [수학]의 **[{0}]** 블록을 삽입한다. "–131072"를 입력한다.

> **Note.** 미로에서 빨간색 출구에 처음 닿는 부분이 축구공의 윗부분이기 때문에 [배경색1] 변수 값만 비교해도 된다.

05 축구공이 빨간색에 닿았다면 최종 목적지에 도착한 것이므로 경과시간이 멈춰야 한다. [시계1]의 **[지정하기 {시계1}.{타이머 활성 여부} 값]** 블록과 [논리]의 **[{거짓}]** 블록을 삽입한다. [알림]의 **[호출 {알림 1}.메시지창 나타내기]** 블록과 [텍스트]의 **["{ }"]** 블록을 삽입한다. "미션 성공.", "결과", "확인"을 입력한다.

06 축구공을 처음 출발지 위치로 이동하도록 [함수]의 **[호출 {축구공위치}]** 블록을 삽입한다. 현재 사용자의 경과된 시간을 [TinyDB]에 저장하기 위해 [TinyDB1]의 **[호출 {TinyDB1}.값 저장]** 블록을 삽입한다. [태그]에 [스피너1]의 **[{스피너1}.{선택된 항목}]** 블록을 삽입한다. [저장할 값]에는 **[가져오기 {global 시간}]** 블록을 삽입한다. 경과시간을 기록으로 표시하기 위해 [시간]의 **[지정하기 {시간}.{텍스트} 값]** 블록과 **[가져오기 {global 시간}]** 블록을 삽입한다. 축구공의 움직임을 멈추기 위해 [이미지_스프라이트1]의 **[지정하기 {이미지_스프라이트1}.{활성화} 값]** 블록과 [논리]의 **[{거짓}]** 블록을 삽입한다.

◆ 축구공 움직이기

01 100분의 1초마다 축구공의 위치를 확인하여 배경색을 추출하여 비교하고 축구공이 방향센서의 방향으로 움직이도록 지정하기 위해 [시계 2]의 **[언제 {시계2}.타이머]** 블록을 삽입한다.

02 [함수]의 [호출 {미로}] 블록을 삽입한다. 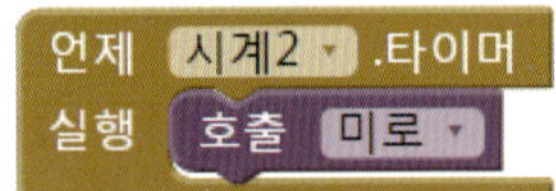

6 [START], [STOP], [사용자지우기] 버튼을 눌러 게임 시작/종료하기

[START] 버튼을 누르면 게임이 시작되고, [STOP] 버튼을 누르면 게임이 멈춘다. [사용자지우기] 버튼을 누르면 목록에 등록된 즉 TinyDB에 등록된 모든 사용자가 삭제된다.

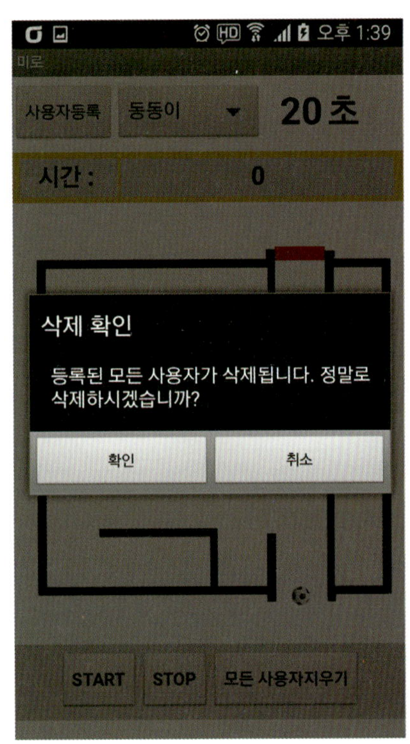

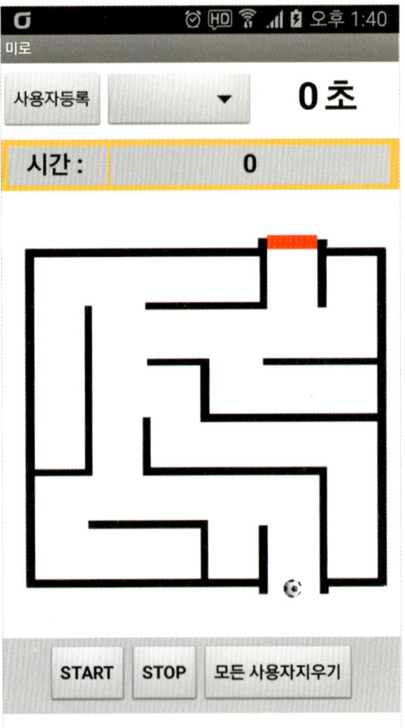

✧ [초기화] 함수와 [멈추기] 함수 선언하기

01 [함수]의 [함수 {함수 이름} 실행] 블록을 뷰어 영역에 삽입한다. {함수_이름} 입력란을 클릭한 후 "초기화"를 입력한다. [방향_센서1]의 **[지정하기 {방향_센서1}.{활성화} 값]** 블록과 [이미지_스프라이트1]의 **[지정하기 {이미지_스프라이트1}.{활성화} 값]** 블록 그리고 [시계1]의 **[지정하기 {시계1}.{타이머 활성화 여부} 값]** 블록을 삽입한다. [논리]의 **[{참}]** 블록을 삽입한다.

02　　[함수]의 [함수 {함수 이름} 실행] 블록을 뷰어 영역에 삽입한다. {함수_이름} 입력란을 클릭한 후 "멈추기"를 입력한다. [방향_센서1]의 [지정하기 {방향_센서1}.{활성화} 값] 블록과 [이미지_스프라이트1]의 [지정하기 {이미지_스프라이트1}.{활성화} 값] 블록 그리고 [시계1]의 [지정하기 {시계1}.{타이머 활성화 여부} 값] 블록을 삽입한다. [논리]의 [{거짓}] 블록을 삽입한다.

✕ [START], [STOP] 눌러 게임 실행 및 멈추기

01　　[START] 버튼을 누르면 공이 처음 위치로 이동해야 한다. 하지만 등록된 사용자가 한 명도 존재하지 않는다면 사용자 등록을 먼저 하도록 "사용자등록" 알림창을 표시하도록 하기 위해 [START]의 [언제 {START}.클릭] 블록을 삽입한 후 [제어]의 [만약 ~ 그러면] 블록을 삽입한다. [텍스트]의 [비어있나요?] 블록과 [스피너1]의 [{스피너1}.{선택된 항목}] 블록을 삽입한다.

02　　[알림]의 [호출 {알림1}.메시지창 나타내기] 블록과 [텍스트]의 ["{ }"] 블록을 삽입한다. "사용자등록을 먼저 해주세요.", "사용자등록", "확인"을 입력한다.

03 [아니면] 블록을 삽입한 후 [함수]의 [호출 {초기화}] 블록과 [호출 {축구공위치}] 블록을 삽입한다. 미로 게임을 다시 재시작하면 경과시간도 0으로 다시 초기화되어야 하므로 [변수]의 **[지정하기 { } 값]** 블록을 삽입한 후 "global 시간"을 지정한다. [수학]의 [{0}] 블록을 삽입한다. 화면에 표시되는 경과시간도 0으로 표시되어야 하므로 [경과시간]의 **[지정하기 {경과시간}.{텍스트} 값]** 블록을 삽입한다. [텍스트]의 **[합치기]** 블록을 삽입한 후 [수학]의 [{0}] 블록과 [텍스트]의 ["{ }"] 블록을 삽입한다. "초"를 입력한다.

04 [STOP] 버튼을 누르면 공의 움직임이 멈춰야한다. [STOP]의 [언제 {STOP}.클릭] 블록을 삽입한다. [함수]의 [호출 {멈추기}] 블록을 삽입한다.

◈ [사용자지우기] 버튼을 눌러 모든 사용자 삭제하기

01 [사용자지우기] 버튼을 누르면 "삭제확인" 알림창이 표시되며, [확인] 버튼을 누르면 사용자가 모두 삭제되고 [취소]를 누르면 사용자가 삭제되지 않는다. [사용자지우기]의 **[언제 {사용자지우기}.클릭]** 블록을 삽입한다. [알림]의 **[호출 {알림1}.선택 대화창 나타내기]** 블록과 [텍스트]의 ["{ }"] 블록을 삽입한다. "등록된 모든 사용자가 삭제됩니다. 정말로 삭제하시겠습니까?", "삭제 확인", "확인"을 입력한다. [버튼2 텍스트]에는 아무것도 입력하지 않는다.

02 [확인] 버튼을 누르면 사용자 목록이 삭제되어야 하므로 [알림1]의 **[언제 {알림1}.선택 후]** 블록을 삽입한다. [제어]의 **[만약 ~ 그러면]** 블록과 [논리]의 **[{ } = { }]** 블록을 삽입한다. **[가져오기 {선택}]** 블록과 [텍스트]의 **["{ }"]** 블록을 삽입한다, "확인"을 입력한다.

03 [TinyDB]에 저장된 모든 데이터를 삭제하기 위해 [TinyDB1]의 **[호출 {TinyDB1}.모두 지우기]** 블록을 삽입한다. 모든 사용자가 삭제되면 스피너 목록과 시간 그리고 경과시간과 초기화되어야 한다. [스피너1]의 **[지정하기 {스피너1}.{목록 문자열} 값]** 블록을 삽입한다. [텍스트]의 **["{ }"]** 블록을 삽입한다. [시간]의 **[지정하기 {시간}.{텍스트} 값]** 블록과 [경과시간]의 **[지정하기 {경과시간}.{텍스트} 값]** 블록을 삽입한 후 [수학]의 **[{0}]** 블록을 삽입한다.

Chapter 04

나만의 영어 단어장 만들기

영어 단어가 입력된 텍스트 파일을 이용하여 영어 단어를 공부하는 앱을 작성할 수 있다. 즐겨찾기 추가 기능을 삽입하여, 중요한 단어는 즐겨찾기에 추가하여 목록으로 확인 가능하도록 구현하며, 듣기 기능을 추가하여 현재 단어의 발음도 직접 확인 가능하도록 구현한다.

완성 파일 : English_vocabulary.aia

앱 설계하기

❶ [단어집선택] 버튼을 누르면 "초등영단어, 중등영단어, 고등영단어"가 표시된다. 확인하고자 하는 단어집을 선택하면 선택한 단어집 첫 단어가 표시된다.

❷ [다음] 버튼을 누르면 현재 단어의 다음 단어가 표시된다. 만약 마지막 단어가 표시되는 상태에서 [다음] 버튼을 누르면 "마지막 단어입니다"라는 알림창을 표시한다.

❸ [이전] 버튼을 누르면 현재 단어의 이전 단어가 표시된다. 첫 단어가 표시되는 상태에서 [이전] 버튼을 누르면 "첫 번째 단어입니다."라는 알림창을 표시한다.

❹ [듣기] 버튼을 누르면 현재 단어를 음성으로 확인할 수 있다.

❺ [즐겨찾기추가] 버튼을 누르면 현재 화면에 표시되는 단어와 뜻이 즐겨찾기에 추가된다. 이미 즐겨찾기에 등록된 단어를 추가하면 "이미 등록된 단어입니다."라는 알림창을 표시하며 즐겨찾기에 등록하지 않는다.

❻ [목록확인] 버튼을 누르면 즐겨찾기에 등록한 단어와 뜻이 목록으로 표시된다.

❼ [즐겨찾기 전체삭제] 버튼을 누르면 즐겨찾기에 등록되어 있는 단어의 뜻이 모두 삭제된다. 삭제가 완료되면 등록이 삭제되었다는 알림창이 표시된다.

영어 단어장 화면 디자인하기

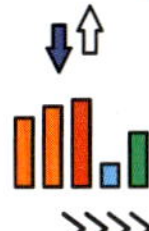

영어 단어장 화면을 다음과 같이 디자인한다. 지금부터 [팔레트]의 컴포넌트를 이용하여 화면을 아래 그림과 같이 구성한다.

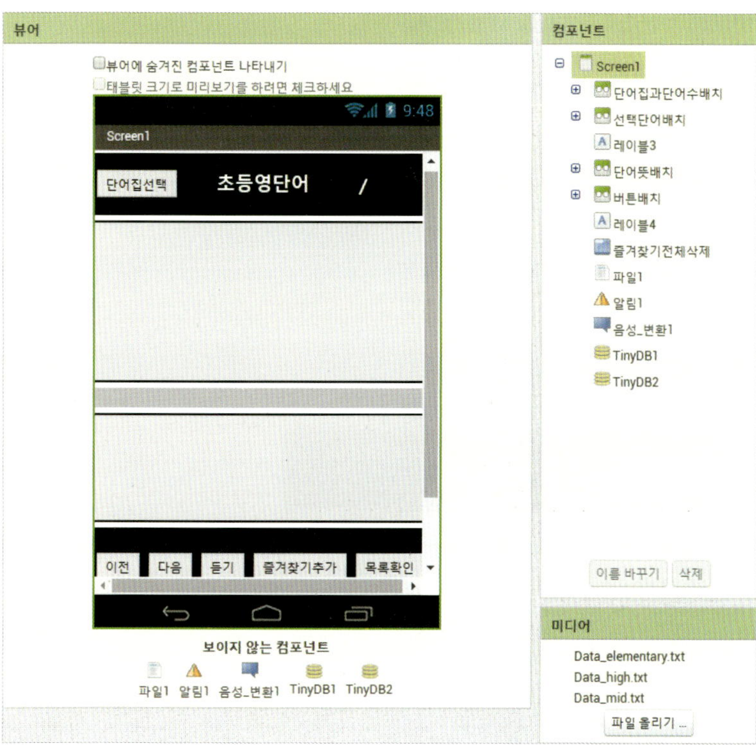

미디어 등록 및 [Screen1] 속성 지정하기

앱 개발에 필요한 이미지 파일을 앱 인벤터 서버에 업로드하고 [Screen1]의 기본 속성을 지정한다.

 앱 개발에 필요한 미디어 등록하기

❶ [미디어] 패널에서 [파일 올리기] 버튼을 클릭한다.

❷ [파일 선택] 버튼을 클릭한 후 "Data_elementary.txt" 파일을 선택하고 [열기] 버튼을 클릭한다.

❸ [파일 올리기] 화면에 파일명이 표시되면 [확인] 버튼을 눌러 "Data_elementary.txt" 파일을 서버에 등록한다.

❹ 같은 방법으로 "Data_high.txt", "Data_mid.txt" 파일을 서버에 등록한다.

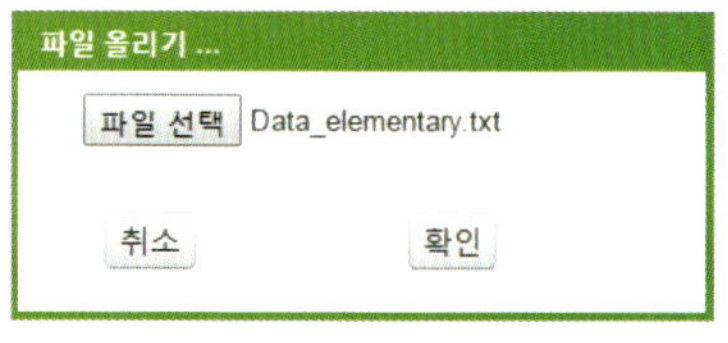

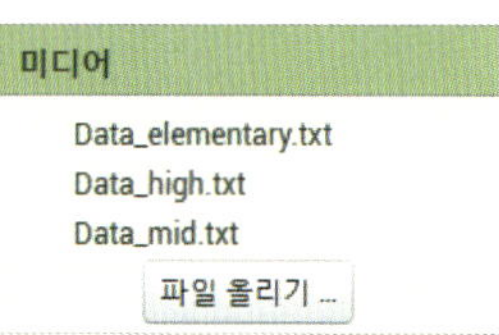

⊠ [Screen1] 속성 지정하기

01 [Screen1]의 [속성] 패널에서 [Screen1]에 삽입되는 모든 컴포넌트들이 중앙에 배치되도록 지정하기 위해 [수평 정렬]을 "중앙 : 3"으로 지정한다. [앱 이름] 입력란에 "나만의 영어단어장"을 입력한다.

02 스크린을 위/아래로 이동가능하도록 [스크롤 가능 여부] 항목을 체크한다. [제목] 입력란에 "영어단어장"을 입력한다.

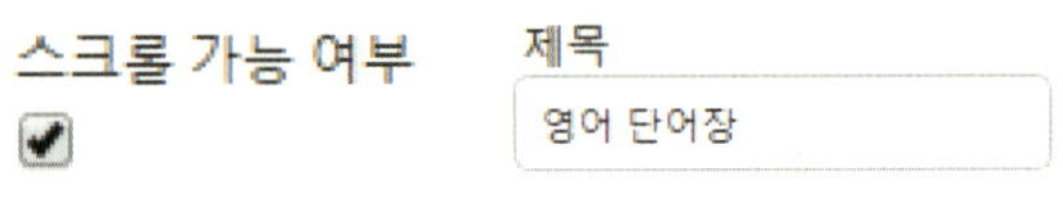

✕ 단어집과 단어 수 배치 디자인하기

화면에 표시할 단어집을 선택하고 현재 단어수와 총 단어 수를 표시하도록 디자인하고 속성을 지정한다.

⊠ 단어집 선택 버튼과 단어 수를 표시하는 레이아웃 삽입하기

01 [레이아웃]의 [수평배치]를 삽입한다. [이름 바꾸기] 버튼 클릭 후 이름을 "단어집과단어집배치"로 변경한다. [수직 정렬]은 "가운데 : 2"로 지정한다.

02 [배경색]은 "검정"으로 지정하고 [높이]는 "55 pixels", [너비]는 "100 percent"를 지정한다.

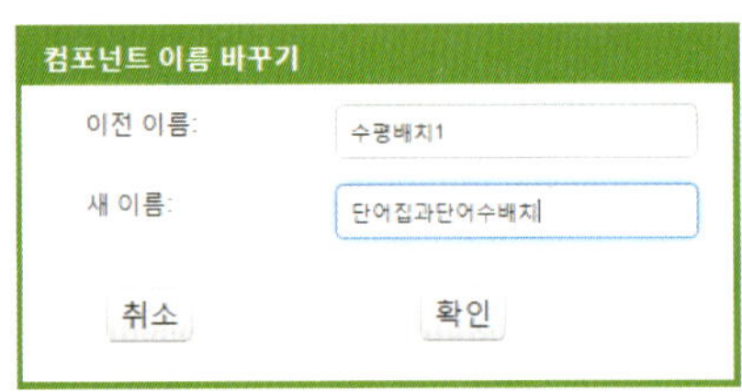

☒ 단어집 선택 목록 버튼과 선택 단어집을 표시하는 레이블 삽입하기

01 [목록 선택]을 [단어집과단어수배치] 내부에 삽입한다. [목록 문자열]에 "초등영단어,중등영단어,고등영단어"을 입력한다. [선택된 항목]에 "초등영단어", [텍스트]에는 "단어집선택"을 입력한다. [제목]에 "단어장목록"을 입력한다.

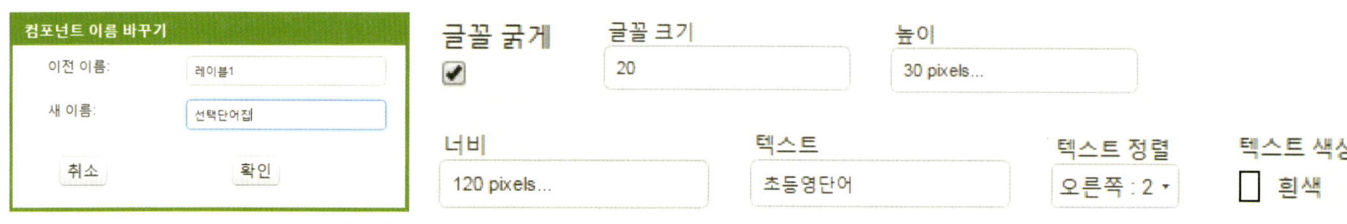

02 [레이블]을 [단어집선택] 오른쪽에 삽입한다. [이름 바꾸기] 버튼 클릭 후 이름을 "선택단어집"으로 변경한다. [글꼴 굵게]를 체크하고 [글꼴 크기]를 "20"으로 지정한다. [높이]는 "30 pixels", [너비]는 "120 pixels"을 지정한다. [텍스트]에 "초등영단어"를 입력한다. [텍스트 정렬]은 "오른쪽 : 2", [텍스트 색상]을 "흰색"으로 지정한다.

☒ 현재 단어 번호와 총 단어 개수 삽입하기

01 [레이블]을 [선택단어집] 오른쪽에 삽입한다. [이름 바꾸기] 버튼 클릭 후 이름을 "현재단어번호"로 변경한다. [글꼴 굵게]를 체크하고 [글꼴 크기]를 "20"으로 지정한다. [너비]는 "30 pixels"을 지정하고 [텍스트]는 삭제한다. [텍스트 정렬]은 "오른쪽 : 2"로 지정한다. [텍스트 색상]을 "흰색"으로 지정한다.

02 [레이블]을 [현재단어번호] 오른쪽에 삽입한다. [글꼴 굵게]를 체크하고 [글꼴 크기]를 "20"으로 지정한다. [텍스트]에 "/"을 입력한다. [텍스트 색상]을 "흰색"으로 지정한다.

03 [레이블]을 [현재단어번호] 오른쪽에 삽입한다. [이름 바꾸기] 버튼 클릭 후 이름을 "총단어개수"로 변경한다. [글꼴 굵게]를 체크하고 [글꼴 크기]를 "20"으로 지정한다. [너비]는 "30 pixels"을 지정하고 [텍스트]는 삭제한다. [텍스트 색상]을 "흰색"으로 지정한다.

선택 단어와 뜻(의미) 배치하기

현재 선택한 단어를 표시하고 해당 단어의 뜻(의미)를 표시하도록 디자인하고 속성을 지정한다.

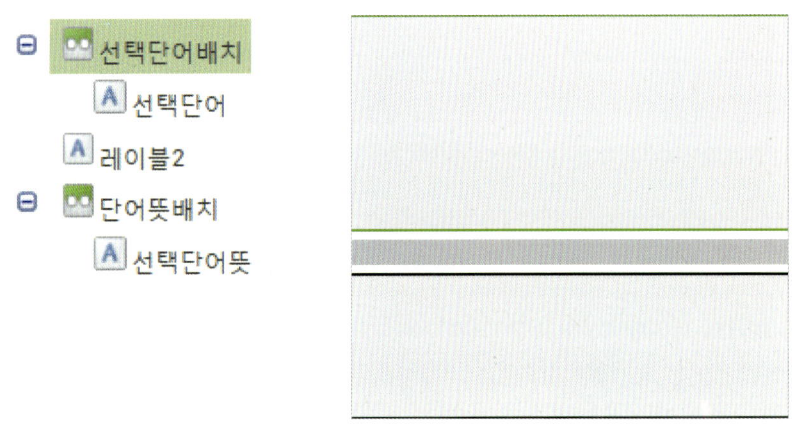

⊠ 선택 단어를 표시하는 레이아웃과 선택 단어 표시란 삽입하기

01 [레이아웃]의 [수평배치]를 [단어집과단어수배치] 아래에 삽입한다. [이름 바꾸기] 버튼 클릭 후 이름을 "선택단어배치"로 변경한다. [수직 정렬]은 "가운데 : 2"로 지정한다. [높이]는 "150 pixels"을 지정한다.

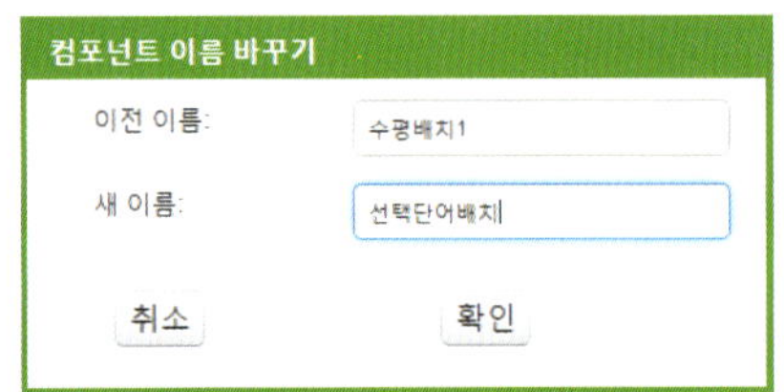

02 [레이블]을 [선택단어배치] 내부에 삽입한다. [이름 바꾸기] 버튼 클릭 후 이름을 "선택단어"로 변경한다. [글꼴 굵게]를 체크하고 [글꼴 크기]는 "50"을 지정한다. [너비]는 "100 percent"를 지정하고 [텍스트]는 삭제한다. [텍스트 정렬]은 "가운데 : 1"로 지정한다.

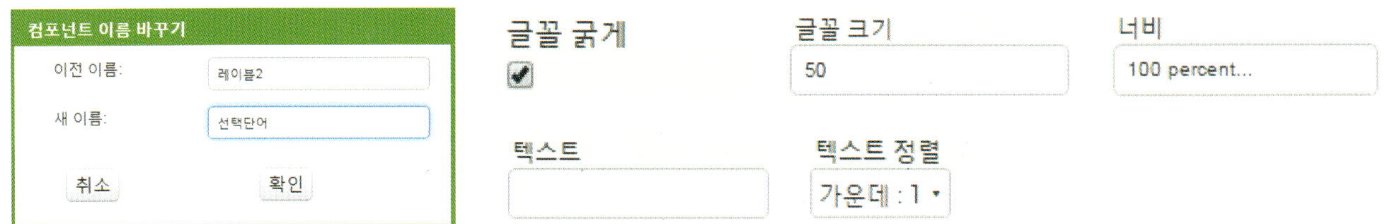

03 테두리선 지정을 위해 [레이블]을 [선택단어배치] 아래에 삽입한다. [배경색]은 "밝은 회색"으로 지정하고 [높이]는 "15 pixels", [너비]는 "100 percent"를 지정한다. [텍스트]는 삭제한다.

⊠ 단어의 뜻을 표시하는 레이아웃과 뜻 표시란 삽입하기

01 [레이아웃]의 [수평배치]를 [레이블2] 아래에 삽입한다. [이름 바꾸기] 버튼 클릭 후 이름을 "단어뜻배치"로 변경한다. [수직 정렬]은 "가운데 : 2"로 지정한다. [높이]는 "100 pixels"로 지정한다.

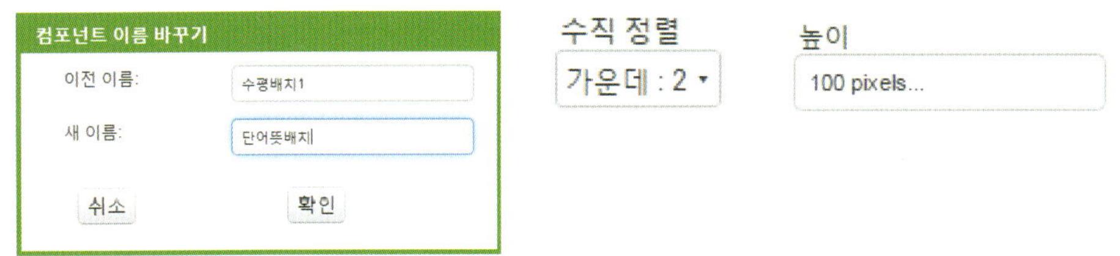

02 [레이블]을 [단어뜻배치] 내부에 삽입한다. [이름 바꾸기] 버튼 클릭 후 이름을 "선택단어뜻"으로 변경한다. [글꼴 굵게]를 체크하고 [글꼴 크기]는 "20"을 지정한다. [너비]는 "100 percent"를 지정하고 [텍스트]는 삭제한다. [텍스트 정렬]은 "가운데 : 1"로 지정한다.

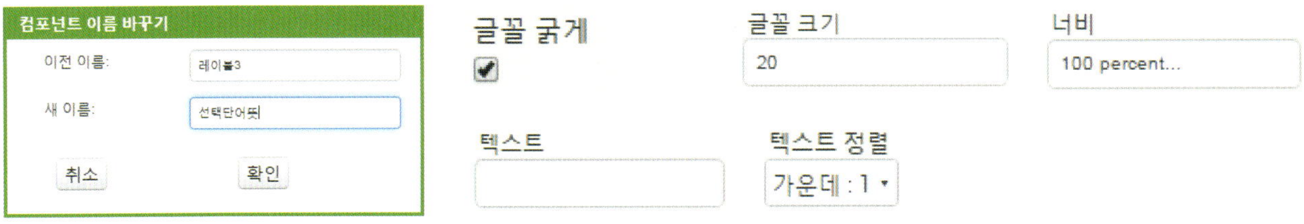

🔶 버튼 배치하고 삽입하기

현재 화면에 표시되는 단어의 이전, 다음 단어를 표시하는 [이전], [다음] 버튼과 현재 선택된 단어의 발음을 듣기 위한 [듣기] 버튼 그리고 [즐겨찾기에 추가], [목록확인] 버튼을 디자인하고 속성을 지정한다.

▣ 버튼 배치를 위한 레이아웃 삽입하기

01 [레이아웃]의 [수평배치]를 [단어뜻배치] 아래에 삽입한다. [이름 바꾸기] 버튼 클릭 후 이름을 "버튼배치"로 변경한다. [수평 정렬]은 "중앙 : 3", [수직 정렬]은 "가운데 : 2"로 지정한다.

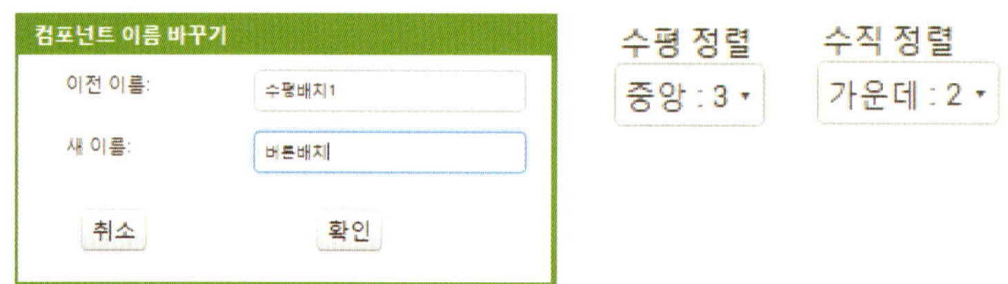

02 [배경색]은 "검정", [높이]는 "70 pixels", [너비]는 "100 percent"로 지정한다.

▣ [이전], [다음], [듣기], [즐겨찾기], [목록확인] 버튼 삽입하기

01 [버튼]을 [버튼배치] 내부에 삽입한다. [이름 바꾸기] 버튼 클릭 후 이름을 "이전"으로 변경한다. [텍스트]에 "이전"을 입력한다.

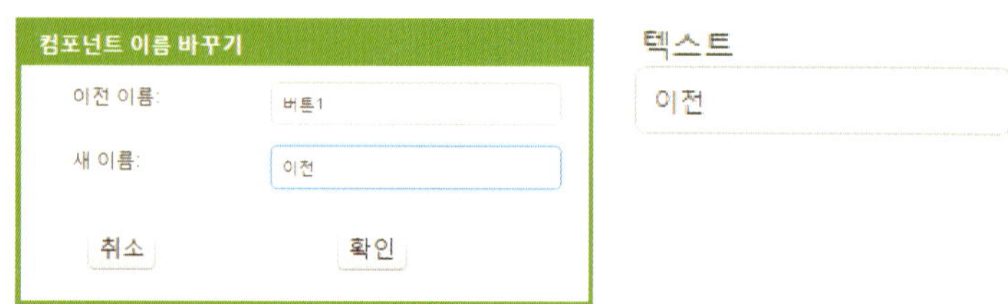

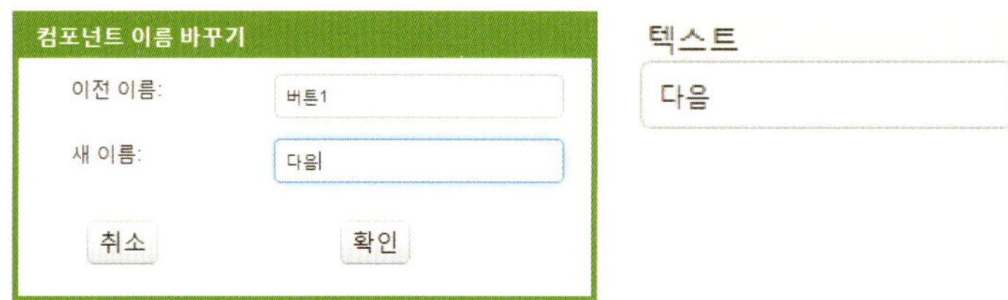

02 [버튼]을 [이전] 오른쪽에 삽입한다. [이름 바꾸기] 버튼 클릭 후 이름을 "다음"으로 변경한다. [텍스트]에 "다음"을 입력한다.

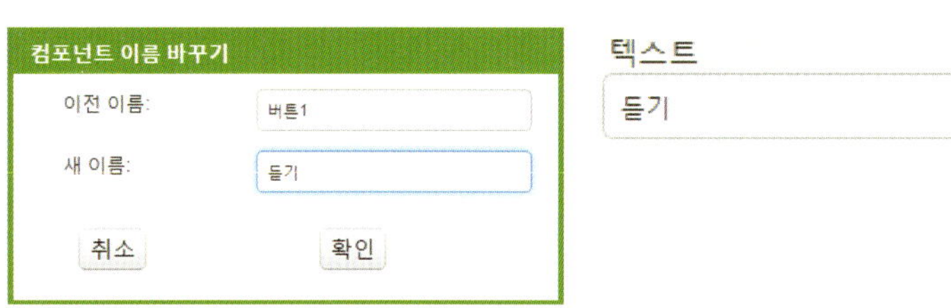

03 [버튼]을 [다음] 오른쪽에 삽입한다. [이름 바꾸기] 버튼 클릭 후 이름을 "듣기"로 변경한다. [텍스트]에 "듣기"를 입력한다.

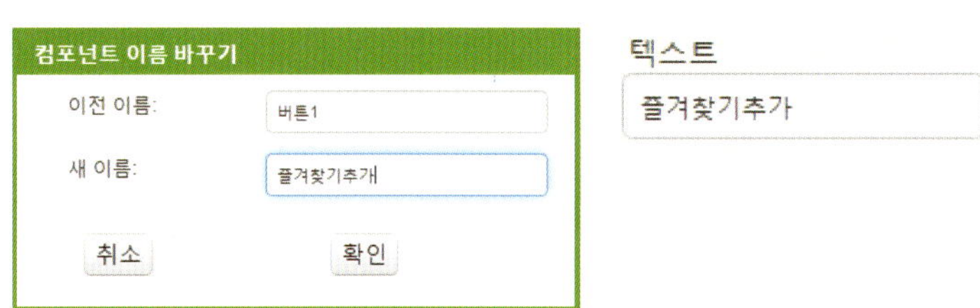

04 [버튼]을 [듣기] 오른쪽에 삽입한다. [이름 바꾸기] 버튼 클릭 후 이름을 "즐겨찾기추가"로 변경한다. [텍스트]에 "즐겨찾기추가"를 입력한다.

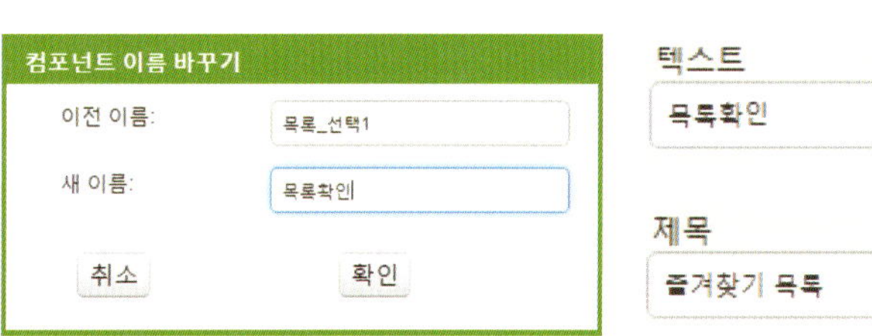

05 [목록 선택]을 [즐겨찾기추가] 오른쪽에 삽입한다. [이름 바꾸기] 버튼 클릭 후 이름을 "목록확인"으로 변경한다. [텍스트]에 "목록확인", [제목]에 "즐겨찾기 목록"을 입력한다.

☒ 간격 조절 레이믈과 [슬겨찾기전체삭제] 버튼 삽입하기

01 [레이블]을 [버튼배치] 아래에 삽입한다. [높이]는 "10 pixels", [너비]는 "100 percent"를 지정한다. [텍스트]는 삭제한다.

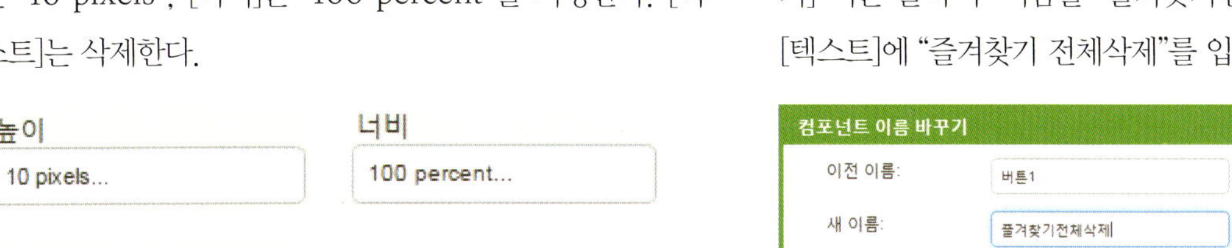

02 [버튼]을 [레이블3] 아래에 삽입한다. [이름 바꾸기] 버튼 클릭 후 이름을 "즐겨찾기전체삭제"로 변경한다. [텍스트]에 "즐겨찾기 전체삭제"를 입력한다.

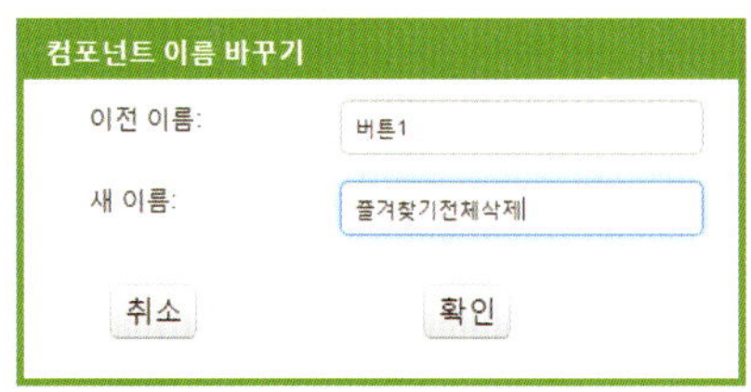

파일/알림/음성 변환/TinyDB 컴포넌트 삽입하기

텍스트 파일로 저장되어 있는 영단어를 읽기 위해 [파일] 컴포넌트, 그리고 알림창을 표시하기 위해 [알림] 컴포넌트, 현재 선택된 단어를 읽기 위해 [음성 변환] 컴포넌트, 즐겨찾기에 단어를 추가하는 경우 추가된 단어를 저장할 [TinyDB] 컴포넌트를 삽입한다.

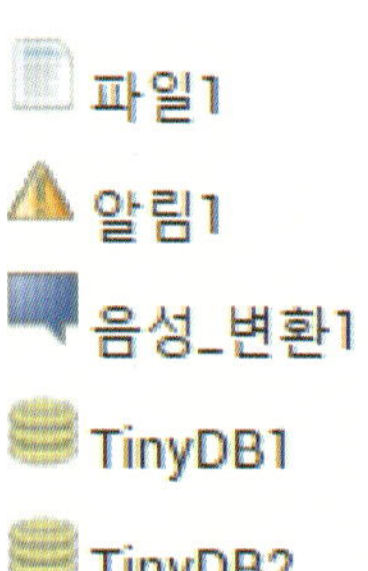

파일 컴포넌트와 알림 컴포넌트 삽입하기

01 [저장소]의 [파일]을 스크린 영역으로 드래그하여 삽입한다.

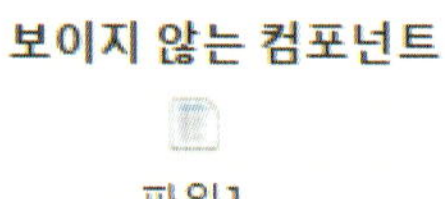

02 [사용자 인터페이스]의 [알림]을 스크린 영역으로 드래그하여 삽입한다.

음성 변환 컴포넌트와 TinyDB 컴포넌트 삽입하기

01 [미디어]의 [음성 변환]을 스크린 영역으로 드래그하여 삽입한다.

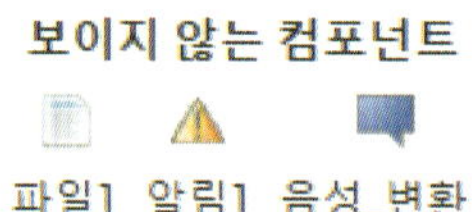

02 [저장소]의 [TinyDB]를 스크린 영역으로 드래그하여 삽입한다.

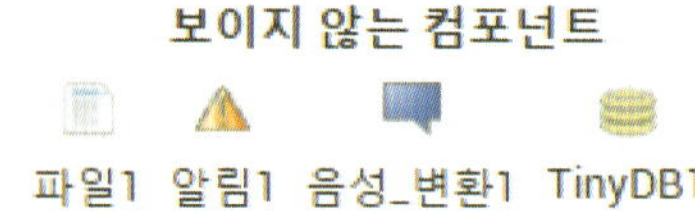

03 [저장소]의 [TinyDB]를 스크린 영역으로 드래그하여 삽입한다. 첫 번째 삽입한 TinyDB는 즐겨찾기에 등록하는 단어를 저장하고 두 번째 삽입한 TinyDB는 즐겨찾기에 등록된 단어 수를 저장한다.

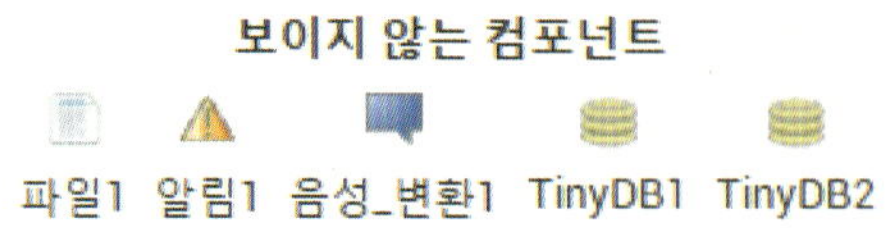

2 앱 처음 실행 시 초등 영단어 표시하기

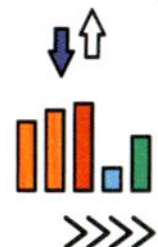

앱을 처음 실행 시 초등 영단어가 표시되도록 지정하고, 이전에 등록한 즐겨찾기 단어가 존재한다면 해당 단어 목록도 표시되어야 한다.

◈ 변수 선언하고 파일 읽기

01 즐겨찾기에 추가된 등록 단어 수를 저장할 변수를 선언하기 위해 [변수]의 **[전역변수 초기화 {변수 이름} 값]** 블록을 뷰어 영역에 삽입한다. **{변수_이름}** 입력란에 "즐겨찾기_등록단어수"를 입력한다. [수학]의 **[{0}]** 블록을 삽입한다.

전역변수 초기화 즐겨찾기_등록단어수 값 0

02 [Screen1]의 **[언제 {Screen1}.초기화]** 블록을 삽입한다. [파일1]의 **[호출 {파일1}.읽어보기]** 블록과 [텍스트]의 **["{ }"]** 블록을 삽입한다. "//Data_elementary.txt"를 입력한다.

언제 Screen1 .초기화
실행 호출 파일1 .읽어오기
파일 이름 " //Data_elementary.txt "

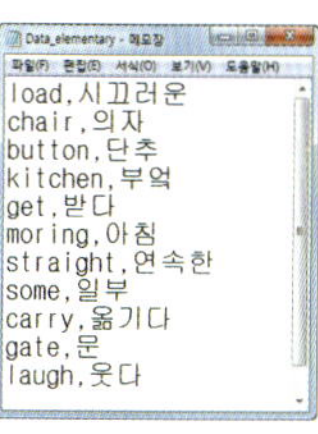

Note. 영어 단어 목록이 저장된 텍스트 파일은 아래와 같이 하나의 단어와 뜻이 ','로 구분되어 입력되어 있다.

◈ 즐겨찾기에 등록된 데이터 개수 추출하기

01 [TintDB2]에 저장되어 있는 즐겨찾기에 등록된 데이터(단어) 개수를 추출하기 위해 [변수]의 **[지정하기 { } 값]** 블록을 삽입한다. "global 즐겨찾기_등록단어수"를 지정한다. [TinyDB2]의 **[호출 {TinyDB2}.값 가져오기]** 블록과 텍스트]의 **["{ }"]** 블록을 삽입한다. "count"를 입력한다. [즐겨찾기_등록단어수] 변수는 즐겨찾기에 저장된 단어의 개수를 저장하는 변수이기 때문에 **[찾는 값이 없을 경우]**에 [수학]의 **[{0}]** 블록을 삽입한다.

언제 Screen1 .초기화
실행 호출 파일1 .읽어오기
파일 이름 " //Data_elementary.txt "
지정하기 global 즐겨찾기_등록단어수 값 호출 TinyDB2 .값 가져오기
태그 " count "
찾는 값이 없을 경우 0

읽어 온 영어 단어 화면에 표시하기

01 읽어 온 전체 데이터를 영어 단어와 의미로 구분해야 하므로 각 데이터를 저장할 변수와 전체 단어개수를 저장할 변수를 선언하기 위해 [변수]의 **[전역변수 초기화 {변수 이름} 값]** 블록을 뷰어 영역에 삽입한다. {변수_이름} 입력란에 "단어"를 입력한다. **[전역변수 초기화 {변수 이름} 값]** 블록을 3개 삽입한 후 **{변수_이름}** 입력란에 "의미", "단어_의미", "전체단어개수"를 입력한다. [수학]의 **[{0}]** 블록을 삽입한다.

02 읽은 텍스트를 화면에 표시하기 위해 [파일1]의 **[언제 {파일1}.텍스트 받음]** 블록을 삽입한다. [변수]의 **[지정하기 { } 값]** 블록을 세 개 추가 삽입한 후 각각 "global 단어", "global 의미", "global 단어_의미"를 지정한다. [리스트]의 **[빈 리스트 만들기]** 블록을 삽입한다.

03 읽은 텍스트를 Enter 를 의미하는 "\n"을 기준으로 분할하여 [단어_의미] 리스트에 저장하기 위해 [변수]의 **[지정하기 { } 값]** 블록을 삽입한다. "global 단어_의미"를 지정한다. [텍스트]의 **[{분할} 텍스트]** 블록을 삽입한다. **[가져오기 {텍스트}]** 블록과 [텍스트]의 **["{ }"]** 블록을 삽입한다. "\n"을 입력한다.

Note. "Data_elementary.txt" 파일에 저장되어있는 데이터를 "\n" 기준으로 분할하면 (load, 시끄러운 chair, 의자 button, 버튼...)과 같은 형태로 데이터가 저장된다.

04　[단어_의미] 리스트에 저장된 데이터의 각 항목을 ','를 기준으로 구분한 후 앞쪽 데이터는 [단어] 리스트에, 뒤쪽 데이터는 [의미] 리스트에 저장하기 위해 [제어]의 **[각각 반복 {항목} 리스트]** 블록을 삽입한다. **[가져오기 {global 단어_의미}]** 블록을 삽입한다. [변수]의 **[지정하기 { } 값]** 블록을 삽입한 후 "global 단어_의미"를 지정한다. [텍스트]의 **[{분할} 텍스트]** 블록을 삽입한 후 **[가져오기 {항목}]** 블록과 [텍스트]의 **["{ }"]** 블록을 삽입한다. ","를 입력한다.

05　[리스트]의 [리스트에 항목 추가하기 리스트] 블록과 [가져오기 {global 단어}] 블록을 삽입한다. [리스트]의 [리스트에서 항목 선택하기 리스트] 블록을 삽입한 후 **[가져오기 {global 단어_의미}]** 블록과 [수학]의 [{0}] 블록을 삽입한다. "1"을 입력한다. [리스트]의 [리스트에 항목 추가하기 리스트] 블록과 **[가져오기 {global 의미}]** 블록을 삽입한다. [리스트]의 [리스트에서 항목 선택하기 리스트] 블록을 삽입한 후 **[가져오기 {단어_의미}]** 블록과 [수학]의 [{0}] 블록을 삽입한다. "2"를 입력한다.

06　전체 단어 개수를 구하기 위해 [변수]의 **[지정하기 { } 값]** 블록을 삽입한 후 "global 전체단어개수"를 지정한다. [리스트 길이 리스트] 블록과 [가져오기 {global 단어}] 블록을 삽입한다. 맨 처음 표시될 단어는 첫 번째 단어이므로 [현재단어번호]의 **[지정하기 {현재단어번호}.{텍스트} 값]** 블록과 [수학]의 **[{0}]** 블록을 삽입한 후 "1"을 입력한다. 전체 단어개수를 표시하기 위해 [총단어개수]의 **[지정하기 {총단어개수}.{텍스트} 값]** 블록과 **[가져오기 {global 전체단어개수}]** 블록을 삽입한다.

언제 파일1 .텍스트 받음
　텍스트
실행　지정하기 global 단어 값　빈 리스트 만들기
　　　지정하기 global 의미 값　빈 리스트 만들기
　　　지정하기 global 단어_의미 값　빈 리스트 만들기
　　　지정하기 global 단어_의미 값　분할 텍스트 가져오기 텍스트
　　　　　　　　　　　　　　　　구분 " \n "
　　　각각 반복 항목 리스트　가져오기 global 단어_의미
　　　실행　지정하기 global 단어_의미 값　분할 텍스트 가져오기 항목
　　　　　　　　　　　　　　　　　　구분 " , "
　　　　　리스트에 항목 추가하기 리스트　가져오기 global 단어
　　　　　　　　　　　　item　리스트에서 항목 선택하기 리스트　가져오기 global 단어_의미
　　　　　　　　　　　　　　　　　　　　　　　위치 1
　　　　　리스트에 항목 추가하기 리스트　가져오기 global 의미
　　　　　　　　　　　　item　리스트에서 항목 선택하기 리스트　가져오기 global 단어_의미
　　　　　　　　　　　　　　　　　　　　　　　위치 2
　　　지정하기 global 전체단어개수 값　리스트 길이 리스트　가져오기 global 단어
　　　지정하기 현재단어번호 . 텍스트 값　1
　　　지정하기 총단어개수 . 텍스트 값　가져오기 global 전체단어개수

07　화면에 선택된 단어장의 첫 번째 단어와 첫 번째 단어의 의미를 표시하기위해 [선택단어]의 **[지정하기 {선택단어}.{텍스트} 값]** 블록과 [리스트에서 항목 선택하기 리스트] 블록을 삽입한 후 **[가져오기 {global 단어}]** 블록과 [수학]의 **[{0}]** 블록을 삽입한다. "1"을 입력한다. [선택단어뜻]의 **[지정하기 {선택단어뜻}.{텍스트} 값]** 블록과 [리스트에서 항목 선택하기 리스트] 블록을 삽입한 후 **[가져오기 {global 의미}]** 블록과 [수학]의 **[{0}]** 블록을 삽입한다. "1"을 입력한다.

언제 파일1 .텍스트 받음
  텍스트
실행 지정하기 global 단어 값 빈 리스트 만들기
      지정하기 global 의미 값 빈 리스트 만들기
      지정하기 global 단어_의미 값 빈 리스트 만들기
      지정하기 global 단어_의미 값 분할 텍스트 가져오기 텍스트 구분 "₩n"
      각각 반복 항목 리스트 가져오기 global 단어_의미
      실행 지정하기 global 단어_의미 값 분할 텍스트 가져오기 항목 구분 ","
            리스트에 항목 추가하기 리스트 가져오기 global 단어
                item 리스트에서 항목 선택하기 리스트 가져오기 global 단어_의미 위치 1
            리스트에 항목 추가하기 리스트 가져오기 global 의미
                item 리스트에서 항목 선택하기 리스트 가져오기 global 단어_의미 위치 2
      지정하기 global 전체단어개수 값 리스트 길이 리스트 가져오기 global 단어
      지정하기 현재단어번호 .텍스트 값 1
      지정하기 총단어개수 .텍스트 값 가져오기 global 전체단어개수
      지정하기 선택단어 .텍스트 값 리스트에서 항목 선택하기 리스트 가져오기 global 단어 위치 1
      지정하기 선택단어뜻 .텍스트 값 리스트에서 항목 선택하기 리스트 가져오기 global 의미 위치 1

단어집 변경하고 표시하기

01 현재 스크린에 표시되는 단어의 번호(순서)를 저장할 변수를 선언하기 위해 [전역변수 초기화 {변수 이름} 값] 블록을 삽입한 후 {변수_이름} 입력란에 "번호"를 입력한다. [수학]의 [{0}] 블록을 삽입한다. "1"을 입력한다.

전역변수 초기화 번호 값 1

02 [단어집선택] 버튼을 누르면 단어집 목록이 표시되고, 원하는 단어집을 선택하면 해당 단어집의 첫 번째 단어와 의미가 표시되도록 지정하기 위해 [단어집선택]의 [언제 {단어집선택}.선택 후] 블록을 삽입한다. 선택한 단어집을 제목으로 표시하기 위해 [선택단어집]의 **[지정하기 {선택단어집}.{텍스트} 값]** 블록과 [단어집선택]의 **[{단어집선택}.{선택된 항목}]** 블록을 삽입한다.

언제 단어집선택 .선택 후
실행 지정하기 선택단어집 .텍스트 값 단어집선택 .선택된 항목

03 [제어]의 [만약 ~ 그러면] 블록을 삽입한 후 [수학]의 [{ } = { }] 블록을 삽입한다. [단어집선택]의 [{단어집선택}.{선택된 항목번호}] 블록과 [수학]의 [{0}] 블록을 삽인 한 후 "1"을 입력한다. [파일1]의 [호출 {파일1}.읽어보기] 블록과 [텍스트]의 ["{ }"] 블록을 삽입한다. "//Data_elementary.txt"을 입력한다. 단어집이 선택되면 무조건 첫 번째 단어가 표시되어야 하므로 [변수]의 [지정하기 { } 값] 블록을 삽입한 후 "global 번호"를 지정한다. [수학]의 [{0}] 블록을 삽입한 후 "1"을 입력한다.

Note. 조건 지정 시 [단어집선택]의 [{단어집선택}.{선택된 항목}] 블록을 삽입하고 [텍스트]의 ["{ }"] 블록을 삽입한 후 직접 "초등영단어"를 입력해도 된다.

04 "중등영단어"가 선택된 경우 "Data_mid.txt" 파일을 열기해야 하므로 [아니고 … 만약] 블록과 [수학]의 [{ } = { }] 블록을 삽입한다. [단어집선택]의 [{단어집선택}.{선택된 항목번호}] 블록과 [수학]의 [{0}] 블록을 삽입한 후 "2"를 입력한다. [파일1]의 [호출 {파일1}.읽어보기] 블록과 [텍스트]의 ["{ }"] 블록을 삽입한다. "//Data_mid.txt"를 입력한다. [변수]의 [지정하기 { } 값] 블록을 삽입한 후 "global 번호"를 지정한다. [수학]의 [{0}] 블록을 삽입한 후 "1"을 입력한다.

05 "고등영단어"가 선택된 경우 "Data_high.txt" 파일을 열기해야 하므로 [아니고 … 만약] 블록과 [수학]의 [{ } = { }] 블록을 삽입한다. [단어집선택]의 [{단어집선택}.{선택된 항목번호}] 블록과 [수학]의 [{0}] 블록을 삽입한 후 "3"을 입력한다. [파일1]의 [호출 {파일1}.읽어보기] 블록과 [텍스트]의 ["{ }"] 블록을 삽입한다. "//Data_high.txt"를 입력한다. [변수]의 [지정하기 { } 값] 블록을 삽입한 후 "global 번호"를 지정한다. [수학]의 [{0}] 블록을 삽입한 후 "1"을 입력한다.

언제 단어집선택 .선택 후
실행 지정하기 선택단어집 . 텍스트 값 단어집선택 . 선택된 항목
  만약 단어집선택 . 선택된 항목 번호 = 1
  그러면 호출 파일1 .읽어오기
        파일 이름 " //Data_elementary.txt "
      지정하기 global 번호 값 1
  아니고 ... 라면
  그러면 호출 파일1 .읽어오기
        파일 이름 " //Data_mid.txt "
      지정하기 global 번호 값 1
  아니고 ... 라면 단어집선택 . 선택된 항목 번호 = 3
  그러면 호출 파일1 .읽어오기
        파일 이름 " //Data_high.txt "
      지정하기 global 번호 값 1

✦ [이전] 버튼 눌러 이전 영단어 표시하기

01 [이전] 버튼을 눌렀을 때 현재 화면에 표시되고 있는 [번호]가 "1"이면 첫 번째 단어이므로 더 이상 표시할 단어가 존재하지 않는다. [이전]의 [언제 {이전}.클릭] 블록을 삽입한다. 현재 위치 번호가 1인지 비교하기 위해 [제어]의 [만약 ~ 그러면] 블록을 삽입한 후 [수학]의 [{ } = { }] 블록을 삽입한다. [가져오기 {global 번호}] 블록과 [수학]의 [{0}] 블록을 삽입한 후 "1"을 입력한다. 현재 위치 번호가 1이라면 알림창을 표시하기 위해 [알림]의 [호출 {알림1}.메시지창 나타내기] 블록과 [텍스트]의 [" { }"] 블록을 삽입한다. "첫 번째 단어입니다.", "단어확인", "확인"을 입력한다.

언제 이전 .클릭
실행 만약 가져오기 global 번호 = 1
  그러면 호출 알림1 .메시지창 나타내기
        메시지 " 첫 번째 단어입니다. "
        제목 " 단어확인 "
        버튼 텍스트 " 확인 "

02 현재 번호가 1이 아니면 이전 단어를 표시해야 하므로 [아니면] 블록을 삽입한다. [변수]의 [지정 하기 { } 값] 블록을 삽입한 후 "global 번호"를 지정한 후 [수학]의 [{ } − { }] 블록을 삽입한다. [가져오기 {global 번호}] 블록과 [수학]의 [{0}] 블록을 삽입한 후 "1"을 입력한다.

03 현재 [번호] 변수에 저장된 번호를 기준으로 단어번호와 단어 그리고 단어 뜻을 표시하기 위해 [현재단어번호]의 [지정하기 {현재단어번호}.{텍스트} 값] 블록과 [가져오기 {global 번호}] 블록을 삽입한 다. [선택단어]의 [지정하기 {선택단어}.{텍스트} 값] 블록과 [리스트에서 항목 선택하기 리스트] 블록을 삽 입한 후 [가져오기 {global 단어}] 블록과 [가져오기 {global 번호}] 블록을 삽입한다. [선택단어뜻]의 [지 정하기 {선택단어뜻}.{텍스트} 값] 블록과 [리스트에서 항목 선택하기 리스트] 블록을 삽입한 후 [가져오기 {global 의미}] 블록과 [가져오기 {global 번호}] 블록을 삽입한다.

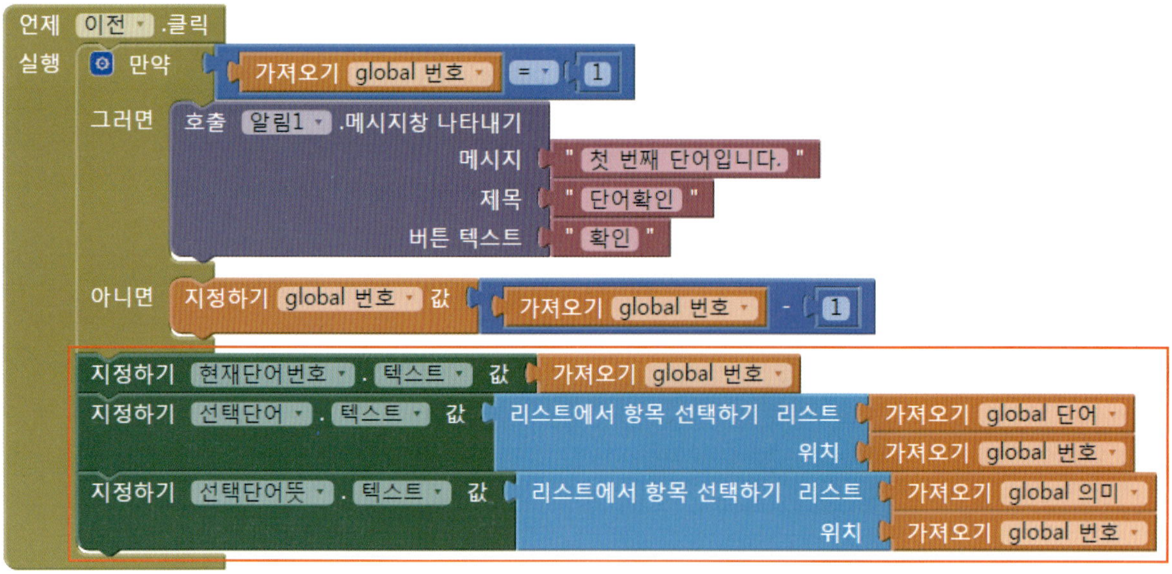

◈ [다음] 버튼을 눌러 다음 영단어 표시하기

01 [다음] 버튼을 눌렀을 때 현재 화면에 표시되고 있는 [번호]가 선택한 단어집의 전체 데이터 개수와 같으면 마지막 단어이므로 더 이상 표시할 단어가 존재하지 않는다. [다음]의 [언제 {다음}.클릭] 블록을 삽입한다. 현재 위치 번호가 선택한 단어집의 마지막 데이터 개수와 같은지 비교하기 위해 [제어]의 [만약 ~ 그러면] 블록을 삽입한 후 [수학]의 [{ } = { }] 블록을 삽입한다. [변수]의 [가져오기 {global 번호}] 블록과 [가져오기 {global 전체단어개수}] 블록을 삽입한다. 현재 위치 번호가 전체단어개수와 같다면 알림창을 표시하기 위해 [알림]의 [호출 {알림1}.메시지창 나타내기] 블록과 [텍스트]의 ["{ }"] 블록을 삽입한다. "마지막 단어입니다.", "단어확인", "확인"을 입력한다.

02 현재 번호가 전체 데이터 개수와 같지 않으면 다음 단어를 표시해야 하므로 [아니면] 블록을 삽입한다. [변수]의 [지정하기 { } 값] 블록을 삽입한 후 "global 번호"를 지정한 후 [수학]의 [{ } + { }] 블록을 삽입한다. [가져오기 {global 번호}] 블록과 [수학]의 [{0}] 블록을 삽입한 후 "1"을 입력한다.

03   현재 [번호] 변수에 저장된 번호를 기준으로 단어번호와 단어 그리고 단어 뜻을 표시하기 위해 [현재단어번호]의 **[지정하기 {현재단어번호}.{텍스트} 값]** 블록과 **[가져오기 {global 번호}]** 블록을 삽입한다. [선택단어]의 **[지정하기 {선택단어}.{텍스트} 값]** 블록과 [리스트에서 항목 선택하기 리스트] 블록을 삽입한 후 **[가져오기 {global 단어}]** 블록과 **[가져오기 {global 번호}]** 블록을 삽입한다. [선택단어뜻]의 **[지정하기 {선택단어뜻}.{텍스트} 값]** 블록과 [리스트에서 항목 선택하기 리스트] 블록을 삽입한 후 **[가져오기 {global 의미}]** 블록과 **[가져오기 {global 번호}]** 블록을 삽입한다.

✖️ [듣기] 버튼을 눌러 현재 단어 발음 확인하기

01   [듣기] 버튼을 눌러 현재 선택되어 있는 단어의 발음을 확인하기 위해 [듣기]의 **[언제 {듣기}.클릭]** 블록을 삽입한다. [음성 변환1]의 **[호출 {음성_변환1}.말하기]** 블록을 삽입한 후 [선택단어]의 **[{선택단어}.{텍스트}]** 블록을 삽입한다.

단어 저장하는 함수 선언하기

01 [즐겨찾기추가] 버튼을 눌렀을 때 현재 단어를 즐겨찾기에 추가하는 함수를 선언하기 위해 [함수] 의 [함수 {함수 이름} 실행] 블록을 뷰어 영역에 삽입한다. {함수_이름} 입력란을 클릭한 후 "데이터저장"을 입력한다. 새로 단어를 추가하면 현재 즐겨찾기에 등록된 단어 수가 한 개 증가되어야 하므로 [변수]의 [지정하기 { } 값] 블록을 삽입한 후 "global 즐겨찾기_등록단어수"를 지정한다. [수학]의 [{ } + { }] 블록을 삽입한 후 [가져오기 {global 즐겨찾기_등록단어수}] 블록을 삽입한다. [수학]의 [{0}] 블록을 삽입한 후 "1"을 입력한다.

02 즐겨찾기에 등록된 단어의 개수인 단어 수를 기준으로 선택한 단어와 뜻을 저장하기 위해 [TinyDB1]의 [호출 {TinyDB1}.값 저장] 블록을 삽입한다. [태그]에 [가져오기 {global 즐겨찾기_등록단어수}] 블록을 삽입한다. [저장할 값]에 [텍스트]의 ["{ }"] 블록을 삽입한다. ⚙ 아이콘을 클릭하여 [문자열]이 3개가 되도록 지정한다. [선택단어]의 [{선택단어}.{텍스트}] 블록과 [텍스트]의 ["{ }"] 블록 그리고 [선택단어]의 [{선택단어뜻}.{텍스트}] 블록을 삽입한다. "->"을 입력한다.

03 즐겨찾기에 등록한 데이터 개수를 [TinyDB2]에 저장하기 위해 [TinyDB2]의 [호출 {TinyDB2}.값 저장] 블록을 삽입한다. [태그]에 [텍스트]의 ["{ }"] 블록을 삽입한 후 "count"를 입력한다. [저장할 값]에 [가져오기 {global 즐겨찾기_등록단어수}] 블록을 삽입한다.

즐겨찾기에 저장된 단어 추출하는 함수 선언하기

01   즐겨찾기로 등록되어 [TinyDB1]에 저장되어 있는 데이터를 추출한 후 해당 데이터를 보관할 리스트를 선언하기 위해 [변수]의 [**전역변수 초기화 {변수 이름} 값**] 블록을 삽입한 후 {변수_이름} 입력란에 "즐겨찾기목록"을 입력한다.

02   함수를 선언하기 위해 [함수]의 [**함수 {함수 이름} 실행**] 블록을 뷰어 영역에 삽입한다. {함수_이름} 입력란을 클릭한 후 "데이터추출"을 입력한다. [변수]의 [**지정하기 { } 값**] 블록을 삽입한 후 "global 즐겨찾기목록"을 지정한다. [리스트]의 [**빈 리스트 만들기**] 블록을 삽입한다.

03   앱 실행 시 가져온 [즐겨찾기_등록단어수]가 0이면 즐겨찾기에 등록된 단어가 없다는 의미이므로 추출할 단어가 존재하지 않는다. 하지만 0이 아니라면 즐겨찾기에 추가된 단어가 존재하다는 의미이므로 조건을 지정하기위해 [제어]의 [**만약 ~ 그러면**] 블록과 [수학]의 [**{ } ≠ { }**] 블록을 삽입한다. [**가져오기 {global 즐겨찾기_등록단어수}**] 블록과 [수학]의 [**{0}**] 블록을 삽입한다.

04   [TinyDB1]에서 [즐겨찾기_등록단어수] 변수에 저장된 수만큼의 데이터를 추출하여 [즐겨찾기목록] 리스트에 저장하기 위해 [제어]의 [**각각 반복 {숫자} 시작**] 블록을 삽입한다. [끝]에 [**가져오기 {global 즐겨찾기_등록단어수}**] 블록을 삽입한다. [리스트]의 [**리스트에 항목 추가하기 리스트**] 블록을 삽입한 후 [**리스트**]에 [**가져오기 {global 즐겨찾기목록}**] 블록을 삽입한다. [TinyDB1]의 [**호출 {TinyDB1}.값 가져오기**] 블록을 [item]에 삽입한다. [태그]에 [**가져오기 {숫자}**] 블록을 삽입한다.

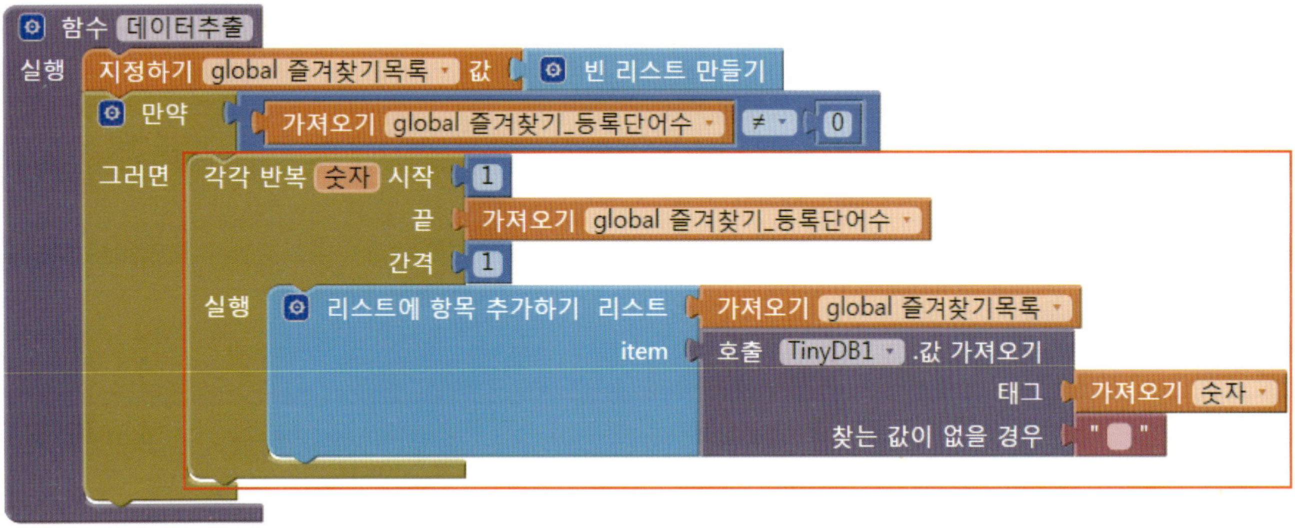

단어 중복 검사하는 함수 선언하기

01　중복 데이터 존재 여부 상태를 저장하는 변수를 선언하기 위해 [변수]의 **[전역변수 초기화 {변수 이름} 값]** 블록을 뷰어 영역에 삽입한다. **{변수_이름}** 입력란에 "중복데이터상태"를 입력한다. [수학]의 **[{0}]** 블록을 삽입한다.

02　현재 즐겨찾기에 추가하려는 단어가 중복되어 있는지 확인하기 위한 함수를 선언하기 위해 [함수]의 [함수 {함수 이름} 실행] 블록을 뷰어 영역에 삽입한다. {함수_이름} 입력란을 클릭한 후 "데이터중복확인"을 입력한다. [즐겨찾기목록] 리스트에 저장된 단어를 비교하기 위해 [제어]의 **[각각 반복 {숫자} 시작]** 블록을 삽입한다. [끝]에 **[가져오기 {global 즐겨찾기_등록단어수}]** 블록을 삽입한다.

03 [즐겨찾기목록]에서 추출한 단어와 현재 추가하려는 단어가 같은지를 비교하기 위해 [제어]의 [만약 ~ 그러면] 블록과 [논리]의 [{ } = { }] 블록을 삽입한다. [리스트]의 [리스트에서 항목 선택하기 리스트] 블록을 삽입한 후 [가져오기 {global 즐겨찾기목록}] 블록과 [가져오기 {숫자}] 블록을 삽입한다. [텍스트]의 ["{ }"] 블록을 삽입한 후 ⚙ 아이콘을 클릭하여 [문자열]이 3개가 되도록 지정한다. [선택단어]의 [{선택단어}.{텍스트}] 블록과 [텍스트]의 ["{ }"] 블록 그리고 [선택단어]의 [{선택단어뜻}.{텍스트}] 블록을 삽입한다. "–>"을 입력한다.

04 중복 데이터가 존재하면 알림창을 표시하기 위해 [알림]의 [호출 {알림1}.메시지창 나타내기] 블록과 [텍스트]의 ["{ }"] 블록을 삽입한다. "이미 등록된 단어입니다.", "단어중복", "확인"을 입력한다. [변수]의 [지정하기 { } 값] 블록을 삽입한 후 "global 중복데이터상태"를 지정한 후 [수학]의 [{0}] 블록을 삽입한다. "1"을 입력한다.

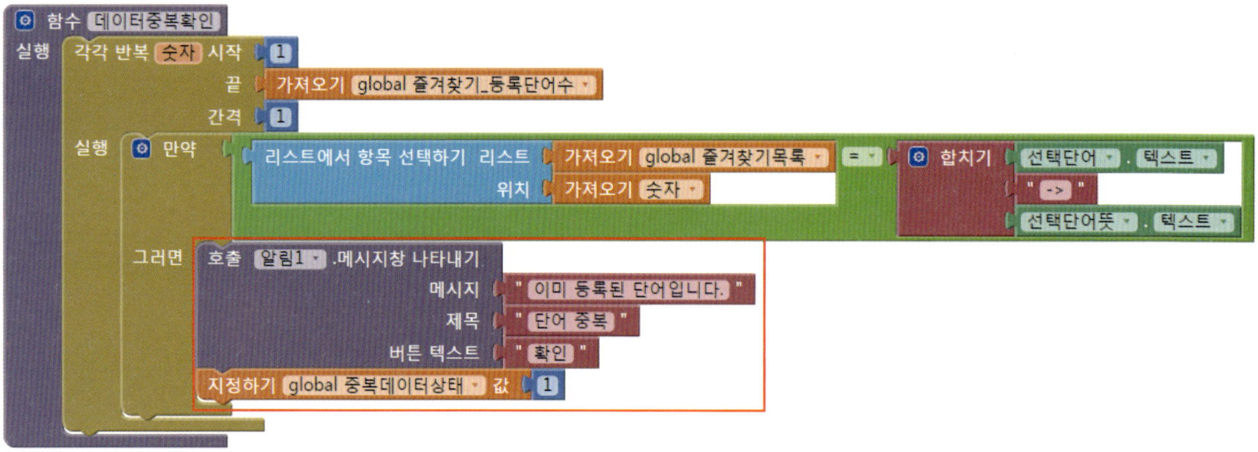

[즐겨찾기추가] 버튼을 눌러 현재 단어 즐겨찾기 목록에 추가하기

01   즐겨찾기추가 버튼을 눌러 현재 단어를 추가하기 위해 [언제 {즐겨찾기추가}.클릭] 블록을 삽입한다. 즐겨찾기에 저장된 데이터(단어)를 추출하기 위해 [함수]의 [호출 {데이터추출}] 블록을 삽입한다. [변수]의 [지정하기 { } 값] 블록을 삽입한 후 "global 중복데이터상태"를 지정한다. [수학]의 [{0}] 블록을 삽입한다.

02   데이터 추출 후 [즐겨찾기목록] 리스트가 비어 있다면 무조건 현재 단어와 뜻을 저장해야 한다. [제어]의 [만약 ~ 그러면] 블록을 삽입한 후 [리스트]의 [리스트가 비어 있나요? 리스트] 블록과 [가져오기 {global 즐겨찾기목록}] 블록을 삽입한다. [함수]의 [호출 {데이터저장}] 블록을 삽입한다. [알림]의 [호출 {알림1}.메시지창 나타내기] 블록과 [텍스트]의 ["{ }"] 블록을 삽입한다. "첫 번째 단어가 추가되었습니다.", "단어 추가", "확인"을 입력한다.

 [즐겨찾기목록]이 비어있지 않다면 중복 확인을 해야 하므로 **[아니면]** 블록을 삽입한 후 [함수]의
[호출 {데이터중복확인}] 블록을 삽입한다.

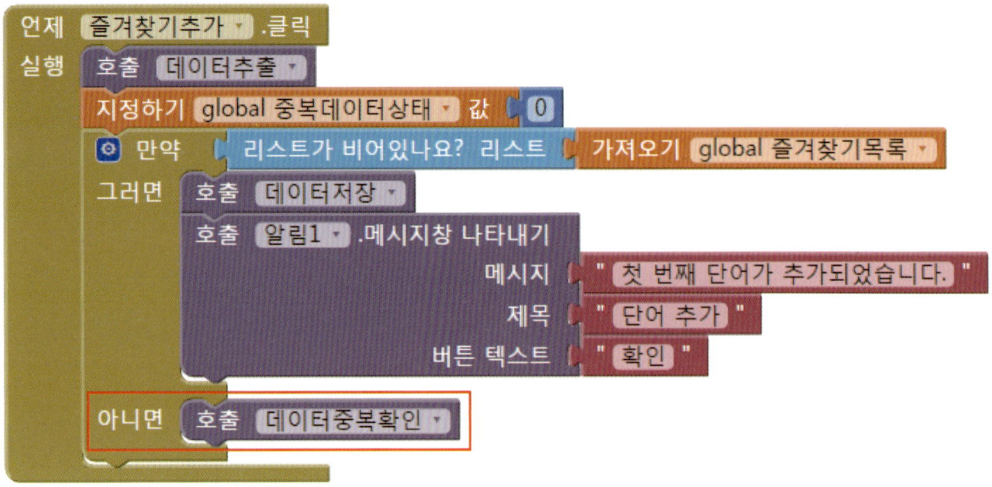

 데이터 중복 확인 결과 중복된 데이터가 존재하지 않는다면 다시 데이터를 저장해야 한다. 이때
데이터가 중복 여부는 [중복데이터상태] 변수에 저장되어 있다. [중복데이터상태] 변수에 저장된 값이 0이
면 데이터를 저장해야 한다. [제어]의 **[만약 ~ 그러면]** 블록과 [수학]의 **[{ } = { }]** 블록을 삽입한다. **[가져오
기 {global 중복데이터상태}]** 블록과 [수학]의 **[{0}]** 블록을 삽입한다. [함수]의 **[호출 {데이터저장}]** 블록을
삽입한다. [알림]의 **[호출 {알림1}.메시지창 나타내기]** 블록과 [텍스트]의 **["{ }"]** 블록을 삽입한다. "즐겨찾기
에 단어가 추가되었습니다.", "단어 추가", "확인"을 입력한다.

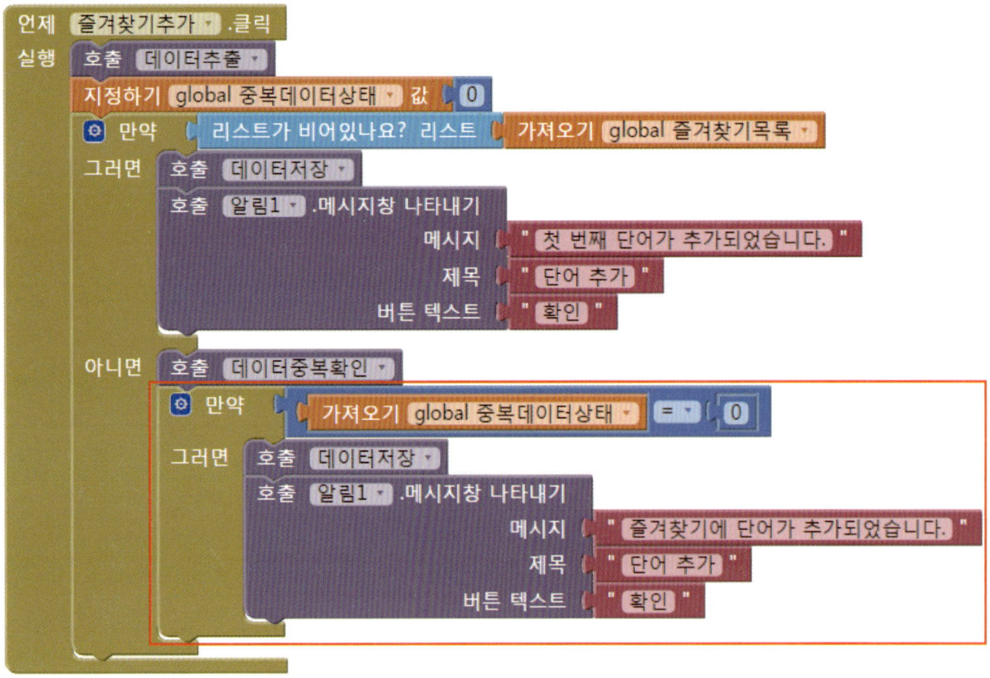

[목록확인] 버튼을 눌러 즐겨찾기 목록 확인하기

01 [목록확인] 버튼을 눌러 즐겨찾기의 목록을 확인하기 위해 [목록확인]의 [언제 {목록확인}.터치 다운] 블록을 삽입한다. [변수]의 [지정하기 { } 값] 블록을 삽입한 후 "global 즐겨찾기목록"을 지정한다. [리스트]의 [빈 리스트 만들기] 블록을 삽입한다.

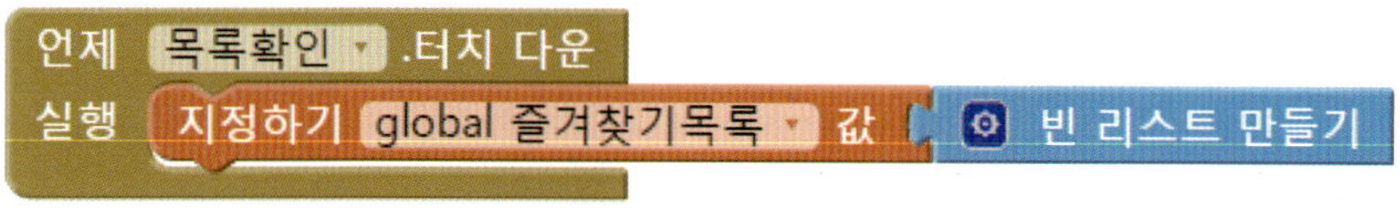

02 [TinyDB1]에 등록된 단어와 뜻을 [즐겨찾기_등록단어수] 만큼 반복하여 추출한 후 목록으로 표시하기 위해 [제어]의 [각각 반복 {숫자} 시작] 블록을 삽입한 후 [가져오기 {global 즐겨찾기_등록단어수}] 블록을 삽입한다. [리스트]의 [리스트에 항목 추가하기 리스트] 블록을 삽입한 후 [가져오기 {global 즐겨찾기목록}] 블록을 삽입한다. [item]에 [TinyDB1]의 [호출 {TinyDB1}.값 가져오기] 블록을 삽입한 후 [태그]에 [가져오기 {숫자}] 블록을 삽입한다. 검색된 즐겨찾기 목록을 목록으로 표시하기 위해 [목록확인]의 [지정하기 {목록확인}.{요소} 값] 블록을 삽입한 후 [가져오기 {global 즐겨찾기목록}] 블록을 삽입한다.

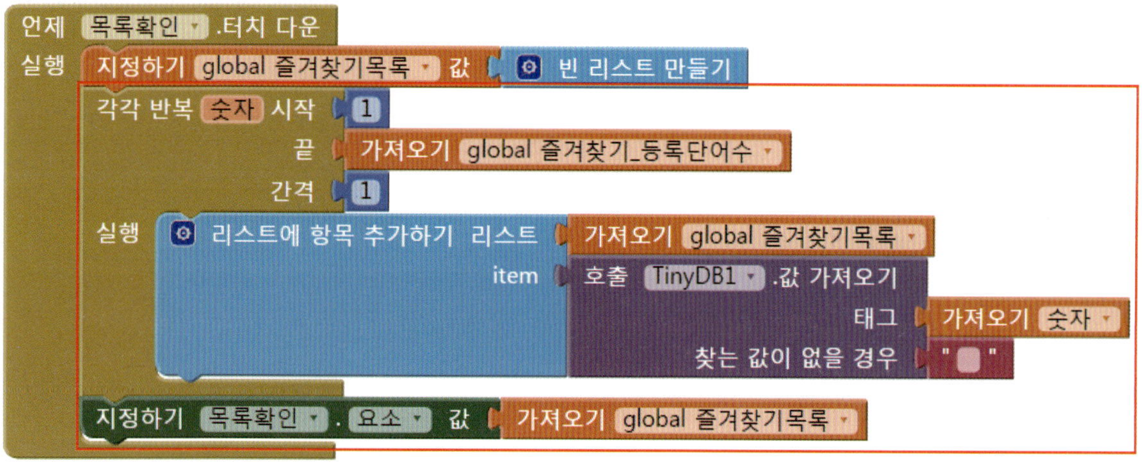

[즐겨찾기전체삭제] 버튼을 눌러 모두 삭제하기

01 [즐겨찾기전체삭제]의 [언제 {즐겨찾기전체삭제}.클릭] 블록을 삽입한다. [TinyDB1]에 저장되어 있는 단어 목록을 삭제하기 위해 [TinyDB1]의 [호출 {TinyDB1}.모두 지우기] 블록을 삽입한다. [TinyDB2]에 저장되어 있는 단어수를 삭제하기 위해 [TinyDB2]의 [호출 {TinyDB2}.모두 지우기] 블록을 삽입한다.

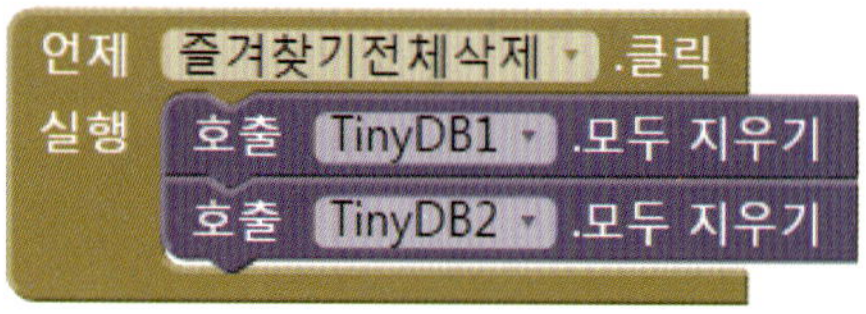

02　[TinyDB]에 저장된 데이터가 모두 삭제되면 즐겨찾기 목록에 등록된 단어가 존재하지 않으므로 [변수]의 **[지정하기 { } 값]** 블록을 삽입한 후 "global 즐겨찾기_등록단어수"를 지정한 후 [수학]의 **[{0}]** 블록을 삽입한다. 데이터 삭제를 알려주기 위해 [알림]의 **[호출 {알림1}. 메시지창 나타내기]** 블록과 [텍스트]의 **["{ }"]** 블록을 삽입한다. "즐겨찾기에 등록된 단어가 모두 삭제되었습니다.", "단어삭제", "확인"을 입력한다.

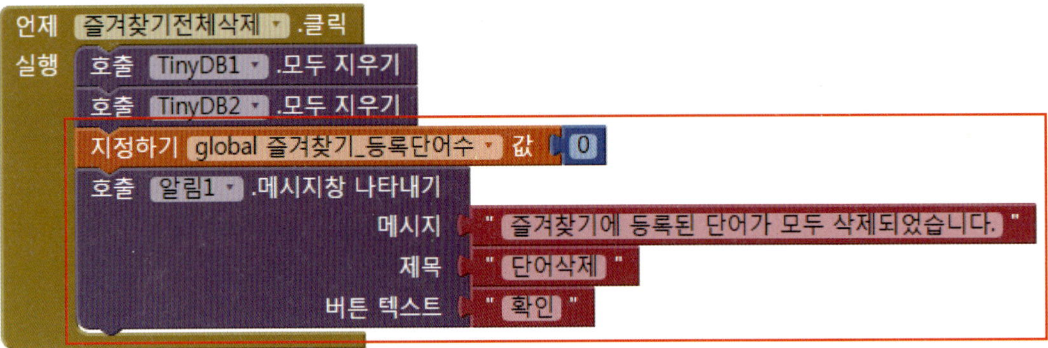